Die große Geschichte einer der faszinierendsten Familien des 19. und 20. Jahrhunderts: Ein Leiterwagen und die Untreue einer schönen Buchhändlerstochter setzten sie in Bewegung. Jutta Jacobi erzählt von Johann Schnitzler, dem begabten Sohn eines armen jüdischen Tischlers aus Nagykanizsa, der ein berühmter Arzt in Wien wurde. Von seinem Sohn Arthur, der sich vom Erotomanen zum Moralisten wandelte. Von dessen Frau Olga, der reuevollsten Geschiedenen aller Zeiten. Von Lili, die an der Seite eines faschistischen Offiziers ihr Glück nicht fand. Von Heinrich, der 1938 nach Amerika emigrieren musste. Von Arthurs Enkeln Peter und Michael, die sich von den Lasten der Vergangenheit befreiten. Von der Urenkelin Giuliana, die auf dem Zentralfriedhof die Gräber mit Steinchen schmückt. Es ist die Geschichte von Sehnsucht, dem Geschenk des Humors und dem Wandel der Perspektiven im Verlauf der Geschichte.

JUTTA JACOBI, geboren 1955, studierte Germanistik und Theaterwissenschaft in München. Die promovierte Germanistin ist Journalistin und Feature-Autorin, sie lebt in Hamburg und Stockholm. Schwerpunkte ihres Schreibens sind Literatur und Gesang.

Jutta Jacobi

Die Schnitzlers

Eine Familiengeschichte

btb

*Für Tilmann, Philipp und Carlotta und
meine ganze große Familie*

Bildnachweis:
Rabending, Emil / ÖNB-Bildarchiv / picturedesk.com: 1
ÖNB-Bildarchiv / picturedesk.com: 2, 5, 8, 12
Deutsches Literaturarchiv Marbach: 3
Löwy, Josef / ÖNB-Bildarchiv /picturedesk.com: 4, 13
D'Ora-Benda, Atelier / ÖNB-Bildarchiv / picturedesk.com: 6, 7
Privatarchiv Michael Schnitzler: 9, 10, 11, 14, 15, 16, 17, 18, 19

Verlagsgruppe Random House FSC® N001967

1. Auflage
Genehmigte Taschenbuchausgabe Juli 2016,
btb Verlag in der Verlagsgruppe Random House GmbH,
Neumarkter Str. 28, 81673 München,
Copyright © der Originalausgabe 2014 by
Residenz Verlag GmbH, Salzburg,
Umschlaggestaltung: semper smile, München
Umschlagbild: ÖNB-Bildarchiv / picturedesk.com
Druck und Einband: GGP Media GmbH, Pößneck
MR · Herstellung: sc
Printed in Germany
ISBN 978-3-442-71378-3

www.btb-verlag.de
www.facebook.com/btbverlag
Besuchen Sie auch unseren LiteraturBlog www.transatlantik.de!

Inhalt

Dritter Teil
Wien, Cambridge, Zürich, New York, Berkeley,
Los Angeles, Wien 1931–1982

Vierter Teil

Wien, Los Angeles, Costa Rica 1982–2014

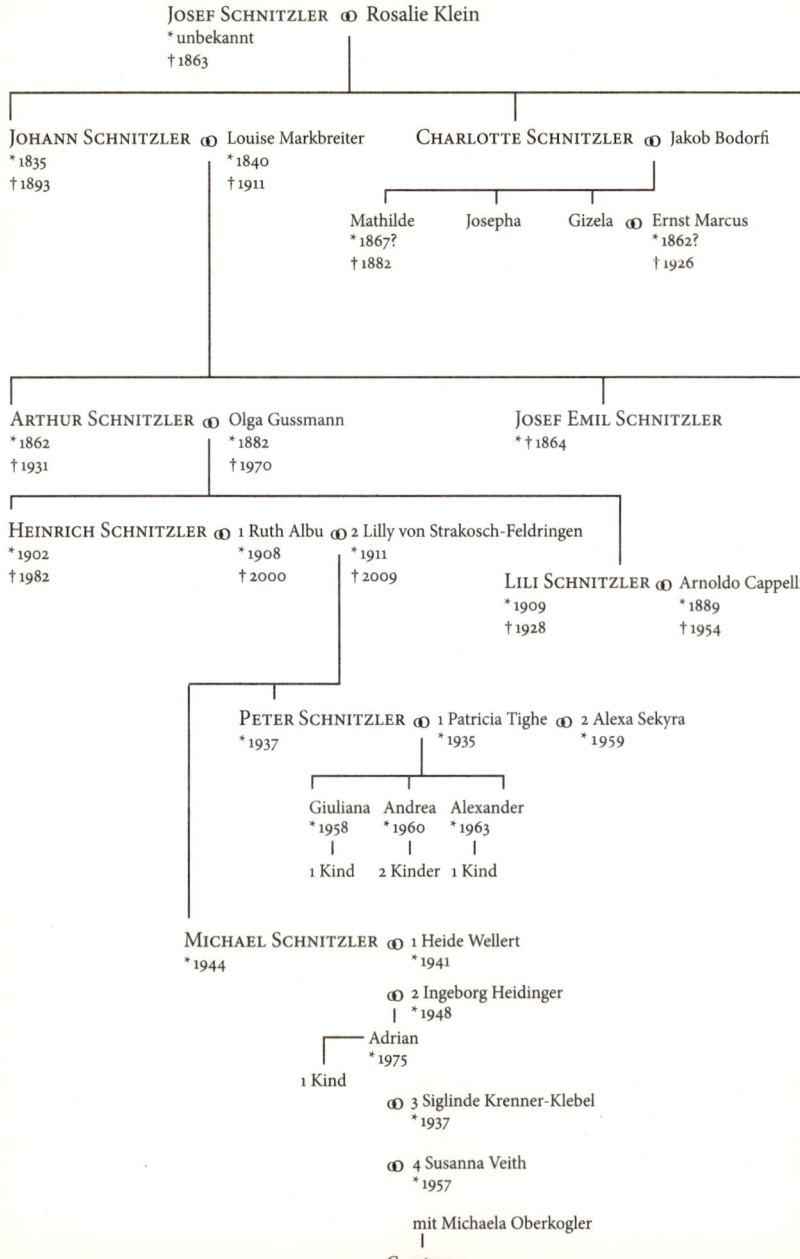

JOSEF SCHNITZLER ⚭ Rosalie Klein
*unbekannt
†1863

JOHANN SCHNITZLER ⚭ Louise Markbreiter
*1835   *1840
†1893   †1911

CHARLOTTE SCHNITZLER ⚭ Jakob Bodorfi

Mathilde   Josepha   Gizela ⚭ Ernst Marcus
*1867?   *1862?
†1882   †1926

ARTHUR SCHNITZLER ⚭ Olga Gussmann
*1862   *1882
†1931   †1970

JOSEF EMIL SCHNITZLER
*†1864

HEINRICH SCHNITZLER ⚭ 1 Ruth Albu ⚭ 2 Lilly von Strakosch-Feldringen
*1902   *1908   *1911
†1982   †2000   †2009

LILI SCHNITZLER ⚭ Arnoldo Cappellir
*1909   *1889
†1928   †1954

PETER SCHNITZLER ⚭ 1 Patricia Tighe ⚭ 2 Alexa Sekyra
*1937   *1935   *1959

Giuliana   Andrea   Alexander
*1958   *1960   *1963
| | |
1 Kind   2 Kinder   1 Kind

MICHAEL SCHNITZLER ⚭ 1 Heide Wellert
*1944   *1941

⚭ 2 Ingeborg Heidinger
| *1948

— Adrian
| *1975
1 Kind

⚭ 3 Siglinde Krenner-Klebel
*1937

⚭ 4 Susanna Veith
*1957

mit Michaela Oberkogler
|
Constanze
*1972

Stammtafel der Familie Schnitzler

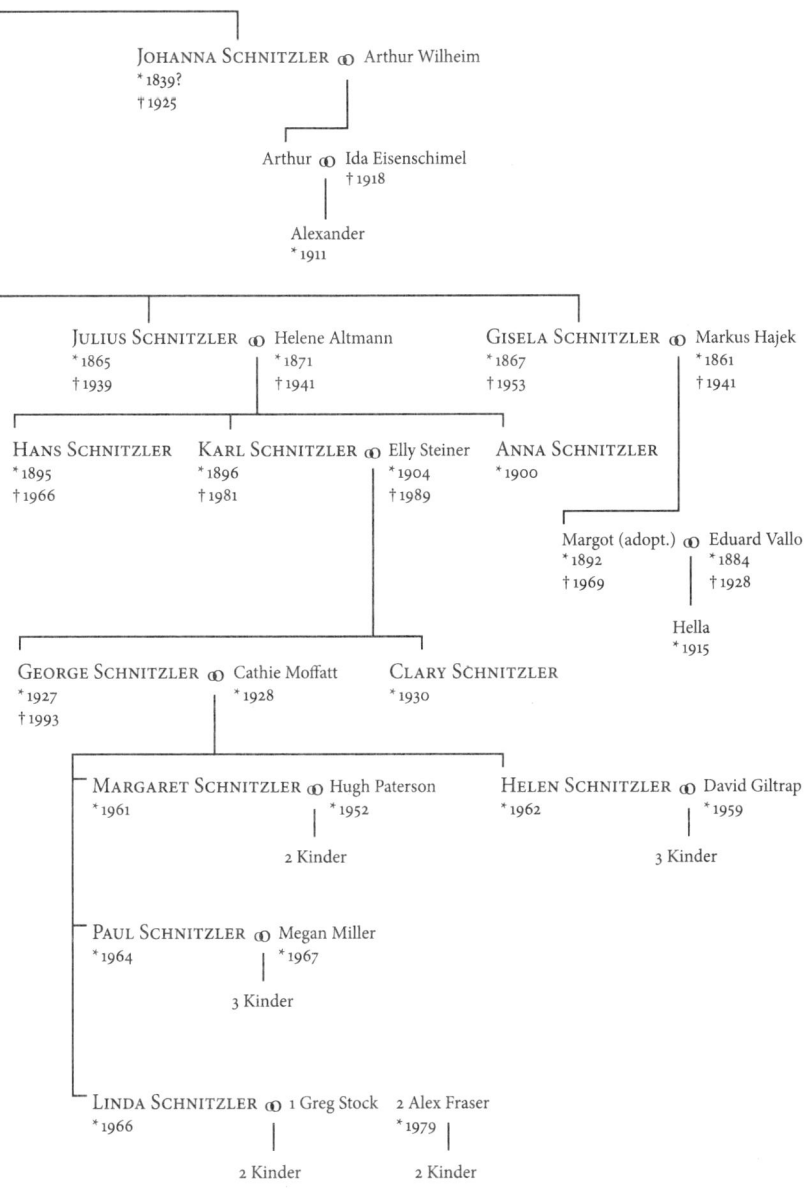

JOHANNA SCHNITZLER ∞ Arthur Wilheim
*1839?
†1925

Arthur ∞ Ida Eisenschimel
†1918

Alexander
*1911

JULIUS SCHNITZLER ∞ Helene Altmann
*1865   *1871
†1939   †1941

GISELA SCHNITZLER ∞ Markus Hajek
*1867   *1861
†1953   †1941

HANS SCHNITZLER
*1895
†1966

KARL SCHNITZLER ∞ Elly Steiner
*1896   *1904
†1981   †1989

ANNA SCHNITZLER
*1900

Margot (adopt.) ∞ Eduard Vallo
*1892   *1884
†1969   †1928

Hella
*1915

GEORGE SCHNITZLER ∞ Cathie Moffatt
*1927   *1928
†1993

CLARY SCHNITZLER
*1930

MARGARET SCHNITZLER ∞ Hugh Paterson
*1961   *1952

2 Kinder

HELEN SCHNITZLER ∞ David Giltrap
*1962   *1959

3 Kinder

PAUL SCHNITZLER ∞ Megan Miller
*1964   *1967

3 Kinder

LINDA SCHNITZLER ∞ 1 Greg Stock   2 Alex Fraser
*1966   *1979

2 Kinder   2 Kinder

»Lebendige Stunden? Sie leben doch nicht
länger als der Letzte, der sich ihrer erinnert.
Es ist nicht der schlechteste Beruf, solchen Stunden
Dauer zu verleihen über ihre Zeit hinaus.«

Arthur Schnitzler

Prolog:
Diesmal die praktischen Schuhe

Zentralfriedhof, Tor I. Giuliana Schnitzler trägt einen grünen Mantel an diesem kühlen Vorfrühlingstag, apfelgrün. Das passt zu ihren rotblonden Haaren, die vielleicht ein Erbteil ihrer irischen Vorfahren sind, der mütterlichen Vorfahren. Die väterlichen liegen hier. Links der schnurgeraden Hauptallee sind die Gräber mit den christlichen Symbolen, rechts davon die riesige jüdische Totenstadt: »Bet Kevarot«, der Ort der Gräber. Wir halten uns rechts, spazieren vorbei an den prunkvollen Grabmälern im Geschmack der Gründerzeit – verwittert, bemoost, von Baumwurzeln in Schiefstand gebracht. Manche der Inschriften sind in hebräischen Buchstaben abgefasst, die meisten aber auf Deutsch. Hier liegt das assimilierte jüdische Wien des 19. Jahrhunderts. Die Gräber zeigen, wie sie gesehen werden wollten: tatkräftige Männer, tugendsame Gattinnen, »beweint von ihren untröstlichen Söhnen und Töchtern«. Ihre Verdienste sind in Stein gemeißelt, die Kehrseite hat Arthur Schnitzler beschrieben. Giulianas Urgroßvater.

Ich schiele auf ihre Schuhe: Sie hat natürlich praktische Schuhe an den Füßen, wie jeder vernünftige Mensch für einen Spaziergang über den Zentralfriedhof. Ich auch. Die Frage der angemessenen Fußbekleidung für diesen Anlass beschäftigt mich, seitdem ich vor Jahrzehnten zum ersten Mal zu Schnitzlers Grab gepilgert bin. Eine Wiener Kaffeehausbekanntschaft hatte mich und meine karierten Wollstrümpfe ungnädig gemustert: »Wenn du zu Arthur Schnitzler gehst, zieh dir andere Strümpfe an.« Der Mann meinte wohl, diese Geste sei ich dem Frauenliebhaber Schnitzler selbst posthum noch schuldig.

Damals war ich Studentin der Germanistik in München. Bei den ersten Schnitzler-Lektüren – *Liebelei, Reigen, Anatol* – hatte es mich erwischt. Dieser federleichte beunruhigende Ton. Etwas an seiner Art, die Welt zu sehen und zu beschreiben, leuchtete mir unmittelbar ein. Seine Skepsis, seine Wahrheitsliebe, seine analytische Schärfe, seine Melancholie, seine permanent fehlschlagende, aber umso beharrlichere Sinnsuche im Sinnlichen. Und sein Humor! Jedenfalls durch diesen unterschied er sich von Freud, der ihn als seinen Doppelgänger betrachtete. Ich fuhr damals mit der Straßenbahn zum Zentralfriedhof, kaufte eine gelbe Rose und legte sie auf das Grab. Zwei Namen standen auf dem schlichten dunklen Stein, nicht drei, wie heute: Arthur Schnitzler (1862–1931) und Dr. Julius Schnitzler (1865–1939), dazu etwas Hebräisches, das ich nicht lesen konnte. Arthurs Sohn Heinrich lebte noch und war in Germanistenkreisen für die unermüdliche Freundlichkeit bekannt, mit der er Fragen zu seinem Vater und dessen Werk beantwortete. Trotzdem, ich hätte mich nie getraut, ihn zu behelligen, auch als ich später eine Magisterarbeit schrieb, in der es um Arthur Schnitzlers Sprachskepsis ging. Manchmal dauert es Jahrzehnte, bis man Fragen stellen kann.

Giuliana Schnitzler ist in den USA geboren. Ihr Vater Peter war ein Jahr alt, als die Familie aus Österreich vertrieben wurde, und er blieb in Los Angeles, auch als seine Eltern Heinrich und Lilly nach Wien zurückkehrten und den jüngeren Bruder Michael mitnahmen. Für das Experiment Europa entschied er sich erst später. Europa oder Amerika? Giuliana fühlt sich auf beiden Kontinenten zu Hause. Als Kind hat sie viel Zeit im großelterlichen Haus in Wien verbracht. Für sie gab es kein Entweder-oder, sondern immer nur ein Sowohl-als-auch. Gleichwohl, sie hat eine Entscheidung getroffen. Anfang der Neunzigerjahre verließ sie New York und ihren Job in der Filmbranche, um in jener Stadt zu leben, die wie ein Magnet auf sie wirkte: Wien und Schnitzler, das passt gut zusammen. In Wien hat kein Mensch ein Problem damit, diesen Namen auszusprechen, ohne sich dabei die Zunge zu verrenken.

Giuliana Schnitzler mag Friedhöfe, genauso wie ich. Manchmal zieht sie mit Eimern, Bürsten und Schwämmen los und pflegt die Gräber der Verwandtschaft. Die ist zahlreich vertreten auf dem Israelitischen Teil des Zentralfriedhofs, mehr oder weniger versammelt an einer Stelle: die Schnitzlers und Markbreiters, die Mandls,

Jellineks, Frids und Scheys. Sie schrubbt die Grabsteine, kratzt den moosigen Belag ab, der die Schrift unleserlich macht, hält das wuchernde Grün im Zaum. Wenn alles getan ist, sammelt sie Steinchen und schmückt damit die Gräber – statt mit Blumen. In der Wüste gab es keine Blumen. »Mit einem Stein sagt man: Ich war hier.« Giulianas Wienerisch ist der amerikanische Hintergrund in Akzent und Wortwahl anzuhören. »Ich erinnere an diese Personen. Solange sich jemand erinnert, sind sie nicht gestorben. Manche sagen: Die Steine stehen für die Last, die das Volk Israel trägt. Aber ich hab' die Schmuckversion gern.«

Weil Erinnerung Leben bedeutet, freut sie sich über jedes Zeichen gelebter Erinnerung. Jedes renovierte Grab ist ein Hoffnungszeichen. Es ist Sache der Angehörigen, sich darum zu kümmern. »Bet Kevarot« ist nicht mehr die malerische Wildnis wie vor zwanzig, dreißig Jahren, als dieser Teil des Zentralfriedhofs den Rehen, Füchsen und Dachsen, den Spaziergängern und Fotografen gehörte. Der Zerfall ist gestoppt, und zwischen den Reihen leuchten frisch vergoldete Buchstaben auf einzelnen kürzlich renovierten Monumenten. »Moriz Szeps. 1834–1902.« Ein Journalist und Verleger, natürlich ein Bekannter. Seine Tochter, die Salonière Berta Zuckerkandl, war Arthur Schnitzlers gute Freundin. Viele der Namen hier sind mit der Geschichte der Schnitzlers verknüpft.

Dennoch wird Giuliana selbst hier keinen Platz finden. Sie ist Vizepräsidentin der reformjüdischen Gemeinde »Or Chadasch«, und die wird von der Wiener Israelitischen Kultusgemeinde nicht anerkannt. Die Israelitische Kultusgemeinde bestimmt, wer jüdisch ist in Österreich und wer nicht. Die nach den Regeln von »Or Chadasch« konvertierten Gemeindemitglieder sind es in ihren Augen nicht. Und sie würde auch auf ihrem Terrain kein Gemeinschaftsgrab von jüdischen und nicht-jüdischen Ehepartnern akzeptieren. Deswegen hat »Or Chadasch« nun ein eigenes Areal erworben: entlang der Hauptallee, wenn auch *rive gauche*. Giuliana bückt sich, hebt einen Kiesel auf und legt ihn auf ein Grab. »Da liegt der Berti. Er war der nicht-jüdische Ehemann von einem Gemeindemitglied. Sehr involviert in die Gemeindearbeit. Er war wichtig.« *Wik-tick*, sagt sie mit ihrer warmen, klingenden Stimme.

Ebenfalls direkt an der Hauptallee, aber rechts vom Weg befindet sich das Grabmal ihrer Ururgroßeltern Johann und Louise Schnitzler, ein schwarzer Obelisk. Obenauf fehlt ein Element, »eine Kugel vielleicht oder so ein kleiner Spitz«. Sie hat schon recherchiert. Auch hier wäre mal eine Renovierung fällig. Die weiße Schrift ist verblasst und nur mit Mühe zu lesen: »K.K. Regierungsrat, K.K. Universitätsprofessor, Mitbegründer und Direktor der Poliklinik. Geboren 10. April 1835, gestorben 2. Mai 1893.« Und unten auf dem Sockel der Satz: »Alle, die ihn geliebt haben, beweinen ihn und alle, die ihn kannten, haben ihn geliebt.« Da bleibt nicht viel Platz für Louise. »Geboren 8. Juli 1840, gestorben 9. September 1911.« Aber die Ururenkelin beschäftigt gerade etwas anderes.

»Streng genommen« zeigt das Grab in die falsche Richtung, sinniert Giuliana. Die Füße sollten Richtung Osten weisen. Nach traditionellen Maßstäben ist es auch zu pompös. »Die Gräber in der Mitte da, das sind typisch jüdische Gräber.« Sie deutet auf die schlichten Steine mit den hebräischen Inschriften, die halb versunken im hohen Gras kauern. Aber mit der Assimilation habe man eben begonnen, sich an den prunkvollen christlichen Grabmälern zu orientieren. »Streng genommen« – sie genießt den Ausdruck – »waren die doch alle Reform«, das ganze liberale Wiener Bürgertum des 19. Jahrhunderts samt ihrem Rabbiner Jellinek. Solche wie sie. Auf dem Flyer von »Or Chadasch« steht der programmatische Satz: »Als progressiver religiöser Jude oder progressive religiöse Jüdin zu leben heißt, in der im Schrifttum überlieferten Lehre ein jüdisches Leben zu führen, das den sozialen, kulturellen und ethischen Herausforderungen der Moderne entspricht.« Sie stellen sich damit in die Tradition derjenigen, die in Gehrock und Zylinder Wien und das ganze Land in die Moderne bugsierten.

Gibt es das, diese verbindende Klammer zwischen den Generationen? Eine Art dominantes Schnitzler-Gen? Lassen sich tatsächlich Gemeinsamkeiten feststellen – Selbstbilder, Ideen, Schuhgrößen, Begabungen, Laster, Handlungsweisen, Prinzipien, Gewohnheiten, Vorlieben, Aversionen, Marotten – die, transformiert, in einer Familie durch die letzten hundertfünfzig Jahre gewandert sind? Welchen Platz nimmt Arthur Schnitzler in diesem familiären Geflecht ein?

Was macht eine Familie mit dem Erbe einer solch herausragenden Gestalt? Ist man mit diesem Erbe in New York oder Los Angeles weniger stark konfrontiert als in Wien? Giuliana Schnitzler nickt zustimmend. Natürlich hat auch sie schon, oft genug, über solche Fragen nachgedacht. Familiengeschichte, ein faszinierendes Thema! Besonders das Kapitel Frauen. Sie lacht, erzählt dann von ihrer Großmutter Lilly, die an jenem Silvesterabend, als sie ihren späteren Mann Heinrich traf, ein schönes neues grünes Kleid trug. »Ich hasse Grün«, sagte Heinrich Schnitzler. Und Lilly? Sie trug nie wieder Grün, kam aber mit den Jahren zu der Ansicht: Jeder, der in die Familie Schnitzler einheiratet, »is eh oahm«.

Die Reise in die Vergangenheit beginnt mit Johann Schnitzler, der im März 1858 in viertägiger Fahrt mit dem Leiterwagen von Pest nach Wien kam.

Erster Teil
Nagykanizsa, Pest, Wien 1858–1893

Die Fahrt auf dem Leiterwagen

Wien, den 4. April 1858: »Geliebte Eltern«. Seit zehn Tagen ist Johann Schnitzler in der Stadt und schreibt nun einen ersten Brief nach Hause. Er schreibt auf Deutsch. Deutsch ist die Muttersprache der Juden im westlichen Ungarn. Johann ist knapp 23 Jahre alt und Student der Medizin. Nach einigen Semestern in Pest will er sein Studium in Wien fortsetzen, dem Mekka aller Mediziner. Seine Eltern und seine beiden jüngeren Schwestern leben in Nagykanizsa südwestlich des Balaton im Komitat Zala. Hätte er seine Ankunft nicht früher melden können? Nein, erst wollte er seine Angelegenheiten geregelt wissen, um dann Beruhigendes schreiben zu können. Für seinen Lebensunterhalt muss der junge Mann selber aufkommen. »Am 24. des Abends kam ich hier an, und am 25. hatte ich bereits eine gute Lektion und am darauffolgenden Tag war ich bereits infolge meines Empfehlungsschreibens und glänzenden Zeugnissen zu zwei Knaben als Erzieher akzeptiert, wo ich neben eleganter Wohnung, Kost etc. 40 fl. monatlich (…) habe und das Beste ist, daß ich den ganzen Tag zu meinen Studien habe und nur die Abendstunden meinen Zöglingen zu widmen habe.«[1] Ihm sei bloß »der Unterricht in den Realgegenständen« sowie in französischer und ungarischer Sprache überlassen. Vierzig Gulden, das ist nicht schlecht. Es ist mehr, als ein Sekundararzt am Allgemeinen Krankenhaus verdient. Aber er hat sich noch eine zweite Geldquelle gesucht. Seit dem 31. März arbeitet er als Redakteur bei einer Wiener medizinischen Zeitung. Das Studium? Noch hat das Semester nicht begonnen, aber Johann Schnitzler lässt keinen Zweifel daran aufkommen, dass er allen diesen Aufgaben gleichzeitig gewachsen ist.

Voller Vorfreude verspricht er, in seinem nächsten Brief über »die Kliniken der Prof. Oppolzer, Škoda, Scholz, Dumreicher etc.« zu berichten. Ein Optimist. Um ihn muss man sich keine Sorgen machen, das ist die Botschaft nach Hause. Er verabschiedet sich zärtlich und ehrerbietig: »Ihr Sie liebender Sohn Johann«, fügt dann noch Küsse für »die lieben Hani und Lotti« hinzu. Ein guter Sohn.

Nur ein Satz, der erste, sticht heraus aus der Liste der Erfolgsmeldungen, bietet einen Kontrapunkt zu dem auftrumpfenden Grundton. »Mit welchen Gefühlen ich Pest, den Ort, wo ich so glücklich war, wo ich die ersten Jugendträume verlebte, verließ, wäre mir unmöglich zu schreiben.« Er benutzt den Unsagbarkeitstopos, um an etwas zu erinnern, eine Dimension des Lebens, die eingestandenermaßen existiert, über die er aber nicht sprechen kann oder will. Kann er über seine Gefühle nicht schreiben, weil er die Worte dazu nicht hat; will er sich die Zeit dazu nicht nehmen – oder ist es ihm generell peinlich, etwas Derartiges zu bereden? Fürchtet er, dass seine Tatkraft geschwächt werden könnte, wenn er sich dem Abschiedsschmerz noch einmal nacherzählend aussetzt? Oder hat er womöglich schon früh gelernt, das, was ihn bedrückt, mit sich selbst auszumachen? So wird er es auch in Zukunft halten. Über Herzensangelegenheiten, schreibt Arthur Schnitzler in seiner Fragment gebliebenen Autobiographie *Jugend in Wien,* pflegte sein Vater zu schweigen.[2] Er hat auch für sich behalten, was der eigentliche Anlass für seinen Umzug nach Wien war. Sein minder diskreter Sohn hat es ausgeplaudert:

»Nicht nur der Wunsch, eine andere bedeutendere und deutschsprachige Hochschule zu besuchen, sondern auch eine Herzensgeschichte war die Ursache, daß er Budapest vor Vollendung seiner medizinischen Studien verließ. Er war Hauslehrer bei den Söhnen eines sehr bekannten Buchhändlers, der außer diesen Söhnen zwei schöne, aber leichtsinnige Töchter hatte. Mein Vater verliebte sich in die jüngere, sie ließ sich die Schwärmerei des mittellosen Studiosus gefallen, ohne sie ernst zu nehmen; er warb um sie in aller Form, sie zog ihn hin, ohne ihn aber gänzlich zu entmutigen. Zu dieser Zeit geschah es, daß sie auf einer Tanzunterhaltung, wie sie solche auch manchmal insgeheim zu besuchen pflegte, einen Hauptmann kennenlernte und bald dessen Geliebte wurde. Dem Buchhändler blieb diese Verbindung kein Geheimnis, er wies die Tochter zwar nicht, wie er anfangs willens gewesen war, aus dem Hause, vermied es aber von Stund ab, das Wort an sie zu richten. Mein Vater, sobald er klar zu sehen begonnen, betrat die Schwelle des Hauses nicht mehr, auch der weitere Aufenthalt in der Stadt war ihm verleidet, und in viertägiger Reise fuhr er, wie er mir später oft erzählte (ohne des Anlasses zu erwähnen) auf einem Leiterwagen nach Wien. (…) Die ganze Geschichte wurde mir erst viele Jahre nach seinem Tod auf einem Spaziergang im Dornbacher Park von einem Freund erzählt, dessen Mutter als junges Mädchen im Hause jenes Buchhändlers verkehrt (…) hatte (…)«.[3]

Worüber wird in einer Familie gesprochen und worüber nicht? Johann Schnitzler weiß, was seine Eltern hören wollen. Sein Brief ist knapp und schnörkellos. Es geht um Existenzsicherung, alles andere ist unwichtig. Das, was er später seinen Kindern abverlangt – detaillierte Schilderungen von fremden Ländern und Städten –, all dieser bildungsbürgerliche Luxus spielt noch keine Rolle. Er schreibt nichts über die Leute, bei denen er jetzt wohnt und deren Kinder er unterrichten wird, nichts über die Stadt, in der er gelandet ist, nichts über das Spektakel, das dieser Tage so viele Schaulustige anzieht.

Dass er Wien in einem historisch bedeutsamen Moment betreten hat, weiß er damals wahrscheinlich selbst nicht so genau. Er hat ihn punktgenau erwischt. Vor vier Tagen hat der Umbau Wiens begonnen. Was Kaiser Franz Joseph im Dezember letzten Jahres hat verkünden lassen, der Abriss der Stadtbefestigung und der Beginn des Ringstraßenprojekts, ist nun in Angriff genommen worden. Ein gewaltiges Projekt. In der *Presse* vom 30. März 1858 konnte man lesen: »Die Demolirung der Basteien hat heute mit Tagesanbruch begonnen; etwa 150 Arbeiter verschiedener Nationalitäten schaufeln und hacken auf der Bastei zum Rothenturmthor bis zur Gonzaga-Bastei mit einem Eifer an dem alten Gemäuer, als hätten sie die Demolirung selbst in Accord genommen. Schon um die Mittagsstunde war die ganze Mauer, welche auf der genannten Strecke die Verschanzung bildet, niedergeworfen, und eine Stelle an der Gonzaga-Bastei behufs Abfuhr des Materials bis auf den Grund durchbrochen. Im Bereiche der Kasematten wird man jedoch bis zu deren Räumung keine weiteren Fortschritte machen können. Bei der Ferdinands-Brücke und auf der Gonzaga-Bastei erlustigten sich Hunderte von Zuschauern an jeder Schaufel Sand und Steine, welche am Schanzel in die Tiefe hinabrollt.«[4] Das alte, das mittelalterliche Wien wird abgerissen. Wien hört auf, eine Festung zu sein. Die Bewohner der Stadt verlieren ihren geliebten Spazierweg über die Basteien, aber für Juden wie Johann Schnitzler fällt ein Symbol der Diskriminierung. Noch vor Kurzem, als er ein Kind war, hatte jeder Jude, der in die Stadt wollte, am Stadttor einen »Silberzwanziger« zu entrichten und bekam dann einen Passierschein. In der Stadt leben konnten nur die wenigen reichen jüdischen Familien, die in der Lage waren, die hohe »Toleranztaxe« zu bezahlen. Das ist seit 1848 vorbei. Nun soll man auch sehen, wie Wien sich öffnet. Über all das schreibt Johann Schnitzler seinen Eltern nicht, auch nichts über die Umstände seiner Reise von Pest nach Wien. Die werden ihm erst später wichtig, Lehrstoff für seine verwöhnten Kinder, die gar nicht wissen, wie gut sie es haben. Die Reise mit dem Leiterwagen beendet das Kapitel der armen Schnitzlers, und das ihres rasanten Aufstiegs beginnt.

Wann fängt eine Geschichte an, wie weit muss man zurückgehen, damit sie verständlich wird? Unter welchen Umständen wird Familiengeschichte gepflegt als ein Schatz, den es zu hüten gilt, und wann vergisst man lieber? Das biographische oder historische Interesse ist nicht automatisch identisch mit der internen familiären Erinnerungskultur. Arthur Schnitzler bringt in all seiner Unerschrockenheit und Wahrheitsliebe als autobiographisch Schreibender beide Perspektiven weitgehend in Deckung. Die familiäre Dynamik von Sprechen und Verschweigen, mit der er aufgewachsen ist, hat aber auch seine Sichtweise geprägt. Er interessierte sich nur mäßig für seine Familiengeschichte und grenzte sich spöttisch von dem rückwärtsgerichteten Wissensdrang anderer Leute ab: »Seit wann meine Voreltern in Groß-Kanizsa, seit wann sie sich in Ungarn ansässig gemacht haben, in welchen Gegenden sie vorher umhergewandert und wo sie überall für kürzere oder längere Dauer heimisch gewesen sind, nachdem sie, wie wohl anzunehmen ist, vor zweitausend Jahren ihre Urheimat Palästina verlassen hatten, das alles ist mir vollkommen unbekannt.«[5] Seine Aufmerksamkeit galt der Gegenwart, nicht der Vergangenheit, und wenn schon der Vergangenheit, dann der selbst erlebten. Immerhin, ein paar Dinge über die Herkunft seines Vaters teilt er mit: »Die Familie meines Vaters war in Groß-Kanizsa, einer ungarischen Mittelstadt, zu Hause, soll ursprünglich Zimmermann geheißen und erst zu Lebzeiten meines Großvaters den Namen Schnitzler angenommen oder ihn von einer hohen Behörde zugewiesen erhalten haben. Meine Großmutter, Rosalie, war die Tochter eines gewissen David Klein aus Puszta Kovacsi im Zalaer Komitat und seiner Gattin Marie, geborener Rechnitz. Weiter vermag ich meine Abstammung väterlicherseits nicht zu verfolgen. Mein Großvater, Tischler wie angeblich auch seine nächsten Vorfahren, befand sich mit den Seinen zeitlebens in beschränkten, ja dürftigen Verhältnissen (…). Er soll des Lesens und des Schreibens unkundig, in seinem Handwerk aber beinahe ein Künstler gewesen sein; ob er es war oder mein Vater, der als Knabe für durchziehende Komödianten Theaterzettel in den Häusern austrug, ist mir nicht erinnerlich; was mir jedoch mein Vater in kindlicher Pietät verschwieg und ich erst lange nach seinem Tod aus dem Mund eines entfernten Verwandten erfuhr, ist der Umstand, daß mein Großvater Quartaltrinker war, welche, bei Juden im allgemeinen so selten vorkommende Anlage an den stets zerrütteten Vermögensverhältnissen der Familie wahrscheinlich die Hauptschuld trug.«[6] Wie es aussieht, hatte Johann Schnitzler keinen Grund zur Nostalgie. Die gute alte Zeit gab es nicht. Umso mehr musste er auf die Zukunft setzen.

Der Leiterwagen, dieses bäuerliche Fuhrwerk, ist nicht in erster Linie zur Personenbeförderung gemacht, schon gar nicht über lange Strecken. Er hat vier Räder, eine Deichsel, manchmal ziehen zwei Pferde statt einem. Die Seitenwände bestehen aus zwei Leitern, die man bei Bedarf herausnehmen und gegen feste Bretter austauschen kann, wenn Mist transportiert und aufs Feld ausgebracht werden soll. Nach ein paar Stunden auf der Chaussee ist jedes körpereigene Molekül durchgerüttelt. Die Postkutsche wäre bequemer gewesen, aber auch teurer. Sie hätte weniger Erzählstoff für die Nachfahren geliefert und auch nicht … – nein, das wissen wir nicht, ob sich Johann Schnitzler irgendwann in diesen vier Tagen der Symbolcharakter des gewählten Transportmittels aufgedrängt hat. Die Jakobsleiter! Als weniger frommer denn wohlunterrichteter Jude könnte ihm die Geschichte schon in den Sinn gekommen sein. In reform-orientierten jüdischen Gemeinden im deutschsprachigen Raum – wozu auch die ungarischen Gemeinden als Teil des Habsburger-reichs gehörten – war um die Mitte des 19. Jahrhunderts Leopold Zunz' Bibelübersetzung gebräuchlich. Danach klang die berühmte Stelle so: »Und Jaakob zog aus Beerschaba und ging gen Charan. Und traf auf einen Ort und übernachtete allda, weil die Sonne un-tergegangen war, und nahm einen von den Steinen des Ortes und machte ihn zu seinem Kopflager und legte sich hin an demselben Orte. Da träumte er und siehe, eine Leiter war gestellt auf die Erde und die Spitze reichte an den Himmel und siehe, Engel Gottes stiegen auf und ab an ihr. Und siehe, der Ewige stand über ihr und sprach: Ich bin der Ewige, Gott Abraham's, deines Vaters, und Gott Jizchak's; das Land, auf dem du liegst, dir werde ich es geben und deinem Samen. Und dein Same wird sein wie Staub der Erde, und du wirst dich ausbreiten nach Abend und Morgen, und Mitternacht und Mittag; und mit dir werden sich segnen alle Geschlechter der Erde, und mit deinem Samen. Und siehe, ich bin mit dir, und werde dich behüten, wo du auch immer gehest, und dich zurückführen in dieses Land; denn ich werde dich nicht verlassen, bis daß ich getan, was ich geredet habe zu dir.«[7]

Laut den Immatrikulationsunterlagen der Wiener Medizinischen Fakultät wurde Johann Schnitzler am 10. April 1835 in Nagybajom geboren, nicht in Nagykanizsa, wo er dann aufwuchs. Schon viele Generationen vor ihm hatte der Traum von einer besseren Zukunft in Gang gesetzt – auch seine Eltern.

Woher die Schnitzlers kamen

Wien, Seitenstettengasse 4. Die Synagoge in der dicht bebauten In-nenstadt stand schon an ihrem Platz, als Johann Schnitzler nach Wien kam, und da steht sie heute noch. 1825, als sie errichtet wurde, besagte eine Vorschrift, dass nur katholische Kirchen freistehen durf-ten. Eingefügt in die Häuserzeile der Seitenstettengasse, hat sie die

Novemberpogrome von 1938 überstanden, jedenfalls das Gebäude – von 94 Synagogen und Bethäusern in Wien das einzige. Seit dem Anschlag vom 29. August 1981, als bewaffnete palästinensische Terroristen am Schabbat in den Gottesdienst eindrangen, zwei Menschen töteten und viele verletzten, ist es ein sehr gut bewachtes Haus. Heute gelangt man nur mit Ausweis und durch die übliche Sicherheitsschleuse hinein. Das bringt eine gewisse Enge mit sich, aber den Platzbedarf konnte der Architekt von damals, Josef Kornhäusel, unmöglich voraussehen. Das Matrikenamt ist in zwei winzigen, ineinander übergehenden Zimmern des Hochparterres untergebracht. Die alten Bände mit den handgeschriebenen Einträgen der Geburts- und Sterbedaten, der Eheschließungen sowie der Aus- und Übertritte befinden sich im Eingangsraum. An der Wand hängen: eine historische Karte der Donaumonarchie, ein paar vergrößerte Kleinanzeigen aus der *Neuen Freien Presse*, ebenfalls historisch, sowie der Hinweis auf Georg Gauguschs monumentales Nachschlagewerk *Wer einmal war*, Band 1, A–K. Wer eine jüdische Familie hat, die einmal in Wien ansässig war, und nach Querverbindungen und Zusammenhängen sucht, könnte darin fündig werden, vorausgesetzt: Die Familie gehörte zum Großbürgertum. M wie Markbreiter und S wie Schnitzler und Schey kommen erst im nächsten Band an die Reihe.

Also ist Wolf-Erich Eckstein zuständig, der Herrscher des Matrikenamts. Er ist ein gebürtiger Berliner – wie Fanny von Arnstein, die in Wien einen legendären Salon führte und, observiert von der Geheimpolizei, den Weihnachtsbaum nach Österreich brachte. Vielleicht kann Eckstein Licht in das Dunkel der Schnitzlerschen Herkunft auf der väterlichen Seite bringen. Warum dieser Namenswechsel von Zimmermann zu Schnitzler? Ist es wahr, dass Arthur Schnitzlers Großmutter Rosalie – die er übrigens nicht ausstehen konnte – mit den reichen Gutmann de Gelses verwandt war, wie der Schnitzler-Biograph Giuseppe Farese behauptet?[8]

Der zweite Raum ist mit Zigarettenrauch und einem großen Schreibtisch mehr oder weniger ausgefüllt. Eine fast leere Schachtel der Marke »Eckstein« dient nur noch Dekorationszwecken. »Die gibt es schon lange nicht mehr«, sagt der Familienforscher, so musste er leider auf eine andere Marke umsteigen. Auf den Bildschirmen vor sich hat er zwei verschiedene Genealogieprogramme, die er virtuos handhabt wie ein DJ seine Plattenteller. Aber vieles hat er auch so im Kopf. Er ist eben mit vielen verwandt, da sein eigener Stammbaum sich laut Aussage seines Vaters bis auf König David zurückführen lässt. In die Auskünfte zu mutmaßlichen Vorfahren, die seine Besucher aus aller Welt von ihm bekommen, lässt er auch kleine Anekdoten in eigener Sache einfließen. »Kennen Sie Jesus?«, wurde er einmal auf der Straße von den Angehörigen einer christlichen Sekte gefragt, und er freut sich noch heute der eigenen Geistesgegenwart, mit der er antwortete: »Ja. Wir sind weitläufig verwandt.« Das ist die eine Seite des Magisters Eckstein, mit der er sich und seine Besucher belustigt, mitten im Arbeitsfuror innehält für einen kurzen Moment der Erholung.

Er gibt Namen ein, findet andere Namen, kombiniert, spekuliert, macht einen Witz, raucht, verwirft, warnt vor voreiligen Rückschlüssen, fährt sich mit der Hand, die gerade keine Zigarette hält, durch den grauen Haarschopf, stöhnt, schimpft über Leute, die Ungenaues schreiben, klagt über Umstände, die das Recherchieren schwierig machen, deutet an, dass es mit dem Informations- und Datenaustausch zwischen Österreich, Israel und Ungarn auch nicht immer völlig störungsfrei klappt. Und schüttelt schließlich den Kopf. Nein, die Verwandtschaft mit den reichen Gutmanns lässt sich nicht nachweisen. Und auch andere Annahmen sind mit Vorsicht zu genießen.

Johann Schnitzlers Mutter Rosalie, geborene Klein. Da gibt es eine Todesanzeige aus der *Neuen Freien Presse*: gestorben 8. 11. 1878, »im 66. Lebensjahr«, begraben ist sie in Budapest, ein Geburtsort ist nicht angegeben. Der Kaufmann David Klein und seine Frau Marie, geborene Rechnitz, sollen laut Arthur Schnitzler ihre Eltern gewesen sein. Die Matriken wissen aber nur von einem Kind dieser beiden: Johann, geboren 1838. Der gehörte tatsächlich zur Familie, zog später nach Wien und taucht als »entfernter Verwandter« gelegentlich in Arthur Schnitzlers Tagebuch auf. Gesetzt den Fall, die Geburt eines älteren Kindes wäre aus welchen Gründen auch immer nicht aktenkundig geworden, dann wäre dieser Johann 23 Jahre jünger gewesen als seine Schwester. Möglich, aber unwahrscheinlich. Oder könnte es sein, dass David Klein nicht der Vater, sondern der Bruder von Rosalie war? Die Matriken schweigen. Sie schweigen auch zu der Frage nach Josef Schnitzlers Herkunft, Johanns Vater. Die Sache mit dem Namenswechsel macht es nicht einfacher. Wann und wo geboren? Eine Antwort will sich nicht finden lassen.

Manche Rätsel lassen sich nicht mehr lösen. Aber es gibt eine mögliche Erklärung dafür, warum sie sich nicht lösen lassen. Man müsse fragen, sagt Wolf-Erich Eckstein, warum denn überhaupt so viele Juden in das westliche Ungarn kamen und woher sie kamen. Und er gibt die Antwort mit einem Begriff: die Familiantengesetze. Diese galten ab 1726 in Böhmen und Mähren und besagten im Prinzip, dass nur der älteste Sohn einer jüdischen Familie heiraten und seinerseits eine Familie gründen durfte. Wer es dennoch tat, ohne offizielle Bewilligung oder »Rischojin«, wie es im Schtetl hieß, dessen Kinder wurden als unehelich betrachtet und bekamen den Namen der Mutter. Diese Schande! Der Journalist Leopold Gompert, ein Zeitgenosse Johann Schnitzlers, hat die Dramen beschrieben, die sich aus der strengen Gesetzeslage für unzählige böhmische und mährische Juden ergaben. Der Berliner in Eckstein liebt das Pathos nicht; er formuliert salopp, so wie es eben seine Art ist, über die Grausamkeiten, an denen die jüdische Geschichte, auch die seiner Familie, reich ist, zu reden: »Also machten sie sich auf die Strümpfe.« Auf nach Ungarn, wo es ein solches Gesetz nicht gab.

Die Reformer aus Nagykanizsa

Nagybajom, wo Johann Schnitzler geboren wurde, war nur eine Zwischenstation. Der Name bedeutet so viel wie: »mein großes Problem« – und ein Problem hatten die jüdischen Familien tatsächlich, die in den ländlichen Orten des südlichen Ungarn verstreut und relativ isoliert lebten.[9] Wie sollte da ein funktionierendes Gemeindeleben entstehen? In welche Schulen sollten sie ihre Kinder schicken? Josef und Rosalie Schnitzler entschieden sich, weiter westlich nach Nagykanizsa zu ziehen. In Nagykanizsa sah die Sache ganz anders aus. Die Stadt war seit der Römerzeit ein Knotenpunkt verschiedener Handelswege und erlebte im 19. Jahrhundert einen großen Aufschwung, den sie nicht zuletzt der dynamisch wachsenden jüdischen Gemeinde verdankte. Nagykanizsa war ein Ort, wo ein geschickter Tischler Arbeit finden konnte.

Ich mache mich auf den Weg in die Stadt mit dem unaussprechlichen Namen, heute ein verschlafenes Nest nahe der kroatischen Grenze. Viereinhalb Stunden dauert die Zugreise von Wien-Meidling nach Nagykanizsa über Hegyeshalom. In Győr und Szombathely muss ich umsteigen. Die Mitpassagiere sind auffallend höflich. Ein junger Mann hilft in Győr den Koffer auf die Ablage heben – erst dann holt er seinen Laptop aus dem Rucksack – und wieder hinunter, als wir in Szombathely angelangt sind. Eine schwer bepackte Frau mit Rucksack, Wanderstiefeln und Spinnrad zum Klappen steigt mit um, eine Deutsche, wie sich herausstellt, sie wohnt in Buczuzentlaszlo in einer alternativen Landkommune, sagt »ooch« statt auch, und wenn sie nicht Schafe hütet oder Gedichte schreibt, fährt sie in die Schweiz zum Geldverdienen bei einer alten Dame – 24-Stunden-Pflege. Ein Monat hier, ein Monat dort. Jetzt ist die Stimmung in der Kommune gerade ein bisschen angespannt, weil die eine Hälfte der Bewohner einem russischen Schriftsteller verfallen ist und dessen Ideen vom Landleben imitieren will. Der Sächsin gefällt das nicht, sie will lieber ihrer eigenen Nase als den Rezepten anderer folgen. Was wird sie nun, nach vier Wochen Abwesenheit, als Erstes in ihrem sonnenkollektorversorgten Niedrigenergielehmhaus tun? »Ein Feuer machen«, sagt sie, »das ist lebendig.«

Drei Stationen hinter Buczuzentlaszlo ist Nagykanizsa, oder jedenfalls der Bahnhof von Nagykanizsa. Ich sehe nur Schienen, die in die Weite der flachen Landschaft führen. Aber Eszter Lesták ist da, wie verabredet: eine Studentin der Judaistik, die für ihre Magisterarbeit die übrig gebliebenen sakralen Gegenstände aus der örtlichen Synagoge erforscht. Deshalb verbringt sie gerade viel Zeit in ihrer Heimatstadt, wohnt bei ihrer Mutter und ist eigentlich ganz froh über die Distanz zu dem lauten Budapest. Vom Bahnhof aus dauert es zehn Minuten zu Fuß, dann sind wir bei der Synagoge. Das große, streng klassizistische Gebäude liegt versteckt in einem Hinterhof. Aber die Fenster sind vergittert, und der Zugang zum Portikus ist durch Schilfmatten versperrt. Auf der Höhe der unteren

Fensterreihen ist der umbrafarbene Fassadenputz ganz abgefallen, gemauerte Ziegelwände leuchten rot, wie rohes Fleisch. Hinein können wir nicht, bei dem baufälligen Zustand. Das Haus gehört jetzt der Stadt, und die lässt es verfallen. Es gibt drinnen aber auch wenig zu sehen, sagt Eszter. Die wenigen Mitglieder der jüdischen Gemeinde feiern ihre Gottesdienste anderswo.

Als die Synagoge 1821 eröffnet wurde, hatte sie mehr als tausend Mitglieder. Die meisten von ihnen waren erst in den vorangegangenen Jahrzehnten dazugekommen. Eine Zeit lang hatten in Nagykanizsa keine Juden gelebt, im Jahr 1735 wurde ihre Zahl mit 13 angegeben, 1785 waren es schon 420. Und die Gemeinde wuchs weiter – offenbar zu ihrer eigenen Überraschung. Die Pläne des deutschen Architekten waren schon bei Baubeginn der Synagoge überholt und mussten mehrmals geändert werden, weil der Platzbedarf zunahm. Noch während ich mich frage, worin denn die Anziehungskraft dieser Gemeinde gelegen haben mag, gibt Eszter das Stichwort. Sie spricht von der Orgel, die in Ermangelung eines eigenen Kantors zunächst von einem Christen gespielt wurde. Eine Orgel! Damit wird klar, wohin sich Josef und Rosalie Schnitzler begeben hatten: in die Gesellschaft entschlossener Reformer. Nach den Vorstellungen orthodoxer Juden sind Instrumente in der Synagoge nicht erlaubt. Die Orgel bedeutete das Bekenntnis zur Haskalah, der jüdischen Aufklärung, die Anfang des 19. Jahrhunderts von Deutschland ausgegangen war. Umso mehr, wenn ein Christ sie spielte! Keine Berührungsängste mit Andersgläubigen, lautet ein Prinzip des Reformjudentums, das aus der Haskalah hervorgegangen ist.

Und außerdem, fügt Eszter mit ihrer leisen Stimme hinzu und streicht sich eine Strähne ihrer Schneewittchenhaare aus dem Gesicht, gab es den Rabbiner Löw. Leopold Löw, der eigentlich aus Mähren kam und zum glühenden ungarischen Patrioten wurde. Ein berühmter Mann. 1841 wurde er von der Gemeinde installiert, auf seine erste Stelle. Obwohl er aus einer angesehenen Rabbinerfamilie stammte, hätte er als Anhänger der Haskalah in seiner Heimat kaum Chancen gehabt. Es war hier, in der Synagoge von Nagykanizsa, wo er begann, auf Ungarisch zu predigen. »Lasst uns nicht ungarische Juden sein, sondern jüdische Ungarn!«, appellierte er an die

Gemeinde und sprach sich gegen die Idee einer eigenen jüdischen Nation aus. Den Gottesdienst nicht komplett auf Hebräisch, sondern zumindest teilweise in der jeweiligen Landessprache abzuhalten, gehörte zu den Ideen der Haskalah. Löw riskierte damit, von den meisten Zuhörern nicht verstanden zu werden, denn die waren ja Untertanen des Hauses Habsburg und sprachen deutsch. Aber das war ihm egal. Das Bekenntnis zur ungarischen Sprache bedeutete, sich auf die Seite der ungarischen Nationalisten zu stellen und deren Autonomiebestrebungen zu unterstützen – weg von Österreich. Von der Allianz mit der ungarischen Aristokratie erhofften die Juden sich das, was ihnen bisher verwehrt geblieben war: die Emanzipation mit allen staatsbürgerlichen Rechten. Im Gegenzug setzte die ungarische Aristokratie auf die Juden, weil sie Unterstützer suchte, um dem Magyarentum im Vielvölkerstaat Ungarn zur Vorherrschaft zu verhelfen. Eszter erzählt dann auch noch, dass die jüdische Gemeinde von Nagykanizsa für den Befreiungskampf der Ungarn im Winter 1848/49 einiges Ritualsilber spendete, wofür sie dann nach der Niederschlagung der Revolution eine hohe Strafe auferlegt bekam.

Revolution! Ich stehe vor der baufälligen Hülle der Synagoge, es ist wieder März, und ich stelle mir vor, wie der 13-jährige Johann Schnitzler, vor den Augen der Gemeinde schon ein Mann, drinnen sitzt und mit klopfendem Herzen den Freiheitsparolen des Rabbiners lauscht. Wie er Janós heißen will statt Johann, und wie er später davon träumt, an der Seite des ungarischen Adels in der Honvéd-Armee zu kämpfen. Er kennt ja einige erwachsene Männer, die das tun: Leopold Löw, der nun als Kaplan die Truppen befeuert, und den jungen Dr. Wittelshöfer, der als Stabsarzt mit dabei ist. War es nicht ganz natürlich, sich als Jude der liberalen Bewegung anzuschließen? Dem Pathos zeitgenössischer Revolutionsrhetorik wird sich ein phantasievoller und begeisterungsfähiger Jugendlicher kaum entzogen haben: »Es galt doch, die Ketten der Tyrannenwillkür zu brechen, in wessen Fleisch hatten sie tiefer eingeschnitten als in das seine! Es galt, den Absolutismus zu stürzen; auf wem hatte dessen erdrückende Wucht schwerer als auf dem Juden gelastet? Es galt, Freiheit und Gleichheit zu erringen; wer konnte diese Güter heißer wünschen als der Jude, der ihren Abgang Jahrhunderte hinweg so schmerzlich empfunden?«[10]

Johann Schnitzler war ein guter Schüler, der das Familienbudget mit Nachhilfestunden aufbesserte. Seine Aufsätze brachten ihm die Bewunderung der Lehrer ein: »Ein ungarischer Shakespeare!« Nachwuchstalente waren gesucht, schließlich sollte mit den Magyarisierungsbestrebungen auch die Nationalliteratur gefördert werden. So ermutigt, versuchte sich Johann als Dramatiker. Vielleicht hat er damit den gescheiterten Aufstand auf seine Weise verarbeitet. »Bar Kochba« hieß das Stück, dessen ersten Akt er aufbewahrt und später seinem Ältesten zu lesen gegeben hat. Leider ist es später verloren gegangen. Den Stoff hatte Johann aus der jüdischen Geschichte genommen. Simon bar Kochba – »Sternensohn« – war der Anführer des jüdischen Aufstands gegen die Römer im zweiten Jahrhundert n. Chr. Auf beiden Seiten gab es viele Opfer, am Ende war bar Kochba tot, viele seiner Anhänger hingerichtet, und den Juden wurde verboten, in Jerusalem wie in der ganzen römischen Provinz Judäa zu leben. Das war der Beginn der Diaspora. Vielleicht ist es kein Zufall, dass Johann über den ersten Akt nicht hinausgekommen ist. Er war ein Optimist. Das dicke Ende hat er sich gespart.

Für die Juden in Ungarn bedeuteten die Ereignisse von 1848/49 eine bittere Enttäuschung. Und trotzdem hatte sich Johann einen guten Zeitpunkt ausgesucht, diese Welt zu betreten. In der Gemeinde von Nagykanizsa gab es Vorbilder – Menschen, die ihn gelehrt haben müssen, trotz aller Widerstände und Rückschläge die Hoffnung und den Kampfgeist nicht aufzugeben. Wer der Spur des Rabbiners Leopold Löw folgt, stößt auf viele Zeugnisse dieses Zukunftsoptimismus. Darunter ist auch sein Buch *Zur neueren Geschichte der Juden in Ungarn* aus dem Jahr 1874.[11] Sieben Jahre, nachdem die bürgerliche Gleichstellung der Juden endlich erreicht worden war, erzählte Löw, inzwischen Rabbiner von Szeged, die Geschichte der überstandenen Kämpfe – unzähliger Petitionen, die die ungarischen Juden eingebracht hatten, um auf ihre missliche Lage aufmerksam zu machen. In seiner Version war es jedoch nicht das Klagen, das schließlich geholfen hatte. Für ihn hieß das Mittel der Wahl: Bildung. Er war selbst ein umfassend gebildeter Mann, war mit Hebräisch, Tschechisch und Deutsch aufgewachsen, hatte in Pest, Pressburg und Wien die klassischen Sprachen, Philosophie, Theologie und Geschichte studiert und bei dem liberalen Lehrer Löw Schwab das Rabbinerseminar in Prossnitz besucht.

Um an das alte Bildungselend zu erinnern, bezog sich Löw auf einen anonymen Verfasser, dessen Aufruf 1810 in der jüdischen Gemeinde von Pressburg für Unruhe gesorgt hatte: »O ihr Väter! Werfet euern Blick auf die jetzige Generation; sehet, wie notwendig Bildung, Wissenschaft und Kenntnisse in der Welt geworden sind; welchen Werth die Großen der Erde darauf setzen, in ihren Ländern gute Lehranstalten zu haben, worin die Jugend zu nützlichen und brauchbaren Menschen gebildet wird, und welcher Eifer überall herrscht, um zu einer höhern Stufe der Bildung und Erkenntniß zu gelangen. Betrachtet sodann den Zustand eurer eigenen Kinder! Sehet, wie vernachlässigt und verwahrlost sie aufwachsen! Sehet, wie unwissend sie sind! Bedenket, welche üble Folgen dies haben wird! Werden eure Kinder sich nicht selbst dereinst über euch beklagen, wenn sie überall gebildete und kenntnisvolle Menschen sehen werden, und sich durch die Schuld ihrer Eltern unwissend und verwahrlost, verachtet und geringgeschätzt sehen, und allen übrigen Menschen nachstehen müssen? Gewiß ist nicht ein Einziger unter euch, der nicht wünscht, das künftige Wohl seiner Kinder zu begründen. Wodurch aber kann er dies thun? Sind nicht Bildung und Erziehung das höchste Gut, welches Eltern ihren Kindern geben können?«[12]

Bildung und Erziehung, damit war – und das war neu! – nicht nur religiöse, sondern auch säkulare Bildung gemeint. Joseph II., der habsburgische Reformkaiser, hatte sie seinen jüdischen Untertanen verordnet. Er war kein Antisemit wie seine Mutter Maria Theresia. Mit dem »Toleranzpatent« von 1782 hatte er eine Reihe von Gesetzen erlassen, die erklärtermaßen aus den Juden nützliche Bürger machen sollten. Es war eine durchaus eingeschränkte Toleranz nach dem Motto: Toleriert wird, was Kaiser und Staat für richtig befinden. Die Juden waren nun aufgerufen, die »landesübliche Sprache« zu sprechen, hebräisch nur noch in der Synagoge. Seitdem durften (und mussten) sie ihre Kinder in öffentliche Schulen schicken, sofern sie keine eigenen Schulen hatten; sie Rechnen, Schreiben, Lesen lernen lassen. Seitdem durften sie »bey christlichen Meistern« Handwerksberufe erlernen und sogar das Meisterrecht erwerben. Seitdem standen ihnen Gymnasien und Universitäten offen. Seitdem konnten sie Land pachten, Unternehmen gründen, Ärzte werden. Und einer wie Joseph Manes Österreicher, der als erster Jude in Ungarn sein medizinisches Diplom erhalten hatte, konnte als Leibarzt am Hof in Wien zeigen, wie weise der Kaiser entschieden hatte. Den alten Judenhass, die Vorurteile und den Konkurrenzneid hatte Joseph II. allerdings nicht per Dekret abschaffen können. Seit seinem frühen Tod stagnierte der Reformprozess, und auch die diversen Petitionen, in denen die ungarischen Juden ihre bedrängte Lage vor den Reichstag brachten, halfen nicht wirklich. Immer noch musste die Toleranztaxe gezahlt werden; immer noch durften Juden weder wählen noch sich wählen lassen; immer noch durften sie sich nicht niederlassen, wo sie wollten; immer noch wurden jüdische Lehrbuben schikaniert und jüdischen Handwerksmeistern verboten, einen Auslagekasten aufzustellen oder ihre Werkstatt zur Gasse hin zu öffnen.

Rabbiner Löw war die im unterwürfigen Ton vorgetragenen Klagen leid. Als Volkserzieher suchte er einen anderen Weg und fand in Nagykanizsa die passenden Mitstreiter – solche wie Moritz Horschetzky. Der war nicht nur Arzt, sondern schaffte es auch noch jahrzehntelang, nebenher die Schule zu leiten. Neben Medizin hatte er Mathematik und Philosophie studiert. Als Freizeitvergnügen schrieb er Bücher und übersetzte das Werk seines Lieblingsautors Flavius Josephus ins Deutsche. Viele Jahre später, als Leopold Löw Nagykanizsa längst den Rücken gekehrt hatte, gewann er seinen alten Freund als Mitarbeiter für seine Zeitschrift *Ben Chananja*. Dr. Horschetzky war für seinen Humor berühmt und als Arzt außerordentlich beliebt. So jedenfalls steht es in dem Nachruf zu lesen, der 1859 in *Ben Chananja* auf ihn, diese »Zierde des heutigen Israel«, erschien. So sollte ein Mann sein: umfassend gebildet, »auf verschiedenen Gebieten Treffliches und Gemeinnütziges leistend«, anhaltend fleißig, ein liebevoller Familienvater und Gatte.[13] Die Armen behandelte er selbstverständlich unentgeltlich. Er konnte es sich allerdings auch leisten, denn er hatte die Tochter des reichen Hirsch

Lackenbacher geheiratet. So weit das Ideal. Und dann gab es noch Johann Schnitzlers Vater, der zwar ungebildet, in seinem Handwerk aber fast ein Künstler war.

Wir spazieren durch Eszter Lestáks Heimatstadt, die sie wegen ihrer Stille liebt. Über den Erzsébet tér im Zentrum, der halb so groß ist wie der Markusplatz in Venedig, und völlig menschenleer an diesem hellen Nachmittag im März. Durch die gründerzeitliche Ladenpassage im Dornröschenschlaf. Vorbei an dem palastartigen Gebäude, das einmal das Casino war und in dem ungarische Adelige mit reichen Juden um hohe Summen spielten. Die Architektur erzählt etwas über die Sehnsucht der einstigen Bewohner von Nagykanizsa, sich ein Stück Budapest, Nizza oder Mailand in die Puszta zu holen. Mesdames et Messieurs, machen Sie Ihr Spiel! Der arme Tischler Josef Schnitzler ging wohl eher ins Wirtshaus, um sein Glück herauszufordern, bestellte sich einen Branntwein, und noch einen, und gesellte sich dann zu den Kartenspielern. Aber das Glück wollte sich nicht einstellen, er sah sich als einen ewig zu kurz Gekommenen. Und seine Frau Rosalie? Die Nachwelt hat ihr kein freundliches Zeugnis ausgestellt: hager, hässlich, krankhaft geizig fand Arthur Schnitzler seine Großmutter.[14] Und auch andere Familienmitglieder erinnerten sich ihrer als einer widerwärtigen, prätentiösen Frau. Prätentiös, das ist immerhin ein Anhaltspunkt. Eine, die vorgibt, mehr zu sein, als sie ist. Denkbar, dass sie ihrem Sohn die Leiter hingehalten hat: Da oben musst du hinauf!

Johann, der gute Sohn, tat, wie ihm geheißen, ging nach Wien, nutzte die Gunst der Stunde und liebte die Seinen auf Abstand.

Johann Schnitzler kommt in eine gute Familie

Johann Schnitzler ist einer von vielen, die in diesen Jahren in die Kaiserstadt kommen, um ihr Glück zu versuchen. Zwischen 1850 und 1890 steigt die Einwohnerzahl Wiens um fast das Dreifache – von 551 300 auf 1 430 000. Darunter sind viele Juden. Allein der Anteil der jüdischen Bevölkerung wächst in den Jahren zwischen 1857 und 1869 von 6217 auf 40 227. Seit 1848 fallen nach und nach alle

Beschränkungen, die Juden daran gehindert haben, sich frei zu bewegen und Grundbesitz zu erwerben. Endlich garantiert das Staatsgrundgesetz vom 21. Dezember 1867 den österreichischen Juden die Gleichheit vor dem Gesetz.

Die Konkurrenz unter den neu Zugezogenen ist groß. Man kann dabei auch unter die Räder geraten. Aber das passiert Johann Schnitzler nicht. Er braucht nur drei Jahre. Drei Jahre nach seinem fulminanten Start hat er sich aus der Masse der namenlosen Habenichtse herausgearbeitet, die in Elendsquartieren wohnen, sich zu mehreren ein Bett teilen und umschichtig schlafen. »Mit-Redakteur: Dr. J. Schnitzler« kann er seit Beginn des Jahres 1861 auf dem Titelblatt der *Wiener Medizinal-Halle* lesen, jeden Sonntag wieder. Sein Name kommt gleich nach dem des »Eigenthümers und verantwortlichen Redakteurs« Dr. Philipp Markbreiter. Alle können es lesen, die gesamte k.k. Ärzteschaft bis in die abgelegensten Winkel Galiziens, und natürlich auch in Nagykanizsa: Johann Schnitzler, der Sohn des Tischlers, ist Doktor der Medizin. Am 30. Oktober 1860 hat er das erste Rigorosum abgelegt, am 21. Dezember das zweite, und am 29. Dezember ist er zum Dr. med. promoviert worden.

Doktor der Medizin, Absolvent der berühmten und hochangesehenen Wiener Medizinischen Schule, ein sprichwörtlicher Traum jüdischer Mütter für ihre Söhne, seit Joseph Manes Österreicher, der allererste Jude, der in Ungarn sein medizinisches Examen ablegen durfte, es bis zum Leibarzt am kaiserlichen Hofe gebracht hatte. Man erzählt sich schon Witze darüber: Dorli Grün kommt in den Himmel und wird der Mutter Jesu Maria vorgestellt. »Ach«, sagt Dorli, »die Maria, die von den Christen so verehrt wird? Es muss ein schönes Gefühl sein, einen so berühmten Sohn zu haben.« »Ja, schon«, seufzt Maria. »Aber eigentlich haben der Jossele und ich uns immer gewünscht, dass er Arzt wird.«

In den vergangenen drei Jahren ist Johann ziemlich herumgekommen in der Stadt, hat mal in der Leopoldstadt (Nr. 682 nach der damaligen Zählweise), dann in der Inneren Stadt Nr. 505 und schließlich am Alserglacis gewohnt, bei wechselnden Familien. Hat faule und fleißige, begabte und unbegabte Schüler unterrichtet, hat an wechselnden Tischen gegessen, hat Umgangsweisen von Ehepaaren miteinander, von Eltern mit ihren Kindern, von Herrschaft mit den Dienstboten studieren können. Seine Weltklugheit und Menschenkenntnis hat das zweifellos gefördert, aber man gehört eben doch zum Personal und muss sich unterordnen. Also Schluss mit der Hauslehrerexistenz. Junge Talente brauchen Unterstützer und Mentoren. Es ist sicher kein Zufall, dass Johann Schnitzler seinen in der Person des Professor Oppolzer gefunden hat. Der berühmte Oppolzer, aus bescheidenen Verhältnissen stammend und früh zur Waise geworden, hat sich ebenso wie er das Studium als Hauslehrer verdienen müssen. Schnitzler, zu dieser Zeit noch mager wie ein Hering, trägt die Haare lang wie sein Idol. Sein Ziel ist klar: Er möchte eine Stelle als Sekundararzt bei Oppolzer. Schlecht bezahlt, aber zukunftsträchtig. Bevor er jedoch darauf hoffen kann, muss er dessen Station am Universitätsklinikum eine Weile als Aspirant zur Verfügung stehen. Unbezahlt. Aber zukunftsträchtig. So sind die Spielregeln. Er braucht also wieder einmal eine Einkunftsquelle.

Da bietet sich ihm der Redakteursposten bei der *Medizinal-Halle*. Das Ärzteblatt ist erst im Vorjahr gegründet worden; seine ersten journalistischen Erfahrungen, von denen er 1857 im Brief an die Eltern spricht, muss sich Johann Schnitzler also anderswo verschafft haben. Vielleicht bei der *Wiener Medizinischen Wochenschrift*? Die erscheint seit 1851 jeden Sonnabend und hat nun unliebsame Konkurrenz bekommen. Ihr Herausgeber, Dr. Leopold Wittelshöfer, kommt – aus Nagykanizsa. Aus irgendwelchen Gründen ist er auf den jungen Kollegen gar nicht gut zu sprechen. In den ersten drei Jahren seiner Wiener Existenz hat sich Johann Schnitzler bereits haltbare Freundschaften und Feindschaften erworben.

Schon Dürer wusste, was Blicke über Menschen verraten. Alles. Wenn man Porträtfotos aus späterer Zeit von Johann Schnitzler betrachtet, sieht man einen Mann mit Augen, die sich zu widersprechen scheinen und den Ausdruck der jeweiligen Gesichtshälfte prägen. Das linke ist weit geöffnet, scheint alles hineinzulassen, was das Leben zu bieten hat. Es sitzt eine Spur höher im Gesicht als das rechte, scheint auf ein fernes Ziel gerichtet, spricht von Ideen und Visionen und dem Mut, sie in Angriff zu nehmen, drückt auch Spottlust und Humor aus. Das andere, vom herabhängenden Lid leicht verschattete Auge weiß von Dingen, die es lieber nicht gesehen hätte. Das rechte, das melancholische, das warnende Auge. Vielleicht ist es dieser Zug an ihm, der ihm das Mitgefühl eingibt und den guten Arzt ausmacht. Aber das linke, das Siegerauge, dominiert das Gesicht und verleiht ihm die Aura von Lebensfreude und Schaffenskraft.

Dem 25-Jährigen fliegen die Sympathien zu. Er hat einen schnellen Verstand und kann sich hemmungslos begeistern. Er ist zu Bewunderung und anhänglicher Liebe fähig, aber auch zu den entgegengesetzten Gefühlen, wenn ihm Ignoranz, geistige Trägheit oder Böswilligkeit begegnen. Ein Kämpfer, der nicht daran zweifelt, dass er sich auf der richtigen Seite befindet: des Lichts, der Aufklärung und des Humanismus gegen die finsteren Mächte der Dummheit und der Reaktion. Als Redakteur der *Medizinal-Halle* kann er schreiben, was er denkt, denn er genießt das Vertrauen seines Chefs.

Das Jahr 1861 fängt gut an für den Berichterstatter. Einer der ersten Termine im Jänner, die Johann Schnitzler wahrzunehmen hat, ist zufälligerweise die Amtseinführung seines verehrten Professors Oppolzer als Rektor der Universität. Und der trifft mit seiner Antrittsrede – mitten in Johanns Herz: »Am 16. d. M. Abends 6 Uhr fand die Installation des Prof. Oppolzer als Rector magnificus der Universität statt. Der Festsaal der k.k. Akademie der Wissenschaften war in allen seinen Räumen gedrängt voll. Studirende und Doktoren sämmtlicher Fakultäten waren in ungewöhnlicher Zahl versammelt, wenngleich selbstverständlich die medizinische am stärksten vertreten war. War es doch der geliebte klinische Lehrer, dem die Studirenden; der allgemein geachtete und verehrte Kollege, dem die Aerzte; der berühmte Gelehrte, dem die Mitglieder der übrigen Fakultäten an diesem Tage, wo ihm die höchste Ehre, die höchste Würde, zu Theil wurde, ihre Huldigung darbringen wollten. Selten dürfte noch die Wahl des Professoren-Kollegiums so allgemeine, so ungetheilte Anerkennung gefunden haben. Das Thema der mit enthusiastischem Beifall aufgenommenen Festrede bildete die Lehr- und Lernfreiheit, deren günstigen Einfluss auf die Wissenschaft, das Universitätsleben, die Wohlfahrt der Gesellschaft der Redner unwiderleglich nachzuweisen, und die Einwendungen gegen dieselbe zu entkräften wusste. Die Rede wurde durch öfteren Applaus unterbrochen, die Stelle aber, wo er sich an die Studentenschaft wendet, ihr Eintracht empfiehlt und ihnen zuruft: ›SIE SIND JA GLEICHBERECHTIGTE AKADEMISCHE BÜRGER, WEDER NATIONALITÄT NOCH GLAUBENSBEKENNTNIS DARF EINEN UNTERSCHIED UNTER IHNEN FINDEN‹ wurde mit stürmischem, nicht endenwollenden Beifallruf aufgenommen; fühlte doch jeder die Bedeutung dieser Worte, und, wer den Redner kannte, der wusste auch – dass dies die Sprache des Herzens war, umso leichter widerhallte sie in den Herzen der Jugend.«[15]

Dies ist ein magischer Moment. Für einen Augenblick sieht es so aus, als könnte nun doch noch Wirklichkeit werden, was die Revolutionäre von 1848 sich erhofft hatten: eine geeinte Gesellschaft. Der Paragraph 17 der Verfassung vom 25. April 1848 – »Allen Staatsbürgern ist die volle Glaubens- und Gewissensfreiheit sowie die persönliche Freiheit gewährleistet.« – ist nach dem Rückfall in spätabsolutistische Regierungspraxis ein uneingelöstes Projekt. Die volle rechtliche Gleichstellung der Juden steht immer noch aus. Aber es kann nicht mehr lange dauern. »Judenfresser« wie der Herausgeber der *Wiener Kirchenzeitung* Sebastian Brunner haben gerade keine gute Presse. Dieser hatte den liberalen Politiker Ignaz Kuranda verklagt, weil der die antisemitische Tendenz der *Kirchenzeitung* kritisiert hatte. In dem darauffolgenden Verleumdungsprozess hat Kuranda Recht bekommen. Der Fall hat großes Aufsehen erregt, die Prozessakten sind sogar ins Französische und Italienische übersetzt worden. Antisemitismus darf man jetzt beim Namen nennen. Für die klerikalen Kreise war das die große Schlappe des Jahres 1860.

Es ist die Stunde der Optimisten – und der liberalen Pragmatiker wie des jüdischen Rechtsanwalts und Publizisten Heinrich Jaques, dessen *Denkschrift über die Stellung der Juden in Österreich* 1859 erschienen war und »innerhalb weniger Wochen vier Auflagen« erlebt hatte.[16] Jaques hatte argumentiert: »Österreich läßt einen namhaften Theil seines materiellen und seines geistigen National-Capitals unbenützt und brach liegen, wenn es fortfährt, seine israelitische Einwohnerschaft von Freizügigkeit und Grundbesitz, von bürgerlichen und politischen Ämtern auszuschließen (…).«[17] Die Einigkeit wird kommen, das fühlen alle an diesem Tag im Jänner 1861, als der Freidenker und Humanist Oppolzer seine Antrittsrede hält und die Zylinder der Studenten zum Zeichen des Einverständnisses in die Luft fliegen.

Die feierliche Stimmung, in der Johann Schnitzler sich dieser Tage befindet, hat aber auch noch einen anderen Grund: ein süßes Geheimnis, das er bald zu lüften gedenkt. Sie heißt Louise und ist zwanzig Jahre alt. Die »Bureauadresse« der *Wiener Medizinal-Zeitung* lautet: Jägerzeile Nr. 511, das liegt genau vis-à-vis dem Carltheater-Gebäude in der Leopoldstadt. Über dem Theater wohnt Dr. Markbreiter mit seiner Frau Amalia und den acht Kindern. Louise ist die Älteste. Wenn Schnitzler mit seinen Druckfahnen vor das Haus tritt, steht sie vielleicht am Fenster. Sie kann ja immer behaupten, dass es der Nestroy war, nach dem sie Ausschau gehalten hat, der Komponist Franz von Suppé oder sonst eine der Bühnengrößen, die im Carltheater ein- und ausgehen, und vergibt sich damit nichts. Überhaupt haben die Markbreiter-Kinder einen Logenplatz. Die Jägerzeile verbindet den Prater mit der Inneren Stadt. Sie können beobachten, wie in »Equipagen und Fiakern die große, die elegante, die leichtlebige Welt von den Pferderennen oder von Blumenfesten aus der ›Hauptallee‹ zurückgesaust« kommt.[18] Die Leopoldstadt ist der Bezirk, in dem die meisten Juden wohnen. Aber dies ist der vornehme und angesehene Teil der Leopoldstadt, weit weg von den ärmlichen Quartieren, in denen sich die Neuankömmlinge aus dem Osten den knappen Raum teilen müssen. Weder Philipp Markbreiter noch seine Frau Amalia sind in Wien geboren, nicht einmal Louise. Wie ihre Mutter ist sie in Kőszeg zur Welt gekommen, zu Deutsch: Güns. Und doch gehören sie schon zu den Arrivierten. So arriviert sind sie, dass bereits die nächste Generation an lange, tiefe Wiener Wurzeln glauben wird.

»Meine Großmutter«, schreibt Arthur Schnitzler über Amalia Markbreiter, »entstammte der ansehnlichen Familie Schey, die sich bis auf einen Ahnen namens Israel zurückverfolgen läßt, dessen Sohn Lipmann im Jahre 1776 starb. Dieses Lipmann Urenkel, Markus, verehelicht mit Sossel Strauß, war mein Urgroßvater, und seiner vermag ich mich noch heute als eines gelähmten, im Kran-

kenstuhl sitzenden, auch der Sprache nicht mehr mächtigen Greises
deutlich zu entsinnen. Er starb 1869, sein Bruder Josef war ihm 1849
vorangegangen, der jüngere, Philipp, als der erste baronisierte Schey,
lebte bis zum Jahre 1880. (...) Die Wohlhabenheit der Familie Schey
reicht weit zurück; im Beginn des vorigen (19.) Jahrhunderts wächst
sie durch Tätigkeit und höchst geschickte Geldgebarung im Verkehr
mit verschuldeten ungarischen Adeligen zu Reichtum an; eine teilweise Übersiedelung in die Großstadt erfolgt, das Geschlecht ver-
zweigt sich weiter, verschwägert sich vielfach in oft vorteilhafter
Weise; Bankiers, Offiziere, Gelehrte, Landwirte gehen aus ihm hervor; auch an Originalen fehlt es nicht, in denen der Typus des jüdischen Patriarchen und des Aristokraten, des Agenten und des Kava-
liers sich eigenartig vermischen; manche der jüngeren und jüngsten
Sprosse unterscheiden sich von den Abkömmlingen altadeliger Geschlechter höchstens durch ein Mehr an Witz und die rassen-
eigentümliche Neigung zur Selbstironie; auch unter den Frauen und
Mädchen (...).«[19] In diese illustre Familie hat Philipp Markbreiter
eingeheiratet. Auch er ist im westlichen Ungarn knapp hinter der
Grenze geboren, in dem Ort Ragendorf, wo die mütterliche Familie
ansässig war. Philipps Großvater Moses Markbreiter hatte als Juwe-
lenhändler und Juwelier um 1710 die Toleranz für Wien erhalten.
Diese ging dann auf den Sohn Adam über, während Philipps Vater
Joseph, ebenfalls Juwelier von Beruf, als Geschäftsführer des Bruders in Wien nur »geduldet« wurde. Er hatte mit seiner Frau Katharina Strasser zehn Kinder und hinterließ bei seinem Tod 1829 nichts
als Schulden. Sein Sohn Philipp hat Medizin und Philologie studiert
und entspricht damit dem zeitgenössischen Ideal eines umfassend
gebildeten Mannes. In Wien hat er bald eine gutgehende Arztpraxis.
Leider ist die finanzielle Ausstattung seiner Frau nicht ganz so wie
erhofft, hat sich doch sein Schwager Anton Schey den größten Teil
des väterlichen Vermögens unter den Nagel gerissen, was ihm seine
Schwestern nachhaltig übel nehmen.[20] Etwas hat dieser Onkel Toni,
Jahrgang 1818, den nachfolgenden Generationen allerdings vermacht, und das reicht ohne Unterbrechung bis zum heutigen Tag:
Fast zweihundert Jahre später ist die Passion für das Pfeiferauchen
ein Erbteil der Familie.

Zu ihnen wird Johann Schnitzler nun bald gehören, zu den Arrivierten. In die Mitte der bürgerlichen Gesellschaft wird ihn die Heirat versetzen, die er zu machen gedenkt. Heißt das, er schließt eine Vernunftehe? Im zweiten erhaltenen Brief an die Eltern vom 10. Februar 1861 ist vom Gegenteil die Rede. »Geliebte Eltern«, beginnt er und teilt dann ohne Umschweife mit: »Ich werde mich in den nächsten Tagen mit einem Mädchen, das ich liebe, und von dessen Liebe ich ebenfalls überzeugt zu sein glaube, verloben.« In der Formulierung schwingt, was Louises Gefühle angeht, noch ein Hauch von Vorsicht mit. Bei den Frauen weiß man ja nie. An der Solidität der eigenen Gefühle lässt er aber keine Zweifel aufkommen. »Meine Liebe ist keine plötzlich auftauchende Leidenschaft, die gewöhnlich bald erlischt, (…) meine Liebe entwickelte sich allmälig.« Und wie ist sie nun, die Auserwählte? »Louisens Liebenswürdigkeit und Anmuth fesselten mich, ihr Geist wußte meine Bewunderung zu erringen; und ich gelangte bald zu der Überzeugung, daß das Mädchen geschaffen sei, einen Mann auf die Dauer glücklich zu machen.«[21]

Nehmen wir an, dass der junge Bräutigam seine Formulierungen dem wichtigen Anlass entsprechend mit Bedacht gewählt hat: Anmut, diese Kategorie ist seit Schillers berühmtem Aufsatz *Über Anmut und Würde* an die äußeren Vorzüge physischer Schönheit nicht unbedingt geknüpft. Anmut hat auch einen moralischen Aspekt. Sie ist ein nach außen sichtbar werdendes persönliches Verdienst. Schnitzler entwirft mit der Beschreibung seiner Braut das Idealbild einer »schönen Seele«, die Gegenfigur zu der Pester Buchhändlerstochter mit ihren gefährlichen Reizen und ihrer zweifelhaften Moral, um die Johann Jahre zuvor geworben hatte. Auf Louise wird er sich verlassen können.

»Es ist bei solchen Gelegenheiten üblich, von den Eltern die Einwilligung zu erbitten und ihren Segen zu erflehen, das erstere scheint mir zu sehr Förmlichkeit, indem ich im Voraus überzeugt bin, daß Ihr Euch mit meinem Glück freut. (…) und ich bin glücklich, ich fühle in mir eine nie gekannte Seligkeit.« Aber um ihren Segen bittet er seine Eltern. Den werden sie dem jungen Paar nicht vorenthalten haben, zumal auch Louise so artig schreibt. Selbst ihre Schrift ist zierlich, gleichmäßig, wohlerzogen, ein Buchstabe wie der andere. Vielleicht hat sie in einem Anstandsbuch nachgeblättert, um den richtigen Ton in dieser Angelegenheit zu treffen? »Da es mir leider nicht vergönnt ist, die Eltern meines Johann in meiner Mitte zu sehen, so muss ich zur Feder meine Zuflucht nehmen, um Ihnen zu sagen, wie glücklich ich mich fühle mich Ihre Tochter nennen zu dürfen und wie sehr ich mich auf den Augenblick freue, in dem ich Sie nebst meinen lieben Schwestern umarmen kann. Indem ich Sie nun noch bitte, mir Ihre Liebe nicht zu versagen, grüße ich (…) Louise Markbreiter«.[22]

Wer ist diese Zwanzigjährige, die sich anschickt, die loyale Gefährtin eines Ehrgeizigen zu werden? Was sieht sie in dem mageren jungen Doktor mit dem nach ungarischer Mode gezwirbelten Schnurrbart? Was erwartet sie von dem Leben an der Seite dieses vitalen Mannes? Das alles verraten ihre Zeilen nicht. Sie sprechen nur von ihrer Bereitschaft, sich den Regeln eines komplexen familiären Miteinanders zu unterwerfen, so wie es schon ihre Mutter getan hat. Sie hat ihre Schwestern Emma, Irene und Pauline, ihre Brüder Edmund, Carl, Felix und Julius. Diese Riesenfamilie. Und dann hat sie noch ihre ganz persönliche Sprache, die Musik, und das Klavier, mit dem sie ausdrücken kann, was die Konvention ihr nicht erlaubt.

Am 2. Juni 1861 heiraten Dr. Johann Schnitzler und Louise Ludovica Markbreiter in Baden bei Wien. Die Trauung vollzieht Rabbiner Adolf Jellinek. Jellinek, der aus Mähren stammt und wie Leopold Löw die Jeschiwa in Prossnitz besucht hat, ist seit 1857 Prediger am Wiener Stadttempel in der Seitenstettengasse. Er ist als brillanter Redner bekannt und vertritt ein Judentum, das für Humanität, Aufklärung und Gemeinsinn steht. Jellinek bezieht sich auf den Talmud, wenn er die Tugenden von »Selbstberrschung, Genügsamkeit und Aufopferung für höhere geistige Werte« predigt.[23] Er gilt aber auch als jemand, der es mit den »rituellen Angelegenheiten etwas lax« hält: Der perfekte Prediger für ein liberales Bürgertum. Als Hochzeitsadresse geben die Matriken an: Baden, Neugasse 49. Dort steht die Sommervilla von Louises kinderlosem Großonkel Philipp Schey von Koromla. Er wird sie der Verwandtschaft zu diesem Anlass gern zur Verfügung gestellt haben, denn das neue Familienmitglied kommt aus Nagykanizsa, wie seine Frau Julie, die eine Tochter Hirsch Lackenbachers ist und Schwägerin des famosen Dr. Horschetzky. Die

familiären Bande sind eng. Den Scheys hat Horschetzky seine Über-
setzung des Flavius Josephus gewidmet. Josef und Rosalie Schnitzler
können stolz sein auf ihren Sohn. Vom Glanz der neuen gesellschaftlichen Stellung Johanns fällt auch für sie etwas ab.

Ein unschuldiger Engel

Um die noble Vergangenheit dieses Teils der Praterstraße, vormals
Jägerzeile, heraufzubeschwören, braucht man etwas Phantasie. Er
liegt heute im Schatten eines hässlichen Hotelturms, der ihn beinahe
um die Reste seines biedermeierlichen Charmes gebracht hat. Andererseits hat gerade diese Hinterzimmersituation eine Art Versteck
geschaffen, einen toten Winkel, der der Aufmerksamkeit der Stadt-
planer entgangen zu sein scheint und der nun, an einem heißen
Sommertag, dazu einlädt, sich dem Schnitzlerschen Geburtshaus
gegenüber unter einem lampiongeschmückten Ahorn niederzu-
lassen und einen Kaffee zu bestellen. Aber nicht das Schnitzlerhaus
bildet Zentrum und Blickfang dieses kleinen Platzes – es ist sogar
ausgesprochen unspektakulär –, sondern die überlebensgroße bron-
zene Figur des Nestroy als Blasius Rohr in seinem Stück *Glück, Missbrauch und Rückkehr.* Johann Nestroy, der diese Welt am 25. Mai
1862 verließ, zehn Tage, nachdem Arthur Schnitzler sie betreten
hatte. Solche Details erfährt man ganz nebenbei von dem Schnitz-
lerforscher und Mitherausgeber des Tagebuchs Peter Michael Braunwarth, der alles, aber auch wirklich alles weiß, was man über Arthur
Schnitzler wissen kann, und der andere Interessierte generös an
diesem Wissen teilhaben lässt. Nestroy und Schnitzler, eine zeitliche
Koinzidenz, nichts weiter? Nein, es gebe diese Kontinuität in der
österreichischen Literatur, widerspricht Braunwarth. Und sie werde
auch noch fortgesetzt: Neun Tage nach Schnitzlers Tod wurde Ruth
Klüger in Wien geboren. Er beginnt mit der Affinität zum Theatralischen und zur Sozialkritik, die Schnitzler und Nestroy gemeinsam
war, spricht über ihr »Ohr für die Nuancen des Wienerischen« und
endet beim Humor. All das, was im Carltheater zu Hause war,
solange Nestroy die Leitung hatte.

Das Carltheater-Gebäude, in dem die Markbreiters wohnten und in dem viele von Nestroys Stücken uraufgeführt wurden, ist 1944 von Bomben schwer getroffen worden und wurde später abgerissen. Das Haus Nr. 16 gegenüber hat im Zweiten Weltkrieg all seinen architektonischen Schmuck eingebüßt. »In diesem Hause wurde Arthur Schnitzler am 15. Mai 1862 geboren«, steht auf der Plakette neben der Haustür. Die Fassade ist schlicht, der Putz muss einmal puderrosa gewesen sein. Immerhin ist das Haus neun Fenster breit, und im Straßengeschoß haben allerlei kleine Läden Platz: eine Änderungsschneiderei, ein Nagelstudio und »Stampiglien-Sterntaler«, daneben ein Reisebüro von Air Moldova und das Studio »Diskret«, an dessen Tür rote Buchstaben blinken. »Open«, signalisieren sie. Die Auslage von Sterntaler präsentiert Stempel, Schmuck, Türschilder, dazu einen uralten Computer und neben zwei Fotos des *Apple*-Gründers Steve Jobs auch ein historisches Foto des Gebäudes in seiner ursprünglichen Pracht. Eine kleine gebeugte Frau mit einer blonden Perücke auf dem Kopf tritt mit einem Besen vor die Tür und fegt die Straße mit Bewegungen, die nicht ohne Grazie, im Tempo aber der Hitze und ihrem Alter angemessen sind. Ob sie das Haus schon lange kennt? Ja, sie sei dort aufgewachsen, sagt sie, im dritten Stock. Als das Carltheater noch an seinem Platz stand. Der Schnitzler, ja – das war natürlich lange vor ihrer Zeit. Was erschwerend hinzukommt: Die Familie sei dann bald ausgezogen. Und als sie ein Kind war, was für Leute haben damals in ihrem Haus gewohnt? »Normale Leute«, antwortet sie müde. Es ist Samstagmittag, sie möchte schließen.

Am 15. Mai 1862 also brachte Louise Schnitzler ihr erstes Kind zur Welt. Ein Donnerstag. »Zu Wien in der Praterstraße, damals Jägerzeile geheißen, im dritten Stockwerk des an das Hotel Europe grenzenden Hauses, kam ich am 15. Mai 1862 zur Welt; und wenige Stunden später, mein Vater hat es mir oft erzählt, lag ich für eine Weile auf seinem Schreibtisch. Ob mir diesen für einen Säugling immerhin ungewöhnlichen Aufenthalt die Hebamme oder mein Vater selbst zugewiesen hatte, weiß ich nicht mehr; – jedenfalls gab die Tatsache ihm immer wieder Anlaß zu einer naheliegenden scherzhaften Prophezeiung meiner schriftstellerischen Laufbahn, – eine Prophezeiung übrigens, deren Erfüllung er nur in bescheidenem

Ausmaße und keineswegs in ungeteilter Freude erleben sollte.«[24] Der junge Vater betrachtet seinen Erstgeborenen und kommt zu dem Ergebnis: ein kleiner Engel.

Sieben Tage später teilt Johann Schnitzler in einem Brief an die Familie in Nagykanizsa mit, dass die Beschneidung – »die Feierlichkeit, mit der der junge Weltbürger dem Judenthum einverleibt (…) werden soll« – vorüber sei.[25] Es ist der dritte und letzte der drei erhaltenen Briefe Johann Schnitzlers an seine Eltern, die in jeweils bedeutsamen Lebenssituationen geschrieben wurden und sich in der Tonlage sehr voneinander unterscheiden. Im ersten dominieren Geschäftigkeit und Renommiersucht, im zweiten die Euphorie, aber dieses Mal – eine Art Katerstimmung. Der große Moment ist ohne seine Eltern und Schwestern vorübergegangen. Warum? Weil die Reise zu weit, zu teuer, zu beschwerlich war? Die Großbürgerallüren der neuen Verwandtschaft zu fremd? »Drauf war die Freude, das Glück nicht vollständig, weil ich Euch im Kreise der Lieben, die den kleinen Engel umgaben, vermisste. Wie schmerzlich berührte es mich, wie unendlich weh that es mir, daß die beste Mutter ihr erstes Enkel bei diesem feierlichen Akte nicht auf den Arm nehmen, daß der liebe Vater mit seinem dichten Schnurrbarte die zarten Lippen des kleinen Arthur nicht berühren konnte, daß die Johanna nicht stolz und ernst, die Lotti freudig und schalkhaft dem süßen Arthur zulächeln durften.«

Es ist ein Augenblick des Begreifens. Ein ungetrübtes Glück gibt es nicht. Mit jeder Stufe, die Johann auf der sozialen Erfolgstreppe nimmt, wird er sich ein Stückchen weiter von den Seinen entfernen. Und er stemmt sich gegen diese schmerzhafte Wahrheit. Mit dem Kind verbindet er die Hoffnung auf eine »frohe, glückliche Zukunft«, gleich zwei Mal benutzt er das Bild des »unschuldigen Engels«, der die neue Zeit bringen oder jedenfalls mit seinem ersten Lachen ankündigen soll, auch für den Vater. Dessen »bisher unbarmherziges Schicksal« möge sich mit der Ankunft des Kindes wenden, hofft Johann Schnitzler, der gute Sohn. Worin diese Unbarmherzigkeit bestand, bleibt ein Familiengeheimnis. Johann bittet seine Eltern: Erzählt der nächsten Generation von euren »bitteren Erfahrungen«! Aber dazu kommt es nicht. Der Vater wird bald sterben, und der Mutter wird es nicht gelingen, die Enkel für sich einzunehmen.

Johann selbst? Er ist nicht der Mann für die düsteren Geschichten aus der Vergangenheit. Seinen Brief beschließt er, indem er Erziehungsaufgaben an seine Schwestern verteilt. Tante Johanna soll dem kleinen Arthur »im Gehorsam gegen die Eltern und Tantchen Lotti in Fleiß (…) mit gutem Beispiel vorangehen«. Einen fleißigen und gehorsamen Sohn also wünscht sich der frisch gebackene Pater familias. Die Wertschätzung dieser durch und durch bürgerlichen Tugenden gehört zum 19. Jahrhundert wie ihre Verachtung durch die Romantiker, die Künstler und die Taugenichtse dieser Welt. Sollten diese erbaulichen Sätze dem Nebenzweck gedient haben, die jüngeren Schwestern sanft zu ermahnen – schließlich mussten sie in die Tantenrolle erst mal hineinwachsen? Sie formulieren doch auch ein gut begründetes Erziehungsziel, das Destillat seiner eigenen Lebenserfahrungen: Mit Fleiß und Gehorsam kann man es weit bringen. Oder etwa nicht?

Medizin und Journalismus

Alles, was er anfängt, scheint ihm zu gelingen. Das Jahr 1862 ist ein richtiges Erfolgsjahr für Johann Schnitzler. Er ist jetzt Sekundararzt bei dem verehrten Professor Oppolzer. Als Sekundararzt 2. Klasse verdient man 21 Gulden im Monat. Schon als Hauslehrer hatte er 40. Dafür befindet er sich jetzt im Auge der Macht. Er konstruiert einen neuartigen »Arzneimittelzerstäuber zur Inhalation flüssigen Staubes« und darf ihn den Herren Professor Oppolzer, Professor Škoda und Primararzt Dr. Türck vorführen. Sie bestätigen ihm: Das Gerät funktioniert, genügt den Anforderungen und ist billiger als andere Geräte zum Inhalieren. Über seine Erfindung und die Reaktionen darauf schreibt Johann einen Artikel und veröffentlicht ihn in der familieneigenen *Wiener Medizinal-Halle*.[26] Der Mechaniker W. J. Hauck stellt nun neben anderen Apparaten zum Zerstäuben flüssiger Medikamente auch den »Arzneimittelzerstäuber nach Dr. Schnitzler« her und bewirbt ihn mit dem Argument, Gesicht und Kleider des Kranken blieben damit von den Medikamenten verschont.

Oppolzer, Škoda, Türck, lauter Berühmtheiten. Nur zwei Jahre nach seiner Promotion hat der 27-jährige Johann Schnitzler mit seiner Erfindung die halbe Prominenz der Neuen Wiener Medizinischen Schule auf sich aufmerksam gemacht. Er ist jetzt da, wo Medizingeschichte geschrieben wird, und ist sich dessen bewusst. Er ist ja nicht nur Akteur, sondern auch Chronist des Geschehens und bestimmt als Redakteur der *Wiener Medizinal-Halle* die Inhalte der Wochenschrift gemeinsam mit seinem Schwiegervater. Seit April des Jahres drucken sie Bernhard Baruch Hirschels *Geschichte der Medizin* in Folge, eine Art Positionsbestimmung. Schon damals galten der Pathologe Carl von Rokitansky und der Internist Josef Škoda als unangefochtene »Meister der neuen Wiener Schule«. Hirschel schrieb: »Sie stürzten das Reich der Träume und der Theorien und setzten die Erfahrung dafür auf den Thron.«[27] Er hob hervor, wie Experimente und Beobachtungen zum Fundament einer neuen, naturwissenschaftlichen Medizin wurden. Diese Einschätzung gilt bis heute und wurde erst kürzlich wieder von dem Neurowissenschaftler und Nobelpreisträger Eric Kandel vertreten: Mit Carl von Rokitansky hielt die Moderne Einzug in die Biologie und Medizin.[28] Seit 1844 Chefpathologe am Allgemeinen Krankenhaus, hatte Rokitansky seinen Kollegen, den Kliniker Škoda, für eine außerordentlich fruchtbare Zusammenarbeit gewonnen. Was Škoda, der Pionier der physikalischen Diagnostik, durch Beklopfen und Abhören der Patienten am Krankenbett herausgefunden hatte, wurde nun systematisch zu den Ergebnissen aus dem Autopsiesaal in Beziehung gesetzt. Gemeinsam entwickelten sie ein neues Verständnis für Krankheiten und ihre Verläufe. Seitdem wissen die Mediziner, dass jede Erkrankung eine natürliche Entwicklung aufweist und dass zwischen ihrem Ausbruch und Ende eine Abfolge bestimmter Schritte liegt. Erst die Diagnose, dann die Behandlung: Was heute Standard der modernen westlichen Medizin ist, haben Rokitansky, Škoda und ihre Kollegen am Wiener Allgemeinen Krankenhaus durchgesetzt.[29]

Man muss sich ausmalen, was diese neue wissenschaftliche Grundlage der Medizin alles in Gang setzte. Neue diagnostische Verfahren, neue Behandlungstechniken, neue medizinische Fachgebiete entstanden. Dazu gehörte auch die Laryngologie, die sich mit den Krankheiten des Kehlkopfes beschäftigt, Johann Schnitzlers späteres Spezialgebiet. Ob Kehlkopfkatarrh, Epiglottisödem, Sängerknötchen oder Stimmritzenkrampf, Kehlkopfkrebs, -diphterie, oder -tuberkulose: All das lässt sich erst gezielt behandeln, seitdem Ludwig Türck den Kehlkopfspiegel erfunden hat. Mit seinem selbst gebauten Spiegel konnte Türck 1857 zum ersten Mal das bisher verborgene Organ betrachten. Dass der Physiologe Johann Nepomuk Czermak ihm diese Ehre streitig machen wollte, führte zu einer dauerhaften Auseinandersetzung zwischen den rivalisierenden Meistern, die als »Türckenkrieg« in die Medizingeschichte einging und für das neue Fach sehr produktiv war.[30] Die beiden Kapazitäten wetteiferten nicht nur in der Anwendung und technischen Verbesserung des Kehlkopfspiegels, sie scharten auch ihre Anhänger hinter sich. Johann Schnitzler und Carl Stoerk hielten es mit Türck, Friedrich Semmeleder mit Czermak. Natürlich gaben sie sich nicht damit zufrieden, den Kehlkopf anzuschauen, sie wagten es auch, hineinzugreifen. Wegen der dramatischen Wirkung von endolaryngealen Eingriffen bei erstickenden Patienten verhalfen sie dem jungen Fach bald zu großem Ansehen.[31]

Spätestens seit 1862 experimentiert Schnitzler selbst mit dem Kehlkopfspiegel und nutzt ihn zur Kontrolle bei seinen Forschungen zur »Inhalation medikamentöser Flüssigkeiten in Staubform«. In seinem Selbstverständnis als Arzt aber bleibt er ein Schüler Oppolzers. Unter all den berühmten Kollegen nimmt Johann von Oppolzer eine Sonderrolle ein. Mit einem gewissen Argwohn sollen sie ihn empfangen haben, als er 1850 nach Wien berufen wurde. Schon in seiner Antrittsvorlesung 1848 am Leipziger Jakobshospital hatte er die Auswüchse der wissenschaftlichen Medizin aufs Korn genommen: »Gewaltig irren diejenigen, die da meinen, ein Arzt des neuesten Standpunktes sei derjenige, welcher seine Kranken mit der größten Genauigkeit untersucht, selbe beklopft und behorcht, und sich damit zufrieden stellt, dass er seine Diagnose in der Leiche bestätigt findet. (…) Ein solcher Arzt hat nicht begriffen, dass die höchste aller medizinischen Forderungen das Heilen sei.«[32] Die neue Medizin war ja – keine Frage! – ein Segen für die Menschheit. Aber auch ihre Schattenseiten von Zynismus und Inhumanität zeigten sich einem hellsichtigen Kritiker wie Oppolzer früh. Der Grundsatz, Forschung und klinische Praxis seien nicht voneinander zu trennen, hatte es in sich. Der Patient wurde zum naturgegebenen Experiment.[33] Das förderte tendenziell auch eine Haltung, die kranke Menschen auf »Krankenmaterial«, »Patientengut« oder schlicht ihre Krankheiten reduziert: die Sepsis auf Zimmer vier. Dem hielt Oppolzer entgegen, der Arzt habe es nicht mit Krankheiten, sondern mit kranken Menschen zu tun. Als früher Befürworter einer ganzheitlichen Medizin interessierte er sich für die Möglichkeiten der Vorbeugung, propagierte Kuraufenthalte und bescherte dem Bäderwesen im Habsburgerreich einen kräftigen Aufschwung.

Dr. Schnitzler und sein Schwiegervater haben Johann von Oppolzer für ihr Ärztejournal gewonnen und damit die Liste ihrer Autoren um einen zugkräftigen Namen erweitert. Sie verfügen über ein beeindruckend internationales Korrespondentennetz – weiß der Himmel, wie sie dazu gekommen sind, denn die Zeitschrift gibt es ja erst seit 1859 –, dem der Gemeindearzt von Wigstadl wie auch der Leibarzt des Schahs von Persien angehören. Neben Beiträgen aus Wien kommen auch solche aus Paris und London, Prag und Krakau, aus Breslau, Leipzig und Bremen, aus allerlei Kurorten wie Karlsbad oder Füred am Plattensee oder aus ungarischen Kleinstädten wie Nagy-Kálló, Keszthely oder Gyöngyös. Es gibt Korrespondenzartikel über das »Apothekenwesen in Amerika« und »Medizinische Briefe aus Venedig«. Den Schwerpunkt bilden Berichte aus der medizinischen Forschung und Praxis – was ja nun neuerdings ein- und dasselbe sein soll –, aber den Lesern werden auch Blicke hinter die Kulissen der Wiener Krankenhäuser geboten, wobei sie lernen können: Es ist nicht alles Gold, was glänzt.

Die *Wiener Medizinal-Halle* ist trotz ihres biedermeierlich klingenden Titels ein kritisches, mutiges Blatt voll innovativer Ideen. Mit einem Zitat des elisabethanischen Philosophen und Politikers Francis Bacon – »He that questioneth much shall learn much« – hat Schnitzler die neue Rubrik »Offene Konsultationen« eröffnet. Das ist ein Forum für praktische Ärzte, die, »von ärztlicher Gesellschaft ferne«, irgendwo in der Provinz des weitläufigen Habsburgerreichs sitzen und »über diesen oder jenen Fall in Verlegenheit geraten«.

Nun können sich die Kollegen, allwöchentlich und gratis, über ärztliche Fragen austauschen. Es gibt aber natürlich nichts Neues unter der Sonne, ohne dass man irgendjemand damit auf die Füße tritt. Das weiß Schnitzler auch – und riskiert es. Denn das, was er durch die Zeitung ersetzen möchte, ist »das Consilium medicum, die uralte Erfindung des beperückten Zunftgeistes (…), olim eine Goldgrube, denn Dukaten und Consilium waren unzertrennliche Begriffe«.[34] Mit offensichtlichem Vergnügen geht er den Etablierten an die Pfründe.

Das frühe Diskussionsforum findet großen Zuspruch. Es wird auch heftig und polemisch gestritten, und jedenfalls geht es lebhafter zu als in den einschlägigen Kreisen in Wien. Auch im »Mekka der Mediziner« wird nur mit Wasser gekocht. Die Faulheit, die Herzensträgheit, die Arroganz und die Vetternwirtschaft im Kollegenkreis machen Johann Schnitzler wütend. Wie kann es sein, dass Leute die Chancen nicht nutzen, die sich ihnen bieten? Er schreibt ein Feuilleton über die »12. Jahresfeier der wissenschaftlichen Thätigkeit des Doctoren-Kollegiums der Wiener medizinischen Fakultät«, entwirft das Bild eines Arztes aus der Provinz, der sich vorstellt, wie wunderbar es sein muss, im Kreis von sechshundert Fachgenossen den Meinungsaustausch zu pflegen.[35] Doch wie anders die Wirklichkeit! Lustvoll malt Schnitzler aus, wie statt der erwarteten sechshundert immerhin zehn den Weg in den »festlich geschmückten Saal« fanden an diesem Abend im April 1862, darunter der Dekan, der Notar und die Berichterstatter der medizinischen Journale. Und das sei keine Ausnahme. Ein Vortrag über Diphterie, und kein Einziger der vielen Kinderärzte Wiens hört zu? Das ist zu viel. Schnitzler lässt den milde-ironischen Ton fallen und nennt ein Problem beim Namen, das ihm offensichtlich auf die Nerven geht, nämlich den »bereits an Apathie grenzenden Indifferentismus unserer hiesigen Kollegen«; setzt auch noch hinzu: »Es ist dies der gelindeste Ausdruck, der uns zu Gebote steht.«

Johann Schnitzler mag zielstrebig seine Karriere verfolgen, er ist aber auch ein zorniger junger Mann. Manchmal schreibt er unter dem Pseudonym »Argus«, nach dem nimmermüden Wächter der Antike mit den hundert Augen. Argus hat sich die Satiriker der Aufklärung zum Vorbild genommen, Voltaire, Lichtenberg, Wieland, und leiht sich ihre Stilmittel, erzählt etwa eine kleine Anekdote »aus dem ärztlichen Alltag in – Montenegro«,[36] woselbst sich ein großes Spital befinde, deren »Subalterne« das täglich mehr überhandnehmende Protektionswesen nicht länger hinnchmen wollten. Sie beschweren sich beim Direktor, der fühlt sich zu schwach, »die entfesselten Geister zu bändigen«, nimmt Urlaub und setzt einen provisorischen Direktor ein. »Er hatte den rechten Mann gefunden, der es versteht, die aufgeregten Geister zu dämpfen, der zu zeigen weiss, wie glücklich man früher war und wie man alle Ursache hatte, zufrieden zu sein. Der Direktor war höflich, der provisorische nichts weniger als das; der Direktor versprach wenigstens den gerechten Wünschen nachzukommen, der ›Provisorische‹ schnaubt den eintretenden Aerzten ein ›Na was wollen's, bleiben's stehn, schweigens – und sagens, was wollen‹ entgegen.« Spätestens an dieser Stelle hatten die Leser der *Medizinal-Halle* wohl verstanden, dass vom Wiener Allgemeinen Krankenhaus die Rede war. Und so ließ Schnitzler die Geschichte – wahrscheinlich hat er nicht sehr übertrieben – enden:

»Die subalternen Aerzte, empört über ein solches Benehmen, entschlossen sich den Direktor um Verzeihung zu bitten und sich ihm auf Gnade und Ungnade zu ergeben, nur möge er bald in ihre Mitte zurückkehren. – Die Aspiranten wollen auf die Hälfte ihres Gehaltes, die Sekundarärzte 2. Klasse auf ein Zimmer verzichten; die Sekundarärzte 1. Klasse versprechen, das reiche Material, das sich ihnen im Spital bietet, nie zu wissenschaftlichen Zwecken, nicht einmal zur Veröffentlichung eines einzelnen Falles benutzen zu wollen, da sie nunmehr einsehen, dass die Fälle Privat-Eigenthum des betreffenden Primar-Arztes, selbst wenn dieser Ferien hält, usw. (…) Alles wollen sie thun, nur möge der Direktor sie nicht wieder so hart bestrafen und ihnen einen ›provisorischen‹ geben, der die Aerzte so wenig zu achten versteht. Der Direktor verspricht dies und die Versöhnung ist eine vollständige.«

Drei Wochen später setzt Argus seinen Feldzug – die »Wiener Briefe« – fort und zögert nun nicht länger, den Mann beim Namen zu nennen, der am Allgemeinen Krankenhaus bei der Besetzung der Sekundararztstellen nach Lust und Laune statt nach Anciennität vorgegangen ist. Es ist »der hochachtbare Primararzt, Spectabilis Dr. v. Viszanik«,[37] schreibt Schnitzler mit triefendem Hohn. Er hat wohl nichts dagegen, sich Feinde zu machen, will vielleicht nicht wahrhaben, dass es mit seinem Namensgeber, dem antiken Argus, kein gutes Ende genommen hat.

Wenn er aber selber angegriffen wird, reagiert er entrüstet wie die beleidigte Unschuld. In diese Zeit fallen die ersten öffentlichen Scharmützel, die sich Johann Schnitzler und Leopold Wittelshöfer liefern. Es ist die Frühzeit der Massenpresse; neue Zeitungen und Zeitschriften schießen wie Pilze aus dem Boden und verschwinden auch wieder. Um sein eigenes Blatt, die *Wiener Medizinische Wochenschrift*, vor der Konkurrenz zu schützen, bedient sich Dr. Wittelshöfer, Veteran des ungarischen Befreiungskampfs, aller erdenklichen Mittel. Und so sieht sich die Redaktion der *Medizinal-Halle* zu einer »Thatsächlichen Berichtigung« genötigt: »Wir erklären somit jene verleumderische Angabe, der zu Folge wir uns um grössere Einnahmen zu erzielen, unwürdiger Mittel, als: Ankündigen von Zahnelixiren, Lebensbalsamen, Bartwichs, Haarfärbemittel unfehlbaren Mitteln gegen das Grauwerden und Ausfallen der Haare u.s.w. (…) bedient hätten, als eine höchst plumpe Lüge, – und den Urheber jener Zeilen als unehrenhaft, so lange der selbe seine Anschuldigung nicht widerruft, oder aber uns jene Nummer unseres Journales bezeichnet, wo auch nur eines der angeführten Inserate enthalten ist. Schliesslich bemerken wir noch, dass wir der löblichen Redaktion, wenn sie ihre ›Erklärung‹ mit dem Bemerken abbricht, mit der ›Medizinhalle‹ aus Achtung vor ihren Lesern nicht weiter debattiren zu wollen, vollkommen beipflichten müssen, da sie in einem Kampfe, den sie mit solchen Waffen führt, jedenfalls – die Achtung ihrer Leser verlieren muss.«[38]

Es kommt aber auch vor, dass Wittelshöfer sich seine Beißlust verkneift, wie Ende des Jahres 1862, als Schnitzler erfolgreich Politik macht. Vielleicht, weil sie manchmal dasselbe Interesse haben? Wittelshöfer ist Mitbegründer der Journalisten- und Schriftstellervereinigung »Concordia«, in der auch Schnitzler bald Mitglied wird. Die Wiener Polizeispitzel haben eine Akte über ihn angelegt, in der es heißt: »Doctor Wittelshöfer ist zu Groß-Kanizsa in Ungarn geboren, 41 Jahre alt, mosaischen Glaubens, Vater von drei unmündigen Kindern (…), und domizilirt seit 1853 bleibend in Wien, nachdem er schon in früherer Zeit die medizinischen Studien an der hiesigen Universität zurückgelegt und im Jahre 1840 die Doctorswürde erlangt hatte. In der Zwischenzeit soll er in Raab die medicinische Praxis, doch mit wenig Erfolg, ausgeübt haben, was auch hier der Fall ist. Seine Subsistenz basirt auf seinen Eigenschaften als Redakteur der medizinischen Wochenschrift und als Journalist. Er gilt für anmaßend und vorlaut, führt eine spitze Feder und hat den Ruf eines Ultraliberalen.«[39]

Am 24. November 1862 sprengt Schnitzler die Plenarversammlung des Doktorenkollegiums mit einem »Dringlichkeitsantrag«. Die Ausschusswahlen stehen bevor, und seltsamerweise werden immer dieselben Leute gewählt. Wie kommt das? Die übliche Methode ist, dass die gedruckten Programmzettel mit den Namen der aufgeführten amtierenden Ausschussmitglieder gleich als Stimmzettel benutzt werden. Schnitzler beantragt also, dass 1. auf der Einladung nicht nur die Namen der »fungirenden Ausschussmitglieder«, sondern auch der Kandidaten verzeichnet sein sollen; dass 2. gedruckte Stimmzettel für ungültig erklärt werden sollen; dass 3. an den Tagen der Wahl der Konsistorialsaal zwei Stunden früher geöffnet wird, damit man sich beraten kann; dass 4. alle Ausschusssitzungen öffentlich sein sollen, »damit die Mitglieder wissen, wem sie bei einer Neuwahl die Stimme geben sollen«; und 5. »hätten obige Bestimmungen für alle im Schosse des Kollegiums stattfindende Wahlen zu gelten«. Darüber wird nun heftig diskutiert. Nach längerem Hin und Her finden einige, dies sei ja wohl keine wissenschaftliche Diskussion, und erinnern an die Tagesordnung. Die Mehrheit möchte aber weiterdiskutieren, und am Ende geht der Antrag in allen Punkten durch. Über seinen Triumph schreibt Schnitzler ausnahmsweise nicht selber, sondern überlässt es dem Kollegen Dr. Weinberger. Die Veranstaltung »metamorphosirte«, schreibt Weinberger in der *Wiener Medizinal-Halle*, »doch dürfte der Eintrag, welcher durch diese Metamorphose der Wissenschaft vielleicht widerfuhr, reichlich aufgewogen worden sein durch die Annahme einer Reihe von Anträgen, welche geeignet sind, die Präponderanz einer sich für bevorzugt haltenden Koterie des Kollegiums auf ihr richtiges Maß zurückzuführen«.[40] Und Wittelshöfer? Für dieses Mal grummelt er nur.

In diesen Tagen des Jahres 1862, als das Leben Johann Schnitzler mit Erfolg verwöhnt, klopft ein alter Traum an die Tür des Mannes, dem seine Lehrer eine Zukunft als »ungarischer Shakespeare« vorausgesagt hatten. Schnitzler bekommt einen Brief von dem Dramatiker Salomon Hermann Mosenthal, Dichter des Welterfolgs *Deborah* aus dem Jahr 1848. Dieser »beleibte, rotbärtige, freundliche Herr«[41] ist ebenfalls Mitglied der »Concordia« und hat sich offenbar vorgenommen, den Jüngeren zu fördern – aber nicht als Arzt, sondern in seiner Eigenschaft als Stückeschreiber.

»Verehrter Freund,
eine reiche Berliner Familie, die (…) Liebhabertheater hat, will zu Weihnachten Comoedie spielen u. hat mich ersucht, Ihr Stückchen ›Wenn man nicht tanzt‹ zu verschaffen.
Sie bürgt dafür, daß kein Mißbrauch geschehen und das Stückchen lediglich zur Aufführung im Privatsalon benützt werden soll. Wollen Sie, lieber Freund, ein Manuscript
oder eine Abschrift zu diesem Behuf mir überlassen? Wollen Sie vielleicht ein Honorar begehren, so sind es wohl Leute, die es zahlen können. Ich überlasse das ganz u gar Ihrem Ermessen. Mit herzlichen Grüßen u Glückwünschen zu allen neuen Erfolgen.
Ihr ergebener Mosenthal
Strohgasse 864«

Dieses Schreiben vom 13. Dezember 1862 befindet sich in Heinrich Schnitzlers Autographensammlung.[42] Es ist etwas Konspiratives um das mit brauner Tinte zügig beschriebene, altersmürbe Briefblatt. Der Schreiber weiß und respektiert, dass der Adressat sein Inkognito als Autor des »Stückchens« auf jeden Fall gewahrt wissen möchte, auch wenn dieses Stückchen offenbar gefällt. Es ließe sich sogar Geld damit verdienen. Hat er – oder hat er nicht? Arzt und Journalist, das geht nach Schnitzlers Vorstellung sehr gut zusammen, aber Arzt und Komödienschreiber? Die Seriosität seines ärztlichen Rufs will er auf keinen Fall beschädigen. Aus dem Dokument lässt sich schließen, dass Johann Schnitzlers literarische Ambitionen durchaus nicht auf die Jugendzeit beschränkt blieben und er auch als Erwachsener Stücke schrieb – und dass er die Chance bekam, sie aufgeführt zu sehen.

Entschieden hat er sich für die Medizin und gegen die Literatur, anders als sein Sohn Jahrzehnte später.

Zum ersten Mal der Tod

Auch in Nagykanizsa hat die neue Zeit begonnen. Der schrille Pfiff der Eisenbahn und die schwarzen Qualmwolken, die die Lokomotive ausstößt, sind ihre Boten. Wo seit 1861 der Bahnhof steht, ein wenig außerhalb der Stadt, befand sich vorher der alte jüdische Friedhof »auf einem 420 Quadrat-Klafter messenden abseits gelegenen Hügel«. Der Hügel wurde eingeebnet, und der Friedhof hatte der neuen Zeit zu weichen. Die jüdische Gemeinde verhielt sich kooperativ. Die Ausgrabung von »80 Schädeln und Gebeinen« geschah im Jänner 1859 unter Aufsicht des Gemeindevorstands, meldete Leopold Löws Zeitschrift *Ben Chananja*. Dann wurden die »sterblichen Überreste sorgfältig gesammelt und heute im feierlichen Zuge, woran sich fast alle Gemeinde-Angehörigen betheiligten, in zwei großen Särgen auf der neuen Ruhestätte in dem gegenwärtigen Gottesacker würdig bestattet«.[43] Löws Nachfolger Rabbiner Fassel hatte dazu einige würdige Worte gefunden.

Der neue Friedhof liegt ganz in der Nähe auf der anderen Seite der Straße, die zum Bahnhof führt. Dort ist Josef Schnitzlers Grab. Aber wo genau? Der Friedhof ist normalerweise verschlossen. Eszter Lesták hat den Schlüssel mitgebracht. Die Vögel zwitschern an diesem warmen, sonnigen Vorfrühlingsnachmittag. Eszter kennt sich aus mit den prunkvollen Familienmausoleen der Lackenbachers, Weisz', Gutmanns oder Pollaks. Wo Josef Schnitzler liegt, weiß auch sie nicht. Er war kein prominentes Gemeindemitglied. Um zwischen diesen Hunderten von Steinen, Säulen, Obelisken im Geschmack des

19. Jahrhunderts ein spezielles Grab zu finden, braucht man Glück. Das Denkmal für die umgebetteten Toten vom alten Friedhof ist ganz in der Nähe des Eingangstores, ein Kreis von aufgestellten Grabsteinen. Jemand kümmert sich um diesen Friedhof, hat die Wege freigeräumt, die verrosteten Gitter gesammelt und neben der Mauer zusammengestellt. Zwischen den Gräberreihen blühen Schneeglöckchen. Eszter fotografiert und erzählt: Zehn Menschen aus Nagykanizsa überlebten die Shoah und kamen nach dem Ende des Krieges zurück, um eine neue Gemeinde aufzubauen. In den 1980er-Jahren hatten sie noch einen Rabbiner, jetzt nicht mehr. Die Jungen unter den verbleibenden siebzig Gemeindemitgliedern sind nicht interessiert. Der Nachmittag vergeht mit der Suche, inzwischen hat sich der Himmel verdunkelt, ein paar Tropfen fallen, da hat Eszter hinten rechts nah der Mauer das unauffällige Grab im noch winterlich struppigen Gras gefunden: »Josef Schnitzler« steht da in rötlichen Sandstein gemeißelt, das obere Halbrund schmückt ein Palmenbaum, der Rest der Inschrift ist Hebräisch und bedeutet: »ein aufrechter Mann«. Am 30. Jänner 1863 ist er an einer Lungenentzündung gestorben. Kein Geburtsdatum. »So soll ich wirklich sterben, ohne meinen Enkel ein einziges Mal gesehen zu haben?«[44] Das waren seine letzten Worte, übrigens die einzigen, die von ihm überliefert sind. Das Gefühl, das Schicksal sei ihm etwas schuldig geblieben, hat ihn bis zum Schluss verfolgt.

Immerhin, das Foto der jungen Familie seines Sohnes Johann wird er noch bekommen haben, verfertigt im Atelier Rabending in der Jägerzeile. Emil Rabending ist ein gesuchter Porträtfotograf, selbst die Kaiserin Elisabeth hat sich von ihm fotografieren lassen. Dass das Porträt der Schnitzlers nicht ganz in gewohnter Qualität ausgefallen ist – die Ärmchen des Kindes sind leicht verwackelt –, mag an der mangelnden Begeisterung der männlichen Modelle für das lange Posieren gelegen haben. Allein die mädchenhafte Louise sitzt ruhig im Zentrum des Bildes, das Kind auf dem Schoß: Arthur, noch kahlköpfig, im weißen Kleidchen. Er hat schlechte Laune, die Augen sind ganz schmal vor Zorn. Arme, Hände, Kopf, alles möchte sich bewegen. Dabei soll er stillhalten! Wie lange dauert die Prozedur schon? Auch Johanns Blick verrät Unruhe. Schnurrbärtig, sehr schmal in seinem dunklen Gehrock, steht er da in der klassischen Positur des Familienvaters, seine Rechte liegt auf der Schulter seiner Frau. Oder ist die schützende Geste womöglich ein Missverständnis, und er angelt hinter Louises Rücken schon nach seinem Zylinder, der auf dem Tisch neben ihn mit der Krempe nach oben liegt? Ein Griff, und er wird ihn übergestülpt und das Atelier verlassen haben.

Hat Johann Schnitzler es geschafft, sich von seinen Patienten, seiner Forschung, seinen Druckerfahnen loszumachen, um noch rechtzeitig am Sterbebett seines Vaters zu sein? Hat er am Grab gestanden und das Kaddisch für ihn gesprochen, das Totengebet? Möglich. Hat er dann die vorgeschriebene Trauerwoche eingehalten, auf seine Arbeit verzichtet und zusammen mit den anderen Angehörigen sieben Tage lang im Elternhaus auf einem niedrigen Schemel Schiwa gesessen, ohne sich zu rasieren? Unwahrscheinlich.

»Ein einziges Mal, als fünf- oder sechsjähriger Knabe« wird Arthur Schnitzler nach Nagykanizsa kommen, »für wenige Tage«. Der Vorteil dieser neuen Zeit ist, dass man schnell ans Ziel kommt und bald wieder abreisen kann. Auf das Kind macht die Stadt wenig Eindruck. »Ein Hof mit Hühnern, ein Bretterzaun, in dessen nächster Nähe die Eisenbahn vorbeilief, der in der Ferne verhallende Pfiff einer Lokomotive, das ist alles, was mir von jenem kurzen Aufenthalt im Gedächtnis verblieben ist.«[45] Nagykanizsa erscheint in dieser distanzierten Beschreibung als das, was es für die Schnitzler-Familie tatsächlich war: ein Durchgangsort. Auch die Großmutter, die Tanten Charlotte und Johanna werden nicht bleiben und ziehen bald nach Budapest.

Zum zweiten Mal der Tod

Als Johann Schnitzlers Familie in die neue Wohnung in der Inneren Stadt zieht, Schottenbastei 3, ist Louise wieder schwanger. Am 22. Jänner 1864 kommt Joseph Emil zur Welt, aber er wird nur zwei Monate alt und stirbt am 26. März an einer Hirnhautentzündung. Im Jahr darauf, am 13. Juli, wird Julius geboren, am 20. Dezember 1867 ein Mädchen, Gisela. Ein Kind zu verlieren, ist nichts Ungewöhnliches in Louise Schnitzlers großem Verwandtenkreis. Sie teilt dieses Schicksal mit ihrer Mutter und deren Schwestern.

Der kleine Julius hat den gleichen Namen erhalten wie sein Onkel Julius Markbreiter, angeblich der Jüngste unter den acht Geschwistern. Dieser ältere Julius gibt einige Rätsel auf. Arthur Schnitzler schreibt, er habe sich »als Siebzehnjähriger in Schachendorf bei Rechnitz angeblich aus Heimweh« erschossen.[46] Und er fährt fort: »Ein sonderbarer Zufall fügte es, daß nicht nur meine Großmutter, sondern auch die beiden andern Töchter von Markus Schey je ein Kind durch einen Schuß verloren. Im Jahre 1848 zu Preßburg warf der Gatte der Ältesten, Iritzer, eine gefundene Pistole in den Ofen, sie ging los und traf eine seiner Töchter tödlich. Ein Sohn der zweiten, Nanette Rosenberg, der in der italienischen Fremdenlegion diente, wurde in der Kaserne durch die Unvorsichtigkeit eines Kameraden erschossen. Mein Onkel Julius, dessen ich mich übrigens durchaus nicht zu erinnern vermag, war der letzte, an dem sich ein scheinbar vorbestimmtes Schicksal erfüllte und zugleich zum erstenmal innerhalb der Markbreiterischen Nachkommenschaft die geistige Belastung in tragischer Einfachheit offenbarte.« Was die Angelegenheit noch mysteriöser macht: Weder das Geburts- noch das Sterbedatum eines Julius Markbreiter sind bei der Israelitischen Kultusgemeinde in Wien aktenkundig. Der nächstältere Bruder, Felix, ist 1855 geboren, als seine Mutter Amalia schon 40 Jahre alt war. Julius konnte also nur wenig älter sein als sein Neffe Arthur. Und dann sollen die beiden sich nicht getroffen haben? Kaum denkbar bei der Intensität, mit der die Verwandtschaftsbeziehungen gepflegt wurden. Es könnte sich um ein behindertes Kind gehandelt haben, das zur Pflege aus dem Haus gegeben wurde. Oder Amalie Markbreiter war mit der Erziehung eines siebten Kindes schlichtweg überfordert.

Wie wurde in den Familien Schnitzler, Markbreiter und Schey über diese Dinge gesprochen? Was davon drang bis zum Kinderzimmer durch, vorbei an den Kinderfräulein und Hauslehrern? Was hat der nicht einmal zweijährige Arthur vom Sterben seines kleinen Bruders mitbekommen? Wäre da irgendein konkretes Erinnerungsbild gewesen, er hätte es in seinem Lebensrückblick nicht ausgespart.

Womit er aber aufwächst, ist die nervöse, überängstliche Mutter. Trost findet Arthur, der früh ein »latentes Todesbewußtsein«[47] entwickelt, bei seinem Vater. »Es war eine Nacht, in der ich, entweder plötzlich erwacht oder noch nicht eingeschlafen, in einem aus der Tiefe meiner Seele aufsteigenden Grauen vor dem Sterbenmüssen, das mir zum erstenmal in seiner ganzen Unentrinnbarkeit zum Bewußtsein kam, laut zu weinen begann; in der Absicht, die Eltern aufzuwecken, die im Nebenzimmer schliefen. Es dauerte auch nicht lange, bis der Papa an mein Diwanbett trat, mich besorgt fragte, was mir fehle, sich zu mir setzte und mir zärtlich über Stirn und Haare strich. Ich schluchzte noch eine Weile still weiter, verriet mit keiner Silbe, was mich so heftig erschüttert hatte, und als der Papa sich nach einigen guten Worten entfernt hatte, schlief ich beruhigt wieder ein.«[48]

Der Vater hat ihn getröstet, nicht die Mutter. Als Trostspender war Johann Schnitzler berühmt. In der Kunst des Umgangs mit Leidenden sei er unübertroffen, hieß es über ihn. Er brauchte bloß am Krankenbett zu erscheinen und einen Witz zu machen, schon ging es den Patienten besser.

Die Liebe der Louise

Wer aber war »die Frau an seiner Seite«? Wer war Louise Schnitzler? Nichts als ein Satellit auf der Umlaufbahn des Johann-Mondes? Sohn Arthur, sonst ein Meister der Schilderung von Frauengestalten, hat sich zu seiner Mutter nur spärlich geäußert. Im Tagebuch erwähnt er sie, wenn überhaupt, nur beiläufig – im Gegensatz zu dem stets präsenten, geliebten, gefürchteten Vater. In den Jugenderinnerungen charakterisiert er sie als: nervös, überängstlich, mit einem »ebenso beweglichen, doch viel zerstreuteren Geist«[49] begabt als ihr Ehemann, doch ihm »bis zur Selbstentäußerung angepaßt«[50]. Ein anderes, ebenfalls männliches Zeugnis stammt von einem Außenstehenden, dem Journalisten Robert Hirschfeld, und bezieht sich auf einige Besuche nach Johann Schnitzlers Tod in der gemeinsamen Wohnung von Mutter und Sohn in der Frankgasse. Hirschfeld hatte erlebt, wie die beiden »meisterlich an zwei Flügeln die Sinfonien von Schubert, Brahms und Mahler« spielten, und war seitdem überzeugt: Die künstlerische Begabung Arthurs kam von ihr. Hirschfeld fand »an ihrer blassen Herbheit etwas Tragisches«, denn: »Sie hatte die Grundbedingung zur Wienerin nicht – sie war nicht schön und konnte niemals schön gewesen sein.« Er endet mit dem klischeebeladenen Satz: »Das mochte die Erfüllung ihres Sehnens gewesen sein, nach schweren Ehejahren mit einem vitalen, echten Wiener Mann.«[51]

Schwere Ehejahre? Zweifel an der Ehe seiner Eltern ließ Arthur Schnitzler nicht aufkommen, sei es aus Loyalität, einem für ihn untypischen Nichtwissenwollen oder der tiefen und begründeten Überzeugung, dass Vater und Mutter es gut miteinander getroffen hatten.

Die Neugier hat mich nach Marbach am Neckar gebracht. Das Deutsche Literaturarchiv verwahrt eine Fülle von Schnitzler-Dokumenten. Ich möchte Louises Stimme hören, ihre eigenen Worte lesen – wenn schon ihr Klavierspiel für immer verklungen ist. Sie hat Briefe geschrieben, Briefe an ihren Mann aus der Vöslauer Sommerfrische. Ich habe meine Bestellung bei der Bibliothekarin im Handschriftenlesesaal abgegeben, halte nun das Konvolut in den Händen und trage es zu meinem Platz in der Nähe des Fensters, wo trotz der Vormittagsstunde wenig Licht ist – mit Absicht, denn die wertvollen Handschriften müssen geschützt werden. Ich knipse die Lampe an, schlage die Mappe auf und beginne zu lesen. »Mein geliebter Johann«. Das Blatt raschelt leise. Es kommt mir vor, als wollte es etwas sagen. »Halt! Finger weg!« Ich sehe mich um. Der japanische Gaststudent, der seine Dissertation über Heinar Kipphardt schreibt, ist in seine eigenen Angelegenheiten vertieft. »Ist der Brief etwa an dich? Wer hat dir erlaubt, ihn zu lesen?« Ertappt! Ich fühle mich wie ein Eindringling in einem fremden Boudoir. Müsste man nicht wenigstens die, die es angeht, um Erlaubnis fragen? Das Papier raschelt noch einmal, raschelt wie das helle Seidenkleid der Dame, die sich im Wintergarten der Villa Rademacher in Vöslau niedergelassen hat und in den Regentag hinaussieht. Sie runzelt die Stirn, taucht ihre Schreibfeder in das Tintenfass, lässt sie dann kratzend über das

Papier fahren. Ich bewundere ihre schlanke Taille – fast wie die der Kaiserin Elisabeth. Geschnürt, natürlich. Die dunkle Haarkrone mit Sorgfalt frisiert, nur auf die Stirn fallen ein paar krause Löckchen. »Entschuldigen, verehrte …« – ich bin nicht ganz sattelfest in den Anredeformen des 19. Jahrhunderts. Was sagt man? Verehrteste gnädige Frau? »Ich sehe, Sie schreiben gerade dem Herrn Gemahl. Darf ich Ihnen dabei über die Schulter schauen? Vielleicht lesen, was Sie geschrieben haben? Ich würde es auch nicht ausplaudern, es ist ja nur für meine Leser – es besteht doch ein öffentliches Interesse, nicht wahr. Na, schauen Sie, Ihr großer Sohn, der da draußen herumtollt – ganz entzückende Knöpfstiefelchen trägt er übrigens heute –, der wird einmal berühmt! Und dann – man wird versuchen, Ihnen all Ihre Geheimnisse zu entreißen. Am besten, Sie stellen sich jetzt schon darauf ein. Also – darf ich?« Sie dreht sich auf ihrem Stuhl um, lässt die Feder sinken, sieht überrascht aus. »Mein Sohn?« – Sie lächelt. – »Nein. Das glaube ich nicht. Eine Verwechslung, schätze ich. Sie denken wohl an meinen Mann. Er ist ein sehr bedeutender Arzt, wissen Sie.« – Ich zeige mich informiert, was sie freut. – »Er ist gerade auf dem Weg – er wird einen Vortrag halten über Laryngoskopie. Sie wissen, was das ist?« – Mit schnellen Strichen kritzelt sie das Schema von Kehlkopf und Stimmritze auf ein neues Blatt, beginnt eine Erklärung, sieht noch einmal prüfend auf die Zeichnung, bekommt große Augen, presst beide Hände gegen den Mund, mit einer Geste, die die weichfallenden Spitzenmanschetten umstülpt und ihre zarten Handgelenke freilegt, ein unterdrücktes Lachen schüttelt ihre Schultern, dann ruft sie sich selbst zur Ordnung, bittet um Entschuldigung. – »Schreiben Sie über meinen Mann – und über mich!« Sie wendet sich wieder ihrem Brief zu, faltet ihn, steckt ihn in ein Kuvert und klingelt nach dem Personal. Ich fühle mich autorisiert und lese:

»Mein geliebter Johann,
Tausend Dank für Deine telegrafische Versicherung, daß
Du an mich gedacht hast, ich hätte aber ohnedem auch nicht
daran gezweifelt, denn es ist nur Pflicht und Schuldigkeit.
Bis jetzt habe ich wahrhaftig noch keine Sehnsucht nach

Dir empfunden, so geplagt bin ich, aber wenn ich bedenke, welche Entfernung uns trennt, wenn Du in Florenz herumgehst, da graut mir ordentlich, ich bitte Dich mir auch bei Deiner Ankunft, Deine sofortige Adresse zu telegrafiren, morgen werde ich poste restante hinschreiben.«

Der Herr Gemahl befindet sich auf dem Weg nach Italien. Sie muss seine Abwesenheit aushalten. Sommer für Sommer verbringt Louise Schnitzler mit ihren Kindern in Vöslau im Schoß der Großfamilie: mit den Eltern, Schwestern und deren Kindern. Die Ehemänner mögen derweil ihren Geschäften nachgehen. In der Sommerfrische ist der Pater familias nur zu gelegentlichen Gastspielen anwesend. Er ist ja eingespannt in seine Geschäfte, muss Sprechstunde abhalten, zu Kongressen reisen, seine Zeitung redigieren oder ins Theater gehen. Vöslau ist nicht weit von Wien, mit der Südbahn schnell zu erreichen und auch sonst ein angenehmer Ort mit seinen Wiesen, Gärten und lauwarmen Badeteichen. Es riecht nach Lindenblüten. Wenn Johann kommt, ist der Jubel groß. Dann geht er »mit seinem Spazierstock waagrecht zwischen beiden ausgestreckten Armen an den Rücken gepreßt« und hält die Kinder zum tiefen Atemholen an – Die gute Luft! –, um sie bald wieder mit ihrer Sehnsucht allein zu lassen.[52] Kaum ist er fort, schreibt Louise an ihn.

»Heute haben wir hier Regenwetter und dabei kaum ein Zimmer, in das ich mich niedersetzen kann, eben erinnere ich mich, daß wir heute Feiertag haben, und bei mir wird geputzt, nun dann komme ich wenigstens mit Dir zusammen in die Hölle – Sind in Innsbruck die Abende auch so abscheulich lang? Weißt Du womit ich sie zubringe? Bis 8 sitze ich an den verschiedenen Betten und Bettchen und belausche den Schlummer der Kinder, und als Revanche wenn ich mich dann um 8 ermüdet niederleg, fängt eines nach dem Andern zu schreien an ›Mama, ich möchte bei Dir schlafen‹ und da ich wie Du weißt immer nachgebe, kannst Du Dir wohl denken, wie es mit meiner Nachtruhe aussieht. Eben sagt mir der l. Vater, der dich vielmals grüßt, daß ich

eilen muß wenn Dich diese Zeilen noch in Innsbruck antreffen sollen, also ich schließe mit <u>vielen</u> Küssen und in der frohen Erwartung baldiger Nachrichten von Dir als Deine
Treue Louise«[53]

In diesem Brief finde ich alles bestätigt: die Nervosität, die Ängstlichkeit, die (durchaus bewusste und vielleicht bequeme) Nachgiebigkeit. Ich entdecke aber auch anderes. Zärtlichkeit, Humor, Selbstironie, mit der sie ihren lässigen Umgang mit der Sabbatruhe schildert und die Liebe zum Maß aller Dinge erklärt. Mit Johann – in der Hölle. Es spricht eine ganz private Louise, die nur ihr Mann zu sehen bekommt. Nur für ihn zeigt sie sich im Glanz ihrer Möglichkeiten – die die Welt nicht will, da sie eine Frau ist. Vielleicht war das die Tragödie, und nicht ihr Mangel an physischer Schönheit.

Der Vöslauer Alltag mit der fordernden Kinderschar ist ein Naturereignis – ein gewaltiger Platzregen, den sie eben aushalten muss wie das Leben überhaupt. Das einzige Mittel zu ihrer Selbstverteidigung ist der Regenschirm ihrer Selbstironie. Johann ist ihre starke Schulter, ihr Antidepressivum, ihr Trost. Ein anderes Mal schreibt sie: »Bis Sonntag werde ich Dich nicht sehen, das erscheint mir von Neuem ganz fürchterlich. Es ist so kalt, daß man garnicht in den Garten hinaus kann und der Tag dauert eine Ewigkeit.«[54]

Es entsteht das Bild eines Abhängigkeitsverhältnisses. Da schreibt eine Frau, die sich geliebt weiß und die bereit ist, zu geben. Eine Kleinigkeit verlangt sie nur dafür. Der Ehemann darf sich im ehelichen Tauschgeschäft eines nicht erlauben: Schwäche. Nächster Brief:

»Mein lieber guter Johann!
So froh mich sonst immer Dein Besuch stimmt, so war diesmal leider das Gegenteil der Fall, und ich bin wieder ganz untröstlich über meinen Landaufenthalt, wenn ich an die mannigfachen Unannehmlichkeiten denke, die Dir draus erwachsen. Ich bitte Dich nun sehr mir umgehend zu schreiben oder lieber zu telegrafieren wie es Dir geht, solltest Du Dich Gott behüte nicht wohl fühlen so werde ich augenblicklich mit Arthur zu Dir eilen. – Die Wolkendecke über uns hat sich endlich

gelichtet, auch das Heulen des Windes hat einem sanften Rauschen der Blätter Platz gemacht, und ich kann Dir kaum den Jubel der Kinder beschreiben als ich sie jetzt gleich nach Tische in den Wald schickte. Dann noch eine Bitte, vernachlässige Deinen Fuß nicht, laß Dir nicht von Dr. Schnitzler daran herumpfuschen, sondern gehe zu Jemandem, der von der Sache etwas versteht, Du wirst mir hoffentlich diesen Wunsch erfüllen, denn wenn ich Dich hier sehe, möchte ich Dich heiter und vergnügt haben, damit meine Freude vollkommen ist. Also nochmals lasse mich wissen wenn es Dir nicht möglich oder nicht angenehm ist herauszukommen, damit zu Dir eilt

Deine Dich liebende Louise

Unterhalte Dich gut bei Romeo, vergiß aber <u>Deine</u> Julie nicht. Die Kinder küssen Dich.«[55]

Die Welt gehört den Männern. Das hat sie von ihrer Mutter gelernt, Amalie Markbreiter, die »ihrem etwas problematischen Ehegemahl die ergebenste und geduldigste Gattin«[56] ist. Das Problem ist Dr. Markbreiters Spielleidenschaft. Die hat auch die Schnitzlersche Familienökonomie in Mitleidenschaft gezogen. Kaum war das junge Paar verheiratet, schon erbat sich der Vater die Mitgiftsumme »zur Begleichung einer dringenden Schuld«[57] zurück. Und Louise befindet sich nun in der Schuld ihres Mannes. Für die Männer noch das letzte Hemd! So muss es sein, so lernen es die Söhne.

Im Zweifelsfall wird sie auf Johanns Seite stehen und nicht auf der ihrer Kinder. Die Dame im cremefarbenen Seidenkleid springt auf, öffnet das Fenster zum Garten und ruft, vornehm Wienerisch näselnd, den ältesten Knaben herein: »Arthur! Der Brief an den Papa!« Das Kind gehorcht. Ein paar Augenblicke später sitzt er mit roten Backen, aber wohlgesittet am Schreibtisch und tut, was die Mutter von ihm verlangt. Der Siebenjährige schreibt, was der Papa hören will. Es geht ihm gut, er sei »sehr brav und fleissig«. Dann stellt er auch pflichtschuldigt seine Fragen: »Wie befindest Du Dich, lieber, guter Papa? Kamst Du recht wohl in Wien wieder an?«[58] Louise, Vollzugsgehilfin des männlichen Willens, hat vermutlich soufliert.

Aber hat sie eine Wahl? Ihr Überlebensprinzip heißt Johann.

In der näheren Umgebung kennen alle die Gemütsverfassung der gnädigen Frau und nehmen Rücksicht darauf. Während einer Herbstreise des Ehepaars Schnitzler nach Berlin sind die Kinder mit ihrer neuen Erzieherin Bertha Lehmann und der Großmama in Baden. Die gnädige Frau verlangt regelmäßige Berichterstattung. In den Badener Beruhigungschor stimmt sogar Arthur mit ein. Jemand hat mit brauner Tinte dünne Hilfslinien auf dem Papier gezogen und womöglich auch den Inhalt der formvollendeten und sehr floskelhaften Grüße vorgegeben. Schreiben hat er schon mit fünf gelernt. Nun schließt sich das Fräulein an, teilt der »hochverehrten gnädigen Frau« mit, man werde ihre »Weisungen und Befehle gewiss genau befolgen«, und versichert, um das Wohl der Kinder sei sie mehr als um ihr eigenes besorgt. »Da sie erst gegen Mittag immer hinaus kommen, so bitte ich wegen Verkühlung unbesorgt zu sein.« Weitere Sicherheitsbekundungen und Demutsgesten beenden den Brief der »ergebenen Dienerin Bertha Lehmann«.[59] Nun die Großmama. Amalie Markbreiter hat schon ein Telegramm und zwei Briefe aus Berlin bekommen, da muss sie sich wohl zu einer Antwort bequemen. »Meine gute theure Louise!« Ihre Tochter soll die Tage der Zweisamkeit genießen und sich vor allem nicht für unersetzlich halten. »Wegen der Kinder sei nun ganz unbesorgt, sie sind vollkommen wohl u vergnügt wie sie vielleicht noch nie waren. Es sind dieses (…) Kinder, die auch von allen hier Umgehenden vergöttert werden. Arthur ist brav u folgsam wie ich es noch von keinem Kinde gesehen habe«. Er sei wohl »zum Diplomaten geboren«. Mit Kindern kennt sich Amalie Markbreiter aus. Aber über ihre Enkel, diese »Engelskinder«, kann sie nur staunen, und sie versichert ihrer Tochter, sie werde diese Tage »nie vergessen u Dir immer zu Dank verpflichtet [bleiben] für das Vertrauen, das Du mir geschenkt. Das Fräulein ist sehr brav u erfüllt ihre Pflichten zärtlichst. Hoffend Dich Freitag u Samstag bei mir zu sehen schließt in aller Eile u Euch bestens grüßend Deine Dich innigst liebende Mutter Amalie«.[60]

Zwölf Ärzte erfinden die Wiener Poliklinik

Johann Schnitzler ist ein glücklicher Mann. Er hat eine Ehefrau, die ihn anbetet, Kinder, auf die er stolz sein kann, er hat sein eigenes Publikationsorgan und eine gutgehende Privatpraxis. Nur mit der Professur hat es bisher nicht geklappt, obwohl er sich längst habilitiert hat. Dafür wächst der Kreis seiner vornehmen Patienten. Wenn einer ihm seine Fotografie verehrt, gerne mit Autogramm, hängt er sie in seinem Ordinationszimmer auf. Der gesamte europäische Adel, sofern er sich in Wien aufhält, kommt im Krankheitsfall in seine Praxis. Es kommen auch Schauspielerinnen und Sängerinnen, wenn sie nicht bei Stimme sind, und lassen sich die Sängerknötchen von dem beliebten Kehlkopfspezialisten wegätzen.

»Wer ist der größte Arzt nach Oppolzer?« wird der Knabe Arthur einmal gefragt und antwortet, völlig überzeugt: »Der Papa!« Manchmal darf er sich »wohlgekämmt und hübsch angezogen« im Wartezimmer mit den Patienten unterhalten: dem Schauspieler Sonnenthal, der berühmten Tragödin Charlotte Wolter und ihrem Mann, dem Grafen Sullivan. Und manchmal drückt sich die Wertschätzung für den Papa in Geschenken für die Kinder aus. Eine ganze Wagenladung mit Spielzeug hat der rumänische Fürst Couza geschickt, prächtiges, kostbares Spielzeug. Es macht Eindruck, verfehlt aber letztlich seinen Zweck. »Das Hübscheste war ein liliputanischer Garten mit braunen Holzstämmchen, grünen Papierblättern, bunten Beeten und Rasenflächen, doch weder damit noch mit dem Inhalt der übrigen Schachteln beschäftigte ich mich lebhafter, sobald nur die erste Neugierde gestillt war.«[61] Der Fürst konnte ja nicht ahnen, dass die Schnitzler-Kinder, vor allem das älteste, das improvisierte Theaterspiel mit den Cousins und Cousinen, den vielen Kindern aus der Verwandtschaft, wesentlich aufregender finden würden.

Die wechselnden Adressen der Schnitzlers in den Jahren zwischen 1862 und 1893 illustrieren den gestiegenen Repräsentationsbedarf. Von der Schottenbastei ziehen sie in die Giselastraße zwischen dem neuen Opernhaus und dem Musikvereinsgebäude. Ab 1871 wohnen sie dann direkt am Ring: Burgring 2 ist die neue Adresse, vis-à-vis der Hofburg und in wohltuender Nähe zu den Mächtigen des Habsburgerreichs.

Das waren die Jahre, in denen der Antisemitismus nicht salonfähig war. Sie dauerten bis zum Gründerzeitkrach 1872 und vielleicht noch ein bisschen länger. Optimisten konnten sich in der Illusion wiegen, mit den alten Vorurteilen sei es nun endgültig vorbei und die Hoffnungen der Vormärzzeit hätten sich erfüllt.

In den neu errichteten Palais und eleganten Wohnungen am Ring residierten Adel und liberales Bürgertum, altes Geld und neues Geld, Juden und Christen, und unterschieden sich wenig in ihren Lebensgewohnheiten und ihrem äußeren Habitus. Auch diejenigen, die ihren gesellschaftlichen Aufstieg der eigenen Tüchtigkeit und den Verdiensten um das Kaiserreich zu verdanken hatten, umgaben sich mit dem Flair des Aristokratischen. Einige Mitglieder des Herrscherhauses hatten sich am Ring ihre Palais bauen lassen, Erzherzog Wilhelm und Erzherzog Ludwig Viktor, aber auch der Bankier Friedrich Schey, Freiherr von Koromla: Großmama Amalies Cousin, der wie sie im ungarischen Güns zu einer Zeit geboren wurde, als sich Juden den Aufenthalt in Wien mit der »Toleranzsteuer« erkaufen mussten. Der Onkel war ein bedeutender Mäzen, er alimentierte den Musikverein und eine Reihe von Theatern. In seinem Salon am Opernring 10 trafen die Reichen und Mächtigen auf die Welt des Theaters und der Musik. Wo hätte Johann Schnitzler besser nützliche Kontakte knüpfen, mögliche Patienten auf sich aufmerksam machen, Unterstützer für allerlei Zwecke finden können?

Und doch gab es die feineren gesellschaftlichen Distinktionen selbstverständlich auch am Ring. Die meisten Ringstraßenwohnungen, so großzügig und elegant sie auch sein mochten, hatten keine Bäder. Während das Schey'sche Palais über moderne sanitäre Einrichtungen verfügte – die Wasserversorgung geschah über den Brunnen im Hof zu einem Wasservorratsbehälter auf dem Dach – wurde bei Schnitzlers einmal in der Woche »in irgendeinem Nebenraum durch die Diener einer Badeanstalt eine ungefüge Holzwanne geschafft und aus Fässern mit heißen Wasser gefüllt, in dem sich's der Reihe nach Papa, Mama, die Kinder und endlich die

Dienstboten so gut es ging behagen ließen.« Später werden sie ein Badezimmer einbauen lassen, und lernen, was man wissen muss, wenn man nicht als Parvenü auffallen möchte: »Noch weniger Wert legte man begreiflicherweise auf eine höhere Kosmetik, wie zum Beispiel auf eine richtige Behandlung der Fingernägel; und von der Kunst des Essens hatte man speziell an unserem Tisch so wenig eine Ahnung, dass ich selbst erst im Lauf der Jahre zu meiner Beschämung von wohlmeinenden Freunden auf manche Unarten hingewiesen wurde, die man mir und meinen Geschwistern daheim hatte hingehen lassen, weil sie überhaupt nicht bemerkt worden waren.«[62]

Bei allem gesellschaftlichen Ehrgeiz hat Johann Schnitzler seinen Blick für die bedrückende soziale Realität in der rasch wachsenden Stadt nicht verloren: Das gewaltige Projekt des Ringstraßenbaus ist ja nicht durch Geisterhand bewerkstelligt worden. Er hat wie ein Magnet Zehntausende von Arbeitssuchenden aus allen Teilen der Monarchie angezogen. Die die neuen Paläste bauen, wohnen selbst mit ihren Familien dicht gedrängt in feuchten Kellern, Schuppen und Ställen. Dabei hat die Wohnungsknappheit die Preise so in die Höhe getrieben, dass sie einen ganzen Wochenlohn für die Monatsmiete bezahlen müssen, bei einer täglichen Arbeitszeit von bis zu sechzehn Stunden. Manche teilen sich zu dritt ein Bett und wechseln sich ab mit dem Schlafen. Bei diesen hygienischen Verhältnissen ist es kein Wunder, dass ständig Seuchen und Epidemien ausbrechen.

Auch die Ärzte leben gefährlich. Bei einer Flecktyphus-Epidemie im April 1871 hat sich Professor von Oppolzer – er war inzwischen in den Adelsstand versetzt worden – im Allgemeinen Krankenhaus tödlich infiziert. Vier Tage nach der selbstgestellten Diagnose starb er zur allgemeinen Bestürzung im Alter von 63 Jahren. Ganz Wien – »bis in die höchsten Kreise« – trauerte um ihn. Und Ludwig Türck! Der Erfinder des Kehlkopfspiegels war schon drei Jahre zuvor ebenfalls an Fleckfieber gestorben.

Von seinem geliebten Lehrer Oppolzer hat Johann Schnitzler dessen laryngologische Gerätschaften vermacht bekommen, das hat er als Auftrag verstanden. Allerdings war Leopold Schrötter von

Kristelli schneller. Im letzten Jahr hat er am Allgemeinen Krankenhaus eine laryngologische Klinik eröffnet, weltweit die erste. Schnitzler ist nun 36 Jahre alt, er braucht sein eigenes Hoheitsgebiet. Und
hilft man sich selbst nicht am besten, indem man anderen hilft? Die
medizinische Versorgung der Armen ist ihm ein großes Anliegen.
Sie muss, findet Schnitzler, selbstverständlich kostenlos sein. So hat
es ihm Dr. Horschetzky in Nagykanizsa vorgemacht. Gemäß der
jüdischen Ethik ist die Wohltätigkeit eine Pflicht.

Nach diesem Prinzip möchte er auch in Wien handeln, gemeinsam mit elf gleichgesinnten Kollegen: Sie gründen eine Poliklinik.
Die Herren sind allesamt Dozenten an der Wiener Universität und
wollen gemeinsam etwas auf die Beine stellen. Eine Poliklinik ist ein
öffentliches Ambulatorium zur Versorgung mittelloser Patienten. Es
wäre nicht die erste – der Internist Wilhelm Winternitz hat solche
Institute in London und St. Petersburg kennengelernt. Es wäre aber
die erste Allgemeine Poliklinik: Sämtliche Spezialfächer der Medizin unter einem Dach! Sie werden die Armen nach den Regeln der
fachärztlichen Kunst kostenlos behandeln und gleichzeitig forschen
und lehren können – und zwar zu Bedingungen, die sie selber be-
stimmen.

Alle werden die Poliklinik lieben! Das möchte Johann Schnitzler
gern glauben, aber seine Lebenserfahrung sagt ihm auch, dass es Ge-
genwind geben wird. Mit Pressekampagnen kennt er sich aus. Man
muss die Idee der Poliklinik vorstellen, alle möglichen Einwände
und Kritikpunkte vorwegnehmen und sogleich entkräften! Er
schreibt einen Artikel und veröffentlicht ihn in der Wiener Medizinischen Presse. Er ist sicher, seine Frage: »Ist bei den Verhältnissen
Wiens die Errichtung einer Poliklinik nützlich oder gar notwendig
oder ist sie unnütz und überflüssig?« wird kein vernünftiger Mensch
mit einem kalten »Überflüssig!« beantworten können, wenn er erst
seine Argumente gehört hat. Erster Punkt: Die öffentlichen Krankenhäuser sind überfüllt. »Ein Institut, das sich zur Aufgabe stellt,
eine Anzahl von Kranken in deren Wohnung unentgeltlich behandeln zu lassen«, könnte Abhilfe schaffen. Zweiter Punkt: Es gibt
ständig Klagen über den klinischen Unterricht. Wie sollte es auch
anders sein, »wenn an einer Klinik 300 Hörer inskribiert sind, die

am Krankenbett oder am Ambulatorium lernen sollen.« Auch dafür wäre die Poliklinik nützlich – »vorausgesetzt, daß die daselbst lehrenden Dozenten Vertrauen erweckende Persönlichkeiten sind.« Und dritter Punkt: Es gibt nicht genügend Armenärzte. Dito. Schnitzler beendet seine Ausführungen bündig mit der Ankündigung, die Vorbereitungen für »das Unternehmen« seien so weit fortgeschritten, dass es am 2. Jänner künftigen Jahres eröffnet werden könne.[63]

An der konstituierenden Sitzung vom 30. Dezember 1871 nehmen teil: der Dermatologe Heinrich Auspitz, der Kinderarzt Ludwig Fleischmann, die Augenärzte Jakob Hock und August von Reuß, der Chirurg Ignaz Neudörfer, die Internisten Leopold Oser, Emil Rollet und Wilhelm Winternitz, der Gynäkologe Carl von Rokitansky, der Neurologe Mathias Schwanda, der Chirurg Robert Ultzmann, – und Johann Schnitzler, der zum Debattenleiter ernannt wird. Auspitz, Oser und Hock bilden den Verwaltungsausschuss. Die zwölf beschließen offiziell, eine Poliklinik in der Inneren Stadt zu gründen und solange selbst zu finanzieren, bis genügend Mittel aus Spenden und Behördengeldern zur Verfügung stehen.[64]

Drei Tage später, am 2. Jänner 1872, morgens um acht steht Johann Schnitzler in der neugegründeten Poliklinik und wartet auf die ersten Patienten. Diese Räume in der Wipplinger Straße 29 sind ein bescheidener Anfang: klein und dunkel, mit Fenstern zum Hof. Die Ärzte arbeiten in Schichten. Die Stunde morgens von acht bis neun teilt sich Johann Schnitzler mit Professor Schwanda. Dann übernehmen Hock, Winternitz und Monti. So geht es weiter bis abends um sechs – täglich, außer an Sonn- und Feiertagen. Im Falle Schnitzlers für die nächsten 21 Jahre.

Mit der Klinik ist sein fünftes Kind geboren. Er wird es hegen und pflegen und gegen alle Anfeindungen wie ein Löwe verteidigen. Zunächst aber ist das Echo überwältigend positiv. Jüngere Kollegen stellen sich als Assistenten zur Verfügung, das Apothekergremium beschließt, die Rezepte zum Armentarif abzugeben, Geld- und Sachspenden bekommen sie reichlich, die Betreiber von Badeanstalten wollen kostenlos Bäder zur Verfügung stellen, und Patienten gibt es von Anfang an genügend. Sie kommen, die Tischler und

Schneidersgattinnen, die Tagelöhner, Schlossergehilfen und Hausdiener, die Handarbeiterinnen, Zimmermaler und Postdienerstöchter. Einzige Bedingung für die medizinische Hilfe, die sie erhalten: Sie müssen sich für Unterrichtszwecke zur Verfügung stellen.

Am 18. Januar bekommen die zwölf Dozenten die offizielle Erlaubnis, an der neuen Poliklinik Vorlesungen abzuhalten und sie im Vorlesungsverzeichnis anzukündigen. Auch der Magistrat der Stadt Wien befindet die neue Anstalt für gemeinnützig und unterstützenswert.

Die Bilanz nach einem Jahr ist eine einzige Leistungsschau: »In dem Zeitraume vom 2. Jänner bis 31. Dezember 1872 wurden in der allgemeinen Poliklinik 11.962 Kranke (7.607 Männer und 4.355 Frauen) unentgeltlich behandelt und denselben 56.456 Ordinationen ertheilt«, heißt es im ersten Jahresbericht der Poliklinik. Und weiter: »Die in der Poliklinik im Laufe des Jahres 1872 ertheilten öffentlichen Kurse und Vorlesungen (...) waren von 217 Hörern besucht, theils Ärzten und theils an der Universität immatriculierten Studierenden. Unter den ersteren befanden sich auch fünf weibliche Ärzte.«[65]

Eine Idee kann noch so brillant sein, sie braucht auch den richtigen Moment, um zu wachsen und erfolgreich umgesetzt werden zu können. Und den haben die Polikliniker in der allgemeinen Euphorie dieser Tage geschickt gewählt. Es ist eine gute Zeit: Im nächsten Mai kommt die Weltausstellung nach Wien! Nur wenig später, im allgemeinen Katzenjammer des Börsenkrachs von 1873, wäre das Vorhaben sehr wahrscheinlich gescheitert.

Der große Krach und was ihm vorausging

Für die Weltausstellung im Jahr 1873, die fünfte ihrer Art und die erste im deutschsprachigen Raum, haben die Wiener ihre Stadt auf den Kopf gestellt. Sie haben das Eisenbahnnetz erweitert, den Nordbahnhof und die Augartenbrücke erneuert, Hotels gebaut, Schifffahrtslinien auf der Donau und eine Pferdetramwaylinie zum Ausstellungsgelände im Prater eingerichtet. Nun soll am 1. Mai 1873 das Spektakel eröffnet werden. Die *Neue Freie Presse*, Zentralorgan der Liberalen, findet theatralische Worte, um die Spannung und Vorfreude des geneigten Publikums, wenn möglich, noch zu steigern. Gleich sei er da, »der feierliche Augenblick, wo unter Fanfarengeschmetter und dem Donner der Kanonen der Vorhang emporrauscht, um uns ein Schauspiel zu enthüllen, in welchem sämmtliche Völkerschaften des Erdballes, insoweit sie vom Hauche der Cultur berührt sind, als Mithandelnde auftreten werden. Es ist das große Drama der menschlichen Arbeit, an dem Tausende von Köpfen gedichtet, Millionen Hände geschaffen, welches uns die Wiener Weltausstellung vorführen wird.«[66]

Aber dann spielt schon das Wetter nicht mit, und Schnitzlers müssen auf dem Weg zum Prater einen geschlossenen Wagen nehmen. Der große Auftritt ist verpatzt. Der Regen fällt und bewässert die Baumparade im ersten frischen Grün am Ring, die Bäumchen vom Format umgedrehter Reisigbesen, die noch der Stützen bedürfen. Ich stelle mir vor: Louise Schnitzler im Tournürenkleid, wie es die Mode seit 1870 den Damen vorschreibt, und frage mich, wohin beim Sitzen mit dem hufeisenförmigen Gestell oberhalb des Gesäßes, das dem Rock die gewünschte Form und jeder Trägerin die Silhouette einer gut gemästeten Gans verleiht. An ihrer Seite Arthur, auf den rechten Arm gestützt, wie auf allen Kinderfotos, eine Strähne fällt ihm ins Gesicht, schwer zu bändigen wegen eines Wirbels am Haaransatz oberhalb des rechten Auges, vis-à-vis Johann Schnitzler in Gehrock mit Weste, dazu, dem feierlichen Anlass entsprechend: eine goldene Uhrkette, Handschuhe, Zylinder. Worüber unterhalten sich Leute, die unterwegs sind zu einem historischen Wendepunkt? Aber das können sie natürlich nicht wissen, niemand weiß das, es sei denn, er wäre hellsichtig, was bei Arthur Schnitzler zumindest im Alter von knapp elf noch zweifelhaft ist. Sie könnten also geredet haben:

Louise: über das unerwartet miserable Wetter, das ihrem neuen Hut mit seinen Rüschen und seiner Federgarnitur arg zusetzen werde, wo doch noch nicht einmal die Rechnung der Putzmacherin bezahlt sei.

Johann: über das Kaiserpaar, das seine Teilnahme bei den Eröffnungsfeierlichkeiten angeblich abgesagt habe, weil der Kaiserpavillon nicht rechtzeitig fertig geworden ist. Dass die Zeitungen darüber aber nicht schreiben dürften, weil sie Anweisung hätten, ausschließlich positiv zu berichten, wie man in den Journalistenkreisen der Concordia höre. (Nein. Nichts Kritisches. Er will doch seine Frau bei Laune halten.) Eher also über die bevorstehende Begegnung mit Erzherzog Rainer auf der Eröffnung, den er kennt, weil dieser das Protektorat für den III. Internationalen Medizinischen Kongress übernommen hat, der im September stattfinden wird und den er, Schnitzler, mitorganisiert.

Arthur: schweigt ausnahmsweise, weil er mit seinen Gedanken bei einer Katze ist, die er zur Protagonistin seines nächsten Dramas machen möchte. Er sieht hinaus in den Regen und bemerkt, dass sie gleich am Ziel sind.

»Ich sehe mich noch meinen Eltern gegenüber in einem geschlossenen Wagen sitzen, der sich langsam dem Tor der Rotunde nähert und an dessen Scheiben die Regentropfen klatschen.«[67] Launisches Gedächtnis. Die Erinnerung hat für richtig befunden, sich an diesem Moment festzuhaken und keinem anderen. Nicht an den Lokomotiven und Dampfmaschinen und Eisenbahnwaggons, dem Nachbau des altägyptischen Felsengrabes aus Beni Hasan, den Drachen in der Japanischen Galerie, dem Smaragdschmuck der Lady Dudley, den amerikanischen Nähmaschinen und deutschen Schiffsschrauben oder der Rotationsdruckmaschine der Wiener Firma Sigl im Pavillon der *Neuen Freien Presse,* für die sich Johann Schnitzler interessiert haben dürfte. Es war eine gigantische gründerzeitliche Leistungsschau. 50 000 Aussteller aus 35 Ländern auf einem Ausstellungsareal von 233 Hektar. Aber die Besucher kamen nicht in Scharen, wie erwartet. Manches war einfach nicht fertig geworden, die Wiener fanden die neu errichtete Rotunde hässlich, und dann brach auch noch die Cholera aus.

Acht Tage nach der Eröffnung setzte der »Schwarze Freitag« am 9. Mai 1873 dem allgemeinen Wachstumsoptimismus ein Ende. Erst eine Bankenpleite, dann hundertzwanzig Insolvenzen an nur einem Tag! Die Aktienkurse an der Wiener Börse, die in der Euphorie der vergangenen Monate schwindelerregende Höhen erreicht hatten, stürzten danach ins Bodenlose. Um 13 Uhr musste die Börse von der Polizei geschlossen werden. Und die eben noch jubilierende *Neue Freie Presse* wehklagte – nun nicht länger mit einem Maulkorb versehen: »Eine Katastrophe ist über die Börse hereingebrochen, wie sie eine unheilbrütende Phantasie nicht drastischer ersinnen könnte. (…) Die Wirkungen der Überspeculation sind eingetreten. Ohne wahrnehmbaren Anlaß, wie von Dämonengewalt erfaßt, ist das Gebäude zusammengebrochen, welches aus Actien aufgebaut war, und ein Nero fände dieselben Elemente grausamen Wohlgefallens vor, wie jener Cäsar an dem Brande Roms: Jammer, Elend, Vernichtung. Es schlagen keine Lohen zum Himmel empor, aber die Jammerrufe der in ihrem Vermögen, in ihrer Existenz Vernichteten sind nicht weniger furchtbar.«[68]

152 verzweifelte Anleger nahmen sich das Leben. Und dann das lange Nachspiel: Kurzfristige Kredite wurden nicht verlängert, was weitere Entlassungen, Lohnkürzungen, Offenbarungseide, Pleiten nach sich zog; immer mehr Anleger verkauften ihre Aktien, immer mehr Bankkunden räumten ihre Konten, die Krise weitete sich aus, erfasste London, Paris, New York, Berlin. Mit dem Geld war auch das Vertrauen weg, der Wirtschaftsliberalismus diskreditiert, der Fortschrittsglaube erschüttert. Einen Sündenbock musste man finden: zum Beispiel den jüdischen Finanzkapitalismus.

Für den bald elfjährigen Arthur Schnitzler bedeutet »die ökonomische Katastrophe, die unter dem Namen ›Der große Krach‹ berüchtigt geblieben ist, in der mit manch anderen unschuldigen Opfern auch mein Vater alles verlor, was er bis dahin erspart hatte«,[69] eine erste Berührung mit der Weltgeschichte. Das Kind nimmt sie als Inspiration. Aus der Berührung entstehen »fünf, wahrscheinlich humoristisch gedachte Szenen«. Für Schnitzlers hätte es schlimmer kommen können. Sie müssen ihre Wohnung nicht verlassen und leiden auch sonst keine Not. Aber etwas verändert sich, etwas, was das Sicherheitsgefühl betrifft. Der Schock sitzt tief und hat die Wiener misstrauisch gemacht.

Arthurs Metamorphosen

Spitzahorne können unter günstigen Bedingungen zweihundert Jahre alt werden, aber so günstig sind die Bedingungen für einen Allee-baum an der Wiener Ringstraße nicht. Die Autoabgase, das Streu-salz, zu wenig Platz für die Wurzeln – was eben einem Baum so alles zusetzt. Wenn man sich einen frisch gefällten alten Ahorn mit Krone und allem hernehmen und ihn mit nichts als einem Schnitzmesser bearbeiten würde, die Jahresringe einen um den anderen abtragen und den jungen, schlanken Baum herausschälen würde, dann bekäme man vermutlich eine ganz gute Vorstellung davon, wie viel Zeit vergangen ist, seitdem dieser Baum gepflanzt wurde, nämlich, als Arthur Schnitzler ein Kind war. Es ist einfach lange her.

»Engelskinder«: Ich versuche mir vorzustellen, was Amalie Mark-breiter – »die gute Großmama«, im Gegensatz zu der verhassten Rosalie Schnitzler – mit diesem Wort verband. Natürlich war sie als Großmutter sympathisch voreingenommen. Trotzdem: Was war das Engelmäßige der Schnitzler-Kinder? War es ihre Folgsamkeit? War es das gute Einvernehmen der Geschwister untereinander? Ihr Äußeres? Oder irgendetwas Nicht-von-dieser-Welthaftes?

Ein Foto zeigt die drei Schnitzler-Kinder im Interieur eines groß-bürgerlichen Salons: eine reich dekorierte Wand, ein Teppich, ein metallener Tisch im Empirestil, darauf ein geheimnisvolles Käst-chen. Im Zentrum steht Arthur und stützt sich mit dem rechten Arm auf das Kästchen. Die Buben sind gleich gekleidet, das Haar tragen sie lang und nach hinten gekämmt. Kleine Prinzen in dunk-len Samtanzügen mit Pluderhosen. Gisela, im weißen Kleid mit hervorschauenden Spitzenhöschen, hat sich vertrauensvoll bei Art-hur eingehängt. Er neigt sich ihr zu, mit gedankenverlorener Miene. Julius, auf der anderen Seite des Tisches, steht für sich. Während Bruder und Schwester sich mit großer Selbstverständlichkeit auf die Inszenierung einlassen, verrät sein Blick so etwas wie Ungeduld. Julius ist kein Musterknabe und muss manchmal getadelt werden. Das ist nichts für Louise Schnitzler. Sie sieht sich als eine nach-giebige Person, folglich mangelt es ihr an Autorität. Gelegentlich beschwert sie sich über »die Aufführung unseres Julius«, dann ist es

Aufgabe des Vaters, auf das Kind einzuwirken. Er ist die höchstrichterliche Instanz. Das Foto ist eine Inszenierung, ja. Auffallend ist aber, dass der vielleicht elfjährige Arthur sich in offensichtlichem Einklang mit ihr befindet, ein perfekter Mitspieler. Und es stellt sich die Frage: Wie wird aus dem »Engelskind« ein Rebell?

Für die alltäglich-praktischen Erziehungsaufgaben im Hause Schnitzler, wie in den Familien des gehobenen Bürgertums generell, ist das Personal zuständig: das Kinderfräulein, auch französisch »Bonne« genannt, die Erzieherin und der Hauslehrer. Diese Erziehungsaufgaben sollen gemäß den ausgesprochenen und unausgesprochenen Erwartungen der Auftraggeber erledigt werden, darunter 1. »Der Herr Dozent muss seiner ausgebreiteten Tätigkeit unbehelligt von Kinderkram nachgehen können« und 2. »Die Nerven der gnädigen Frau sind zu schonen«.

Das Fräulein Bertha Lehmann bewährt sich. Sie liefert den neugierigen Knaben erstes amouröses Anschauungsmaterial. Die neue Erzieherin ist eine junge Frau aus Berlin, die mit Eltern und Geschwistern nach Wien gezogen ist. Aus Arthur Schnitzlers Sicht sind Lehmanns »einfache Leute«, die »mit drei erwachsenen Kindern ziemlich ärmlich im Freihaus auf der Wieden« wohnen. Aber eine Familie mit literarischen Ambitionen. Die jüngere Schwester arbeitet als zweite Liebhaberin am Burgtheater, ein Bruder versucht sich als Dichter und imponiert dem kleinen Arthur, indem er »in der Küche mit der zierlichsten Schrift auf große Bogen Kanzleipapier mit einem Nudelbrett als Unterlage ein Drama niederschrieb und die Namen der sprechenden Personen, worunter eine Gräfin, mit Hilfe eines Lineals aufs sorgfältigste unterstrich«.[70] Die Erzieherin, »blaß, schlank, blond, gutmütig und ohne besonderen Liebreiz«,[71] führt Treppenhausgespräche mit einem blondbärtigen Hausbewohner. Einen Brief von ihm liest sie der Näherin im Kinderzimmer vor, am Abend, als die Kinder längst schlafen sollen. »Sie werden meine Worte nicht auf die Waagschale legen.« Arthur ist noch wach, merkt sich den Satz und plappert ihn am nächsten Morgen dem peinlich berührten Fräulein vor.

Mit neun Jahren wird er eingeschult, gleich aufs Gymnasium, in die erste Lateinklasse. Bis dahin ist er zu Hause unterrichtet worden. Der

Hauslehrer Maximilian Lang, Medizinstudent aus einem ungarischen Nest wie einst der Papa, ist »ein grundguter, tüchtiger, stets etwas salbungsvoller Mann, des Schönredens und noch mehr des Schönschreibens bis zur Pedanterie beflissen«.[72] Und nun passiert etwas.

An einem Tag im Sommer 1871 spaziert Lang mit dem Knaben Arthur von der neuen Wohnung am Burgring zum Akademischen Gymnasium am Beethovenplatz. Sie sollen sich nach den Einschreibeformalitäten erkundigen. Die Schule sieht aus wie ein mittelalterliches Kloster, mit kreuzrippengewölbten Hallengängen. Aber das Gebäude im Stil der Neogotik ist erst vor fünf Jahren fertiggestellt worden und zählt zu den Perlen der Ringstraßenarchitektur. In dieser Ehrfurcht gebietenden Kulisse findet die erste und äußerst wichtige Lektion statt. Das Kind lernt etwas über sich selbst. »Im Konferenzzimmer erteilte der alte Professor Windisch die nötigen Auskünfte; ich stand wohlgesittet vor ihm, den Strohhut in der Hand, der mittelst eines Bändchens an einem Knopf meiner Jacke befestigt war, in leicht geneigter Haltung, und war mir eines lauen Gefühls von Ergebenheit und Devotion bewußt, dessen ich mich zugleich ein wenig schämte; und dieser Moment war es, in dessen lebendigem Nachgefühl ich acht Jahre später in einem romantischen Trauerspiel einem Mönch die Worte in den Mund legte: ›Denn manchmal findet sich im Menschenherzen / Der Keim zu einem solchen Dienenwollen.‹«[73]

Nur ein kurzer Augenblick der Selbsterkenntnis. Aber danach ist etwas anders. »Nie wieder«, schreibt Arthur Schnitzler, habe er sich »auf Empfindungen ähnlichen Charakters (…) ertappt«. Vorerst bleibt er ein braver Bub, ein Musterschüler und Muttersöhnchen, aber mehr und mehr macht sich eine »gewisse frondierende Grundstimmung« seines Wesens bemerkbar. In seinen Briefen – an die Mutter, nicht an den Vater – klingt er jetzt manchmal wie ein ganz normales Kind; ein bisschen verfressen und nicht ohne Weiteres bereit, sich den Wünschen der Eltern zu unterwerfen. Wenn er doch gerade so schön spielt mit den Cousins und Cousinen in Vöslau und die Tante Emma es ganz in Ordnung findet, dass er da ist, wieso soll er dann bitte sehr abgeholt werden?

»Ich will Dir nun schreiben, was wir gestern zu Mittag
gegessen haben. – Nockerlsuppe
   Schnitzl mit Erdäpfel
   Erdäpfelnudl mit Semmelbrösel (…)
Ich sehne mich pflichtschuldigst nach Hause, aber
wegzudampfen habe ich noch nicht die geringste Lust.«[74]

Schon der Zehnjährige weiß mit Ironie umzugehen. Die benutzt er
zur Verteidigung gegen den häuslichen Gefühlsimperativ. Vielleicht
braucht er auch gerade ein bisschen Abstand zur Familie? Im Som-
mer haben die Eltern mit den beiden Söhnen eine Reise in die
Schweiz unternommen. »In weniger als zwei Wochen ging es über
München, Zürich, Luzern an den Genfer See und wieder zurück.
Dieses Tempo, in dem Beweglichkeit und Ungeduld, Neugier und
Oberflächlichkeit einander bedingten und begünstigten, war den
Eltern ebensowohl Bedürfnis als Manier.«[75]
Es ist eine völlig neue Art des Reisens, möglich geworden erst
durch die Eisenbahn. Die Alpen sind neuerdings sehr en vogue.
Große, elegante Hotels entstehen an den entlegensten Plätzen, und
selbst die Berggipfel werden nun mit Hilfe der Technik bezwungen.
Auf den Rigi Kulm führt seit dem Vorjahr 1871 die erste Bergbahn
Europas. Das muss man einfach gesehen haben! Die Zeitungen
schreiben über die »eigenthümlich frische, freie Luft auf den Schwei-
zerbergen«.[76] In dieser Geburtsstunde des Massentourismus erlebt
Arthur nicht nur »den Sonnenaufgang auf dem Rigi Kulm«, sondern
auch den Anblick der anderen »in der Morgenluft fröstelnden
Frühaufsteher mit den aufgestellten Kragen und malerisch um die
Schultern geworfenen Plaids«.[77] Dazu kommen »die Fahrt um den
Genfer See, die Bären im Graben zu Bern und nicht zum wenigsten
die köstlichen Frühstücke in den Schweizer Hotels mit Tee, Butter
und Honig« als Elemente eines beständigen Sehnsuchtsbilds. Die
Reise begründet eine Familientradition: Die Schweiz wird zum oft
besuchten Ziel auch späterer Schnitzler-Generationen.
Das Gleiche gilt für den Stil des Reisens. Auch der wird Schule
machen. Die Schnitzlers und ihr Tempo! Der 16-jährige Arthur
Schnitzler versucht sich an einer Karikatur der Eltern als »Maka-

rius und Genoveva Rastlos«. Und er selbst? »Schon damals ahnte ich wohl, daß diese Unrast, die sich später bei meiner Mutter fast ins Pathologische steigerte, vielleicht noch mehr durch das Beispiel als durch das Gesetz der Vererbung auch auf mich übergehen sollte«, bemerkt er in der Autobiographie.[78] Hat schon der Zehnjährige das Verhalten der Eltern kritisch gesehen? Nach der ersten nächtlichen Zugfahrt seines Lebens darf er in München mit ins Residenztheater, amüsiert sich über die dargebotene Posse und tut schließlich das, was alle Kinder tun, wenn sie überfordert sind: Er schläft ein.

Ein Jahr vergeht. Die regelmäßigen Ergebenheitsadressen, die der Vater verlangt, wenn die Familie sich in Vöslau aufhält, werden immer noch, aber zunehmend widerwillig, abgeliefert. Louise Schnitzler muss sich anstrengen, um sie ihrem Ältesten in gebotener Ausführlichkeit abzuverlangen – vielleicht sympathisiert sie sogar heimlich mit seiner »Muss-das-sein?«-Haltung? »Wenn er immer so knapp im Ausdruck sein wird, erspart er jedenfalls bei seiner Correspondenz viel Zeit und Papier«, kommentiert sie seine knappen Zeilen. Arthur hat gewagt zu fragen: »Was kann man denn dem Papa schreiben, nachdem er uns erst seit 6 Stunden verlassen hat!«[79] Noch knapper drückt sich Julius aus: »Ich grüße dich. Dein Spitzbub Julius.«

Mit elf entdeckt Arthur sein lyrisches Talent. In Sommer 1873 in Vöslau schreibt er das Gedicht »Rom in Brand« und trägt es im engeren Familienkreis vor. Die Großmama ist entzückt: »Ein zweiter Schiller!« Nun fordert Johann Schnitzler von seinem ältesten Sohn immer neue Talentproben. Der folgsame Junge liefert sie bereitwillig, macht ein Gedicht nach dem anderen, nimmt die Stoffe dazu aus dem Schulunterricht. Bleibt die Produktion eine Weile aus, mahnt ihn der Vater: »Hast Du schon lange kein Gedicht gemacht?« Er ermuntert ihn auch, über gemeinsame Reisen zu schreiben, und setzt ein Honorar aus: »pro Kapitel oder Reisetag je nach Gelingen zehn oder zwanzig Kreuzer Belohnung«. Dem Vater obliegt das Urteil. Er lässt mitunter durchblicken, dass er sein eigenes literarisches Talent für noch bedeutender hält. Das Kind lernt, das eine oder andere beschriebene Blatt vor den Erwachsenen zu verstecken. Interessanter-

weise bezieht sich Arthurs Bedürfnis nach Privatheit auf die dramatischen Versuche. In dieser Welt ist er ganz für sich. Wenn er eine
ausgedachte Szene notiert, und ein Erwachsener kommt herein,
lässt er das Heft schnell unter den Hausaufgaben verschwinden. Er
schreibt und schreibt, es ist wie eine Sucht. 1875 legt er ein Verzeichnis seiner dramatischen Werke an:

»›Die Loreley‹, eine Tragödie in fünf Akten und einem Vorspiel;
– ›Der chinesische Prinz‹ in vier Bildern; – ›Die Loreley‹ (nochmals)
in zwei Abteilungen; – ›Gold und Ehrlichkeit‹, ein Märchen in vier
Aufzügen (in reimlosen Jamben); – ›Königin Himmelblau‹, Mär-
chen in vier Akten; – ›Cornelius Ombra‹, dramatisches Märchen; –
›Die verbrannte Katze‹, eine Szene; – ›Der große Krach‹ in fünf
Akten; – ›Die Wundergeige‹; – ›Die Schutzgeister‹, Märchen in drei
Akten; – ›Theegesellschaft‹, Lustspiel in einem Akt; – ›Prinz Ernst
und Werner von Kyburg‹, historische Tragödie in einem Vorspiel
und sechs Akten; – ›Der Schatzgräber‹, Märchen in fünf Akten; –
›Der Alpenjäger‹, Trauerspiel in zwei Akten; – ›Kraut und Rüben‹,
Lustspiel in zwei Akten«.[80]

Arthurs dreizehnter Geburtstag wird »ohne jedes rituelle Ge-
pränge, aber durch besonders zahlreiche und schöne Geschenke«
gefeiert, die er von Eltern, Großeltern und anderen Verwandten erhält – »die Klassiker in schönen Einbänden, eine goldene Uhr,
einige Dukaten«.[81] Vor den Augen der Gemeinde wäre er nun erwachsen, aber die Schnitzlers sind nicht fromm. Der einzige
jüdische Festtag, den sie feiern, ist Jom Kippur, der Versöhnungs-
tag. Nur »die gute Großmama«, »die frömmste, ja vielleicht die einzig wirklich Fromme in der Gesellschaft«,[82] verbringt den Tag mit
Fasten und Beten in der Synagoge. Später kommt die ganze Verwandtschaft zu ihr. Wenn der Abendstern am Horizont erscheint,
ist der mit köstlichem, rituell zubereitetem Backwerk beladene
Tisch in der Mitte des Zimmers freigegeben. Arthur gibt es zu denken, dass die »›Boles‹ und Pfefferbretzeln, Mohn- und Nußkindeln«
vor allem »die Kinder und die freigeistigeren männlichen Familienmitglieder« ungeniert genießen können, also die, die nicht gefas-
tet haben und aufpassen müssen, was sie essen. Man könnte daraus
schließen, dass es Vorteile hat, sich an Regeln und Gesetze *nicht* zu

halten. Gibt es eine göttliche Gerechtigkeit? Solche theologischen Fragen scheinen den heranwachsenden Knaben jedoch nicht sehr zu beschweren. Da ist kein mächtiges Gottesbild, das gestürzt werden müsste. Mächtig ist der Papa.

Mit dreizehn wird Arthur keineswegs wie ein Erwachsener behandelt, aber immerhin bekommt er seine ersten langen Beinkleider. Damit stellt er sich auf einen Stuhl vor dem Fenster und präsentiert sich stolz – seiner ersten Liebe. Franziska Reich, genannt Fännchen, ist die Tochter eines »Kaufmanns oder Börsianers«, der mit seiner Familie im gegenüberliegenden Haus ein Stockwerk höher wohnt. Schon bei der ersten Unterhaltung – natürlich unter Aufsicht – hat sich herausgestellt, dass sie gleichaltrig sind und noch dazu am gleichen Tag Geburtstag haben. »Diesem Schicksalszeichen gehorsam, beschlossen wir, uns unverzüglich ineinander zu verlieben.«[83] Die Eltern »hüben und drüben« tun ihnen den Gefallen, dagegen zu sein; so wird eine große Sache daraus, die sich über Jahre hinzieht. Die jungen Liebenden treffen sich zu Spaziergängen im Volksgarten, es kommt zu »Versicherungen gegenseitiger Zuneigung, Händedrücken, Blicken und anderen Verständigungszeichen von Fenster zu Fenster«; das finden die Erwachsenen skandalös, besonders die »Fenstertelegraphie«. Bald ziehen die Reichs um, und es wird schwieriger, sich zu sehen. Es ist wieder Sommer, man könnte sich im Park treffen, vielleicht sogar einmal dies »rosige Mündchen« küssen. Stattdessen verlangt der Papa, dass die Familie ihn auf seinen ärztlichen Landfahrten begleitet. Sie fahren im Fiaker nach Schönbrunn, Hietzing, Dornbach oder Kaltenleutgeben.[84] Der Wagen hält vor einer Villa, der Papa geht hinein zu seinen Patienten, nun heißt es warten, warten mit einem Buch in der Hand, während die Amsel ihr Sehnsuchtslied singt und der schöne Sommerabend vergeht. Irgendwann erscheint der Papa dann wieder, bestens gelaunt, und führt die Seinen zum Nachtmahl in irgendeinen vorstädtischen Wirtsgarten. Es ist zum Verzweifeln. Die Turteltäubchen werden gut bewacht, und Arthur bleibt vorerst ungeküsst. Was tut er? Er schreibt ein Gedicht, dessen erste Zeile lautet: »Kein einz'ges kleines Küsschen noch von ihrem rosigen Munde« …

Das ist ja überhaupt Sinn und Zweck der Fännchen-Liebe: dass sie dem angehenden Dichter Stoff liefert. Doch den ersten Kuss empfängt er völlig überraschend nicht von Fännchen, sondern von einer ebenfalls gleichaltrigen jungen Verwandten, Julie. Bei Jellineks zu Hause sind sie unbeaufsichtigt und können tun und lassen, was sie wollen, in aller Unschuld. Weil aber vor allem das Lassen dem jugendlichen Arthur zum Problem wird, erweitert er den Kreis der für interessant befundenen Weiblichkeit. Dem Vorbild seines Freundes Adolf Weizmann folgend, fängt er an, Prostituierte zu besuchen. Dabei ist er sich über die eigenen Motive nicht ganz im Klaren. Er ist nun sechzehn, lehnt in seinem »noch ganz knabenhaft zugeschnittenen Anzug, Strohhut und Spazierstöckchen in der Hand, am Fenster« und redet der »zugleich gelangweilten und belustigten Schönen (…) ins Gewissen, sich doch einem anständigern und aussichtsreichern Berufszweig als dem von ihr erwählten zuzuwenden«.[85] Viel mehr passiert nicht. Monate später aber wird ihm eine »Grabennymphe« namens Emilie »nicht nur körperlich, sondern auch seelisch gefährlich«, denn Arthur glaubt sich »ernstlich in sie verliebt«.

Und nun kommt wieder der Papa ins Spiel. Johann Schnitzler sieht das veränderte Verhalten seines Sohnes, die wachsende Aufsässigkeit, den mangelnden Eifer für die Studien, sieht den Umgang mit Schulkameraden, von denen er wenig hält, und macht sich große Sorgen. In der Poliklinik haben er und seine Kollegen täglich mit Syphilitikern zu tun. Er weiß, welche Verwüstungen diese Krankheit anrichtet, wie machtlos sie als Ärzte im Grunde sind. Aber weiß der Junge es auch? Weiß er, welche Risiken er eingeht? Es lässt dem Vater keine Ruhe, er muss es genauer wissen, verschafft sich den Schlüssel zum Schreibtisch und findet das kleine rote Büchlein mit den Tagebuchaufzeichnungen. Er blättert darin herum, legt es zurück, will wissen, was weiter geschieht, spürt vielleicht so etwas wie Zweifel, wartet ein paar Tage ab, liest dann die folgenden Eintragungen. Die sind nicht geeignet, seine Befürchtungen zu zerstreuen.

Es folgt das väterliche Strafgericht. Am 19. März 1879 notiert Arthur: »Ein Tagebuch wird gefunden, gerade das letzte (über Emilie).

Große Szenen mit meinem Vater.«[86] Der Schauplatz: das elterliche Schlafgemach. Schließlich muss Arthur dem Vater ins Ordinationszimmer folgen. Er bekommt dort »die drei großen gelben Kaposischen Atlanten der Syphilis und der Hautkrankheiten« vorgelegt, »um hier die möglichen Folgen eines lasterhaften Wandels in abschreckenden Bildern kennenzulernen«.[87] Die drastische Kur wirkt, und sie wirkt ein Leben lang. Auch wenn es ihn vorsichtiger macht, die Angst vor einer möglichen Ansteckung wird Arthur Schnitzler bei seinen sexuellen Abenteuern ein unerwünschter Begleiter sein. Wie berechtigt die Sorge des Vaters ist, wird das spätere Schicksal des Jugendfreundes Adolf Weizmann zeigen. Der wird an der Syphilis erkranken und schließlich, im Herbst 1896, »im Irrenhaus« sterben.[88]

Vielleicht hat Johann Schnitzler seinem geliebten Sohn das Leben gerettet. Aber er hat auch sein Vertrauen verspielt. Was der 16-Jährige gegenüber dem Vater kaum zu äußern wagt – er findet nur »schüchterne Worte des Befremdens über den an mir verübten Vertrauensbruch«[89] –, gärt in ihm noch lange: »Von so guten Absichten mein Vater bei seinem Vorgehen zweifellos geleitet war, und wenn man ihm auch keineswegs den gewünschten Erfolg gänzlich absprechen darf, – die etwas hinterhältige Methode, die er angewandt, konnte ich ihm lange nicht vergessen; und wenn sich eigentlich kaum je ein völlig rückhaltloses Verhältnis zwischen ihm und mir herzustellen vermocht hat, so war die unauslöschliche Erinnerung an jenen Vertrauensbruch sicher mit schuld daran.«

Die Tagebuchepisode ist berühmt geworden. Peter Gay hat sie in seinem Buch *Das Zeitalter des Doktor Arthur Schnitzler* als Schlüssel zu einer ganzen Epoche benutzt. Er hat auch darauf hingewiesen, wie sehr der Zorn dem Verfasser der Jugenderinnerungen noch Jahrzehnte später anzumerken ist. Ein Gefühl, das zum Motor von Schnitzlers schriftstellerischer Entwicklung wurde: »Die Übergriffe der Erwachsenen auf seine kindliche Privatsphäre nagten an ihm und prägten auch seine Auffassung von jener Welt, die er mit so genauem Blick beobachten und mit so scharfer Klinge sezieren sollte.«[90]

Hätte sich Johann Schnitzler weiser, klüger, weniger patriarchalisch gegenüber seinem Sohn Arthur und später auch seiner Tochter Gisela verhalten, wenn er nicht selbst in diesen Jahren in Bedrängnis geraten wäre? Der »Schwarze Freitag« hat ihn sein bisher Erspartes gekostet, nicht aber seine Intelligenz, seine Energie, seinen Charme. Mit der Poliklinik geht es weiter bergauf. Es geht einfach zu gut für den Geschmack mancher Leute. An diesem Kapitel im Leben seines Vaters nimmt Arthur Schnitzler großen Anteil, vor allem später, als er seinen *Professor Bernhardi* schreibt und dem Verstorbenen damit ein literarisches Denkmal setzt. Und auch in den Jugenderinnerungen befasst er sich mit den Ereignissen rund um die Poliklinik. Am Beispiel der Poliklinik ließe sich die Geschichte des aufkommenden Antisemitismus erzählen.

Arthur Schnitzler schildert, wie »plötzlich, vor allem aus den Kreisen der praktischen Ärzte, die damals ökonomisch unter den Nachwirkungen der Börsenkatastrophe von 1873 zu leiden hatten, Klagen, Anklagen, Verdächtigungen, Verleumdungen« laut wurden, die »durch publizistische Beihilfe« zu einer regelrechten Hetze wurden. Der Poliklinik wurde nachgesagt, sie sei der Ruin der praktischen Ärzte, da in ihren Räumen auch zahlungskräftige Patienten behandelt würden; sie sei »im Grunde nichts als eine Reklameanstalt für die Dozenten«, die sie gegründet hatten, »die scheinbar offiziellen Angaben über Zahl der Kranken und Hörer seien gefälscht«, und außerdem sei sie ein gefährlicher Epidemieherd mitten in der Stadt.[91] Im Jahr 1875 geht es los, dem Jahr, als Schnitzler senior vierzig und Schnitzler junior dreizehn wird. Eigentlich ein erfolgreiches Jahr, in dem die Poliklinik neue Räumlichkeiten in der Kleppergasse 4 bezieht, die dann auf Johann Schnitzlers Betreiben in Oppolzergasse umbenannt wird, und in dem es gelingt, den hoch angesehenen Erzherzog Rainer als Protektor der Poliklinik und als dessen Stellvertreter den Bürgermeister von Wien Dr. Felder zu gewinnen. Es ist auch das Jahr, in dem die *Wiener Medizinische Wochenschrift* ihr 25-jähriges Bestehen feiert. Vielleicht hat deren Redakteur Dr. Wittelshöfer sich vorgenommen, ein bisschen Spaß zu haben, den

Konkurrenten von der *Medizinischen Presse* endlich zur Strecke zu bringen und dabei sein Publikum gut zu unterhalten? Leopold Wittelshöfer, der selber Jude ist, Landsmann aus Nagykanizsa, Vereinskamerad aus der »Concordia«, der alte Feind. Was schert es ihn, dass die »Concordia« mit ihrem Namen die Eintracht beschwört.

Gleich mit der ersten Ausgabe der *Wochenschrift* des Jahres 1875 beginnt er mit seiner Rufmordkampagne, nennt die Poliklinik ein »System der Association zur Schädigung des eigenen Standes«, prangert »das Aufdrängen zur unentgeltlichen Dienstleistung für das zahlungsfähige Publikum, das heuchlerische Wohlthätigsein mit dem verschwiegenen Motto: ›Wohlthun trägt Zinsen‹« an.[92] Das geht nicht nur gegen die Poliklinik. Der Vorwurf ist infam. Hat Schnitzler sich nicht vor zehn Jahren schon für seine Kollegen eingesetzt und verlangt, dass Ärzte zu festen Tarifen bezahlt werden müssen? Hat er nicht eben erst als Obmann des neu geschaffenen Wiener Ärzte-Kollegiums eine Petition mit auf den Weg gebracht, die diese »schreiende Ungerechtigkeit« endlich beseitigen soll, die gesetzliche Pflicht nämlich, dass Ärzte jederzeit Hilfe leisten müssen, was dazu führt, dass wohlinformierte (und wohlhabende) Patienten sich auf diese Klausel berufen und mit der Honorarforderung nach Belieben umspringen können? Die zahlen können, sollen zahlen. Die Armen muss man selbstverständlich unentgeltlich behandeln. Das ist immer sein Standpunkt gewesen. Und nun muss er, ausgerechnet er, sich der Illoyalität und Heuchelei bezichtigen lassen? Das ist absurd. Alle wissen es. Johann Schnitzler entschließt sich, erst einmal nicht zu reagieren. Denn ist es klug, sich auf eine Debatte mit jemandem einzulassen, der in der Wahl seiner Mittel bekanntermaßen skrupellos ist?

Aber das war erst der Auftakt. Wittelshöfer findet andere Angriffspunkte ad personam. Vorwürfe treffen besser, wenn ein Körnchen Wahrheit darin liegt. Dr. Schnitzler hält neuerdings Vorlesungen am »Konservatorium der Gesellschaft der Musikfreunde in Wien«, »populäre Plaudereien, mit denen mein Vater nicht so sehr die Gesangsschüler der Akademie zu belehren, als vielmehr seine Patienten aus Adels- und Künstlerkreisen, die er gerne in der

Schar der Zuhörer sah, zu unterhalten wünschte«.[93] Diese Neben-
beschäftigung bringt ihm einen schönen Titel und sehr viel Ärger
ein. Der Musikverein besteht seit 1814, eine Initiative der allerbesten
Wiener Gesellschaft. Die findet wohl, es sei an der Zeit, dem guten
Dr. Schnitzler endlich einen Professorentitel zukommen zu lassen.
Er nimmt dankend an und präsentiert sich nun, mit naivem Stolz
wie Sohn Arthur in den ersten langen Beinkleidern vorm Fenster,
als:

»Dozent an der k.k. Universität und Abtheilungsvorstand an der
allgemeinen Poliklinik in Wien

Professor für Physiologie und Pathologie der Stimme und Sprache
am Wiener Konservatorium

Mitglied mehrerer gelehrter Gesellschaften des In- und Auslan-
des, z. Z. Obmann des wissenschaftlichen Ausschusses des Wiener
medizinischen Doktoren-Kollegiums«.

Für Wittelshöfer ist das ein gefundenes Fressen. Wieso denn ein
privater Verein das Recht habe, Professoren zu ernennen, noch
dazu in einem fachfremden Gebiet, fragt er in der *Wochenschrift*.
Es sei doch »eine Schädigung des Ansehens der Universität und
deren Lehrkörper, wenn Mitglieder derselben sich Titulaturen,
welche an der Universität nur schwer zu erlangen sind und als
grosse Auszeichnung angesehen werden, von irgend einer Privat-
lehranstalt, möge diese genannt sein wie immer, acquiriren und
dadurch zu höchst unliebsamen Missverständnissen Anlass
geben«.[94] Schnitzler antwortet mit einer weitgehend sachlichen
»Erklärung«. Der Vorstand des Musikvereins werde seine Rechts-
befugnisse wohl kennen. Die Vorlesungen über Anatomie und
Pathologie der Stimme seien ebenso wenig fehl am Platz wie Vorlesungen über Anatomie in der Kunstgeschichte. Und vor allem: Es
sei seinem Wesen fremd, sich Titel zu erschleichen.

Wittelshöfer erklärt sich für nicht überzeugt und prophezeit, das
Beispiel werde Schule machen. Zwei Wochen später hat er mit dem
»Wiener Spezialarzt Dr. D. Bisenz« einen gefunden, der von der
Universität von Philadelphia zum Professor ad honores ernannt
worden ist: »nunmehr der zweite der neuen Professoren-Aera, wel-
che durch den medizinisch-physiologisch-physikalischen Professor

am Musik-Konservatorium inaugurirt wurde. Das ist der Fluch der bösen Tat.«[95] Langsam verschärft er den Ton. In den nächsten Ausgaben fährt er fort, über »Professorentitel-Schwindeleien« zu berichten, ausdrücklich mit Bezug auf Johann Schnitzler. Der entschließt sich, mit Humor zu reagieren. Er druckt eine Satire nach, die der Arzt Jaromir Mundy, Gründer der »Wiener Freiwilligen Rettungsgesellschaft« und zehn Jahre zuvor selber konfrontiert mit übler Nachrede, damals verfasst hat: »Böse Zungen. Eine moralpathologische Studie«. Die böse Zunge oder auch »Glossitis« sei eine Art Krankheit! Sie komme gerade bei Redakteuren medizinischer Blätter häufig vor. Und was hilft dagegen? »Entschieden ist Sédillots Methode der Extirpation das einzig mögliche Heilmittel (…). Greifen wir also frischweg zu Chassaignac's Ecrasement linéaire! – Doch nein! Die ›bösen Zungen‹ dieser ärztlichen ›Pranger‹ sind unheilbar. Diesen muss jeder anständige Mensch schweigend den Rücken kehren, wenn ihm die eigene Ruhe und Ehre und die seiner Familie, sowie die seiner Fachgenossen lieb ist.«[96] Wittelshöfer antwortet nicht direkt. Er fährt fort, Schnitzler im gleichen Atemzug mit zwei Kollegen von zweifelhaftem Ruf zu nennen und deren übereinstimmendes Interesse zu behaupten. Einen anderen dagegen, der den Ehrendoktor der Universität Leiden erhalten hat, nimmt er in Schutz gegen den »beschämenden und erniedrigenden« Vorwurf, es liege bei ihm der gleiche Fall vor wie bei den Herren Schnitzler und Co.

Anfang Mai ist Schluss mit Schnitzlers Geduld. Er weiß zwar kein Mittel, um »gewisse Gewohnheits-Skandalmacher zu bessern«, verspricht aber, er werde welche finden, »um meine – Schmäher und Verleumder zu züchtigen«.[97] Das klingt gefährlich. Spielt er wirklich mit dem Gedanken, Wittelshöfer zum Duell zu fordern? Aber es bleibt beim verbalen Schlagabtausch. Eine Woche später erscheint in der *Wochenschrift* ein offener Brief an »Herrn Dr. Johann Schnitzler, prakt. Arzt und Professor am Musikkonservatorium, Hochwohlgeboren«: »Es ist uns ganz unbegreiflich, wie und wodurch wir Ihren höchsten Zorn auf unser Haupt beschworen haben. (…) Wozu das Herumwerfen mit Ausdrücken wie Skandalmacherei, die für einen Musikprofessor sehr unharmonisch klingen; warum von ›züchtigen‹ reden, wenn es nicht etwa eine Hinweisung auf die Mensur ist? Gebrauchen Sie doch nicht Ausdrücke, wodurch Sie sich als ›langmüthiger Staatsbürger‹ nicht nur kompromittiren, sondern auch blamiren. Geniessen Sie, wie Ihre Kollegen Bisenz und Fieber den Professorstitel in Ruhe und reden Sie nicht von Dingen, wodurch Sie sich dem Spotte Aller, die Sie kennen, preisgeben könnten.«[98]

Und so geht der öffentliche Schlagabtausch weiter. Es ist gefährlich, Wittelshöfer zum Feind zu haben. Rhetorisch ist Schnitzler ihm ebenbürtig, aber eigentlich – will er Frieden. Wittelshöfer hingegen genießt den Streit, und er ist unendlich erfinderisch, wenn es darum geht, seine Gegner zu beleidigen, zu verhöhnen, zu erniedrigen. Dabei sieht er sich als altgedienter Kämpfer für die gerechte Sache, als Fackelträger der Aufklärung. Der Historiker der »Concordia«, Peter Eppel, würdigt Wittelshöfers Rolle als kritischer Journalist: »Die freisinnige Behandlung der wichtigsten Fragen des Unterrichts-, Sanitäts- und Administrationswesens zog dem Blatte zahlreiche Konfiskationen und dem Redakteur mehrfache Anklagen zu. Wittelshöfers erste Anklägerin war die Gemeinde Wien. Zweimal trat die Staatsanwaltschaft im Dienste der klerikalen Partei und einmal im Auftrag des Kriegsministeriums gegen ihn auf. In allen Prozessen wurde Wittelshöfer verurteilt, später jedoch amnestiert. Die Prozesse gewährten ihm aber Genugtuung, dass Reformen in der von ihm angezeigten Richtung Platz griffen.«[99]

25 Jahre Erfahrung in der Wächterrolle haben Leopold Wittelshöfer gnadenlos und selbstgerecht werden lassen. Johann Schnitzler unterschätzt er ebenso, wie Karl Kraus in der nächsten Generation Arthur Schnitzler unterschätzen wird. Beide glaubten, in der Leichtigkeit das Leichtgewichtige, in der Liebenswürdigkeit die Absicht zu entdecken. Als Johann Schnitzler sich damit tröstet, dass schon »bedeutendere als er« in der *Wiener Medizinischen Wochenschrift* verleumdet wurden, sieht sich Wittelshöfer in seiner Berufsehre gekränkt. Ein Skandalmacher – er? »Schmähung, Skandalsucht heisst es, wenn man gegen ›Höhere‹, die unfähig für ihre Posten sind oder gegen solche auftritt, die Missbrauch mit ihrer Stellung treiben, die im Trüben fischen, oder die der Kamaraderie die höchsten Interes-

sen des Unterrichts zum Opfer bringen. Skandalsucht wird gerufen, wenn wir gegen unverschämte Reklamhelden zu Felde ziehen, um sie zu kennzeichnen.«[100] Ja, das schreibt er: dieser »unverschämte Reklamheld, der jedes Unwohlsein einer Theaterprinzessin verwendet, um sich in den Zeitungen nennen zu lassen«, »dieses Individuum Schnitzler«. Das kann sich Schnitzler nicht länger gefallen lassen. Er weiß genau: Das Vertrauen seiner Patienten ist sein Kapital. Seine Reputation, seine Existenz, die Familienehre stehen auf dem Spiel, und nicht zuletzt: der gute Ruf der Poliklinik. Da ein Duell nicht ernsthaft in Frage kommt, bleibt nur noch, vor Gericht zu ziehen. Er reicht eine Ehrenbeleidigungsklage ein, Wittelshöfer macht es ihm nach.

Doch dann passiert etwas, das beide zur Besinnung bringt. Im Herbst erscheint Theodor Billroths Buch *Über das Lehren und Lernen der medizinischen Wissenschaften*. Der berühmte Chirurg ist seit 1867 Vorstand der 2. Chirurgischen Lehrkanzel an der Wiener Universität. Schnitzler und Wittelshöfer schätzen ihn gleichermaßen. Der norddeutsche Pastorensohn Billroth, dieser hervorragende Gelehrte, dieser charismatische Lehrer – ausgerechnet er schreibt in seinem Buch furchtbare Sätze über die jüdischen Medizinstudenten, die an der Wiener Universität zahlreich vertreten sind. Im Jahr 1875 sind dort 421 »Israeliten« und 512 »Katholiken« immatrikuliert.[101]

Billroths Bemerkungen sind geeignet, alte Gräben wieder aufzuwerfen. Seit 1848 ist der Antisemitismus in Wien nicht mehr salonfähig. Aber es gibt ihn noch, und seit dem »Schwarzen Freitag« gibt es ihn zunehmend. Es braucht bloß einer zu kommen wie Billroth, ein Vorbild für viele, und ein paar hässliche Sätze über die Juden zu schreiben, schon wackelt das Tabu. Er erzählt denen, die es hören wollen, die alte Geschichte in neuen Sätzen: »Nach Wien kommen, zumal aus Galizien und Ungarn, junge Leute, meist Israeliten, welche absolut gar nichts haben, und denen man die wahnsinnige Idee beigebracht hat, sie könnten in Wien zugleich Geld erwerben (durch Unterricht, kleine Börsendienste, durch Hausiren mit Schwefelhölzern oder indem sie zugleich sich als Post- oder Telegraphenbeamte in Wien oder anderswo anstellen lassen etc.). Diese für jeden mit

Wiener Verhältnissen wenig bekannten höchst räthselhaften Existenzen (…), deren Zahl zum Glück von Jahr zu Jahr abnimmt, könnten anderswo gar nicht vegetiren, (…) sie können nur in Wien studiren. Dass dies noch immer so fortgeht, wenn auch in beschränkter Weise, kommt daher, dass das Publikum, die Eisenbahnen, die Professoren sie unterstützen, weil einmal die fixe Idee herrscht, arme Individuen, welche mit Ueberwindung so vieler Hindernisse eine wissenschaftliche Carrière anstreben, müssten doch einen unüberwindlichen Drang nach Höherem haben und besonders begabt sein. Beides ist falsch, die Tollheit, welche diese Leute in's Studium treibt, ist ihre Eitelkeit, mehr noch die Eitelkeit ihrer Eltern. Die meisten dieser Leute sind schwach begabt für Naturwissenschaften, meist absolut ungeschickt zum Arzte.«[102]

Wittelshöfer ist entsetzt. Er bespricht das Buch kritisch, wenn auch respektvoll im Ton. Es ist nicht nur die offensichtliche Ungerechtigkeit von Billroths Urteil, die er alarmierend findet. Dass Billroth überhaupt wieder Unterschiede macht und darauf besteht, die Juden als eigene Nation zu betrachten! Schnitzler ist nicht minder entsetzt, überlässt aber die Rezension dem Medizinhistoriker Dr. Rohlfs aus Göttingen. Zunächst beschränkt er sich auf die Perspektive des Reporters und berichtet von den Vorgängen an der Universität: wie sich unter den Studenten »Erbitterung gegen den bis nun von ihnen so hoch verehrten Lehrer« regte und man ihm eine »Katzenmusik« darbringen wollte, dieser Plan aber durch das taktvolle Vorgehen einiger Kollegen vereitelt wurde. Und wie dann die »Gegendemonstration« kam: »Als Professor Billroth am 6. d. M. den Hörsaal betrat«, wurde er »mit einem mehrere Minuten anhaltenden Beifalle« empfangen. Dem Professor sei dies sichtlich peinlich gewesen, meint Schnitzler und beschreibt weiter, wie die Polarisierung der Studenten sich in den Tagen darauf in »manchmal komischen, manchmal ernsthaften Zusammenstößen« Luft machte, bis es am 10. Dezember zu »argem Gedränge und einer unwürdigen Balgerei« kam, der »zahlreiche Cylinderhüte zum Opfer fielen«, nachdem eine Vorlesung Billroths von »Pereat«-Rufen und »Hoch«-Rufen dagegen gestört wurde – während Billroth selbst »bleich auf dem Katheder« stand.[103]

Eine Zusammenstellung der umstrittenen Zitate bringt Schnitzler im darauffolgenden Heft. Unter anderem dieses: »Man denke sich den mässig begabten, zu Handelsgeschäften untauglichen Sohn eines kleinen jüdischen Kaufmannes in Galizien oder Ungarn (die ungarischen Juden haben in den Kreisen der Wiener Studenten selbst den übelsten Ruf), der gerade so viel erwirbt, dass er mit seiner Familie nicht verhungert; die Eitelkeit der Mutter verlangt einen Schriftgelehrten, einen Talmudisten in der Familie; mit tausend Schwierigkeiten wird er auf die Schul gebracht; er macht mit Mühe sein Maturitäts-Examen, nun kommt er nach Wien mit seinen Kleidern, sonst hat er nichts. Was hat der Knabe, was der Jüngling für Anregungen, was für Eindrücke bis dahin gehabt? Die kleinsten, elendesten Verhältnisse haben ihn stets umgeben; er wird den engen Horizont nie mehr los.«

Was hilft es, dass Billroth die Geister nicht möchte, die er gerufen hat; dass er erklärt, er wünsche nicht, dass man ihn »mit den jetzt so beliebten Judenschimpfern zusammenwürfe«; und dass er später sogar einem Verein zur Bekämpfung des Antisemitismus beitritt? Er hat den Deutschnationalen ein Beispiel gegeben. In der Wiener Universität, bis dahin ein Ort der Toleranz, ist zum ersten Mal zu hören: »Juden hinaus!«[104] Johann Schnitzler und Leopold Wittelshöfer sehen ein, dass ihre Fehde unter diesen Umständen nicht länger dauern dürfe. Sie einigen sich außergerichtlich. Im jeweils letzten Heft des Jahres 1875 veröffentlichen sie die gleichlautende

»Erklärung[105]

Wir erklären hiemit die anlässlich der von uns in den Journalen ›Medizinische Wochenschrift‹ und ›Medizinische Presse‹ zu Anfang dieses Jahres begonnenen und durch längere Zeit fortgesetzten Polemik gegenseitig gebrauchten Ausdrücke, welche schließlich zu Pressklagen von beiden Seiten geführt haben, als völlig unbegründet und nur als Folge einer durch die fortgesetzte Polemik gesteigert gereizten Stimmung und nehmen dieselben hiemit ausdrücklich zurück.

Indem wir noch unser Bedauern über die geführte Polemik ausdrücken, gegenseitig die Anerkennung vollster Ehrenhaftigkeit aussprechen, erklären wir zugleich, daß wir in Folge der Initiative und der Intervention des Untersuchungsrichters des k.k. Landgerichtes Wien in Pressachen die gegenseitig eingebrachten Ehrenbeleidigungsklagen hiemit zurückziehen.

Wien am 21. Dezember 1875

Dr. Johann Schnitzler

Redakteur der
›Medizinischen Presse‹

Dr. Leopold Wittelshöfer

Redakteur der
›Medizinischen Wochenschrift‹«.

Direktor der Poliklinik

Auf die persönlichen Beleidigungen verzichtete Wittelshöfer von nun an. Gegen die Poliklinik hetzte er weiter. Doch in allen Turbulenzen der folgenden Jahre konnten die Polikliniker sich auf die Unterstützung zweier namhafter Persönlichkeiten verlassen: Erzherzog Rainer – und Professor Billroth. Arthur Schnitzler zog die Konsequenzen aus den Erfahrungen seines Vaters. Sein Leben lang widerstand er der Versuchung, der »Concordia« oder irgendeinem anderen Verein beizutreten. Mit Ausnahme des »Bicycle-Clubs«. Das musste er, um einen Fahrradführerschein zu erwerben.

Auf Johann Schnitzler warteten noch viele Kämpfe und viele Auszeichnungen. 1878 wurde er zum k.k. Titularextraordinarius, 1880 zum unbesoldeten außerordentlichen Professor der Wiener Universität ernannt. Als er sich beim Ministerium um die Ernennung zum Titularextraordinarius bewarb, konnte er auf eine internationale Hörerschaft verweisen. In den sechs Jahren seiner Lehrtätigkeit an der Poliklinik hatte er nicht weniger als 500 Hörer gehabt, darunter 175 aus Deutschland, 118 aus den Vereinigten Staaten, 62 aus Russland, zehn aus Asien und zwei aus Australien. Die Medizinhistori-

kerin Erna Lesky würdigt Schnitzler als »fortschrittlich und aufge-
schlossen für alle neuen Methoden in seinem Fach«. Seine
Forschungen zur Inhalationstherapie setzte er fort. Er gehörte zu
den »Pionieren der Galvanokaustik und der pneumatischen Therapie, jenem Verfahren, das mit verdichteter und verdünnter Luft den
Kreislauf- und Respirationskrankheiten beizukommen versuchte.
Schnitzlers Monographie ›Die pneumatische Behandlung der Lun-
gen- und Herzkrankheiten‹ (Wien 1874) erlebte binnen dreier Jahre
drei Auflagen.«[106] Schon 1873 hatte er sich mit den Neurosen des
Kehlkopfes befasst. Mitte der 1880er-Jahre war er der erste, der die
Hypnose für laryngologische Zwecke einsetzte. Er blieb neugierig
bis kurz vor seinem Tod. Als Robert Koch 1890 seinen Tuberkulo-
se-Impfstoff vorstellte, reiste Schnitzler sofort nach Berlin, um das
Verfahren an Ort und Stelle zu studieren und anschließend an seiner eigenen Abteilung auszuprobieren.

1884 übernahm Johann Schnitzler die Direktion der Poliklinik. In
seinen nachgelassenen Papieren findet sich ein Briefbogen, datiert
vom 10. Dezember des Jahres und mit seiner handschriftlichen
Notiz: »Die Religion des Arztes ist die Humanität, d. h. die Liebe zur
Menschheit, ohne Rücksicht auf Reichthum und Armuth, ohne Unterschied der Nationalität u. der Konfession. Er soll u. muss daher
immer u. überall, wo Kampf der Klassen und Rassen, wo nationaler
Chauvinismus u. religiöser Fanatismus herrschen, als Apostel der
Humanität – für Völkerfrieden u. Menschenverbrüderung eintreten
u. wirken. Wer nicht so denkt, nicht so fühlt, ist kein wahrer, kein
echter Arzt.«[107]

Wann hat er zum ersten Mal jenes Accessoire der bekennenden
Antisemiten in den Wiener Straßen entdeckt – Spazierstöcke, deren
Knauf in Silber, Holz oder Elfenbein die Karikatur jüdischer Physio-
gnomien zeigten? Es wurden mit den Jahren mehr. Am Ende aber
war es im eigenen Haus, in der Poliklinik, wo Johann Schnitzler, der
Humanist und alte Achtundvierziger, den gewandelten Zeitgeist zu
spüren bekam.

Der gute Sohn und das schwarze Schaf

Beide Söhne entschließen sich für das Medizinstudium. Nur, dass der eine mit wesentlich mehr Engagement bei der Sache ist als der andere. Der gute Sohn und das schwarze Schaf: Seit ihrer Kinderzeit haben Arthur und Julius die Rollen getauscht.

Kann man im Fall des 17-jährigen Arthur Schnitzler tatsächlich von einem »Entschluss« reden? Oder hatte er nicht vielmehr keine andere Wahl? Nicht nur, weil der Vater es so wollte, nein. Auch für ihn selbst kommt ja gar nichts anderes in Frage. Es liegt einfach auf der Hand. Rückschau haltend, wird er erzählen, dass er schon als kleiner Bub »den Traum genährt« hatte, »Doktor zu werden wie der Papa«.[108] Doktor sein, das bedeutete: »den ganzen Tag im Wagen herumzufahren (…), bei jedem Zuckerbäckerladen halten lassen und das köstlichste Naschwerk kaufen«. »Ganz selbstverständlich« und »ohne Schwanken« habe er sich für die »medizinische Laufbahn« entschieden.

Zur bestandenen Maturitätsprüfung im Juli 1879 bekommt Arthur »programmgemäß«, und vom Papa »mit einer zärtlichen Widmung versehen«, die Hyrtl'sche Anatomie geschenkt, das Buch also, das Johann Schnitzler für die Medizin gewonnen hatte. Der Sohn lässt es erst mal ungelesen, und auch der Medizinische Kongress Anfang September in Amsterdam, zu dem der Vater ihn mitnimmt, berührt ihn wenig. Den einzigen bleibenden Eindruck hinterlässt ein Dampferausflug auf die Zuiderzee, wobei er den Präsidenten des Kongresses im Radmantel am Arm einer schönen jungen Dame aus Bingen an Deck auf- und abwandeln sieht.[109]

Im Oktober beginnt das Semester. Und Arthur bleibt kalt. Erst geht er noch regelmäßig hin, aber nach einem Monat schon nicht mehr. Im Tagebuch führt der junge Mann Selbstgespräche. Was ist der Mensch? »O du – o du – o du du du verfluchtes Syrupfass, ja Syrupfass! Hallohe! hallohe! O armseliger Polyp Mensch. Neben mir liegt es, das Buch mit den Tentakeln und ähnlichem liebenswürdigem Zeug!«[110] Das Studium betreibt er mit genauso viel Aufwand wie nötig, um die Prüfungen zu bestehen. Als Sohn des Professors besteht er sie leicht. Manchmal wird ihm ganz schwer, so leicht wird es ihm gemacht. Es ist nun einmal so, dass das Dasein auf der »Laufbahn« – ganz gleich ob der medizinischen oder einer anderen – nicht so zuckersüß schmeckt wie gedacht: »Ein unausstehliches Studium, diese continuirlichen Gefäßlamellen, Fortsätze der Leibeshöhle; Wandungen der Radiärcanäle etc. etc.! Blau schimmert über dem fernen Süden der Himmel!«[111]

Der Himmel, das sind: Fännchens Küsse, die Tanzstunden bei der Crombé, das Schreiben an dem Mönchsdrama »Ägidius«, die kurzen Momente ahnungsvoller Selbstgewissheit. Gegenstände der Neugier: die anschmiegsamen Körper mancher Tänzerinnen; philosophische und religionspsychologische Fragen; eine katholische Religionslehre für Grundschulen, die ihn zornig macht. Willkommene Abwechslungen: Theater, das Improvisieren auf dem Klavier, das Billardspiel mit Herrn Tambour, die Kaffeehausstunden mit Eugen. Die Hölle: das schlechte Gewissen, wenn die guten Vorsätze wieder mal auf der Strecke geblieben sind; die Ungewissheit; die Angst vor der Zukunft; die Hypochondrie; die Nervosität; das Schreiben an dem Mönchsdrama »Ägidius«; die Selbstzweifel. Die Langeweile, welche der Mantel ist, in den sich dies alles kleidet.

Das erste Semester ist noch nicht zu Ende, da ist er schon sicher, dass er zum Studium nicht taugt: »Wenn ich nur so sehr Künstler wäre, als ich Künstlernatur bin. (…) Aber in ein paar Jahren werde ich vielleicht auf dem Punkt stehen, wo ich einsehe, daß ich nicht zu diesem nicht zu jenem tauge – und meine Zukunft wird sein: ein mittelmäßiger Arzt zu werden!«[112] Und wieder schreibt Arthur Listen, legt ein Verzeichnis seiner Werke an: 23 vollendete und 13 angefangene Dramen. Das ist der Stand vom 25. Mai 1880, kurz nach seinem 18. Geburtstag. So beeindruckend aber die Quantität, so bescheiden scheint ihm die Qualität – »höchstens 4 über dem Niveau ausgemachten Schundes«. Nur in seltenen Momenten spürt er sein Potenzial und vertraut darauf, dass etwas aus ihm werden kann. »Bunt und ungleichmäßig« geht es in dem pubertären Jüngling zu. Und wie meistens in dieser Lebenslage sind die Erwachsenen nur in Grenzen hilfreich. Immerhin die Mama. Mit ihr gibt es die Übereinstimmung in der Musik. Wenn sie Wagners Faust-Ouvertüre vierhändig auf dem Klavier spielen, brauchen sie keine Worte, um einander (in Grenzen) Halt zu geben.

Johann Schnitzler entgeht der Zustand seines Sohnes nicht, und was er sieht, gefällt ihm nicht. Dieser Mangel an Strebsamkeit und notwendigem Ernst! Was dem Professor in seiner Rolle als Arzt selbstverständlich ist – geduldig und vorurteilslos zu beobachten und dann von den Symptomen auf die Ursache zu schließen –, gelingt ihm als Vater nicht so leicht. Zu viel steht auch für ihn auf dem Spiel. Er möchte sein eigenes Lebenswerk von den Söhnen weitergeführt sehen. Sieht er denn nicht, dass sich der Sohn durch den Kampf, den er mit sich ausficht, vielleicht stärker mit ihm identifiziert als durch die bedingungslose Gefolgschaft? Dass er die Herausforderung ebenso braucht, wie er selbst sie gebraucht hat? Dass es für einen von seinem Kaliber unerträglich ist, wenn es ihm allzu leicht gemacht wird? Ständig gibt es Auseinandersetzungen im Hause Schnitzler. »He that questioneth much shall learn much«: Diesen Satz von Francis Bacon hat Johann Schnitzler einmal als Motto über einen seiner Artikel gestellt. Hat er vergessen, ihn auf sich selbst anzuwenden? Natürlich hat er das. Als Gründerzeitmensch kann er nicht anders. Erst die Lebensleistung der nächsten Generation wird die Menschen der westlichen Welt zu gewohnheitsmäßigen Selbstreflektierern machen. Noch sind sie Studenten, die »Doppelgänger« Sigmund Freud und Arthur Schnitzler.

Ich denke mir ein gründerzeitliches Speisezimmer aus, in dem sich die Szenen zwischen Vater und Sohn zugetragen haben könnten – schwere Möbel mit Löwenfüßen und Adlerklauen, dunkelrote Samtportieren, vielleicht ein Makartstrauß in einer weißen Onyxvase, die Pfauenfedern darin leicht angestaubt –, und stelle mir vor, wie die Luft schon zum Schneiden ist, als das Stubenmädel das Mittagessen aufträgt: Naturschnitzel mit Erdäpfeln. Am Tisch die ganze Familie. Arthur in seiner üblichen Kluft: nachlässig-künstlerisch mit gepunktetem Mascherl und weichem Kragen, dazu die lange Locke, die ihm des Wirbels wegen immer wieder in die Stirn fällt. Der Papa – wie immer eilig – macht Arthur Vorhaltungen wegen seines gestrigen Spätkommens. Die Mama möchte, dass er sich, Gott behüte, nicht aufregt, was er aber dennoch tut. Was denn der Hausmeister denken solle? Und wo der Herr Sohn sich denn überhaupt zu dieser Stunde noch herumzutreiben habe? – Im Kaffeehaus – soso, im Kaffeehaus, na, da lässt sich denken, dass man für die

Anatomievorlesung heute morgen selbstverständlich nicht die Kraft aufbringen konnte, wenn man Besseres zu tun hat und die Zeit mit den Freunderln verbringen muss. Wie er, der Vater, hingegen als Student kein höheres Glück gekannt habe, als bei dem verehrten Professor Oppolzer hören zu dürfen – jawohl, zu dürfen! –; wie er sich gesputet habe, um nur ja pünktlich zu sein, und wie sauer erworben durch Stundengeben das Kollegiengeld ... Während der Herr Sohn – der Herr Professor hat sich echauffiert, jetzt nestelt er an seiner kleinen schwarzen Krawatte zum Anknöpfeln, um sich Luft zu verschaffen, und schickt einen zornigen Blick in die blasierte Miene des Jungen –, während er, als sein Sohn!, doch nun wahrhaftig alle Möglichkeiten habe. Statt aber nun dankbar zu sein, dass es ihm leicht gemacht wird, und ordentlich zu studieren, verbummele er seine Zeit im Kaffeehaus – und mit fragwürdigen Kritzeleien. – Irgendetwas in dieser Art muss es gewesen sein, das den Sohn dazu gebracht hat, gleichfalls wütend zu werden. Seine stumme Geste des Protests wird er Jahrzehnte später im Traum wiederholen.[113] Er packt den Teller mitsamt dem Schnitzel und pfeffert ihn an die Zimmerdecke, vermutlich gefolgt von einem schnellen Abgang und Tränen des Zorns. Die Eltern reagieren übrigens nachsichtig auf solche Szenen.

In besseren Momenten bewies Johann Schnitzler mehr pädagogisches Geschick – im Sinn seiner eigenen Interessen. Dann lobte er die »medizinische, besonders diagnostische Begabung« seines Ältesten.[114] Tatsächlich gab es Momente, in denen sich der 18-Jährige für die Medizin begeisterte, Anatomie und Poesie im gleichen Atemzug nannte![115] Umgekehrt kam es auch vor, dass Johann Schnitzler sich, wie er es früher getan hatte, für dessen Schreiben interessierte. Vielleicht war der Bub ja doch nicht so unbegabt? Man sollte auf jeden Fall die Expertise von Leuten einholen, die etwas von der Sache verstanden. Der Burgtheaterstar Sonnenthal war nicht nur Johann Schnitzlers Patient, er war auch ein enger Freund, und er kannte Arthur von klein auf. Der, geschmeichelt und hoffnungsvoll, sah nur die Chance, nicht das Risiko. Es lag doch in Sonnenthals Macht, ihm »den Weg auf die erste Bühne Deutschlands zu bahnen«! Dem Schauspieler wurde ein Stück zur Begutachtung vorgelegt, ein aus dem dreiaktigen Lustspiel »Aus der Mode« zusammengezimmerter Einakter, das von dem jungen Autor selbst als »völlig unzulänglich« erkannt wurde. Warum er es trotzdem aus der Hand gab, und nicht eines der Stücke, an denen ihm mehr gelegen war? Er hätte damit seine intimsten Gedanken und Gefühle dem Vater preisgegeben.

Schnitzlers sitzen wieder einmal beim Mittagessen, aber diesmal gibt es Suppe, und der Papa reicht einen Brief über den gedeckten Tisch. Lässt den Sohn nicht aus den Augen, während dieser liest, anstatt zu essen. Noch Jahrzehnte später wird Arthur Schnitzler den Blick auf sich spüren, diesen »spöttisch-prüfenden, dabei so zärtlichen Blick«.[116] Sonnenthal hat geschrieben: »Liebster Freund! Ich habe Deines Arthurs Stück gelesen und kann nicht leugnen, daß ich, trotz der unzähligen Mängel, die dasselbe enthält, doch mehr Talent darin gefunden habe, als ich sonst bei derlei Dilettantenarbeiten zu finden gewohnt bin. Es will dies allerdings nicht viel bedeuten, es zeigt nur, daß Dein Arthur mehr gelernt hat als mancher andere, der Stücke schreibt, aber von da bis zur wirklichen dramatischen Befähigung ist noch ein sehr weites Feld, und ich habe aus dem vorliegenden Probestück keine Berechtigung, ihn zu animieren, dies Feld zu bearbeiten. Dies meine ehrliche, offene Ansicht, was ja übrigens Dir gegenüber keiner Bekräftigung erst bedurfte. Sei herzlich gegrüßt samt Arthur von Deinem treu ergebenen A. Sonnenthal.«[117]

Milde im Ton, aber verheerend. Der 19-Jährige wehrt sich gegen die Entmutigung. »Ein Mißerfolg soll mich nicht abschrecken«,[118] ruft er sich tapfer zu – und beginnt, etwas Neues zu schreiben. Ein paar Tage später merkt er jedoch, »dass Sonnenthals Brief mich mehr deprimirt, als ich anfangs mir gestehen wollte. Besonders da ich wohl einsehe, dass ich – abgesehen von allgemeiner Fassungskraft und dem landläufig offenen Kopf – doch zur Medizin keine hervorragende Begabung habe.«[119]

Vier Jahre später. Am 30. Mai 1885 wird der nun 23-jährige Arthur Schnitzler zum Doktor der gesamten Heilkunde promoviert. Das Studium ist abgeschlossen, aber das Dilemma immer noch nicht gelöst. Ein paar Tage zuvor hat er sich noch einer gründlichen Gewissenserforschung ausgesetzt. Und nun kommt eine der meistzitierten Tagebuchstellen: »Ich habe das entschiedene Gefühl, dass ich, abgesehen von dem wahrscheinlichen materiellen Vortheil, ethisch einen Blödsinn begangen habe, indem ich Medizin studirte. Nun gehör' ich unter die Menge. (…) Ich weiss es noch nicht, weiss es heute, wo ich in der Blüte geistiger Jugendkraft stehen sollte, noch nicht, ob in mir ein wahres Talent für die Kunst steckt – dass ich aber mit allen Fasern meines Lebens, meines höheren Denkens – dahin gravitire, dass ich etwas, wie ich öfter schon in diese Blätter geschrieben, etwas wie Heimweh nach jenem Gebiet empfinde – das fühl ich deutlich – und hab es nie deutlicher gefühlt als jetzt, wo ich bis zum Hals in der Medizin drinstecke. (…) Warte Kerl, ich muss dir noch auf den Grund kommen!«[120]

Er ist nun tatsächlich Arzt. Was soll er tun? Vielleicht heiraten wie der Papa in der gleichen Lebenssituation? Die Jugendliebe zu Fännchen ist lange vorbei, die diversen Geliebten der letzten Jahre kommen nicht in Betracht, aber es gäbe Kandidatinnen, junge Frauen aus den passenden Gesellschaftskreisen, und er spielt tatsächlich mit dem Gedanken und belegt sie mit Attributen wie weiland Johann seine Braut Louise, nennt Charlotte Heit »anmutig« – und kann sich doch nicht entschließen. Eine bürgerliche Ehe einzugehen, wäre auch eine Möglichkeit, dem Leben eine klare Richtung zu geben – und den Dichterträumen abzusagen. Aber er schreibt weiter. Schreibt an gegen den fortgesetzten Dilettantismus-Vorwurf des Vaters, schreibt an gegen seinen schärfsten Kritiker, der er selber ist. Findet schließlich einen Weg, auszudrücken, was er sieht und was in ihm ist. Findet eine Figur, die er Anatol nennt, einen jungen Dandy und legendären Frauenhelden, lässt ihn Dinge tun und sagen, die er selbst hätte tun und sagen können. Und dem es doch, im Unterschied zu ihm selbst, an dem Wahrheitsdrang mangelt, der ihn selber antreibt.

Insgesamt zehn Jahre wird er brauchen, zehn Jahre und die Begegnung mit seiner Muse. Olga Waissnix will ihn nicht heiraten, weil sie schon verheiratet ist, und was die Liebe angeht, so stellt sie gleich klar: Diese muss »graue Theorie« bleiben. Folglich kann sie sich ganz auf ihre Rolle als Geburtshelferin seines Dichtertums konzentrieren. Nach den ersten fünf Tagen, die die beiden als Tuberkulosepatienten in Meran verbracht haben (bei ihr bestätigte sich der Verdacht, bei ihm nicht), treffen sie sich nur gelegentlich und meistens unter den Argusaugen des eifersüchtigen Ehemannes. Bleibt nur das Briefeschreiben. Und was sind das für Hymnen – von ihr an ihn! »Ihr Lustspiel ist reizend, einzig, genial, und habe es soeben von a bis z abgeschrieben«, schwärmt sie, nachdem sie das Manuskript »Episode« per Post erhalten hat. Ihr Lob hilft ihm, sich nicht nur als Künstlernatur zu fühlen, sondern auch seinen Platz in der Gesellschaft einzunehmen – als Künstler.

Seine erste Aufführung verdankt Arthur Schnitzler einem Missverständnis. Und wieder ist der Papa im Spiel.[121] Schnitzler junior hat den Einakter *Das Abenteuer seines Lebens* als Bühnenmanuskript drucken lassen. Über den Verlag bekommt es der Leiter einer Schauspielschule in die Finger – Leo Friedrich sieht den Namen Schnitzler und nimmt an, der Autor sei der Direktor der Poliklinik. Vielleicht ist das Geheimnis des dilettierenden Komödienschreibers Johann Schnitzler doch nicht so wohlgehütet? Friedrich beschließt, das Stück von seinen Schauspielschülern aufführen zu lassen, und lädt den Professor dazu ein. Ist enttäuscht, als an der Stelle des berühmten Laryngologen der junge Dr. Schnitzler erscheint. Arthur Schnitzler ist bei der Aufführung im Rudolfsheimer Theater an der Mariahilfer Straße dabei und findet sein Stück »unbedeutend«. Immerhin gesteht er sich zu, es habe »einzelne hübsche Wendungen und eine Stimmung, die doch weit über das banale hinausgeht«.[122] Als *Das Abenteuer seines Lebens* dann noch ein zweites Mal aufgeführt wird – am 13. Mai 1891 im Theater in der Josefstadt – und die Zeitungen lobend darüber schreiben, ist der Papa »sehr erfreut über den Erfolg«, während Arthur das Lob »unbehaglich« ist, weil er das Stück immer noch unbedeutend findet. Und auch dieses Mal kommen Vater und Sohn nicht auf einen gemeinsamen Gefühlsnenner.

Was aber die Medizin angeht: Aus Arthur Schnitzler wurde »ein Dichter, der nicht aufhören kann, Arzt zu sein«. So hat es seine spätere Ehefrau Olga gesehen.

Prinzipien eines Arrivierten

Gisa liebt Hajek. Hat der Mann auch einen Vornamen?

Das »Tägesser«-Prinzip sorgt dafür, dass arme jüdische Studenten bei wohlsituierten Familien einmal am Tag eine warme Mahlzeit erhalten. So gelangt Marcus Hajek aus Versec bei Temesvár mit Empfehlungen an den Mittagstisch der Schnitzlers. Ein Kommilitone von Arthur, blutarm, aber »der tüchtigste seines Jahrgangs«.[123] Und es kommt, wie es kommen muss. Die Tochter macht es der Mutter nach.

Aber die Geschichte wiederholt sich nicht. Der arme Judenbub? Seine Tochter? Der Professor sagt rundheraus Nein. Er sieht Hajeks Begabung, sieht seinen Fleiß, seine Geschicklichkeit und schätzt ihn deswegen. Ist auch bereit, ihn zu fördern. Nach Hajeks Promotion 1875 macht Johann Schnitzler ihn zu seinem Assistenten an der Poliklinik. Aber seine Tochter heiraten soll er nicht. Wieder einmal wagt Louise Schnitzler keine andere Meinung zu haben als die ihres Gatten. Und die Brüder? Sie verhalten sich »bei aller Sympathie und Hochachtung für Hajek (…) zum mindesten flau«.[124] Arthur Schnitzler, bei aller Liebe und Hochachtung auch in der Rückbesinnung seinen Eltern gegenüber nicht unkritisch, fand ärgerliche, fast schon polemische Worte, um das Verhalten seines Vaters zu erklären: »So sehr war meines Vaters Sinn auf äußeren Glanz gestellt, so völlig hatte er der eigenen Jugend, des eigenen Lebenslaufs vergessen, daß er seine Tochter lieber einem ungeliebten, aber reichen Mann aus unseren oder besser noch höheren Kreisen zur Frau gegeben hätte als dem vorzüglichen, wenn auch äußerlich nicht strahlenden Bewerber, den sie liebte.«[125]

Die eigene Jugend vergessen? Vielleicht war es so. Es kann aber auch sein, dass er sich sehr wohl und nur zu gut erinnerte. Vielleicht saß ihm, dem notorischen Optimisten, in Zeiten des Nachlassens der eigenen Kräfte und zunehmender gesellschaftlicher Widerstände plötzlich die Angst im Nacken. Würde sich das Erreichte halten lassen? Wie könnte man es festhalten und sichern? Hajek mit seinen schlechten Manieren erschien ihm offenbar nicht als aussichtsreicher Kandidat, um die Festung zu verteidigen. Er sollte sich irren. Es war Hajek, der schließlich seine Nachfolge antrat – als Laryngologe und Universitätsprofessor von internationalem Ruf.

Erst nach Jahren der geheimen Brautschaft ist der elterliche Widerstand besiegt. Am 19. Oktober 1888 wird die Verlobung gefeiert, zweieinhalb Monate später, am 6. Jänner 1889, heirateten Marcus Hajek und Gisela Schnitzler »im kleinen Kreise«. Die Trauung vollzieht Rabbiner Jellinek – nun schon in zweiter Generation. Aber selbst bei dieser Gelegenheit kann Johann Schnitzler sich nicht entschließen, seinem Schwiegersohn das Du anzubieten. Kurz darauf gesteht sich auch Arthur ein: »Mein Schwager überflügelt mich medizinisch unendlich. Seine Natur bleibt mir fremd.«[126] Hajek bleibt Hajek. Selbst für die Schnitzler-Kinder der nächsten Generation ist er »Onkel Hajek«. Sie sagen »Onkel Julius« und »Tante Gisa«, aber »Onkel Hajek«.

Allerlei Süchte

Arthur Schnitzler, Assistent seines Vaters an der Poliklinik und Arzt wider Willen, hat die längste Zeit für die Schublade geschrieben. Am 1. September 1891, im gleichen Jahr also, als er sich zum ersten Mal aufgeführt sieht, erscheint in der Zeitschrift *Moderne Rundschau* die Erzählung *Reichtum*. Und die ist keine Fingerübung eines ewigen Anfängers, sondern ein Meisterwerk – wenn auch nicht in der ersten Druckversion, sondern in der zweiten, überarbeiteten. So urteilt auch Hugo von Hofmannsthal – Jahrzehnte später. 1891 ist er 17 und seit einigen Monaten befreundet mit dem um zwölf Jahre älteren Schnitzler.

Reichtum ist eine dieser Erzählungen, die ich wieder und wieder lese; die Geschichte des armen Anstreichers Karl Weldein, eines Trinkers und Spielers, der über Nacht ein Vermögen gewinnt und gleich wieder verliert, weil er in seinem Rausch vergisst, wo er es vergraben hat. Er sagt es nicht einmal seiner Frau, verzichtet aber von da an auf das Glücksspiel und führt, desillusioniert und gebrochen, sein karges Leben weiter. Sein Sohn wird Maler und erreicht damit das Lebensziel, das der Vater angestrebt und verfehlt hat. Allerdings kennt er nur ein Sujet für seine Kunst, und das ist das Spiel. Die Faszination des Vaters hat sich auf geheimnisvolle Weise auf den Sohn übertragen. »Und beide schauten dem Fenster zu, ins Dunkle, Leere. Und vor beiden erschien dasselbe Bild. Ein jubelnder Lichterglanz … Mitten darin der große grüne Tisch; und die Karten fallen, und Vermögen rollen hin und her … Ein Rausch überkam sie … der Rausch der Spieler, die sich erinnern. Der Rausch der Menschen, die daran denken, daß es nur eine Laune des Zufalls braucht, um sie reich und hochbeglückt zu machen.«[127] In seiner Todesstunde erinnert sich Weldein, wo er das Geld versteckt hat. Der Sohn gräbt es aus, verspielt es in einer Nacht und verfällt dann der Wahnvorstellung, er selbst sei Weldein, der Vater.

Mit der Spielleidenschaft seines Großvaters Philipp Markbreiter und ihren destruktiven Folgen ist Arthur Schnitzler seit seiner Kinderzeit konfrontiert. Immer hat der alte Mann beim Kartenspiel mit den Enkeln geschummelt. Dieser Großvater, »Doktor der Medizin und Philosophie, war in früheren Jahren ein sehr gesuchter praktischer Arzt gewesen, überdies in seinen Mußestunden vortrefflicher Pianist« – wie weit hätte er es bringen können! Stattdessen vergeudet er alles, was er hat, in der Sucht nach dem großen Gewinn. Und es wird immer schlimmer. 1884 ist seine Frau gestorben. Nun fährt er, »schon hoch in den Siebzig und von schwankender Gesundheit«, jeden Winter nach Monte Carlo; und regelmäßig ist »man genötigt, ihm das Geld zur Rückreise – und zwar meistens öfter als einmal – nachzusenden, da er seine gesamte Barschaft immer wieder am Roulettetisch verloren«[128] hat.

Und der Enkel? Ist ihm das großväterliche Beispiel eine Warnung? Keineswegs! Arthur Schnitzler kennt ihn auch, den Traum vom plötzlichen Reichtum. In seinem Fall der Schlüssel zur ersehnten Dichterexistenz. Er liebt Billard, Pferderennen und Roulette, und er gerät dementsprechend immer wieder in Finanznöte. Papa bezahlt, aber nicht ohne Murren. »Poker« und »Papas Predigt« stehen im Tagebuch nah beieinander,[129] und ein »Royal flush« ist auf jeden Fall eine Eintragung wert.[130] Erst der Vater, dann der Schwiegervater und nun auch noch der Sohn – Johann Schnitzler kann einem wirklich leidtun. Es ist offenbar seine Lebensaufgabe, der Familie immer wieder aus der Patsche zu helfen. Zum größeren Problem wird Arthur Schnitzler das, was er seine »impertinente Sinnlichkeit« nennt. Eine andere Facette der Sucht: »Wenn ich eine Reihe von Tagen keusch war, 6 – 9 sind so das Maximum, so bin ich einfach ein Thier«, vertraut er im September 1890 seinem Tagebuch an.[131]

Zurück zu *Reichtum* und der Frage nach den biographischen Bezügen. Von wem erzählt diese Geschichte eigentlich, und worum geht es? Sie handelt ja nicht nur von Sucht, sondern auch von ihrer transgenerationalen Weitergabe, von Familiengeheimnissen und deren potenzieller Dynamik. Ein solches Geheimnis ist Dr. Markbreiters Spielleidenschaft nicht, alle wissen davon. Umso mehr erinnert Weldeins Schicksal an den längst verstorbenen Tischler aus Nagykanizsa, diesen verhinderten Künstler und notorischen Pechvogel. Das ist merkwürdig, denn wie wir ja wissen, hat Arthur Schnitzler von der Spiel- und Trunksucht des Großvaters erst nach dem Tod seines Vaters erfahren. Der Entstehungsprozess dieser frühen Schnitzlerschen Erzählung ist selbst ein Geheimnis.

Sucht und familiäre Verstrickung, eines dieser Lieblingsthemen des zeitgenössischen Naturalismus. Aber Schnitzler ist kein Naturalist, und *Reichtum*, ausnahmsweise nicht situiert in den eigenen Kreisen, ist keine Milieustudie, sondern Seelenerkundung und Schicksalsstoff.

Allerlei Listen

Schnitzler Vater und Schnitzler Sohn sind beide Listenschreiber. Zum Jahreswechsel 1890/91 ziehen sie Bilanz. Allerdings bilanzieren sie unterschiedliche Dinge.

So wie Arthur Schnitzler sich früher die Anzahl seiner angefangenen und fertiggestellten literarischen Arbeiten aufgezählt hat, so führt er jetzt Buch über seine Orgasmen. Das Jahr 1890 war rein zahlenmäßig nicht so ertragreich. So groß ist seine Liebe zu Marie Glümer, dass er eine Art monogames Leben führt. Da sie Schauspielerin ist und auswärts engagiert, ist das Paar räumlich oft getrennt. Deshalb kommt er für das Jahr 1890 nur auf die Zahl 181.

Johann Schnitzler interessiert sich mehr für Namen als für Zahlen. Er beginnt das Ordinationsbuch des Jahres 1891, indem er mit schöner, geschwungener Schrift eine Seite nach der anderen mit den Namen seiner Privatpatienten füllt, fünf Namen pro Seite, dazu kommt der jeweilige Behandlungszeitraum:

1881–1890 Königin Marie von Hannover
1884–1886 König Georg von Griechenland,
           Königin Olga von Griechenland
1884–1886 Königin Louise von Dänemark
1881–1891 Herzog u. Herzogin von Cumberland

Dann die Erzherzöge und Erzherzoginnen: Ludwig Victor, Elisabeth, Stephan Carl und wie sie alle heißen. Es folgen die Herzöge von Württemberg, Herzog Adolf von Nassau (Herzog von Luxemburg), Herzog Ferdinand von Coburg (Fürst von Bulgarien), Prinz Philipp von Orléans, Fürst und Fürstin Metternich, Fürst und Fürstin Schwarzenberg, Fürst und Fürstin Windisch-Grätz, Graf und Gräfin Széchényi (Gyula). Ob sie im Winterfeldzug von 1849 nun auf der Seite Österreichs oder auf jener Ungarns standen – er hat sie (oder jedenfalls ihre Nachkommen) alle behandelt.

Vielleicht fühlt Johann Schnitzler, dass seine Kräfte abnehmen. Im letzten Jahr hat er eine schwere Lungenentzündung überstanden. Mit der Familie steht es nicht zum Besten. Seine Kinder sind erwachsen, und sie sind ihm entglitten. Seine Hoffnungen auf eine Gesellschaft ohne Vorurteile haben sich nicht erfüllt. Das Staatsgrundgesetz ist nun bald ein Vierteljahrhundert alt. Volle Glaubens- und Gewissensfreiheit und auch Freiheit der Lehre und Wissenschaft stehen garantiert – auf dem Papier. Aber selbst unter den Ärzten gibt es jetzt offenen Antisemitismus. Wie ist das möglich? Einmal hat er sein ärztliches Credo in Worte gefasst, von der Humanität als der »Religion des Arztes« geschrieben. Was ist das für eine neue Generation von Medizinern, die auf diese Werte pfeift?!

Und Johann Schnitzler schreibt weiter. Mit schöner, großzügiger, sich selbst genießender Schrift schreibt der Sohn des Tischlers 36 Seiten voll, 36 Seiten mit den Namen des europäischen Hochadels.

Den Antisemiten zum Trotz: Ist nicht er das beste Beispiel dafür, wie weit es ein Jude bringen kann in diesem Land? Wenn nur nicht Neid und Missgunst wären.

Die Leitung der *Wiener Medizinischen Presse* ist ihm vor drei Jahren durch den Verleger aus der Hand genommen worden. Schnitzler hatte sich »persönliche Reclame« und »einseitige Interessenvertretung« vorwerfen lassen müssen. Im Kampf um die Poliklinik hat er sich aufgerieben, und immer wieder bekommt er es mit neuen Hindernissen und Intrigen zu tun, zuletzt von Seiten der Universitätsprofessoren, die fürchteten, die Poliklinik könnte das Bild einer zweiten, freien Universität abgeben. Auch dieses Mal ist die Sache dank seiner Umsicht wieder glimpflich ausgegangen, und man hat es mit einem Kompromiss bewenden lassen. Im Vorlesungsverzeichnis dürfen die Veranstaltungen der Polikliniker weiter angekündigt werden, aber es muss jetzt heißen: *in* (und nicht mehr: *an*) der Poliklinik. Im Jahr darauf haben sie dann eine Anregung der Fürstin Pauline Metternich aufgegriffen, die Schwestern vom Orden des heiligen Franz von Assisi wurden mit der Pflege der Patienten in der Spitalsabteilung beauftragt.[132] Eine leider unvermeidliche Verbeugung vor den klerikalen Kreisen.

Nach den Adeligen kommen die Namen der Burgtheatergrößen an die Reihe – Adolf Sonnenthal, Charlotte Wolter, Max Devrient, Georg Reimers und so weiter –, und auch ihnen räumt Johann Schnitzler den gleichen Platz ein, fünf Namen pro Seite, und erzählt sich die Geschichte von der eigenen Lebensleistung.

Aber im Ganzen ist doch die Poliklinik ein großartiger Erfolg! Allen überstandenen Wiener Querelen zum Trotz: Das internationale Ansehen ist groß. In Rom, Budapest, Paris, Madrid, Berlin, München, New York, Chicago, San Francisco und Kairo – überall sind Polikliniken nach dem Wiener Vorbild entstanden. Und nun – endlich – werden sie ein eigenes Haus mit entsprechenden Betten bekommen! Das über 7000 Quadratmeter große Grundstück in der Mariannengasse ist schon gekauft. Die Brüder Wilhelm und David von Gutmann haben 150 000 Gulden für einen Spitalsbau gegeben, dann nochmal 5000 Gulden als spezielle Bettenstiftung. Den Rest hat die Fürstin Metternich (man nennt sie auch »Notre Dame de

Zion«) zusammengetrommelt. Im Frühjahr sollen die Bauarbeiten beginnen. Noch einmal nimmt Johann Schnitzler all seine Kräfte zusammen.

Triumph, Enttäuschung und Abschied

Am 30. Dezember 1892 kann die neue Poliklinik in der Mariannengasse nach knapp zweijähriger Bauzeit eröffnet werden. Es ist eine Feier im kleinen Kreis von dreißig Gästen.[133] Fast alle Prominenz hätte sich ferngehalten, berichtet die *Neue Freie Presse* kritisch, und das am Ehrentag eines Institutes, »welches Hunderttausenden von armen Kranken Wohlthaten erwiesen« habe.

Erzherzog Rainer, der sich auf der Baustelle öfter hatte sehen lassen, bekommt das Werk des Architekten Streit nun ganz offiziell gezeigt: die Fassade, die mit ihren Reliefporträts von Rokitansky, Škoda, Oppolzer und anderen ärztlichen Fixsternen eine Hommage an die ältere Wiener Medizinische Schule ist; das Hochparterre, in dem die Apotheke und die Aufnahmekanzlei untergebracht sind, außerdem zwei Hörsäle und der Übergang zur Spitalsabteilung, die allerdings noch in Bau ist. Der Protektor wird durch sämtliche Abteilungen mit den dazugehörigen Auditorien geführt, bekommt das Kinder-Ambulatorium und die Isolierungsräume für Patienten mit infektiösen Krankheiten zu sehen und erfährt, dass in den jetzt schon fertigen Räumen bequem Platz für hundert Kranke sei. Die laryngologische Abteilung im 1. Stock präsentieren Dr. Hajek und Dr. Arthur Schnitzler, weil ihr Vorstand in Personalunion mit dem Direktor gerade andere Aufgaben hat.

Professor (und inzwischen auch Regierungsrat) Schnitzler hält die Festrede und lässt bei der Gelegenheit die Geschichte der Poliklinik Revue passieren: ihrer Ärzte, ihrer Gönner, ihrer Patienten, ihrer Kämpfe und Schwierigkeiten. Am Ende gibt er noch einmal den Optimisten: »Und wenn die Poliklinik auch heute noch nicht die staatliche Anerkennung hat, die sie in Folge einer mehr als zwanzigjährigen ersprießlichen Thätigkeit im Dienste der Humanität und der Wissenschaft schon längst verdient, so können diese doch nicht mehr ausbleiben.« Ausgeblieben sind hingegen der Rektor der Universität und die gesamte medizinische Fakultät samt ihrem Dekan. Der Erzherzog allerdings zieht in seiner Antwortrede vor ihm, Schnitzler, den Hut: »Ganz besonderer Dank gebührt aber an diesem Ehrentage der Direction unserer Anstalt, die es verstanden hat, alle Gegner für ihre Schöpfung zu gewinnen und jederzeit die Eintracht des Institutes zu erhalten.« Das ist jedenfalls schön gesagt – und eine Mahnung.

Johann Schnitzler weiß längst, dass seine Poliklinik nicht mehr der Freundschaftsbund von einst ist. Er hat es vielleicht nicht wahrhaben wollen. Doch die Ereignisse, die im Frühjahr folgen, machen ihm in aller Deutlichkeit klar, dass mit einer Reihe von neuen Kollegen die alte Kollegialität dahin ist, und schlimmer. Am 9. März – er ist zu diesem Zeitpunkt krank, Arthur muss ihn in der Privatpraxis vertreten – erhält er eine Zuschrift mehrerer Abteilungsvorstände der Poliklinik. Eine Zuschrift, ja. Im Ton eiskalt. Einen Brief kann man das unmöglich nennen. Es fehlt jede Anrede, jeder Gruß, jede Höflichkeitsfloskel.

Bei der letzten Plenarversammlung hat die »Mehrzahl der Abteilungsvorstände« beschlossen, den bewährten Dr. Grünfeld ab- und Dr. Hebra als Kassier einzusetzen. Ganz offensichtlich haben bei dieser Entscheidung antisemitische Beweggründe eine Rolle gespielt. So jedenfalls sehen es Schnitzler und sein Stellvertreter Professor Monti. So sehen es auch die Kuratoriumsmitglieder auf ihrer nächsten Versammlung. Sie haben besorgte Fragen gestellt, und Schnitzler hat abgewiegelt. Wieder einmal hat er den Schein gerettet. Und nun dieses Schreiben: »Die Mehrzahl der Abteilungsvorstände der Poliklinik konstatiert und ersucht die bei der Neuwahl des Cassiers an Stelle Dr. Grünfelds in dem einen oder anderen Sinne beteiligt gewesenen Personen zu bezeugen, dass diese an sich ja bedauerliche Differenz, die aber bei jeder Wahl vorkommen kann, keinen wie immer gearteten parteimässigen Hintergrund hat, sondern lediglich auf Parteidifferenzen sich bezog, – und bedauert, dass die Direktion der Poliklinik nicht mit genügender Klarheit dem Curatorium gegenüber diese allein richtige Interpretation des Beschlusses der Plenarversammlung gegeben hat (…). Man richtet an die Direktion

die dringende Aufforderung, in der ihr geeignet erscheinenden
Weise bei passender Gelegenheit dem Curatorium noch nachträg-
lich den wahren Sachverhalt klarzulegen.«[134]

Mit der Antwort lässt sich Johann Schnitzler bis zum 20. April
Zeit. Sie wird viele Seiten lang, eine Abrechnung mit den »Herren
Hochenegg, Lott und Genossen« und das Dokument einer großen
persönlichen Enttäuschung. »Ich habe die Zuschrift, an deren Kopf
die übliche Adressierung mangelt, wieder und wieder gelesen und
mich gefragt, ob diese wirklich an mich gerichtet wäre. Ob das nunmehr der Ton ist, der in der Poliklinik zur Herrschaft gelangen
soll?!«[135] Er kommt zur Sache, erwähnt seine eigene Rolle auf der
Kuratoriumssitzung, rückt gerade, dass nicht er es war, der den An-
stoß zu der »uns allen gleich unerwünschten Discussion« gab.

Dann kommt er auf die Situation in der Poliklinik zu sprechen:
»Ja, offen gesagt, begreife ich nicht, wie die Herren in Abrede stellen
können, dass jetzt in der Poliklinik Parteiungen bestehen, welche
sich doch, wie ich zu meinem Bedauern konstatieren muss, jetzt
immer mehr in höchst unangenehmer Weise fühlbar machen.« Er
gestattet sich einen nostalgischen Blick zurück: »Früher waren sämtliche Polikliniker eines Sinnes, eines Strebens; für sie galt der Satz:
›Alle für Einen, Einer für Alle.‹« Und heute? »Von einem collegialen
Zusammenleben ist keine Rede mehr!« Nicht einmal bei der Eröffnung des neuen Hauses sei es möglich gewesen, einen intimen Fest-
abend zu veranstalten.

Schnitzler braucht eine Weile, bis er beim eigentlichen Kern der
Angelegenheit ist – als sei es ihm widerwärtig, sich mit diesem
Thema abzugeben. Und dann tut er es doch. »Immerhin ist es
erfreulich, dass Sie, meine Herren, sich gegen die Zumutung des
Antisemitismus verwahren, nur hätten Sie Ihren diesbezüglichen
Protest an eine ganz andere Adresse richten müssen. Denn, wie Sie
wohl wissen müssen, war ich es ja nicht, der dies behauptete, sondern gerade Ihre eigenen Intimen im Krankenhause verbreiten dies
von Ihnen. Ich habe mich im Gegenteile stets gegen das Vorhan-
densein derartiger Tendenzen, wenigstens innerhalb der Poliklinik,
verwahrt. Mich hat, wie Ihnen wohl bekannt, bei der Aufnahme
eines neuen Mitgliedes niemals beeinflusst, wenn dem Einen oder

dem Anderen der neu zu wählenden Mitglieder nach ihrem Vorle-
ben antisemitische Tendenzen zugeschrieben wurden.« So habe er
immer gedacht, so habe er auch gegenüber den finanzstarken För-
derern Wilhelm und David von Gutmann argumentiert, wenn sie
sich besorgt über die Stimmung in der Poliklinik geäußert hatten.
»Denn ich war überzeugt, dass auch diese Herren, wenn nur einmal erst an der Poliklinik, bald anderen Sinnes würden (…), da sie
nur zu gut wüssten, dass die Poliklinik ausschliesslich jüdischen
Ursprunges ist, indem an den Vorberatungen bei Gründung des
Institutes einzig und allein jüdische Ärzte teilgenommen haben;
weil ferner allen wohlbekannt sei, dass auch die Mittel zur Erhaltung der Anstalt, dann zum Ankaufe von Grund und Boden und
später zum Bau des neuen Hauses zum grossen Teile von Juden ge-
spendet worden.«

Er hat sich die Widersacher selbst ins Haus geholt. Hat nicht wissen wollen, was sein vorsichtiges rechtes Auge sah. Seine Strategie,
den Antisemitismus als eine verzeihliche Schwäche zu betrachten,
die in der Erfahrung des Miteinanders überwunden werden kann,
ist nicht aufgegangen. Er hat auf die Lernfähigkeit der Menschen gesetzt und ist enttäuscht worden. Jetzt bleibt ihm nur die mehr oder
minder verhüllte Drohung mit der Unzufriedenheit der Geldgeber.
Was ist die Poliklinik? Ein Spiegelbild der gewandelten gesellschaftlichen Verhältnisse.

Johann Schnitzler lässt seinen Brief mit dem »Geständnis einer
flüchtigen, momentanen Schwäche« enden, ein finales Stück Rhetorik, das seiner Bitterkeit – jedenfalls eine Form verleiht: »Als neulich
zu meiner Kenntnis gelangte, dass einige, zumeist jüngere Abteilungsvorstände der Poliklinik eine Zuschrift an die Direction zu
richten beabsichtigten, dachte ich im ersten Augenblicke: dies dürfte
wohl die verspätete Dankadresse sein, welche die jüngeren Mitglieder der Poliklinik den Schöpfern des Institutes nach glücklicher
Vollendung des schönen Werkes widmen wollen. Diese fühlen, so
dachte ich, offenbar das Bedürfnis, ihre Anhänglichkeit an das Institut ganz besonders zu manifestieren und ihren Dank dafür zu
betätigen, dass sie zur Gründung der Poliklinik nicht nur nichts
beigetragen haben, sondern zur Zeit der schwersten Kämpfe der

Anstalt meist noch im gegnerischen Lager gestanden sind, hier in dem prächtigen Heim der Poliklinik, zu dem sie auch nicht einen Stein geliefert haben, collegiale Teilnahme und eine Stätte für ihre Tätigkeit gefunden haben. Nun, ich sehe ein, ich habe mich getäuscht, aber Ihre Zuschrift bleibt immerhin für mich ein, wenn auch wenig erhebendes, so doch wertvolles Blatt in der Entwicklungsgeschichte der Poliklinik. Wien, am 20. April 1893«

Zehn Tage, nachdem er den Brief geschrieben hat, erkrankt Johann Schnitzler an einer Halsentzündung. Er scheint schon fast genesen, da bringt ein »Rothlauf des Gesichtes« die fatale Wendung. Zwei Tage später, am 2. Mai 1893, stirbt er in seiner Wohnung am Burgring 1, umgeben von seiner Familie. Seine letzte Lebensäußerung soll ein Handkuss für seine Frau gewesen sein.

Viele österreichische und überregionale Zeitungen bringen ausführliche Nachrufe auf den Verstorbenen, loben seine Persönlichkeit und sein Lebenswerk. Dass aber die *Österreichische Wochenschrift* sich ausführlich mit Johann Schnitzlers Tod befasst, ist überraschend. Das 1884 gegründete »Centralorgan für die gesammten Interessen des Judenthums« des galizischen Rabbiners Dr. Bloch vertritt eine betont anti-assimilatorische Richtung. Dem kämpferischen Orthodoxen Bloch geht es darum, das jüdische Selbstbewusstsein zu stärken und dem Antisemitismus entschlossen entgegenzutreten: Ja, es gibt jüdische Sonderinteressen! Und die sind nicht identisch mit dem Liberalismus. Rabbiner Jellinek und die ganze etablierte Führung der Wiener Juden will diese Botschaft nicht gefallen. Und nun ein Nachruf auf Johann Schnitzler in diesem Blatt. Der Autor Dr. Josef Grünfeld empfindet, dass es einer Begründung bedarf: »Weil wir hier die Prinzipientreue, die Anhänglichkeit an seine Familie und an seine Glaubensbrüder hervorheben, weil wir hier ausdrücklich anführen wollen, dass Regierungsrath Schnitzler trotz der beneidenswerthen socialen Stufe, die er erklomm, trotz der ausgezeichneten Stellung, die er in hohen und höchsten Kreisen einnahm, sein Judenthum hochhielt, diesem stets zur Ehre gereichen wollte. In einer Zeit, wo die Spitzen der Intelligenz aus nichtigen oder gar Bequemlichkeits- oder Utilitätsgründen dem alten Glauben untreu werden, wo der Uebertritt oft nur als Modetorheit, als Sport angesehen wird, da wollte er erst recht als Jude gelten und seine Zugehörigkeit zum Judenthum declariren.«[136]

Johann Schnitzler, dem der Liberalismus sein Leben lang eine Schutzgöttin gewesen ist, hat im Tod die Seite gewechselt.

Zweiter Teil
Wien, Berlin, Venedig 1893–1931

Der Reigen zu Rad

1893 ist das Jahr der großen Veränderungen. Das Jahr, in dem der Vater stirbt. Das Jahr, in dem Arthur Schnitzler seine Stelle als Sekundararzt an der Poliklinik aufgibt, um fortan ein Dichter zu sein. Das Jahr, in dem der nunmehr 31 Jahre alte Herr Doktor, nicht sehr groß und schon etwas rundlich, Bicyclefahren lernt. Treten, bremsen, Gleichgewicht halten. Bicycle, Veloziped oder Zweirad? Schnitzler schrieb: »bicycle«, oder abgekürzt: »bic.«. Aber kein Mensch weiß, wie er es ausgesprochen hat. *Bissikle, Baissikl;* Englisch, Französisch – oder gar die Hybridvariante? Diese Frage hat schon den Germanisten und Mitherausgeber des Schnitzler-Tagebuchs Werner Welzig vor Jahrzehnten beschäftigt, und natürlich hat er sie benutzt, um den Lesern eine Lektion mitzugeben. Man mache sich bewusst: Lang, lang ist's her.

Das Licht in den Ausstellungsräumen des Alpinen Museums des Deutschen Alpenvereins in München ist schummerig und verleiht dem alltäglichen Gegenstand eine geheimnisvolle Aura. Dieses Sportgerät für die oberen Zehntausend: ein Fahrrad, aha. Ein sehr puristisches Fahrrad – ohne Gepäckträger, Schutzbleche, Licht oder Klingel. Der Rahmen ist angerostet, und der dünne schwarze Ledersattel sieht schrecklich unbequem aus. Ich betrachte es mit Ehrfurcht. Dieses Fahrrad gehörte mal Theodor Herzl. Auch einer von denen, die Schnitzler mit seiner Bicyclomanie angesteckt hat.

Die Ausstellung heißt: »Hast du meine Alpen gesehen? Eine jüdische Beziehungsgeschichte«. Sie wurde zuerst in Österreich gezeigt und ist dann, mitsamt Herzls Fahrrad, nach München gereist. Einer ihrer Kuratoren, der Wiener Historiker Gerhard Milchram, hat es selbst abgeholt in Altaussee, wo der Begründer des Zionismus die Sommer zu verbringen pflegte. Dann starb Herzl 1904, und nach seinem Rad fragte niemand mehr. Es muss bei seinen ehemaligen Wirtsleuten in einem sehr abgelegenen Winkel gesteckt haben, denn erst in den 1970er-Jahren wurde es gefunden, versehen mit einem Zettel: »Dr. Herzl«. Nun kam die kostbare Reliquie in das Literaturmuseum in Altaussee, wurde auch mal für Filmaufnahmen genutzt und zu diesem Zweck mit neuen Reifen und Pedalen ausgestattet. Die Rückblenden auf den Pedalen, sagt Milchram und lächelt, die habe es natürlich damals noch nicht gegeben, in den Neunzigerjahren des 19. Jahrhunderts. Auch hatte das Rad weder eine Freilaufnabe – beim Abwärtsfahren musste man also mittreten – noch eine Rücktrittbremse. Es gab nur die ganz einfachen Backenbremsen, die oben auf das Rad einen Gummi schoben. Ein recht primitives Fahrzeug aus heutiger Sicht, aber damals das modernste am Markt, diese Halbrennmaschine »Opel Victoria Blitz«. Auf die Produktion von Fahrrädern hatte sich der Nähmaschinenfabrikant Adam Opel aus Rüsselsheim erst kurz zuvor verlegt. In den 1880er-Jahren, noch vor Erfindung des Niederrads, hatte er jedem seiner fünf Söhne zu Weihnachten ein Hochrad geschenkt. Als er selber damit im Straßengraben landete, beschloss er, das Teufelszeug wieder zu verkaufen. Da das aber mit Gewinn geschah, gründete er 1886 einen neuen Produktionszweig. Alle seine Söhne taten sich nun als Radrennfahrer hervor, die denkbar beste Werbung für den »Victoria Blitz«.

Theodor Herzl war ein begeisterter Anhänger der neuen Fortbewegungsart. 1896 schrieb er in einem Feuilleton für die *Neue Freie Presse:* »Wenn man uns das vor zehn Jahren gesagt hätte – nein, noch vor fünf oder drei oder zwei Jahren. Ernsthafte Leute würden sich das als respektwidrige Zumutung mit einer gewissen Trockenheit verbeten haben. Es war die allzu muntere Leibesübung junger Burschen oder lächerlicher Sportsnarren. Und heute sieht man ehrenfeste unjunge Leute auf dem Zweirade durch die Gassen jagen, und sie machen dazu ganz ernsthafte Mienen.«[1] Ja, sie waren schon eine besondere Spezies, diese Radfahrer der ersten Stunde. Herzl sah in ihnen nicht weniger als – die Verkünder einer neuen Zeit. Da radelten sie also: Hermann Bahr, Richard Beer-Hofmann, Hugo von Hofmannsthal, Felix Salten, das ganze »Junge Wien«, und Schnitzler hat sie alle angestiftet. Am 13. Juni 1893, sechs Wochen nach dem Tod seines Vaters, besteht der Tagebuch-Eintrag nur aus den drei Worten: »Erste Bicycle-Lektion«.

Die Bewegung tut ihm gut, und mehr als das. Sie ist seine Retterin in einer Zeit der tiefen seelischen Verstimmung, oder, wie Schnitzler es in einem Brief an Theodor Herzl formuliert: »der Strohhalm, mit dem ich mich an die Lebensfreude klammere«.[2] Schnitzler leidet entsetzlich, und das liegt nicht nur am Verlust des Vaters. »Armer todter Papa! (...) Arme todte Mizi!«[3] Marie Glümer hat ihn betrogen. Er weiß es seit März, aus anonymen Briefen. Sogar sein Vater hat einen solchen bekommen, in seinen letzten Lebenstagen, und war über die intimen Beziehungen »der Braut seines Sohnes« zu einem Wiener Lederfabrikanten unterrichtet.[4] Der Gipfel der Peinlichkeit! Aus der rasenden Liebe ist nun rasender Hass geworden, aus dem »Engel« eine »Canaille«. Arthur möchte sie am liebsten »langsam zu Tode martern«.[5] Er tobt, wütet, beschimpft, schlägt, erniedrigt sie, und so berührend schön seine Liebesbriefe waren, so ausschweifend sind jetzt die Moralepisteln, die er an sie schickt, ohne Anrede, ohne Gruß, wahre Exzesse der Verachtung: »Wer gethan was du, muß vor der aufrichtigen Straßendirne erröthen, die ihr harmloses Gewerbe treibt, ohne wen zu belügen.«[6] Und sie? Sie liebt ihn, liebt ihn mehr denn je. Bettelt, fleht, bereut, erniedrigt sich, rutscht auf den Knien herum. Schreibt Briefe, geht vor seinem Haus auf und ab, bringt Rosen, will hoffen dürfen. Vergeblich. »Ich beschimpfe und ohrfeige sie und jage sie 10mal hinaus.«[7] So geht das über Monate, bis Ende Juni ihr neues Engagement in Weimar beginnt.

Da sitzt der Zurückgebliebene nach einer anderthalbstündigen »Bic.-Uebung« im Hotel Hajek beim Frühstück und fühlt sich allein. »Es liegt viel Wehmuth und ein bisschen Wollust darin. – Aber den Schmerz werd ich nun einmal nicht los, wenn ich an jenes Geschöpf denk, das mich so sehr betrogen und mich so sehr liebt – und das ich so sehr betrogen und in Ekel und Hass noch heute liebe.«[8] Es ist nämlich so, dass auch er nicht treu war. Ganz Wien weiß es. Fifi, Sophie, Jenny – und wie sie alle heißen. Wo immer eine Frau sich scheiden lässt, ist es angeblich seinetwegen. Schnitzlers schlechter

Ruf macht ihn ungeheuer attraktiv. Manchmal wird es selbst ihm zu viel, und die Frauen mit ihrer Verliebtheit machen ihn direkt »nervös«; aber meistens genießt er es. Und schließlich ist ihm, als könne er »Mz.« gerade durch sein Verhältnis zu »F.« besser, schöner, ungequälter lieben, als wenn er »treu« – ja, er schreibt es in Anführungszeichen – wäre. Mit den längeren Trennungszeiten war die monogame Phase ihrer Beziehung beendet. Für Arthur Schnitzler, weil seine »impertinente Sinnlichkeit« es ihm eben diktierte. Für Marie Glümer – vielleicht ebenso. Oder es hatte mit ihrem »unreputierlichen Beruf« zu tun und dem sozialen Umfeld, in dem sie sich eben befand – »Freiwild« in den Augen der Männer.

War Schnitzler ein ganz gewöhnlicher Scheinheiliger wie so viele andere Männer seiner Generation? Sicher nicht! Doppelmoral ist bequem. Schnitzler hatte es nicht bequem. Er litt wie ein Hund. Denn er wusste es eigentlich besser. Die Welt von gestern und die Welt von morgen stritten sich in ihm. In der Welt von gestern »besitzen« die Männer die Frauen, mit denen sie schlafen. Der weibliche Widerstand ist Teil des Spiels. Was aber, wenn die Frauen den aktiven Part übernehmen, wie im Fall der Schauspielerin Camilla Th.? Eigentlich mag Schnitzler nicht. Sie ist ihm unsympathisch. Aber Nein sagen? Hinterher schreibt er in sein Tagebuch den unvergleichlichen Satz: »Nachm. war C. Th. da, die ich endlich, anstandshalber, besass.«[9]

Ein Fall von kognitiver Dissonanz: Er hat im Winter 1890/91 *Das Märchen* geschrieben und das Verhalten kritisiert, in das er nun zurückfällt. Die männliche Hauptfigur Fedor Denner tritt mutig für das Recht der Frauen auf sexuelle Selbstbestimmtheit ein, weist das »Märchen von der Gefallenen« zurück und gewinnt damit die Liebe der Schauspielerin Fanny Theren. Aber dann ist er nicht stark genug, nach seiner Einsicht zu leben – gegen die Vorurteile der anderen. Zu sehr sind Besitzdenken, Eifersucht, obsessives Verlangen nach Jungfräulichkeit in seinem Denken verankert. Zu groß ist die Angst, sich lächerlich zu machen. Zu schwach ist seine Liebe. Ein prophetisches Stück. Schnitzler sieht genau hin. Er schenkt sich nichts. Sein Blick hält den Lügen stand. Im Unterschied zu seinem Alter Ego Fedor Denner korrigiert er seine Lebenspraxis, indem er schreibt. Es ist eine langsam wirkende Medizin.

Nun steigt also dieser Schmerzensmann auf sein Bicycle. An diesen Abenden im Frühsommer 1893 ist Arthur Schnitzler unterwegs wie einst der Papa auf seinen ärztlichen Exkursionen: nach Klosterneuburg, Kahlenberg, Nussdorf, Brühl, Baden, Weidling, Tulln, ... meistens nach Klosterneuburg. Und ich radle hinterher, beginne die Tour in der Frankgasse, wo Schnitzler ab Herbst des Jahres wohnte, gleich neben der neogotischen Votivkirche. Touristen verwechseln sie manchmal mit dem Stephansdom. Nach Klosterneuburg sind es knapp zwölf Kilometer. Der direkte Weg wäre durch die Türkenstraße hinunter zum Donaukanal. Wenn man aber die Parallelstraße nimmt – dann ist in der Verlängerung die Berggasse. Und da, in der Nummer 19, waren seit 1891 Freuds Wohnung und Ordination. Jetzt sind da das Freud-Museum und die Bibliothek, die man nach vorheriger Anmeldung besuchen kann. Schnitzler hatte keinen Anlass, diesen Umweg zu nehmen. Sie gingen sich aus dem Weg, die beiden Mediziner, trotz gegenseitiger Hochachtung und trotz – oder gerade wegen – der Ähnlichkeit ihrer Sichtweisen und Verfahren. Der Abschied von den Illusionen! Sich von hehren Zielen leiten lassen, um am Ende ernüchtert dazustehen wie der Vater, das will Schnitzler auf keinen Fall. Jetzt einen Schwenk nach links auf die Rossauer Lände, die früher Elisabeth-Promenade hieß. Und nun immer geradeaus, vorbei an der Müllverbrennungsanlage Spittelau, die seit Jahrzehnten das neue Allgemeine Krankenhaus mit Fernwärme versorgt und dank Friedensreich Hundertwassers Gestaltung aussieht wie ein orientalischer Palast. »Donauradweg« klingt gut, aber erst mal muss man aus der Stadt hinaus. 18 Grad, wolkiger Himmel. Am Donaukanal geht es parallel zur U4. Die Betonpfeiler der Autobahn sind mit Graffiti und Kritzeleien bedeckt; Politisches und Pornographisches. Aber links der Kahlenberg, rechts die Donau, geradeaus das Kloster auf dem Hügel – all das gab es damals schon.

Woran denkt Schnitzler beim Treten der Pedale? Vielleicht an den Burgschauspieler Sonnenthal, und was er gesagt hat nach der Lektüre des *Märchen?* »Sie sind ein ganz gemeiner Kerl. Technik, wie nur die Franzosen, großes Talent, gar nichts einzuwenden, – aber die dumpfe Atmosphäre! Keine Luft! – Wie in einer Cloake! – Die Leute kommen mir vor wie Strizzis! – Man frägt sich: Warum heiratet der

Fedor die Fanny nicht? – Der könnts wohl thun!«[10] Ja, warum hat denn der Arthur die Mizi nicht geheiratet – bevor alles aus war? Ein »Misstrauensvirtuos« taugt nicht zur Ehe. Sonnenthal, der väterliche Freund, hat ihm noch aufgetragen: »Schreiben Sie was Vornehmes!« Den Gefallen kann er ihm nicht tun. Es wäre gegen sein Streben nach Wahrhaftigkeit – und gegen die ärztliche Ethik. Für seine Qualitäten als Diagnostiker hat ihn selbst der Papa gelobt. Er muss seinen Finger auf die Wunde legen, die seine eigene ist und die der ganzen verlogenen Fin-de-Siècle-Gesellschaft.

Am 27. Juli besteht Schnitzler die »Bicycle-Prüfung«.[11] Er ist nun ordentliches Mitglied der »Radfahrer-Union Vorwärts«, unterwirft sich der Kleiderordnung und soupiert gelegentlich mit Clubmitgliedern. Für den angemessenen Auftritt braucht der Bicyclist einen »Tourendreß« und einen »Galadreß«.

Der »Wiener Bicycle-Club« schrieb seinen Mitgliedern vor:

»a) Rock (Sacco) aus tegetthoffblauem Tricotstoffe, einreihig
   mäßig ausgeschnitten, 4 knöpfig, mit 6 Centimeter
   breitem Umlegkragen, rechter Innen-Brusttasche, linker Außen-
   Brusttasche ohne Klappe, Etuitascherl und
   zwei Seitentaschen mit Klappe; innen Fangschnüre in
   gleicher Farbe, unter dem Kragen Latz zum Zuknöpfen
   des Rockes bei aufgestülptem Kragen.
b) Pumphose, aus gleichem Stoffe wie der Rock, bis unter
   das Knie reichend.
c) Kappe, englische Form mit Schild, ganz aus gleichem Stoffe wie
   der Dreßanzug.
d) Gürtel, gleichfalls einfärbig tegetthoffblau, mit zwei Riemen,
   verschiebbarer Tasche aus Naturleder und vernickelten Schnallen.
e) Tourenhemd aus Flanell oder Cachemir, einfärbig crème
   mit breitem Umlegkragen und Brusttaschen.
f) Strümpfe, diamantschwarz. Patent gestrickt aus Baum- oder
   Schafwolle, über das Knie reichend, und empfehlen sich hiezu
   Strumpfbänder aus schwarzem Seidengummiband.

g) Cravate, in Form eines Matrosenknopfes gebunden, aus tegetthoffblauem einfärbigen Stoffe, in welche eine Busennadel gesteckt werden kann.

h) Schuhe und Handschuhe nach freier Wahl.«[12]

Aber was sollen Rad fahrende Damen tragen? Eine Frage, die vom Standpunkt der Schönheit, der Sicherheit – und auch der Sitte aus diskutiert wird. Ganz allgemein und nicht ganz grundlos verdächtigt man das Bicycle als Emanzipationsvehikel. An sich zeigt die »anständige Frau« ja weder Waden noch Knöchel, und allein das Wort »Hose« bringt sie schon zum Erröten. Andererseits … ist selbst die Kaiserin Sisi eine praktizierende Anhängerin des Radsports. Das macht die Sache gewissermaßen unangreifbar. Man wird es hinnehmen müssen, dass die Säume ein wenig in die Höhe rutschen, und den vorbeirasenden Damen auf ihren Stahlrössern nur hinter vorgehaltener Hand Schmähworte hinterherrufen.

Marie Glümer trägt zum Radfahren: ein hochgeschlossenes Gewand mit weißem Taillengurt und Stehkragen, schwarzer Schleife um den Hals, und auf dem Kopf einen Strohhut mit breitem Band. Wie lang der Rock ist, weiß man nicht, da der überlieferte Bildausschnitt nicht die ganze Mizi zeigt, sondern auf mittlerer Wadenhöhe endet. Sie sieht sehr, sehr brav und sehr, sehr hübsch aus; aber Schnitzler lässt sich nicht erweichen.

Wie ein Dichter lebt

Arthur Schnitzler beginnt, das Leben eines Dichters zu führen. Er verhandelt mit dem Direktor des Volkstheaters Emmerich von Bukovics über eine mögliche Aufführung des *Märchen* und macht seine Erfahrungen mit dem Theaterbetrieb. Der Rechtsanwalt und Verleger Eirich weiht ihn ein: »So schamlos wie im Volkstheater geht's nirgends zu; alle müssen zahlen; Autoren, Schauspieler; die Schauspielerinnen sich hingeben oder zahlen.«[13] Am 22. August steigt Schnitzler mitsamt seinem Bicycle in die Südbahn und reist ins Gebirge. In Dölsach in Tirol ist er mit Felix Salten verabredet.

Gemeinsam fahren sie ins Pustertal und unternehmen zum ersten Mal eine dieser Schriftstellerausfahrten, die sich nun – in unterschiedlicher Besetzung – allsommerlich wiederholen werden.

Seit 1871 führte die Südbahnstrecke ins Land der drei Zinnen, erst folgten die Leute nur zögernd dem Ruf der Berge. Aber dann ließ die Südbahngesellschaft ein luxuriöses Hotel errichten, das Grand Hotel Toblach. Verwöhnten Gästen aus aller Welt wurde der ganze Komfort der damaligen Zeit geboten: mehrere Speisesäle und Veranden, Frühstücks-, Konversations-, Musik-, Lese- und Rauchsalons. Und eine eigene Radfahrschule! Zweimal am Tag ging der Schnellzug nach Wien. Und Toblach wurde mondän. Es kam der europäische Hochadel, es kamen die Künstler, es kamen Arthur Schnitzler und Felix Salten mit ihren Rädern.

Das große eiserne Tor, das die Bergtouristen durchschritten, um von der Bahnstation in die Welt des Grandhotels zu gelangen, steht noch. Und auch der Gebäudekomplex in alpenländischem Stil und entsprechender Majestät. Ach ja, diese alten Grandhotels mit ihren leeren Veranden, überwachsenen Tennisplätzen, zerbrochenen Fensterscheiben zur Wetterseite hin. Man schleicht drum herum und drückt sich die Nase platt, hält Ausschau nach einem senfgelben Kachelofen oder einer zerschlissenen Chaiselongue, Requisiten längst vergessener Dramen. Mit dem Grandhotel Toblach ist es eine andere Geschichte. Es dient heute als Kulturzentrum, und weil Gustav Mahler hier das »Lied von der Erde« und die Sinfonie Nr. 9 komponiert hat, sind die jährlich stattfindenden Musikwochen ihm gewidmet. Eines der Häuser ist zur Jugendherberge geworden, Ostello della Gioventù. Die schweren geschnitzten Kassettendecken und breiten Flügeltüren erinnern noch an die Vergangenheit, aber die Tische im Essraum sind mit Wachstuch überzogen, und der pompöse alte Billardtisch im Fernsehraum steht neben einem Getränkeautomaten. Im August bringen sehr viele Füße in Radfahrschuhen die hölzernen Treppen zum Knarren. Ganz Italien fährt hier im August Rad. Der ehemaligen West-Ost-Achse der Südbahn folgend, führt der Drauradweg über Lienz – Spittal – Villach – Klagenfurt – Dravograd bis zu der slowenischen Stadt Maribor, das sind von Toblach – oder Dobbiaco, wie es heute auch heißt – 366 Kilometer.

Wer nicht ganz so weit will, kann auf der alten Bahntrasse nach Süden fahren. Das ist die Richtung, die Arthur Schnitzler und Felix Salten genommen haben. Salten, 1869 als Siegmund Salzmann in Budapest geboren, ist Teil jenes »anregenden Kreises«,[14] der sich 1891 gebildet hat: Hofmannsthal, Salten, Beer-Hofmann, Bahr, Gustav Schwarzkopf. Mit Salten hat Schnitzler einiges gemeinsam. Sie sprechen nicht nur über Pläne und Projekte und lesen einander vor, was sie gerade geschrieben haben. Der Journalist und Autor sehr heterogener Werke ist auch ein Womanizer, nimmt Schnitzler die eine oder andere lästig gewordene Geliebte ab. Später werden sie beide jeweils um ein unehelich geborenes Kind trauern, eine Schauspielerin heiraten, im gleichen Stadtviertel leben, und beiden wird man abwechselnd die Autorschaft an dem anonym erschienenen Skandalwerk *Josefine Mutzenbacher oder: Die Geschichte einer Wienerischen Dirne* zutrauen. Schnitzler wird dementieren, Salten nicht. Schnitzler schreibt ihm »Lieber Freund!«. Aber sie werden ein Leben lang per Sie bleiben. So hält Schnitzler es mit den meisten, so hält er es auch mit Theodor Herzl. Schnitzler, in seinem Bedürfnis nach Gefühlshygiene, braucht die Distanz, um klar zu sehen, und von Zeit zu Zeit unterzieht er seine Freundschaftsbeziehungen einer kritischen Bestandsaufnahme. Der Tagebuchschreiber bemerkt dann etwa: »Ich vertrage Herzl eigentlich nicht gut. Sein gewichtiges Sprechen mit den großen Augen zum Schluß jedes Satzes irritiert mich.«[15] Mit Salten dagegen verhält es sich so, dass er ihn »unsympathischer« findet, wenn er ihn *nicht* sieht.[16] Im August 1893 in Südtirol aber vertragen sie sich und verfallen dem doppelten Berg- und Geschwindigkeitsrausch. Sie wollen ins Ampezzo- und dann weiter ins Cadoretal.

Ja, es ist eine dramatische Kulisse voller Naturschönheiten. Erst recht im Oktober ist sie schön, wenn die Sonne die herbstlich gelben Nadeln der Lärchen in rötliches Gold taucht und die Radlerpulks fort sind. Die Gegend ist reich an Mythen und Märchen, aber leider haben sich hier nicht nur mythische Könige und böse Zauberer die Köpfe eingeschlagen. Kurz hinter dem Toblacher See geht der Radweg am Soldatenfriedhof Nasswand – Monte Piana vorbei. Von den zehn Millionen Menschen, die im Ersten Weltkrieg ihr Leben verloren, liegen 1259 hier begraben: Russen, Serben, Polen, Ungarn,

Rumänen, Slowenen und ein Belgier. Die Österreicher wurden später exhumiert und umgebettet. Mitten durch Toblach verlief die Front, nachdem Italien am 23. Mai 1915 dem ehemaligen Verbündeten Österreich-Ungarn den Krieg erklärt hatte. Die Kämpfe endeten mit der 12. Isonzoschlacht im Herbst 1917, danach zog sich die italienische Armee zurück und hinterließ zerbombte und geplünderte Dörfer. Was weiter geschah, erklärt mir ein pensionierter Schuldirektor beim Kaffee: wie Südtirol dann an Italien fiel und durch Toblach die jungen Schwarzhemden marschierten. Wie Mussolini sich bemühte, aus der Provinz Alto Adige ein Stück Italien zu machen, und wie nicht mehr deutsch gesprochen werden durfte. Wie Hitler die Südtiroler mit dubiosen Versprechen »heim ins Reich« zu locken suchte und diese sogenannte »Option« Dörfer und Familien spaltete. Und jetzt? Nein, es sei noch nicht vorbei. So lange dauert es, bis geheilt ist, was die Menschen sich gegenseitig antun, erklärt mir Dr. Mairhofer in seinem tirolerisch gefärbten Deutsch. Und ich nicke und weiß, dass es so ist.

Während Salten bei Kriegsbeginn die Parole aller alternativlos Denkenden ausgab – »Es muss sein« –, gehörte Schnitzler zu den wenigen, die nichts zum Jubeln daran fanden. Er ahnte schon den »Weltruin«. Aber so weit sind wir noch nicht. Kehren wir zurück zum 24. August 1893. Toblacher See – Drei-Zinnen-Blick – Landro-See – Gemärk-Pass. Er liegt 1530 Meter über dem Meeresspiegel. Von hier stürzen sich Schnitzler und Salten bergab nach Cortina und noch fünfzig Kilometer weiter nach Pieve di Cadore. Das Wetter lässt zu wünschen übrig. Sie erleben Regen und Hagel. Macht nichts. Die Bewegung befreit aus dem Gefängnis der trüben Gedanken, und abends verfasst Schnitzler einen launigen Brief an den »lieben Hugo« von Hofmannsthal. Sie sind in Tizians Heimatort und haben nach der Tour noch das Geburtszimmer des Malers besichtigt. Salten unterschreibt: »Die Fahrt durch die Pracht des Ampezzo u Cadore Tales und der Aufenthalt hier haben gelehrt: Es genügt nicht, daß der Mensch den Tod des Tizian schreibe, er muß auch Bicycle fahren können. Ersteres haben Sie getan, das Zweite bleibt Ihnen noch.«[17]

Es sind achtzig Kilometer von Toblach nach Pieve di Cadore. Am nächsten Tag fahren die Freunde wieder zurück, und diesmal geht es bergauf. Die sportliche Leistung kommt Schnitzlers Produktivität zugute. Auch die Gedanken sind ins Rollen gekommen. Kaum ist er wieder in Wien, da zieht er aus seiner Ideenschublade eine Skizze hervor, »Das arme Mädel«: »Das sag ich dir gleich: viel kann ich mich nicht mit dir abgeben ... sagt er ihr gleich am Anfang. – Sie liebt ihn käthchenhaft, abgöttisch. Er sitzt im Parquet; sie auf der Galerie – beim Rennen sieht sie ihn mit jener schönen Dame sprechen – mit der er ein Verhältnis hat ... Er hat wegen jener andern ein Duell ... Den Abend vorher bei dem ›armen Mädel‹ ... Am nächsten Tag wird er erschossen. Sie steht fern, wie er begraben wird; weiß nichts. Jetzt erst erfährt sie, daß er – wegen einer andern gestorben ... Und wankt nach Hause ... Er war ihr noch einmal gestorben!«[18] Er macht sich »mit Laune« ans Werk und hat am 26. Oktober den ersten Akt beendet. Doch das Echo der Freunde ist wenig ermutigend, und außerdem muss sich Schnitzler über Salten ärgern, der seinen Stoff genommen und daraus eine Novelle »Armes Mädel« gemacht hat. Das gemeinsame Radfahren hat wohl die Gedanken synchronisiert. Er wird noch vier weitere Anläufe brauchen, bis das Stück ein Jahr später, nun unter dem Titel *Liebelei*, fertig ist.

Unterdessen gehen die Dinge am Volkstheater ihren Gang. Arthur Schnitzler hört, die Sandrock soll von *Das Märchen* ganz entzückt sein, und das schmeichelt seiner Eitelkeit. Die große Schauspielerin! Sie ist dreißig Jahre alt, eine Holländerin, seit vier Jahren liegt ihr Wien zu Füßen. Für die Rolle der Fanny Theren war eigentlich eine andere Schauspielerin vorgesehen, aber wenn eine Adele Sandrock eine Rolle will, dann kriegt sie sie. Und sie kriegt auch den Mann, den sie will, nämlich den Dichter des Stücks. Als er zur Probe kommt, macht sie Anspielungen: »Soll ich vielleicht die Maske von Fräulein Gl. nehmen? – Sie sind sicher wie der Fedor Denner!«[19] »Sie sind arrogant und ein Poseur«, wirft sie ihm vor, aber zu Hause findet er einen Zettel in der Tasche: »Sie sind ein süßer kleiner Mensch. Das sagt Ihnen Fanny.« Hier ist einmal Schnitzler das Objekt. »Liebes Kind« darf er zu ihr nicht sagen. Nach der Premiere am 1. Dezember fügt »Dilly« ihn ihrer Männerkollektion hinzu. Nun macht Schnitzler die Erfahrung: Die vollendete Künstlerin kann nicht aufhören zu spielen, wenn der Vorhang gefallen ist. Auf der Bühne ver-

hilft sie den Absichten des Autors mit den Mitteln der Illusion zu äu-
ßerster Wahrhaftigkeit. Doch wer ist die »echte« Adele Sandrock?
Bald verliert Schnitzler die Lust auf das Theater, das sie zu Hause
aufführt, und ihm wird klar: Das tiefe und große Verständnis, nach
dem er sich sehnt, wird er bei ihr nicht finden.

Zu Weihnachten spielt er vierhändig Brahms mit seiner zukünftigen Schwägerin. Der kleine Bruder Julius, der gute Sohn, hat aus
dem Tod des Vaters ganz andere Konsequenzen gezogen als Arthur.
Direkt danach, im Juni, hat er sich mit einem Mädchen aus einer angesehenen jüdischen Familie verlobt. Er ist dabei, sich in seinem
Fach, der Chirurgie, zu habilitieren. Seine Braut Helene Altmann ist
die Nichte des berühmten Nervenarztes Josef Breuer. Alles sehr
bürgerlich und *comme il faut*. Arthur Schnitzler findet seine Schwägerin sympathisch, soupiert auch manchmal im neuen Verwandt-
schaftskreis – und langweilt sich sehr.[20] Als Julius und Helene am
8. Juli 1894 heiraten, ist er Trauzeuge, und »Dilly« schickt ihm ein
Telegramm: »Bitte sich nicht zu verloben«.

Die Liebe zu den beiden Mizis

Am 1. Mai 1896, am Vorabend des väterlichen Todestages, geht die
Familie zum Friedhof. Auf Johann Schnitzlers Grab steht: »Alle, die
ihn kannten, haben ihn geliebt.« So hätte er es gern gehabt. Sohn
Arthur würde es momentan reichen, wenn er alle »besitzen« könnte,
denn das »Besitzen« einer begehrten Frau ist für ihn das einzige Mittel gegen die Todesangst. Ein paar Tage später trifft er Mizi Glümer
– wie immer möchte sie zu ihm zurück, wie meistens muss er weinen, und nun stellt er sich seine Grabinschrift vor: »Er hatte Glück
bei Fraun – und ist nur von Einer geliebt worden – und von der erst,
nachdem sie ihn betrogen.«[21] Ein schlecht gelaunter Don Juan, und
ein undankbarer. Seit mehr als einem Jahr ist er mit Marie Reinhard
zusammen, und eigentlich hat er wenig Grund, an deren Liebe zu
zweifeln. Das ist ja gerade das Problem.

Adele Sandrocks mahnendes Telegramm am Tag der Hochzeit
von Julius und Helene erwies sich als ahnungsvoll. Denn bei dieser

Gelegenheit traf Schnitzler Mila Kaufmann, die Cousine seiner Schwägerin. Die Cousine hatte eine Freundin, und dass just die ein paar Tage danach zu ihm in die Sprechstunde kam, war möglicherweise kein Zufall. Es war der 12. Juli 1894, Marie Reinhard war 23 Jahre alt, und sie war in ihrer ganzen Aufrichtigkeit so ziemlich das Gegenteil der theatralischen Diva und Noch-Geliebten Sandrock.

Marie Reinhard wäre nach den Maßstäben der Familie Schnitzler eine Frau zum Heiraten: Sie ist klug und gebildet, kommt aus einer bürgerlichen Familie, leider keiner wohlhabenden. Vor allem ist sie Jungfrau. Arthurs Interesse ist gleich da, ihres offensichtlich auch. Aber sie sind vorsichtig miteinander, nicht nur wegen Dilly, gehen ins Museum und ins Theater, alles sehr wohlanständig. Bloß gesprächsweise wagt die junge Frau sich vor. »Wenn freie Liebe proclamirt würde, Sie würden sich riesig freuen!« – »Ja«. – »Ich habe Angst vor Ihnen. Sie sind launisch und tyrannisch.«[22] Von Schwägerin Helene erfährt Arthur Schnitzler, dass »Mz. Rh.«, wie Marie Reinhard jetzt im Tagebuch heißt, »1 Jahr in einer Anstalt war, Melancholie nach Lösung 3jähr. Verlobung«.[23] Ein Dreivierteljahr lang passiert nichts außer Küssen. Dann ist die Trennung von Adele Sandrock unter Mitwirkung von Felix Salten vollzogen. Mizi zögert. Arthur setzt ihr auseinander, es werde ihr auch nicht gefallen, wenn er in ein paar Monaten eine andere Geliebte hätte. Das sieht sie ein. Sie mieten ein Zimmer, nennen es »bei uns«, und es kommt »der Tag der Märzgefallenen«.[24] Schnitzler notiert, wie alles »völlig ungezwungen und ohne Pathos« geschehen sei. Die Pose der »Gefallenen« liegt ihr nicht, und Schnitzler ist von ihrer Klarheit beeindruckt.

Nur, dass er es nicht bleiben lassen kann, zu fragen, ob er tatsächlich der Erste war, und sie damit traurig macht. Wenig später, bei der ersten kleinen Unstimmigkeit, ist er es, der traurig wird. Er meint zu wissen, dass diese Kleinigkeiten »doch die Keime von einem langsamen und sichern Tod sind. (…) Denn wie die Menschen werden auch die Beziehungen mit ihrem Tod geboren.«[25] So »rasend schön« es zwischen ihnen sein kann, die Dämonen schlafen nicht. Schnitzler mag Kinder, und als er nach einer Beerdigung einen sechswöchigen Säugling auf seinen Knien wiegt, denkt er, wie gern er ein Kind hätte. Aber keine Frau. Und Mizi? »Schade, dass er zum Heiraten nicht taugt«, sagt ihre Freundin Mila. »Nach ihm wird Ihnen kein anderer gefallen.« Das glaubt sie wohl auch. Was soll sie tun? Jedes Mal, wenn sie die Möglichkeit einer Ehe anspricht, gibt es Streit. Seine finanziellen Verhältnisse! Darauf kann er sich zurückziehen, und es ist nicht einmal gelogen.

Dann kommt der Frühling, und Marie Glümer – »Mz I« – ist wieder in der Stadt. Arthur und sie haben sich eineinhalb Jahre nicht gesehen, und gleich ist der alte Zauber wieder da. Schnitzler sieht ihre Fahrigkeit, ihr oberflächliches Plaudern, findet sie »vollkommen in ihrer Art« – mitsamt dem Betrug und dem Immerweiterlieben. Er fühlt nun, dass er immer nur sie und nie eine andere geliebt hat, auch »Mz Rh«, Mizi Reinhard, nicht. Aber die Gefühle ändern sich, kaum, dass die Tinte im Tagebuch getrocknet ist. Schnitzler registriert es und schreibt alles auf. Er trifft beide: »Mz Rh«, die auf ihn »wohltätig« wirkt, die er mal liebt und dann wieder nicht, und »Mz I«, die er bedauert und mit der er sich nun ein wenig langweilt. Bald begreift er, dass es vor allem die Erinnerung an die Jugend ist, die er in ihr liebt. Und er möchte vermeiden, sie zu berühren, fürchtet aber, es wird nicht möglich sein, weil ihr Flehen ihn ergreift. Die Sache mit Adele Sandrock ist auch noch nicht ausgestanden. Sie kommt, zittert, weint, beschimpft ihn und erklärt, ihn anzubeten. In ihrem Fall bleibt er bei seinem Nein.

Was er bei den anderen beiden Frauen vermisst hat, die Aufrichtigkeit, findet Schnitzler nun bei Marie Reinhard. Aber das ist ihm auch wieder nicht recht. Einmal sagt er ihr: »Ich wäre deiner sicherer, wenn du schon einen Liebhaber gehabt hättest. So ärgerst du dich immer, wenn du denkst, was ich schon erlebt.« Und sie gibt es zu. Sie sagt auch frei heraus, wenn ihr ein anderer gefällt. »Diese Aufrichtigkeiten sinnlos«, grollt Schnitzler. »Das Mißtrauen schwindet deswegen doch nicht; und außerdem erhebt sich das Bedürfnis sich zu revanchiren.« Dem unermüdlichen Selbsterforscher ist längst klar, dass etwas mit ihm nicht stimmt. Die Anfälle von Krankheitsangst häufen sich. In Mizi Reinhards Armen wird ihm »immer wohl, das dauert auch nachher noch ein paar Stunden an, ganz regelmäßig«. Er findet dafür einen »offenbar metaphysischen

Grund: die eigene Vernichtung hat keinen Schrecken mehr, indem man im Sinne der Natur für die Fortdauer des eigenen Geschlechts gesorgt hat.«[26] Ende des Jahres diagnostiziert er an sich »eine Art psychische Impotenz des Gemüts«.[27] Sie bezieht sich nicht nur auf das Verhältnis zu den Geliebten. Auch seine Mutter ist davon betroffen. Das Zusammenleben mit ihr ist bequem, geht ihm aber auch auf die Nerven. Er nimmt wahr, wie sie altert, und es tut ihm weh. Er möchte ihr »thätige Liebe« zeigen und ist doch nur unfreundlich und gereizt.

Mit Mizi Reinhard beginnt er sich zu langweilen. Gegen seine Niedergeschlagenheit unternimmt er das Naheliegende: eine neue Geliebte! Er weiß, dass eine neue Affäre gut für seine Stimmung wäre. Die ist schnell gefunden, und das Schöne daran: »Seit ich eine zweite Geliebte habe, hab ich Mz. Rh. auch physisch viel lieber wie früher.«[28] Aber auch dieser Zustand will nicht dauern. »In Wirklichkeit geh ich zu jedem Rdv. [Rendezvous] ungern, bin froh, wenn ich wieder wegkomme. (…) Im ganzen gegen jede rücksichtsvoll und rücksichtslos zugleich.«[29] Mizi spürt das alles. Manchmal weint sie. Im Sommer 1896 unternimmt er eine ausgedehnte Skandinavienreise und lässt sie fast zwei Monate lang allein. Im Herbst beginnt sie etwas Eigenes, probiert es mit Schauspielunterricht. Auf die Möglichkeit ihrer Theaterkarriere reagiert Schnitzler gleichzeitig beunruhigt und animiert. Als das Projekt sich zerschlägt, ist er sich ihrer wieder sicher – und verliert schnell das Interesse.

Dann ist sie schwanger. Für diesen Fall hat sie früher schon angekündigt, sie werde entweder im Irrenhaus oder in der Donau enden. Schnitzler macht ihr Mut. Er freut sich auf das Kind. Aber heiraten? Nein, erst mal nicht. Später. Vielleicht später. Er spricht mit Mizis Mutter, erklärt, er werde sie nicht verlassen, werde für alles sorgen, und ärgert sich, weil die Mutter auf Heirat drängt. Die Mutter muss es dem Vater sagen. Der nimmt das Ganze philosophisch. »Ich verstehe diese modernen Zeiten nicht«, erklärt er. »Vor 50 Jahren hätte ich gesagt: Sie haben meine Tochter verführt, Elender! In weiteren 50 Jahren würde ich vielleicht zu Ihnen kommen und mich bedanken.«[30] Noch sind die Zeiten nicht so. Marie Reinhard kann sich als Schwangere nicht in Wien sehen lassen.

Im April 1897 geht das Paar auf Reisen, alles streng geheim. Sie reisen getrennt ab, Schnitzler wird von seiner Mama zum Zug gebracht, die in sentimentaler Verfassung ist. Was weiß sie? Man weiß es nicht. Dann treffen sich Arthur und Mizi in München und sehen (inkognito) im Deutschen Theater den neuesten Schnitzler, *Freiwild*. Die Aufführung gefällt ihm nicht, aber seine Stimmung ist auch beeinträchtigt durch das »Ohrenklingen«, unter dem er neuerdings leidet. Die Fahrt geht weiter über Zürich nach Paris. Er ist froh über Mizis tadelloses Auftreten; nur dass man ihr ihren Zustand schon ansieht, geniert ihn. In Paris hat er Verwandte, den Antiquitätenhändler Sandor Rosenberg und seine Frau Mathilde, die besucht werden müssen. Mit Paul Goldmann, dem Freund, treffen sie sich fast täglich zu allerlei Museums-, Konzert- und Theaterbesuchen. Schnitzler arbeitet nicht, ist froh, »fern von den widerlichen Wiener Alltäglichkeiten« zu sein, hat seine »sanfte Mizi« lieb und stellt sich vor, wie es wäre, dauerhaft an sie gebunden zu sein. Und dann schreibt er diesen Satz: »Sag ich mir die Wahrheit: das liebste wär mir ein Harem; und ich möchte weiter gar nicht gestört sein. Es ist zu bezweifeln, dass ich zur Ehe geboren.«[31]

Ende Mai trennen sich ihre Wege. Marie Reinhard fährt nach Basel, Arthur Schnitzler nach London zu seinen Verwandten Felix und Julie Markbreiter. Er sieht die behaglichen Verhältnisse: ihr schönes Haus, ihre Liebenswürdigkeit, die kleinen Töchter Sissy und Andrée, freut sich daran – und denkt kaum an Mizi. Es ist ihm selber nicht geheuer: »Manchmal schauert mich selbst vor meiner Starrheit und meinem Egoismus; – und mir ist als wäre Leere um mich und in mir. Mein Grundgedanke ist jetzt sozusagen das Ohrenklingen und hauptsächlich diesbezüglich Angst vor der Zukunft.«[32] Mit dem Tinnitus muss Schnitzler nun leben. Die Diagnose – Otosklerose – teilt er mit Beethoven. Auf der körperlichen Ebene kommt es zu knöchernen Veränderungen am Felsenbein, das ist der Knochen, an dem sich das Innenohr befindet. Damit verbunden ist eine Fixierung des Steigbügels. So heißt ein kleiner, schwingender Knochen, der für die Schallweiterleitung vom Trommelfell an das Innenohr zuständig ist. Als Folge der Erkrankung kann der Steigbügel die Schallwellen nicht mehr richtig auf das Innenohr übertragen.

So entsteht eine Schwerhörigkeit, die bis zur Taubheit führen kann. Ohrgeräusche wie Piepsen oder Brummen sind eine häufige Begleiterscheinung. »Aber es muß übertäubt werden«, fügt Schnitzler noch hinzu.

Womit? Während Marie Reinhard auf dem Land ihre Niederkunft erwartet, schreibt der werdende Vater regelmäßig Briefe an sein »liebes süßes theures Mizeil«[33] und erwartet von ihr ebenso regelmäßig Antwort. Es ist ja »Pflicht und Schuldigkeit«, so hat er es als Kind gelernt. Er berichtet von seinen Erlebnissen in Wien, wohin er Anfang Juni zurückgekehrt ist, und später in Ischl: von Wohnungen, die er angesehen, Radpartien, die er unternommen, Leuten, die er getroffen hat; seiner Familie, über die er sich ärgert; von Paula, die er mit Richard Beer-Hofmann besucht hat und die sich »sehr wohl« und in den gleichen Umständen befindet. Nur von seinen kleinen und großen amourösen Verstrickungen berichtet er nichts. Da sind nicht nur seine üblichen Flirts – in diesem Sommer verliebt er sich heftig in eine »merkwürdig gescheidte Frau, die Humor hat«.[34] Er trifft sie in Ischl in der »Pension Petter«, wo Schnitzler sich mit Mama und Schwester Gisa aufhält. Im Tagebuch bekommt sie das Kürzel »Y«. Rosa Freudenthal ist eine verheiratete Frau aus Berlin. Er versuche sich zu erinnern, schreibt Schnitzler aus Ischl an Hofmannsthal auf der Fusch, ob er jemals eine Frau mit Humor gekannt habe. Ja, wer könnte das gewesen sein? Sehr schnell beginnt eine Affäre, die durch einen weiteren Mann, Oscar Stoerk, auf den Schnitzler eifersüchtig ist, verkompliziert wird. Schon ahnen Mutter und Schwester den Charakter des Verhältnisses. Aber Louise Schnitzler hat, was ihr Sohn schon fast merkwürdig findet, eine große Zuneigung zu Rosa Freudenthal gefasst und toleriert die Angelegenheit. Ende August begibt sich Schnitzler, »im Wagen herumfahrend«, an einem Nachmittag auf die Suche nach einem Kostort für sein Kind und einem Absteigquartier wegen »Y«.[35] Letzteres wird er brauchen, Ersteres nicht.

Rosa Freudenthal verbringt noch ein paar Wochen in Wien, dann reist sie ab nach Berlin. Schnitzler ist traurig. »Wieder was schönes aus, (…) vielleicht das letzte schöne.«[36] Dann setzen bei Marie Reinhard die Wehen ein. Ihre Schwester ist da, sie hat schon von der Sache mit »Y« gehört. Schnitzler leugnet »natürlich«. Die Geburt dauert Tage, Mizi »leidet entsetzlich«. Der Gynäkologe, Schnitzlers Cousin Louis Mandl, macht ihm wenig Hoffnung, dass das Kind noch lebt. Dann ist es da, und alle Wiederbelebungsversuche helfen nicht. Als Schnitzler das tote Kind auf dem Tisch liegen sieht, ein sehr schönes Kind, ist er »erschüttert wie noch nie«. Er küsst es auf die Wange und weint stundenlang. Er empfindet »tiefe Zärtlichkeit« für Mizi. Es kommen die Schuldgefühle. Kann es sein, dass ein Zusammenhang besteht zwischen dem Tod des Kindes und seinem Mangel an Interesse vor der Geburt? Er weiß, dass es irrational ist, so zu denken. Er beginnt mit einer Novelle.

Richard Beer-Hofmann und Paula Lissy haben eine Tochter Miriam bekommen. Am 14. Mai 1898 heiraten sie im Tempel in der Florianigasse, Schnitzler ist Trauzeuge und segnet die Braut. Er konstatiert, dass Mizis Liebe ihn sehr glücklich macht. Das Leben scheint wieder in ruhigeren Bahnen zu verlaufen. Dann aber – eben haben sie noch ihren vierten Jahrestag gefeiert, eben sind sie noch im Prater Rad gefahren – wird Marie Reinhard krank. Es ist der 16. März 1899. Am Tag darauf ist sie schon »sehr krank«, Julius Schnitzler und Louis Mandl kommen zum Consilium. Am dritten Tag sieht Arthur Schnitzler sie »bei vollem Bewußtsein« sterben. »Ich weiss ja dass du da bist. Drum kann ich ja nicht fort«, hat sie noch gesagt. Die Todesursache ist: Sepsis durch eine akute Blinddarmentzündung.

Nachdem er Marie Reinhard hat sterben sehen, geht er mit Julius nach Hause und erzählt ihm alles, trifft auch abends noch die Freunde. Was dann geschieht, kommt im Leben des gewissenhaften Tagebuchschreibers Arthur Schnitzler nur zwei Mal vor: Er verstummt. Für einige Wochen bleiben die Seiten weiß. Im Bewusstsein, dass es etwas gibt, »das nicht auszudrücken ist«, bittet er auch die Freunde, in ihren Briefen »*nichts darüber*« zu schreiben.[37] Als er seine Eintragungen wieder aufnimmt, gibt es »Mz. Rh.« nicht mehr, aus ihr ist »die Entschwundene« geworden, während die andere Mizi, Marie Glümer, die er bisher »Mz I« genannt hat, zu »Gl« wird. Es scheint, als setze er sein altes Leben fort: mit den Freundschaften, den Liebschaften, den Reisen, den Theaterpremieren, den Radpartien. Tagsüber beklagt Schnitzler seine Einsamkeit, aber nachts kommt die Entschwundene zu ihm, und er zeichnet die Träume auf:

»stehe neben ihr; sie ist irgend etwas wie todt gewesen – und sagt
mir: Siehst du ein, dass wir uns bald heiraten müssen. – Ich hatte
schien mir eben daran gedacht.«[38] Er hört nie auf, von ihr zu träumen. Auf diese Weise bleibt er ihr bis an das Ende seines Lebens treu.

Wie Schnitzler den Offiziersrang verlor

An einem sonnigen Vormittag im Juni 1901 sitzt Arthur Schnitzler
auf einer Kaffeehausterrasse in Salzburg, frühstückt und erfährt aus
der Zeitung, dass er degradiert worden ist. Anzunehmen ist: Das
Kipferl ist ihm nicht gerade aus dem Mund gefallen vor lauter Überraschung. Es musste wohl so kommen.

Etwaige Illusionen hat er schon vor langer Zeit verloren. Spätestens seit seiner Militärzeit wusste er, dass aus der Überwindung aller
Rassenvorurteile, auf die der Vater noch gebaut hatte, nichts werden
würde. Er wurde damals gemustert und für tauglich befunden, trat
auch pflichtgemäß am 1. Oktober 1882 im Wiener Garnisonsspital
seinen Dienst an, natürlich »in Militärgewandung«. Der Wehrdienst
der Einjährig-Freiwilligen war in Österreich nach preußischem
Muster per Gesetz vom 5. Dezember 1868 eingeführt worden und
betraf »junge Leute von Bildung, welche sich während ihrer Dienst-
zeit selbst bekleiden, ausrüsten und verpflegen«.[39] »Dieses ver-
dammte Militärjahr« lehrte Schnitzler, dass Juden und Christen sich
neuerdings streng voneinander getrennt hielten.[40] Das galt für die
militärärztlichen Eleven, und für andere Abteilungen erst recht. Auf
dem Gymnasium war es noch nicht so gewesen.

Für alles Militärische hatte er von Anfang an wenig Sympathie. Er
fühlte sich abwechselnd gelangweilt und angeekelt von dem Kaser-
nenhofton und dem grundlos rüden Benehmen der Vorgesetzten.
Als er im Oktober darauf wieder Zivilist war, wusste er von »ein paar
Tatsachen und ein paar Menschen« mehr, die ihn anwiderten.[41]
Immerhin hatte das Militärjahr ihn modisch umgekrempelt. Keine
weichen Krägen, flatternden Schleifen, keine Rembrandthüte mehr.
Aus dem Nachwuchsbohemien war ein sorgfältig gekleideter junger
Herr geworden.

Als angehender Reserveoffizier beschäftigten ihn die Spielregeln, die nun auch für ihn galten und deren oberste lautete: Es existiert Duellzwang. Zwar war das Duell offiziell verboten, doch die Behörden tolerierten es – und mehr als das: Wer sich einer Forderung entzog, verlor seine Ehre und seine militärische Charge. So wälzten sie damals in seinem Kreis von (jüdischen) Medizinstudenten die Frage hin und her: Was würde man im Ernstfall tun? Auf eine »Beleidigung« hatte man mit einer »Forderung« zu reagieren, so wollte es nun mal der Ehrenkodex, und sei diese Beleidigung noch so absurd. Wer sich die Antipathie eines bösartigen Raufbolds zuzog: Pech gehabt. Denn die »Beleidigung« war leicht provoziert. Jeder wusste: Das Duell war eine Lizenz zum Töten. Aber sich dem entziehen …

Als 21-Jähriger dachte Schnitzler noch nicht so konsequent wie sein Kommilitone Theodor Friedmann. Der erklärte lächelnd, er werde eine Duellforderung nicht annehmen, weil er »feige« sei. Der mutige Mann! Dem Gegner die Satisfaktion zu verweigern, bedeutete, sich außerhalb der Regeln der »guten Gesellschaft« zu stellen. In der »guten Gesellschaft« herrschte Duellzwang. Wer dazugehören wollte, musste sich dem unterwerfen. Lust dazu hatte natürlich keiner von Schnitzlers Freunden.

Aber dann wurde alles noch viel komplizierter, denn die Antisemiten entdeckten, wie gut das Duell sich nutzen ließ, um die Juden auszuschließen. Man musste ihnen bloß die Satisfaktionsfähigkeit absprechen. Auf diese Weise hätte man die gefährlichen Fechter, die es jetzt auch auf jüdischer Seite gab, elegant ausgeschaltet. Theodor Herzl bekam das empfindlich zu spüren. Herzl, der als Mitglied einer deutschnationalen Burschenschaft immer mit der blauen Kappe und dem schwarzem Stock mit Elfenbeingriff herumspazierte, auf dem das »F. V. C.« – »Floreat Vivat Crescat« – eingraviert war.[42] So nahm Arthur Schnitzler den Jurastudenten Herzl zum ersten Mal wahr – »in Reih und Glied mit seinen Couleurbrüdern« –, und er fand ihn unsympathisch, was übrigens auf Gegenseitigkeit beruhte. Und dann haben sie Herzl »geschaßt«, um im Jargon zu bleiben. Warum? Weil er Jude war. Das war der Anfang. So begann Herzl, sich vom deutschnationalen Studenten zum Zionisten zu wandeln.

Schon seit 1878 hatten die Burschenschaften in Wien sich angeschickt, Juden auszuschließen. Unter den Studenten gab es viele Anhänger Georg Ritter von Schönerers und seiner alldeutschen Bestrebungen. »Ohne Judah, ohne Rom wird gebaut Germaniens Dom«, so skandierten sie, und neben den Juden verachteten sie auch den habsburgischen Staat, den Liberalismus und den österreichischen Klerikalismus.[45] Ihre Art von Antisemitismus galt der Rasse, nicht der Religion; und man konnte sich taufen lassen, so viel man wollte, ihnen blieb man auf alle Zeiten ein Fremdling. Wer war Schuld, »dass die europäische Gesellschaft und Kultur dem Mammon nachjagte«? Natürlich die Juden, diese lästige Konkurrenz! Würde man die jüdische Emanzipation rückgängig machen, dann hätte man das Feld der freien Berufe wieder für sich.

So kam es, dass Arthur Schnitzler sein Mandat im Ausschuss des »medizinischen Unterstützervereins« verlor. Dieser Verein subventionierte fleißige bedürftige Studenten mit ein paar Gulden monatlich – mit Geld, das »zum allergrößten Teil aus jüdischen Taschen« floss. Und ja, es waren hauptsächlich Juden aus Ungarn, Böhmen und Mähren, die von dem Geld profitierten: »nicht immer sehr sympathische Erscheinungen, wie man zugeben muß, aber durchaus strebsame, zuweilen sehr begabte Jungen oder Jüngelchen und jedenfalls bedauernswerte arme Teufel, die vorher im Ghetto ihrer Heimat gedarbt hatten und nun in der Großstadt weiterhungerten.« Nun forderte die deutschnationale Seite, dass diese Unterstützung nur noch Deutschen zugutekommen sollte. Nach vielem Hin und Her, Intrigen und Prügeleien, wurde ein antisemitischer Ausschuss gewählt. Nein, Schnitzler hatte keinen Grund, sich Illusionen zu machen, auch nicht über die Konvertiten: »Natürlich fehlte unter den Sprechern der christlich-germanischen Partei der getaufte Jude nicht, der, mit der falschen Objektivität des Renegaten, den Standpunkt der kläglichen, aber zum Teil wohl gutgläubig überzeugten Gesellen, bei denen er sich anzubiedern versuchte, so geschickt zu vertreten wußte, daß damals das Scherzwort geprägt wurde: Der Antisemitismus sei erst dann zu Ansehen und Erfolg gediehen, als die Juden sich seiner angenommen.«[44] Diese Entwicklung führte zu den Waidhofner Beschlüssen von 1896, als die »wehrhaften deutschen Verbindungen in Österreich« festlegten: »In vollster Würdigung der Thatsache, daß zwischen Ariern und Juden ein so tiefer moralischer und psychologischer Unterschied besteht (…), in Anbetracht der vielen Beweise, die auch der jüdische Student von seiner Ehrlosigkeit und Charakterlosigkeit gegeben und da er der Ehre nach unseren deutschen Begriffen völlig bar ist, trifft die heutige Versammlung deutscher wehrhafter Studentenverbindungen den Beschluß, dem Juden auf keine Waffe mehr Genugthuung zu geben, da er nach unseren deutschen Begriffen deren unwürdig und der Ehre völlig bar ist.«[45]

Immerhin wurden nicht alle Nicht-Juden, die Schnitzler kannte, zu Antisemiten. Positiv überrascht zeigte er sich von Hermann Bahr, dem Erfinder »Jung-Wiens« und wegen seiner Sprunghaftigkeit nicht sehr geschätzten einzigen Duzfreund: Der Sohn einer katholischen Linzer Notarfamilie nahm eine Beleidigung auf sich, die eigentlich Alfred Gold, einem jüdischen Redakteur der *Zeit,* galt. Der wurde ja nun laut »Waidhofner Beschluß« nicht länger als »satisfaktionsfähig« betrachtet. Bahr duellierte sich an dessen Stelle und wurde verwundet. Schnitzler besuchte ihn am Krankenbett und vermerkte hinterher im Tagebuch: »Er war mir direct sympathisch.«[46]

So hat alles seine Vorgeschichte, als Schnitzler im Sommer 1900 in Reichenau den *Lieutenant Gustl* schreibt, diese Innenansicht eines jungen Offiziers, der eigentlich ein ganz netter Kerl ist, aber halt ein bisschen beschränkt und ein bisschen bösartig und ein bisschen verblendet, sodass er meint, er muss sich erschießen, weil ein Bäckermeister ihn »dummer Bub« geheißen hat. Die Novelle erscheint in der Weihnachtsausgabe der *Neuen Freien Presse,* und natürlich regen sich viele auf. In der Tageszeitung *Die Reichswehr* vom 28. Dezember wird ein Artikel abgedruckt, der als persönliche Beleidigung für Schnitzler gedacht ist. Er müsste nun eigentlich mit einer Duellforderung reagieren – würde er denn den Ehrenkodex ernst nehmen, den er soeben in seiner ganzen Absurdität vorgeführt hat. Die Sache kostet Schnitzler das Offizierspatent: Eine ehrenrätliche Untersuchung gegen ihn wird in Gang gesetzt.

Er bekommt eine Vorladung, soll sich rechtfertigen. Max Burckhard, ehemaliger Burgtheaterdirektor, jetzt Hofrat am Verwaltungsgerichtshof, ist Schnitzlers juristischer Beistand. Er rät ihm, nicht hinzugehen. Soll man denn eine militärische Behörde über literarische Angelegenheiten urteilen lassen? So kommt der »Ehrenrat für Landwehroffiziere und Kadetten Wien« zum Schluss, der beschuldigte Oberarzt habe die Standesehre verletzt, indem er eine Novelle verfasst und in einem Weltblatt veröffentlicht habe, »durch deren Inhalt die Ehre und das Ansehen der österr. ung. Armee geschädigt und herabgesetzt wurde, sowie daß er gegen die persönlichen Angriffe der Zeitung Reichswehr keinerlei Schritte unternommen hat«.[48] Schnitzler wird zum einfachen »Sanitätssoldaten des k.k. Landsturms« degradiert. Er liest es auf einer Kaffeehausterrasse in Salzburg und empfindet nur Verachtung. Dann beruhigt er brieflich seine Mutter: »Wenn ich noch einmal einen Lieutenant Gustl schreiben würde – er fiele nicht mehr so liebenswürdig aus. Ich hoffe du betrachtest das ganze ausschließlich als Amusement.«[48]

Zu der ganzen Affäre sind die Meinungen nun geteilt. Die *Deutsche Zeitung* findet – nicht überraschend –, »daß für ein Subjekt, das so niedriger Denkungsart fähig ist, daß es sich davor nicht scheut, den Stand, dem anzugehören es gewiß nicht würdig war, zu besudeln und in den Augen anderer herabzusetzen, ein moralischer Fußtritt viel zu wenig ist«.[49] *Die Fackel* – also Karl Kraus – meint, »Herr Schnitzler ist gestrichen worden, weil er nicht höflich genug war, vor dem Offiziersehrenrath zu erscheinen und dort zu erklären, daß ihm eine gehässige Tendenz gegen den Stand, dem er sich freiwillig angegliedert hat, ferne gelegen sei und daß er für die Anrüchigkeit des Ortes, an den er sich mit einer psychologischen Studie ahnungslos begeben, nicht verantwortlich gemacht werden wollte«.[50] (Auch nicht überraschend – der »kleine Kraus« hat für Arthur Schnitzler ebenso wenig übrig wie seinerzeit Wittelshöfer für seinen Vater.) Es gibt aber – ziemlich überraschend – auch freundliche Briefe von österreichischen Offizieren.

Und dann kommt ein Brief von Hermann Bahr, über den Schnitzler sich sehr freut: »lieber Arthur! Ich denke mir zwar, daß du die lächerliche Entscheidung Deiner ›Affäre‹ mit der ruhigen Verachtung hingenommen haben wirst, die sie verdient, möchte dir aber doch aussprechen, wie stark ich gerade bei diesem Anlaß meine

Sympathie für dich gespürt, und wie ich mich geschämt habe, in einem so grenzenlos albernen Lande zu leben, wo die Feigheit der Menschen beinahe noch größer ist als ihr Neid. Pfui Teufel! Und alles Gerede von ›Kultur‹ und so weiter kommt mir unsagbar dumm vor. Herzlich grüßt dich dein alter Hermann Bahr.«[51] Wer keine Illusionen hat, kann nur positiv überrascht werden. Schnitzler hat seine Charge verloren, aber, nach Jahren der Entfremdung, einen Freund wiedergewonnen.

Ein Mädchen, das ungehindert »Ich« sein will

Man kann wirklich nicht sagen, dass sie sich nicht voreinander gewarnt hätten.

Am 19. Juni 1899 bekommt Arthur Schnitzler Post von einer Verehrerin, die ihn um ein Autogramm bittet. Sie verspricht, sie werde es »ihren Kindeskindern als ein Heiligthum« vermachen. »Wer sind Sie?«, schreibt er zurück. »Ganz einfach; ein Mädchen von 17 Jahren, das sein eigenes Leben voll und ganz haben und ungehindert ›Ich‹ sein will. (…) Und mein Beruf – im heiligsten Sinne! – erfüllt mich ganz. Ich glühe. – Ich kann nicht anders.«[52] Ihr Beruf. So ist das also.

Seine Warnung kommt um einiges später. Eine dunkelrote Rose, überreicht auf einer Dorfstraße in Payerbach am Semmering mit den Worten: »Geben Sie acht, es sind viele Dornen daran.«

Sie ist Schauspielschülerin und hat sich bereits den Bühnennamen »Dina Marius« zugelegt. Eigentlich heißt sie Olga Gussmann. Dass sie nicht schön sei, hat man ihr gesagt: zu kurzes Kinn, zu hohe Stirn, zu lange Nase. Das war das Urteil von Professor Strakosch, dem berühmten Vortragsmeister mit dem Löwenkopf und der mächtigen Stimme: »Sie sind zu häßlich für die Bühne.«[53] Dass sie aber Talent hat, ist ihr ebenfalls bewusst. Hofschauspieler Römpler hat sie nicht nur als Schülerin angenommen, er hat auch ihren Vater überzeugt.

Sie gehören zu einer neuen Mädchengeneration, Olga und ihre kleine Schwester Liesl. Ihr Ehrgeiz besteht nicht darin, einen Mann glücklich zu machen. »Einen Beruf muss man haben«, hat Liesl gerufen und dabei mit der Faust auf die Bettdecke gehauen, »einen, in dem man sich so recht austoben kann! Alles andere ist unbeständig und Nebensache!«[54] Diese Lektion hat ihnen ihre Mutter beigebracht. Amalia Maika Gussmann war eine verhinderte Schauspielerin, deren »brennender Ehrgeiz« nie eine Bestätigung gefunden hat. Selbst als todkranke Frau kam sie ihren Töchtern noch wie eine große Künstlerin vor, wenn sie im Kinderzimmer Schiller-Gedichte oder *Die Jungfrau von Orleans* vortrug. Ansonsten hing sie »wie eine drohende Wolke« über ihnen. Sie war aus Belgrad, eine geborene Cohen. Warum und unter welchen Umständen sie den nichtsnutzigen Handelsagenten Rudolf Gussmann geheiratet hat, weiß man nicht. Es war keine glückliche Ehe, wozu sicher auch ihre Krankheit beitrug.

Auf jeden Fall war Amalia Gussmann bemüht, den Töchtern so viel an Kultur und Bildung mitzugeben, wie es ihr in der kurzen gemeinsamen Lebensspanne möglich war. Sie schickte sie auch in das Pensionat, in dem sie selber zusammen mit ihren Schwestern erzogen worden war. Das war der Lichtblick in der sonst düsteren Kindheit der Mädchen. Olga war achtzehn, Liesl sechzehn, als die Mutter starb, und der Vater heiratete bald wieder. In ihrem Bedürfnis nach Lebenssinn und Orientierung richtete die junge Olga ihren Blick auf die Direktionsloge des Burgtheaters. Dort saß an manchen Abenden neben Direktor Schlenther der berühmte Dichter der *Liebelei*: »Wenn sein schöner rötlichblonder Kopf unten links auftauchte, reckten die jungen Mädchen die Hälse, um ihn besser sehen zu können, denn sie liebten ihn alle.«[55] Aber sie bekommt ihn, und zwar für lange.

Warum Olga? Was ist es, das den um fast zwanzig Jahre älteren Arthur Schnitzler zu diesem Schwarmgeist hinzieht? Sein erster Tagebucheintrag zu ihr lautet: »Dina M da, intell. Mädchen (Brief vorher).«[56] Sie kommt nun öfter in seine Sprechstunde. Als sie ihm nach der Lektüre von *Der Schleier der Beatrice* mitten in der Nacht einen hingerissenen Brief schreibt, antwortet er freundlich: »Es hat mich sehr gefreut, daß Ihnen die ›Beatrice‹ gefallen hat. Von Ihrer Überschwänglichkeit werde ich Sie natürlich heilen. Ich freue mich schon auf das viele Gescheite, das Sie mir sagen werden.«[57] Er nimmt sie ernst, die junge Frau, die seine Tochter sein könnte, und hört ihr zu. Er seinerseits ist noch längst nicht so weit, sich ihr zu öffnen, »die Entschwundene« geistert durch seine Träume. Aber ein Interesse ist da, die Notiz vom 23. April 1900 verrät es: »Nm war Dina M. da; sehr klug, wollte sie wäre schon schöner; sie wird es gewiss.« Ihre Bekanntschaft dauert etwa ein Jahr, als sie eine Verabredung kurzfristig absagen muss.

»Lieber Herr Doctor!
Eben erhielt ich Ihren Brief, für den ich Ihnen danke. –
Aber jetzt muß ich Ihnen alles erklären: ich hatte Freitag
einen Nervenanfall und lag bis Samstag mit Eisumschlägen etc.
zu Bett. Ich fürchtete verrückt zu werden, aber bekanntlich
geht das ja nicht so schnell. (Ich kann jetzt gut Witze
machen, aber damals war's mir anders!) Kurz und gut,
ich mußte sofort auf's Land.«[58]

Sie fährt mit ihrem Vater nach Payerbach, wo sie für den Sommer ein schönes Zimmer nebst weinumsponnenen Vorplatz mieten. »Ich muß den ganzen Tag im Freien liegen und darf nichts als athmen. Na ich küss d'Hand, ob ich das zusammenbringen werde?« Hier schaut nun der Herr Doktor des Öfteren vorbei. Von Reichenau, wo er sich mit Familie aufhält, ist es nur ein Katzensprung. Sie gehen viel spazieren, Olgas kleine Schwester Liesl ist auch dabei und amüsiert ihn mit ihren Späßen. Er nennt sie »der bedeutende Fratz«. Auch andere junge Leute kommen zu Besuch, darunter Paul Marx, der ein Mitschüler von Olga ist. »Der treffliche Paul«, urteilt Schnitzler über ihn, und das wird er bleiben, ein Familienfreund – bis zur übernächsten Generation. Als der gutgelaunte Dichter das letzte Wort unter den *Lieutenant Gustl* gesetzt hat – es lautet: »Krenfleisch« –, lädt er alle in einen Gasthausgarten ein. Die Jungen fühlen sich von ihm verstanden. Er bringt ja Menschen wie sie auf die Bühne des Burgtheaters. Ein Sommerabend, alte Kastanien, Windlichter auf den Tischen. Und Schnitzler weiß, dass ihm ein Meisterwerk gelungen ist.

Danach wird es wohl Zeit, dem lieben Fräulein Einblicke in die eigene komplizierte Persönlichkeit zu gewähren. Mit dem neuen

Projekt *Marionetten* geht es nicht so recht voran. »Sie dürfen das nicht sehr kleinlich finden, daß mich so ein Unvermögen gleich herunterstimmt; es ist möglicherweise umgekehrt: Dumpfe Stimmung, daher Unvermögen, alles hängt gleich zusammen, ich bin entweder in jeder Hinsicht vorzüglich oder ein ganz vernichtetes Subjekt. Heut bin ich dumm, alt, widerwärtig, häßlich, kalt, dürr. (…) Ich hätte Lust Ihnen so viel von mir zu erzählen – oder vielleicht auch m i r zu erzählen in Ihrem Beisein?«[59]

Bei einem Praterspaziergang im Herbst nehmen die beiden Schwestern den um so viel älteren Mann ins Gebet. Er hat ihnen von seinen Plänen zu einer »Don Juan«-Figur erzählt: »immer auf der Flucht – sein gejagtes Leben – nichts von Rausch ist darin, ganz das Gegenteil!« Sie reden über die egoistischen, die kaltherzigen Männer, an denen man nur »verhungern und verdursten« kann, und Schnitzler fragt die kleine Liesl direkt: »Bin ich auch kaltherzig?« Sie zögert, dann spricht sie ihr Urteil: »Nein, wirklich gut sind Sie nicht. Höchstens wehleidig – ja. Und wenn man nur soweit gut ist, dann ist es anständiger, schlecht zu sein.«[60]

Olga lässt sich nicht abschrecken. Im November verliert sie ihre Jungfräulichkeit an Arthur Schnitzler. Der liebt sie erst mal nicht, aber das ändert sich. Schon im Februar darauf wird klar: Sie ist schwanger. Am 17. Jänner ist sie 19 Jahre alt geworden. Es wird Frühling – und was tut Schnitzler? Er lässt Olga in Wien zurück und geht auf Reisen. Wiederholung des ewig Gleichen? Nein! Von seinem Harem hat er sich verabschiedet, und das Glücksspiel hat seine Macht über ihn verloren. Das fühlt er in Monte Carlo, dem Schauplatz der Triumphe und Niederlagen seines Großvaters Markbreiter. Da steht er in dem riesigen Spielsaal mit zehn Roulettetischen, »Leute ringsherum sitzend, hinter den Sitzenden die Stehenden, – und in der Luft die sonderbarste und trügerischte aller Verführungen. (…) Die Laune einer Kugel, und das Dasein ist umgestaltet.«[61] Er setzt und verliert zehn Francs – so hat die kluge Olga es ihm geraten, ein festes Limit, nicht mehr. Dann verlässt er den grünen Tisch und schaut sich die Leute an. Er weiß, dass die Erfahrungen von gestern ihm nichts Neues mehr bieten können. Geheilt von allen Süchten!

So könnte die Liebesgeschichte ihr Happy End finden. Don Juan wird Familienvater. Aber nicht mit Arthur Schnitzler, und mit Olga Gussmann erst recht nicht. Die hält sich als Schwangere nicht so »brav« wie Marie Reinhard. Während Schnitzler in Rom durch Kirchen und Galerien hetzt, äußert sie Selbstmordgedanken. Der Schwierige hat seine Meisterin gefunden. »Was bedeut ich eigentlich für dich, wenn du dich an einem Tag 3mal umbringen willst? Und nur eine Rosmerprobe und Goethe dich aufheitert?«,[62] schreibt er ihr. Und da sie nicht antwortet, zwei Tage später noch einmal: »Das letzte, was ich von dir weiß, ist eigentlich, daß Goethe und Römpler dich von einem Selbstmord abgehalten haben. Weibliche Replik: Wär es dir lieber, sie hätten mich nicht zurückgehalten?«[63] Selbstverständlich geht er davon aus, dass Olga den Humor versteht, der ihm in bitteren Momenten (manchmal) hilft. Im gleichen Brief vom 16. April aus Florenz gesteht er ihr: »Mein Kind, nie war mir jemand auf der Welt so nah wie du.« Olga ist ebenso kompliziert wie Schnitzlers Mutter, mit der er sich in Florenz getroffen hat und die ihm auf die Nerven geht. »Bei hellem Sonnenschein, während noch zwei Engländerinnen in einer Kapelle waren, zitterte sie beinah daß wir hier eingesperrt würden (...).«[64] Die »unerhörte Ängstlichkeit« der Mama bedrückt ihn.

Schnitzler kehrt nach Wien zurück. Nun passiert etwas mit ihm. Er verliebt sich nämlich ernsthaft in Olga: »Mir ist, als wären seit meiner Reise die Flammen über mich zusammengeschlagen.« Er wünscht sich: »Ich möchte irgend was finden um sie sicher zu halten für ewig.«[65] Aber dann hat sie im Mai eine Fehlgeburt, und sofort ist die Chemie zwischen den beiden verändert. »Lieben und zerfleischen uns«, notiert Schnitzler am 15. Mai 1901.

Zu Beginn des darauffolgenden Jahres ist Olga Gussmann wieder schwanger. Wieder wird über eine mögliche Heirat gesprochen, wieder ist Schnitzler dagegen, wieder geht er für den Sommer eine Wohnung auf dem Land suchen. Am 15. Mai wird er vierzig Jahre alt. Dieses Mal ist er es, der sich »brav« hält. Er findet sich regelmäßig bei der Hochschwangeren in der Brühl ein. Am 9. August nachmittags um vier »kommt der Bub auf die Welt«. In der Nacht davor hat Schnitzler noch geträumt, er könne seine Rolle nicht.

Sie lieben und zerfleischen sich

Armer Heinrich. Mutter und Vater streiten sich. Ein Jahr lang streiten sie sich. Olga Gussmann wohnt mit Baby und Kinderfrau in der Gentzgasse, Arthur Schnitzler wohnt mit seiner Mutter in der Frankgasse, wie gehabt. Sie ist unzufrieden, weil: sie nicht zusammenwohnen; sie nicht verheiratet sind; sie keine künstlerische Aufgabe hat; Arthurs Familie sie nicht akzeptiert; die Kinderfrau ihr nicht mit dem nötigen Respekt begegnet. Er ist verstimmt, weil: Olga unzufrieden ist, anstatt ihm dankbar zu sein, dass er das alles auf sich genommen hat; sein Ohr ihn quält; er nichts zustande bringt; Finanzsorgen ihn drücken; alle außer Hugo von Hofmannsthal ihn zur Heirat drängen; Hugo ihn nicht zur Heirat drängt, sondern meint, Olga muss sich erst mal ausleben.

Die junge Künstlerin. Sie nimmt jetzt Gesangsstunden, bei Fanny Mütter. Aus der Vertrauten der Fännchen-Liebe-Zeit ist eine anerkannte Gesangspädagogin geworden. Schnitzler kann sich nicht vorstellen, Olga für eventuelle Bühnenengagements in deutsche Provinzstädte zu folgen. Wenn sie als Konzertsängerin reüssierte, ließen sich ihrer beide Leben besser vereinbaren. Sie fügt sich, ist aber der Meinung, sie habe eine große Karriere als Schauspielerin geopfert. Ihre Rolle als Eltern proben sie noch. Es dauert Monate, bis der tagebuchschreibende Vater den kleinen Sohn zum ersten Mal beim Namen nennt: Heini. Vorher ist – sehr selten und sehr distanziert – nur von »dem Kind« die Rede. *Der arme Heinrich* heißt ein Drama von Gerhart Hauptmann, das Schnitzler gerade im Burgtheater gesehen hat. Hauptmann hat ihm eine Karte geschickt, Olga aber nicht. Darüber weint sie, und er ist wütend. Solche Sachen sind der Anlass der täglichen Zerwürfnisse.

Auch findet Olga Arthurs Verbundenheit mit seiner Familie schwierig. Sie selbst steht ziemlich alleine da. Liesl hat inzwischen ebenfalls die Schauspielschule besucht und geht nach Berlin an das Schillertheater. Da sie noch minderjährig ist, muss der alte Gussmann den Kontrakt unterschreiben. Aber der ist als Vater eine komplette Fehlbesetzung und antwortet nicht mal auf Briefe. Also geht Paul Marx zu ihm und verlangt ihm die Unterschrift ab. Für seine

Töchter hat er nichts als abfällige Bemerkungen übrig, vor allem über Olga: »Man erzählt sich in der ganzen Stadt, dass sie die Maitress vom Dr. ist – dass ma sich schämen muss.«[66]

Louise Schnitzler ist auch erst mal nicht begeistert, als sie, vier Tage nach der Geburt, von der Neuigkeit erfährt. »Es ist mir ja recht, dass ich ein Enkerl hab, aber ich hätt mirs anders gewünscht.«[67] Hinterher ärgert sich Arthur, dass er es ihr überhaupt erzählt hat. Sie hält sich an Äußerlichkeiten fest, zerbricht sich den Kopf, was sie dem Kind kaufen könnte, und jammert: »Ich hab ja gewußt, dass du in keine gute Familie willst.« Er verbittet sich nun jede weitere Einmischung, lehnt auch ab, als die Mama vorschlägt, das Kind »im Geheimen« zu sehen. Schwester Gisa denkt nicht weniger konventionell. Sie drängt ihn zur Heirat, »damit man verkehren kann«.[68] Es wird November, und noch immer hat niemand aus der Familie das Kind zu Gesicht bekommen. An wem liegt das? Natürlich an Arthur, findet die resolute Schwägerin Helene: »Du bist wie einer in deinen Stücken. Führst dein eigenes Leben …«[69] Eine Woche später setzt sie nach: »Darf man deinem Kind zu Weihnachten nichts schenken?« – Nein. – »Du schaltest es ganz aus …«[70] Schließlich setzen die Frauen sich durch. Am 13. Dezember bekommen Gisa, Helene und Julius eine erste Audienz in der Gentzgasse. Sie treffen auf eine arme Olga, die unter Kiefersperre leidet. Ein vereiterter Weisheitszahn hat ihr die Sprache verschlagen. Einen Tag vor Weihnachten (ja, Schnitzlers feiern Weihnachten!) traut sich auch die Mama. Von der inzwischen genesenen Olga ist sie ziemlich entzückt, und sie drängt nun ihrerseits zur Heirat. Aber eine Bühnencarrière? Nein, solche Flausen soll sie sich doch bitte aus dem Kopf schlagen! Nachdem Louise Schnitzler fort ist, stellt Olga klar, dass sie sich ein Leben ohne eigene künstlerische Ziele nicht vorstellen kann.

Alles zerrt an ihnen, und zwar in verschiedene Richtungen. Dabei zweifeln sie eigentlich nicht an ihrer Liebe, fürchten eher, sie könnte unter dem Druck der Situation Schaden nehmen. Dann ist es auch so, dass Schnitzler meint, das Lieben wecke in ihm nicht die besseren, sondern die schlechteren Eigenschaften. Im Februar 1903 stellt er sich selbst eine Diagnose: »Als Arzt könnt ich sagen: Chronische psych. Depression; auf erblicher Grundlage, gefördert durch ein störendes als unheilbar erkanntes Ohrenleiden, mit intercurrenten sehr häufigen mäßigern bis krampfartigen Anfällen von Kleinheits-, Verfolgungs-, Eifersuchtswahn; mit Erhaltung des Bewußtseins aber gelegentlichem Verlust der Correctionsfähigkeit.«[71]

Irgendwie fallen die Entscheidungen dann doch. Im Mai finden sie eine Wohnung in der Spöttelgasse, die ihnen beiden gefällt; die Heirat wird in Aussicht genommen. Nun aber setzt ein Mitarbeiter von Max Reinhardt Olga den Floh ins Ohr, eine Schauspielerin wie sie hätten sie gerade noch gebraucht. Und der wackelige Burgfrieden ist wieder bedroht. Arthur findet es unerträglich. Im Juni geht das Paar auf Reisen. Venedig – Vicenza – Mailand – Verona – Lugano – Bozen – und zurück. Sein erster Gang führt Schnitzler zu seinem Sohn. Erst dann fährt er »nach Hause«.

Im August soll die Hochzeit sein. Am 23. August ist Schnitzler bei Rabbiner Feuchtwang, am nächsten Tag sieht er sich den Tempel in der Schopenhauerstraße an. Am 26. August heiraten sie. »Dr. Feuchtwang sprach kurz und gut; sehr sympathisch.«[72] Richard Beer-Hofmann und Gustav Schwarzkopf, die alten Freunde, sind Trauzeugen. Beim Essen danach in der Gentzgasse ist außerdem noch Olgas Freundin Mirjam Horwitz dabei. Keine Familie. Tags darauf findet die Legitimierung des Kindes statt. An diesem Morgen ist Arthur Schnitzler mit einem angenehmen Gefühl aufgewacht, und es ist ihm bewusst, dass dieses Gefühl, ebenso wie die düstere Stimmung vom Vortag, mit der Heirat zusammenhängt.

Im September ziehen sie zusammen. »Neue Wohnung wunderschön durch Ruhe, Aussicht auf den Sternwartegarten, hohe Lage, Balkons.«[73] Mit einem Schlag ist das ganze Gefühlsgetöse vorbei. Sie hören auf, sich zu streiten, das Leben normalisiert sich, und Schnitzler kann schreiben. Mitte September nimmt er sich noch einmal das Stück vor, das ihn so viel Kopfzerbrechen gekostet hat, *Der einsame Weg*. Diesmal gelingt es ihm in einem Rutsch. Am 25. Oktober liest er es Olga und Gustav vor und erntet Begeisterung.

Olgas Theaterbedürfnis bleibt. Nein, sie singt nicht gut. Schnitzler fällt auf, wie befangen sie ist, wenn sie vor Publikum singt. Aber trotzdem. Es kommt zu so etwas wie häuslichem Frieden. Ende November schreibt Schnitzler auf: »Die Abende, in denen wir allein zu Hause sind, sehr behaglich. Heini spricht schon allerlei; singt … Rara rara.«

Zeit des Ruhms

Arthur Schnitzler geht mit seinem Sohn spazieren. Heini: »Vater …
wärst du mit einem Schwesterl einverstanden?« – Ja, aber wie verschafft man sich eins? – Heini: Einfach dem Storch schreiben. –
Wenn der aber nicht will? – Heini: »Der Storch will immer.«[74] Der
Wunsch des Fünfjährigen wird erhört. Zu Beginn des darauffolgenden Jahres ist Olga Schnitzler wieder schwanger. Am 13. September
1909 wird Lili geboren.

Aus dem Bohemien ist ein richtiger Familienmensch geworden.
Ein Ehemann, der in seiner Frau »Heimat und Sinn seines Lebens«[75]
gefunden hat. Ein Vater, der die drolligen Sätze seiner Kinder aufschreibt. Ein Sohn, der dreimal in der Woche mit seiner Mutter mu-
siziert. Ein Bruder, der am Leben seiner Geschwister Anteil nimmt.
Ein Schwiegersohn, der den unmöglichen Vater seiner Frau zwar auf
Abstand hält, ihn aber finanziell unterstützt. Sein Rad hat er verschenkt. Dafür spielt er jetzt Tennis im Türkenschanzpark.

Es ist eine produktive Zeit. Schnitzler arbeitet am *Professor
Bernhardi,* womit selbst die künstlerische Arbeit einen familiären
Charakter bekommt. Er liest Aufsätze seines Vaters und befasst sich
mit der Geschichte der Poliklinik. Der Stoff hat autotherapeutisches
Potenzial: »Man könnte viel Ekel hinein dichten und aus sich her-
aus.«[76] Sein zweites Projekt – es gibt immer mehrere, die ihn paral-
lel beschäftigen – ist das »Journalistenstück« *Fink und Fliederbusch.*
Eben hat er *Das weite Land* beendet, und etwa gleichzeitig *Der junge
Medardus.* Am 1. November trägt er es in fünfstündiger Lesung der
Freundesrunde vor: Hugo von Hofmannsthal, Richard Beer-Hof-
mann, Felix Salten, Gustav Schwarzkopf, Leo Van-Jung, Arthur
Kaufmann, Felix Speidel, Georg Hirschfeld, Jakob Wassermann. Als
einzige Frau dabei: die kluge Olga. Die Reaktionen sind eher verhal-
ten. Die »blühende Fülle« wird anerkannt, aber (fast) alle finden das
Stück zu lang. Nur Leo, der nette Leo, sagt um ein Uhr nachts, als
Schnitzler geendet hat, ihm sei es »zu kurz«. Dass das Kritische
überwiegt bei dieser Art Lesungen, ruft sich Schnitzler hinterher ins
Gedächtnis. Das ist ja auch Sinn dieser Runden: konstruktive Kritik.
Sie müssen ihm gar nicht sagen, dass es kein »großes Werk« ist. Der

überaus selbstkritische Schnitzler sieht die »Mängel« seiner Produktionsweise selbst: »Mein Ausbiegen einerseits nach dem Dialektischen, andrerseits nach dem Plauderhaften« – und er vermutet: »Tiefere Gründe in jenen Racen- und Temperamentsdingen, die bisher noch keinem Juden erlaubten, ein großer Dramatiker zu werden.«[77]

Und wieder gehen Vater und Sohn spazieren. Heini interessiert sich für Ausgrabungen. Pompeji, Caracalla und auch eventuelle Hinterlassenschaften aus der Türkenzeit im Wiener Boden beschäftigen seine Phantasie. Helme! Pistolen!! Mit beiden Händen hält er sein Milchglas in der Meierei Cobenzl und träumt sich in die Vergangenheit hinein. Als Vater und Sohn im Herbstlicht wieder zur Stadt hinunterspazieren, führen sie ein literarisches Gespräch über die Erzählung *Reichtum* – auch ein vergrabener Schatz. Heini möchte, dass der Vater ein Stück daraus macht. Wie? »Erster Akt vor dem Wirtshaus, zweiter Akt, wie der Mann mit dem Grafen in der Equipage sitzt und durch die Straßen fährt. – Das geht nicht gut auf die Bühne. – Es müsste eben eine sehr große Bühne sein …«[78]

Ja, die große Bühne. Der *Medardus* ist auch so ein Stück, das auf eine große Bühne gehörte. Ein Stoff, den die Leute für patriotisch halten könnten. Die Wiener und Napoleon! Ein Stück natürlich für das Burgtheater. Aber Direktor Schlenther windet sich wieder. Er windet sich seit vielen Jahren und weigert sich, Schnitzler-Stücke zu spielen. Unter den zeitgenössischen Autoren favorisiert er den Tiroler Karl Schönherr, und die Presse versucht, die beiden Schriftsteller gegeneinander auszuspielen. Das gelingt ihr aber nicht, denn die beiden Mediziner-Dramatiker sind sich sehr sympathisch und denken nicht daran, das böse Spiel mitzuspielen.

Was Schnitzler jetzt brauchen könnte, wäre ein großer Erfolg, auch in materieller Hinsicht. Das Dumme ist nämlich, dass er sich den Lebensstil, den er für sich und die Seinen angemessen findet, eigentlich nicht leisten kann. Die Wohnung in der Spöttelgasse ist zu klein geworden; seit Olgas Schwangerschaft sind sie auf der Suche nach etwas Neuem. Sie wollen im Cottageviertel rund um den Türkenschanzpark bleiben, und da sind die Preise einfach hoch, egal, ob man mieten oder kaufen möchte. Hätte man doch einen anständigen, einträglichen Beruf wie Bruder Julius, der Chirurg! Der schlägt in seiner Generosität vor, ein Haus zu kaufen und es ihnen zu vermieten. Sie besichtigen eine Wohnung nach der anderen, und Schnitzler ist der Verzweiflung nahe. Die Fähigkeit zur Gelassenheit ist ihm nicht gegeben. Und dann, im folgenden Jahr, löst sich (fast) alles von selbst. Die Ära Schlenther am Burgtheater geht zu Ende. »Den Medardus nehm ich natürlich an«, sagt sein designierter Nachfolger Alfred von Berger im Februar 1910.

Kurz darauf trifft Schnitzler seine Frau in Tränen an. Ihr Lehrer Römpler ist gestorben, Römpler, der an ihr großes Talent geglaubt und Schnitzler immer ein wenig übelgenommen hat, dass aus Olga – eine Ehefrau geworden ist. Sie hat Römplers Witwe auf der Straße getroffen, die Schauspielerin Hedwig Bleibtreu. Die Arme sitzt nun ganz allein in ihrem Haus in der Sternwartestraße! Olga kennt es noch aus Schauspielschülerinnenzeiten. Ein großes Haus. Viel zu groß ist für eine einzelne Person. Ein richtiges Familienhaus, dazu noch in der richtigen Gegend und wohl auch bezahlbar! Schnitzlers besichtigen es am 26. März 1910. Der Dichter ist angenehm überrascht, und »der Kauf wird lebhaft erwogen«. Nachdem Hedwig Bleibtreu ihnen noch einen Nachlass von 5000 Kronen gewährt hat, ist die Sache beschlossen. Am 7. April gehen sie zum Notar. Für 95 000 Kronen hat das Haus Sternwartestraße 71 den Besitzer gewechselt. Die eine Hälfte leiht ihnen Julius Schnitzler, die andere Hälfte die Sparkasse, und Schwester Gisa ist ein wenig »froissiert«, dass nicht auch sie und Hajek hilfreich sein durften.

Sie sind nun Hausbesitzer und lassen sich fotografieren – als Geschenk für die Mama zum Siebzigsten. Die Augen hinter der Fotolinse gehören einer jungen Frau. Sie heißt Dora Kallmus, hat als erste Frau und nur mit Sondererlaubnis die k.k. Lehr- und Versuchsanstalt für Fotografie und Reproduktionsverfahren in Wien besucht und danach in Berlin »künstlerische Fotografie« bei Nicola Perscheid studiert. 1907 hat sie ihr Atelier in der Wipplingerstraße im I. Bezirk eröffnet und nennt sich seitdem »Madame d'Ora«. In der Wiener Künstler- und Intellektuellenszene hat sie ihre Klientel gefunden. Arthur Schnitzler ist 48 Jahre alt. Seitdem Emil Rabending ihn auf dem Schoß seiner Mama abgelichtet hat, hatte er viel Gelegenheit, seine Abneigung gegen das Fotografiertwerden zu überwinden. Er posiert gern vor der Kamera, heftet seinen intensiven Blick ohne Scheu auf das Gegenüber. Es entsteht eine ganze Serie – von ihm allein und von der jetzt vierköpfigen Familie. Sie zeigen sich in Samt und Seide, mal mit Hüten, mal ohne. Der Strohhut ist keck in die Stirn gezogen und verschattet Schnitzlers vom Tennisspiel sonnengebräuntes Gesicht. Der großbürgerliche Anspruch wird dokumentiert, auch in dieser Generation, und steht in keinem Widerspruch zu ihrem künstlerischen Selbstverständnis. Arthur, Olga, Heini und Lili: Madame d'Ora fängt mit ihrer Kamera vier Persönlichkeiten ein. Vier ernste Gesichter in einer Dreieckskomposition. Olgas Mund lächelt andeutungsweise, ihre Augen nicht. Sie ist 28 Jahre alt und sieht schon aus wie eine Matrone, mit den tiefen Schatten unter den Augen, dem Doppelkinnansatz und der beginnenden Furche zwischen Nase und Mundwinkel. Vor allem sieht sie nicht glücklich aus. Die kleine runde Lili auf ihrem Schoß blickt in die Ferne und greift dabei nach dem Ärmel ihres Bruders. Der hat blaue Flecken auf den Knien und den aufmerksam-prüfenden Blick seines Vaters auf sich. Er hat auch den Haarwirbel über der rechten Stirn wie sein Vater und zweierlei Augen wie er. Das linke: das kühne; das rechte: das Schwarzseherauge.

Für Arthur Schnitzler soll in diesem Jahr einmal das linke Auge recht behalten. Im Herbst beginnen an der Burg die Proben zum *Medardus*. Es gibt einen ungeheuren Zulauf zur Premiere, kein Kartenbureau hat noch Sitze, notiert Schnitzler mit Befriedigung. Am 23. November geht er zur Generalprobe und findet: »eine der besten Vorstellungen, die ich je auf einem Theater gesehen.«[79] Das Publikum teilt seine Meinung. Bei der Erstaufführung am 24. November wird er an die dreißig Mal gerufen. Selbst die antisemitischen Blätter – und die vor allem – streuen ihm Rosen. Im Februar sprechen Schnitzler und der Sekretär des Burgtheaters Dr. Rosenbaum über den »Einnahmerecord des Medardus«. 8000 Kronen pro Abend! Zum ersten Mal in seinem Leben verdient der Dichter viel Geld, und das gefällt ihm so gut, dass er jetzt manchmal das Klagen über sein Ohrleiden vergisst.

Olga Schnitzler singt sehr schön. Sie singt immer dann schön, wenn sie nicht angespannt ist. Wenn die Umstände günstig sind, wie nach dem Hauskauf. Wenn sie weiß, dass die Menschen ihr wohlgesinnt sind. Zuhause. Bei Julius. Vor Freunden. Wenn es nicht so drauf ankommt.

Das häusliche Musizieren auf hohem und höchstem Niveau ist eine selbstverständliche Form der Unterhaltung in der Familie. Olgas Schwager Julius spielt Geige, die Neffen Hans und Karl Cello und Klavier. Ihrer Schwiegermutter, ihrem Mann ist das gemeinsame Klavierspiel ein ständiger Quell der Freude. Sie spielen mehrmals in der Woche: Bach, Beethoven, Schubert, Schumann, sämtliche Sinfonien von Mahler und Brahms für vier Hände. Davon abgesehen liebt es Schnitzler seit jeher, auf dem Klavier zu improvisieren, und manchmal entstehen daraus hübsche kleine Walzer, die er aufschreibt und bei allen möglichen Gelegenheiten vorspielt. Er hat kein Problem damit, zu zeigen, was in ihm steckt.

Aber Olga Schnitzler geht es um etwas anderes. Sie will keine Dilettantin sein. Wie hatte die kleine Schwester Liesl gesagt? Einen Beruf muss man haben. Der Beruf ist das Wichtigste. Mit Liesl ist es ein Trauerspiel. Seit 1908 ist sie mit dem Schauspieler Albert Steinrück verheiratet. Ihre eigene vielversprechende Karriere hat sie abbrechen müssen. Sie ist lungenkrank wie ihre Mutter und lebt in Partenkirchen, während ihr Mann in München engagiert ist. Arthur glaubt, dass sie nicht mehr lange zu leben hat.

Olgas Lehrer ist jetzt der Gesangspädagoge Robert Gound. Nach einem Schülerkonzert am 29. Jänner 1911 bekommt sie von einigen Zuhörern Ermutigendes zu hören. Was bedeuten diese Komplimente? Sind sie ehrlich gemeint? Oder gelten sie eigentlich dem berühmten Gatten? Eine Woche später singt sie im »Volksheim« vor einem Publikum, das hauptsächlich aus Arbeitern und ein paar Bekannten besteht. Sie hat Angst, und das wirkt sich immer ungünstig auf den Ton aus. Später wird sie etwas freier. Trotzdem: Als sie am Abend mit Arthur Kaufmann und Leo Van-Jung spricht, sagen diese schonungslos ihre Meinung. Olga ist zutiefst deprimiert.

Nun soll sie aber in Berlin singen, und zwar schon Ende Februar. Sie fühlt sich dem noch nicht gewachsen, möchte die Notbremse ziehen und das Ganze am liebsten absagen. Ihr Lehrer schlägt vor, das Konzert auf den Herbst zu verschieben und stattdessen zunächst in einigen kleineren Städten aufzutreten. Arthur ist dagegen. Eine Verschiebung um einen Monat müsste doch reichen? Das Ehepaar geht im Türkenschanzpark spazieren. Wer hat hier welches Interesse? Was soll Olga denken? Wem soll sie vertrauen? Sie möchte so gerne dem glauben, der ihr sagt, was sie hören möchte, und das ist Salten. Als der sie lobt und ermutigt, ist sie wieder obenauf. Sie weiß ja nicht, dass er hinter ihrem Rücken anders redet. Also fährt sie doch nach Berlin.

Das Klindworth-Scharwenka-Konservatorium ist ein international renommiertes Institut. Arthur steht hinter der Tür, stärkt ihr den Rücken, während sie, begleitet von Robert Gound, im Klindworthsaal in Berlin-Tiergarten debütiert. Er findet sie weniger befangen als gedacht, sie bekommt Blumen und freundlichen Beifall. Die Kritiken sind mäßig. Ihre Stimme kommt gut an, ihre Tonbildung aber wird als anfängerisch empfunden. Die eigentliche Belastungsprobe steht noch aus. Am 5. März soll sie bei einem Wohltätigkeitskonzert im Bösendorfersaal in Wien mitwirken. Olga Schnitzler hat entsetzliches Lampenfieber. Als es vorbei ist, hat sie selbst den Eindruck, dass sie noch nie so schlecht gesungen hat.

Die Experten sagen: gutes Material, aber … Sie empfehlen ein neues Studium. Es ist zum Verzweifeln. Während Arthur Schnitzler erfolgreich ist wie nie, soll sie noch einmal von vorne anfangen. Anfang Mai singt Olga im Familienkreis. »O. sang einige Lieder sehr schön«,[80] hält Arthur im Tagebuch fest. Aber es ist eben der Familienkreis.

Sterben im Familienkreis

Arthurs Mutter Louise Schnitzler sagt nie, wie alt sie ist. Auch nicht, als sie am 8. Juli 1910 siebzig wird. Man kann ja wohl Geburtstag haben, ohne ständig mit der Zahl herumzuwerfen! Die Familie feiert auf dem Semmering, ihr Bruder Felix Markbreiter ist mit seiner Frau

Julie und den Töchtern Sissy und Andrée aus London angereist, von Arthur bekommt sie am Morgen das schöne d'Ora-Familienbild überreicht – aber alle müssen so tun, als wüssten sie nichts von dem runden Geburtstag. Die Kaiserin Elisabeth, drei Jahre älter als Louise Schnitzler und vor zwölf Jahren an den Folgen eines Attentats gestorben, hatte auch ihre liebe Not mit dem Älterwerden. Keine Fotos nach dem dreißigsten Geburtstag! Es hat ihr nichts geholfen.

Louise Schnitzler ist nun seit siebzehn Jahren Witwe und bewohnt seit Arthurs Heirat die Wohnung in der Frankgasse allein. Von ihren Geschwistern sind vier bereits gestorben: Julius, Carl, Emma und, im letzten Jahr, der Anwalt Edmund Markbreiter in Chicago. Sie hat sechs Enkelkinder: Hajeks 18-jährige Adoptivtochter Margot, dann die Kinder von Julius und Helene (Hans, Karl und Annie, geboren 1895, 1896 und 1900), und die Jüngsten, Heini und Lili. Wie ihre eigene Mutter Amalie zu ihrer Zeit, so ist auch Louise Schnitzler gewöhnt, die Familie um sich zu scharen. Nicht mehr zum Schabbat oder an den jüdischen Festtagen, aber Anlässe gibt es genug: Geburtstage, Weihnachten, Silvester, die Sommeraufenthalte in Bad Ischl oder auf dem Semmering, der goldene Hochzeitstag von Johann und Louise, der am 2. Juni 1911 gewesen wäre. »Bei Mama zu Tisch – zahlreiche Familie – es wurde Pantomime gespielt.« So etwas schreibt Arthur ständig in sein Tagebuch, seitdem er selbst ein reputierlicher Familienvater ist.

Allerdings ist und bleibt Louise Schnitzler ein komplizierter Mensch. Die Besonderheiten der Mama, ihr an Verfolgungswahn grenzendes Misstrauen, ihre Nervosität, ihre Klatschsucht haben mit dem Alter noch zugenommen, darüber sprechen die Geschwister oft. Als Arthur und Olga zu Geld gekommen sind und allerlei Anschaffungen für das neue Haus tätigen – Antiquitäten, Gartenmöbel aus München, ein in »Weiß Lack« hergerichtetes Esszimmer –, macht Louise spitze Bemerkungen, und ihr Sohn ärgert sich. Anstatt dass sie sich freut, dass er sich endlich etwas leisten kann!

Als die Mama dann aber Anfang Juli krank wird und die Diagnose »Periostitis« lautet, Knochenhautentzündung wie schon vor 17 Jahren, ist Arthur Schnitzler der Erste, der sich zum Verdruss seiner Frau allen Sommerplänen entzieht und sich bereithält. Als sich ergibt, dass Louise den August mit ihrer Schwester Irene Mandl in Baden verbringen wird, entschließen sie sich doch noch, auf den Semmering zu fahren. Heini, eben neun geworden, begleitet den Vater auf seinen Bergtouren, begleitet ihn auch auf der Fahrt nach Baden, um die Großmutter zu besuchen. Sie treffen sie erschreckend verändert an, »auch nach der psychischen Seite«.[81] Tante Irene ist ebenfalls der Meinung – an eine Rückkehr in die Frankgasse ist momentan nicht zu denken.

Am 28. August 1911 wird Louise Schnitzler in das Wiener Sanatorium Loew gebracht. Ihre Kinder sind nun täglich, manchmal mehrmals, da. Vormittags geht es ihr meistens besser, aber nachmittags hat sie immer Fieber, und dann nimmt auch die Verwirrtheit zu. Manchmal fragt sie Arthur nach seiner Premiere, die sie auf keinen Fall verpassen möchte. Sie wird immer schwächer, fühlt sich aber eigentlich gar nicht krank.

Der September beginnt, und es ist immer noch heiß in der Stadt. In der Nacht auf den 9. September übernachtet Schnitzler im Sanatorium. Am frühen Morgen findet er seine Mutter sehr, sehr schwach. Die Wärterin berichtet, in der Nacht habe die Sterbende mehrfach nach Heini gerufen. Noch einmal fragt Louise Schnitzler nach ihren Enkelkindern, dann wird sie bewusstlos. Es dauert noch bis zum Nachmittag, bis sie »ohne ersichtlichen Kampf entschlummert«.[82] So wie sie gelebt hat, stirbt sie auch, umgeben von ihrer großen Familie. Im Sterbezimmer sind: alle drei Kinder, die Schwestern Irene und Pauline, die Schwägerinnen Johanna Wilheim – Johanns Schwester aus Budapest – und Rebecca Markbreiter, die Witwe ihres Bruders Carl, außerdem zwei Nichten.

Arthur schreibt: »Ich fühlte, wie unsagbar ich sie geliebt hatte; trotz der kleinen Entfremdungen, die das Leben immer mit sich bringt.«[83] Louise Schnitzlers Leichnam wird in die Frankgasse gebracht und dort zwei Tage lang aufgebahrt. Ihre Kinder tun, was die Tradition fordert, essen und trinken neben ihrer toten Mutter, empfangen Kondolenzbesuche und trauern gemeinsam. Am 11. September, an einem schönen Herbsttag, wird sie begraben.

Ein früher Hypochonder

Die Mutter hat geschrieben! Heinrich Schnitzler öffnet den Brief vom 8. September 1912 aus Tutzing am Starnberger See. »Lieber Sohni, jetzt pass einmal auf …« Er ist gerade zehn geworden und steht kommissarisch einem Haushalt mit vier Angestellten vor. Die Eltern sind verreist und besuchen die kranke Tante Liesl. Was schreibt die Mutter?

»Das Huberlein soll beide Tanten antelefonieren und fragen, ob die Tanten und Onkels am Sonntag Abend zu uns kommen wollen. Wir haben sie von hier aus schon eingeladen. Wenn ja, dann soll die Anna ein gutes kaltes Nachtmahl vorbereiten, für 6 – 8 Personen, z. B. Schinken und Roastbeef, gemischter Salat und gekochte Erdäpfel, eine gute leichte Bäckerei z. B. Sandkuchen, Käse und Obst. Als Vorspeise Eier, Sardinen und Bouillonhäringe. Der Onkel Julius darf wahrscheinlich nur eine Milchspeise essen, das Huberlein soll fragen. (…) Was macht Dein Augenzucken? Schwer krankerle? Oi le – oi le! Lies nicht im Bett – gefälligst. Hier ist's fortwährend kalt, sie haben nur einfache Fenster und sind nicht heizbar. (…) Nur bei Liesl ists gemütlich, wir haben soeben bei ihr zu Mittag gegessen – sehr gut. Heinrich Mann ist auch da, – er lässt Dich schön grüssen. Erinnerst Du Dich an ihn? Liesl's Hunde sind sehr lieb, der grosse Ivar hat mich gleich erkannt, obwohl ich ihn so lang nicht besucht hab, er hat gleich einen Freudentanz aufgeführt, und der kleine Putzi ist braun und zierlich und sehr gescheit. Die beiden gefallen sogar dem Vater. Bist Du ein brav? Warum schreibst Du so dumme Briefe mit ›wie geht es Euch – mir geht es gut?‹ O Alter! Was macht der Racker? Wir freuen uns auf Euch! – Morgen liest der Vater bei Liesl sein neues Stück vor, ›Prof. Bernhardi‹ heisst es. Dem Lieserl geht's viel besser, sie ist lustig und lieb. Grüsse an Huberlein, Sofie, Anna, Marie, – Euch viele Küsse von Vater und Mutter.«[84]

Ein paar Tage später sind die Eltern wieder da – zum ersten Todestag der Großmutter, an dem sie Blumen zum Friedhof bringen. Sie sind rechtzeitig zu Lilis drittem Geburtstag zurückgekehrt. Der Vater macht sich große Sorgen um Onkel Julius, aber der wird wieder gesund. Der Vater amüsiert sich über Lili, die mit ihrer blühenden Phantasie Leute erfindet. Der Vater wundert sich über Beer-Hofmanns, die eine Einladung für den Freitagabend ausschlagen, weil sie in den Tempel gehen möchten. Auch Heini, wie seine jüdischen Mitschüler, soll von der Schule aus in den Tempel – jeden zweiten Samstag Nachmittag um drei Uhr. Der Vater schreibt einen Brief an Heinis Religionslehrer Professor Zimmels; fragt, ob der Tempelbesuch gesetzlich vorgeschrieben sei. Sollte das nicht der Fall sein, so bitte er darum, auf die Teilnahme seines Sohnes an den Tempelstunden zu verzichten.[85] Der Vater sitzt an Heinis Bett. Sie sprechen über die Baktrer und die Meder, über Kriege und Revolutionen, und Heini möchte wissen: »Wer hat eigentlich die Kriege erfunden?«[86]

»Der Weltkrieg. Der Weltruin.«

Es geschieht gelegentlich, dass das, was Arthur Schnitzler träumt, tatsächlich eintritt. Am 1. Juni 1914 träumt er von der geplanten Ermordung des Thronfolgers. Er selbst soll es tun. Ein gelber Page händigt ihm einen Brief mit dem Auftrag der Jesuiten aus: »Ich lehne wortlos ab.«[87] Vier Wochen später überbringt Julius telefonisch die Nachricht von der Ermordung Franz Ferdinands.

Es ist ein schöner Sommertag, die Kinder spielen im Garten. Später wird Schnitzler notieren, dass die Hiobsbotschaft nach der ersten Erschütterung nicht sehr stark nachwirkte. Er erklärt es sich mit der ungeheuren Unbeliebtheit des Thronfolgers. Das Leben geht weiter, als sei nichts geschehen. Am 16. Juli reist die Familie Schnitzler in die Schweiz. In Pontresina sind sie unzufrieden mit ihren Zimmern, in Celerina im Hotel Cresta Palace gefällt es ihnen viel besser. Das Wetter ist mal so, mal so. Sie treffen Leo Van-Jung und seine russische Cousine Bella Wengerow, auch Marie Glümer ist mit ihrem Sohn Hans da und geht mit Olga eingehakt. Schnitzler macht mit Heini Bergtouren und arbeitet an der Erzählung *Das Bacchusfest*. Am 28. Juli kommt ein besorgtes Telegramm von Julius: Er werde von Grindelwald nach Wien zurückkehren. Am 1. August müssen Schnitzler und Van-Jung in Pontresina feststellen, dass der »allgemeine Wahnsinn« ausgebrochen ist.[88] Die Schweiz befindet sich im

Kriegszustand, und das bedeutet: Die Banken sind geschlossen. Als Ausländer bekommen sie »kein Geld auf Creditbriefe«. Am gleichen Tag trifft ein Brief der Hofrätin Zuckerkandl ein, ein letzter Gruß aus der Normalität. Die international vernetzte und für gewöhnlich gut unterrichtete Journalistin und Salonière teilt mit, dieses Jahr werde der Literaturnobelpreis voraussichtlich an Österreich gehen. Schnitzler darf sich Hoffnungen machen.

Wie lange braucht ein Mensch, um zu begreifen, dass gerade eine Zeit angebrochen ist, die für ihn, für seine Familie, für seinen Kreis, für sein Land und für die ganze Welt unübersehbare Konsequenzen haben wird? Arthur Schnitzler braucht dazu vier Tage. Vorher schreibt er noch an Georg Brandes, den alten Freund in Kopenhagen, der als Kulturvermittler viel für ihn und seinen Ruf in Skandinavien getan hat, und bittet ihn, beim Nobelkomitee ein gutes Wort für ihn einzulegen. Am 5. August hört er, dass England Deutschland den Krieg erklärt hat, und versteht: »Der Weltkrieg. Der Weltruin.«[89] Es ist ganz einfach so, dass er von dem, was nun kommt, nichts Gutes erwartet. Er glaubt an kein reinigendes Stahlbad, dem der Neue Mensch entsteigen wird, anders als so viele seiner Zeitgenossen.

Wie soll man sich verhalten in so einer Situation? Schnitzlers bleiben noch ein paar Tage im Engadin, dann kehren sie, mit unbezahlter Rechnung, auf Umwegen nach Österreich zurück, verbringen einige Zeit im Salzburger Land, treffen Gerty von Hofmannsthal und ihre Mutter, Strümpfe strickend für die Soldaten. Gesprochen wird nur noch über den Krieg. Doch Schnitzler schreibt »nachmittags weiter am Graesler«, unternimmt Touren mit den Kindern und stellt fest: Auch Lili ist eine »tüchtige Wandrerin«.[90] Sie haben es nicht eilig, genießen die Stille und die Natur. Es scheint, als wolle Schnitzler sich dessen vergewissern, was er liebt, gerade jetzt. Am 2. September sind sie wieder in Wien – »nach 6wöchentlicher Abwesenheit – die wie Jahre sind«. »Nun findet man sich in diese phantastisch-grauenhaft gewordene Welt so gut es eben geht«, teilt Schnitzler am 23. September dem Jugendfreund Eugen Deimel mit, der vor vielen Jahren nach Amerika ausgewandert ist, in New York in seinem Delikatessenladen sitzt und sich Sorgen macht.[91] Er kann ihn beruhigen: Entgegen allen Gerüchten sei es in Wien ruhig, und von einer Teuerung sei nichts zu merken.

Mit den Briefen ins Ausland ist es jetzt so eine Sache. Sie brauchen viel länger als früher. Dann weiß man auch nie, wer noch mitliest und was mit den eigenen Sätzen passiert; ob sie nicht, verfälscht und missbraucht, an die Öffentlichkeit gelangen. Der Brief aus der Schweiz in der Nobelpreisangelegenheit an Georg Brandes ist zwanzig Tage unterwegs. Wiederum zwanzig Tage später erhält Schnitzler die Antwort aus Kopenhagen: »Jedes Jahr werden völlig unrichtige Gerüchte in Umlauf gesetzt. Die Eingeweihten *dürfen* nichts sagen. Der Preis wird 1914 gar nicht verteilt, erst Frühling 1915.«[92] Im Oktober, als der Däne herausgefunden hat, dass Schnitzler nicht einmal vorgeschlagen worden ist, schreibt dieser ein zweites Mal, deutet an, dass er als Kandidat sowieso nicht in Frage komme. Man werde ihn kaum als »Idealisten« auffassen, und das sei ja die Bedingung. Schnitzler ist es längst peinlich, dass er Brandes überhaupt behelligt hat: »Wie lächerlich muß Ihnen mein Schreiben aus Celerina erschienen sein, das schon mitten in den Stürmen des Weltkrieges bei Ihnen eintraf; kam es mir doch selbst schon am Tage, da ich es absandte, recht unzeitgemäß vor.«[93] Andererseits führe doch nun einmal jeder, »ob er nun will oder nicht«, auch seine Privatexistenz weiter, und am Ende sei der Sache des Vaterlands durch »ruhige Weiterarbeit« wohl am besten gedient.

Aber Schnitzler konfrontiert sich mit dem Krieg. Er geht in die Spitäler, in denen die Verwundeten liegen, begleitet seinen Bruder Julius und den Urologen Otto Zuckerkandl bei der Visite, sieht auch zu, wie sie operieren, und stellt fest: »Hier ist das Wesentliche des Krieges. Alles andere ließe sich wegdenken – Diplomatie – Weltgeschichte – Ruhm – Begeisterung – sogar der Tod. Nur das Leid ist das wesentliche.«[94] Auch seine Neffen Hans und Karl sind eingezogen worden, und Eduard Vallo, der Mann von Hajeks Adoptivtochter Margot. Als Schnitzler gebeten wird, in der Urania für wohltätige Zwecke zu lesen, sagt er zu – wie so häufig in den Kriegsjahren. Den Erlös möchte er dem »Wittwen und Waisen Hilfsfonds« und der »Freiwilligen Rettungsgesellschaft« zukommen lassen. Am 8. Oktober liest er *Die Hirtenflöte* und eine Szene aus dem *Medardus*. Der

Saal ist ausverkauft, allerdings entgeht Schnitzler nicht, dass die Wirkung mäßig ist. Am nächsten Tag spricht er mit Olga darüber, und von ihr bekommt er nun zum ersten Mal zu hören, was fortan zu einem Leitmotiv der Schnitzlerkritiker wird: Sein gestriges Programm sei nicht ganz »den Stimmungen der Zeit« gerecht geworden.[95] Diese neue Erfahrung wiederholt sich schon bald in Berlin bei der *Medardus*-Premiere am Lessingtheater. Der Applaus ist spärlich, was Schnitzler der langweiligen Inszenierung zuschreibt. Aber die Besprechungen sagen etwas anderes. Selbst die wohlwollenden Kritiker – die böswilligen umso mehr – finden, für Stücke und für »Helden« dieser Art sei jetzt nicht die Zeit. Man habe für Kunstwerke ein neues kritisches Maß entdeckt, schreibt Schnitzler an Georg Brandes, nämlich den Weltkrieg: »Und wie es den Herren gerade paßt, wird man dafür zur Rechenschaft gezogen, daß das betreffende Werk irgendwie an den Krieg erinnert oder daß es das nicht tut.«[96]

Der erste Kriegstote aus dem eigenen erweiterten Kreis ist der deutsche Schauspieler Bernhard von Jacobi, gefallen am 25. Oktober bei Douai in Frankreich. »Einer von den nicht allzuvielen, denen ich mich innerlich nah gewußt«, schreibt Schnitzler bewegt an seinen Schwager Albert Steinrück, der ein enger Freund des Verstorbenen war.[97] Er sei – »ja darf man das heut sagen –? zu noch besserm bestimmt gewesen als zu einem Heldentod«. Schnitzler schreibt Steinrück, nicht aber Jacobis Witwe Lucy. »Ihr *kann* ich noch nicht schreiben. Sagt ihr bitte, wie tief unsre Theilnahme, unser Schmerz ist!« Erst im Februar hat sie ihren siebenjährigen Sohn verloren.

Viel leichter ist es, Worte für den Zorn zu finden. Am 23. November erfährt Arthur Schnitzler, dass sein Name für eine Propagandalüge missbraucht worden ist. In einer Petersburger Zeitung wurde behauptet, er habe herabsetzende Bemerkungen über den Russen Tolstoi (»ein Faselhans«), den Belgier Maurice Maeterlinck (»er martre seine Bauern«), den Franzosen Anatole France (der ihn bestohlen habe) und den Engländer Shakespeare (der Gerhart Hauptmann unterlegen sei) gemacht. So plump die Fälschung auch ist, man weiß ja nie, ob in dieser vom Hass verwirrten Welt die Leute nicht am Ende daran glauben. Also wendet sich Schnitzler an Stefan Zweig, mit der Bitte, den französischen Schriftsteller und Kriegs-

kritiker Romain Rolland einzuschalten und ihn zur Veröffentlichung eines Dementis zu bewegen. So geschieht es. Am 22. Dezember 1914 erscheint zum ersten Mal Schnitzlers »Erklärung« in der
Neuen Zürcher Zeitung. Darin heißt es unter anderem: »Solche Ver-
hetzungsversuche, wie sie weit hinter den Fronten der ehrlich kämp-
fenden Truppen im wohlgedeckten Gelände unverantwortlicher
Publizistik von den Marodeuren des Patriotismus gefahrlos unternommen werden, scheinen ja eine besondere, und vielleicht die wi-
derwärtigste Eigentümlichkeit dieses Krieges zu bedeuten. Auch der
lächerlichste dieser Versuche, wenn er gelänge, könnte späteren Ver-
ständigungen zwischen Einzelnen, auf die es ankommt, Schwierigkeiten bereiten; daher möchte es leicht als ein Fehler erscheinen,
wenn ich diesen (etwa um seiner besonderen Albernheit willen) auf
sich beruhen ließe. (...) Es ist freilich etwas beschämend für jeman-
den, der sich zeitlebens vom Pathos der Selbstverständlichkeiten
leidlich fernzuhalten gewußt hat, erst ausdrücklich versichern zu
müssen, daß ihm das Schöne jederzeit schön, das Große jederzeit
groß bleiben wird, auch wenn es Nationen angehört, oder innerhalb
von Nationen geworden und gewachsen ist, mit denen sein Vater-
land eben in einen Krieg verwickelt ist. (...) So mag denn die leidige
Angelegenheit für diesmal als abgetan gelten. Doch später einmal,
wenn der Friede wieder da ist, wollen wir uns mit schmerzlichem
Staunen erinnern, daß es eine Zeit gab, in der wir genötigt waren,
über die Grenzen hinüber einander die Versicherung zuzurufen,
daß wir zwar jeder unsere Heimat geliebt haben, daß wir aber trotzdem Gerechtigkeit, Urteil und Dankbarkeit niemals verlernt; daß
wir, um es kurz zu sagen, auch in dieser ungeheueren Epoche niemals gänzlich den Verstand verloren hatten.«[98] Am 7. Jänner 1915 erscheint die Erklärung dann, ins Französische übersetzt von Romain
Rolland, im *Journal de Genève.* In dieser Zeit geistert Johann Schnitzler wieder durch die Träume seines Ältesten, tritt ein und setzt sich,
ironisch lächelnd, in dessen Schreibtischsessel.[99]

Die Kinder interessieren sich sehr für den Krieg, »Lili besonders,
die zu Weihnachten eine Uniform bekommen hat, feldgrau, mit Säbel
und Patronentasche; was sie nicht daran hindert sich plötzlich den
Namen Abraham beizulegen (obwohl das vielleicht ihrer Carrière

schaden könnte«, schreibt Schnitzler am 26. Dezember 1914 an Liesl Steinrück.[100] »Heini ist Spezialist in Flottenkunde, hat eine ganze Bibliothek dieser Art und zeichnet Schiffe zu Dutzenden.« Ein Pazifist, der seinen Kindern Kriegsspielzeug schenkt? Der Krieg existiert, sie erleben ihn gerade. Aber manchmal, wenn er etwa den zwölfjährigen Heini zum ersten Mal in die Volksoper führt, wo sie zum allgemeinen Entzücken Wagners *Meistersinger* erleben, bleibt der Waffenkampf draußen. Solche Tröstungen sind erprobt und werden es bleiben.

Jude und Christ, Seite an Seite tapfer kämpfend im Schützengraben: Wird der Krieg den Antisemitismus erledigen? Es gibt solche Hoffnungen, es hat sie schon im ungarischen Befreiungskrieg 1848/49 gegeben. Auch Arthur Schnitzlers Schriftstellerfreund Jakob Wassermann glaubt daran und hat im Herbst 1914 euphorisch erklärt, nach der Lösung der Judenfrage werde er endlich aus der Gemeinde austreten können. Der skeptische Schnitzler gibt sich solchen Illusionen nicht hin. Leider behält er auch dieses Mal recht. Als die Niederlage der Mittelmächte sich abzuzeichnen beginnt, sind für die Liebhaber der einfachen Erklärungen die Schuldigen schnell gefunden. Im Jänner 1918 bekommt Schnitzler einen Anruf von Heinis Religionslehrer Professor Zimmels. Heini und einige seiner jüdischen Mitschüler wurden wegen angeblich »ententefreundlicher Bemerkungen« denunziert. Im vierten Jahr eines erbitterten Kriegs ist das beinahe Hochverrat. »Wohl das was sie zu Hause hören«, hat ein Professor auf der Konferenz gemutmaßt. Zu Heinis Freunden gehört auch der Sohn des Rabbiners Feuchtwang, der die Schnitzlers getraut hat. So kommen die beiden Väter wieder miteinander ins Gespräch. Für Schnitzlers Judentum finden sie die Formel »sozial-psychologisch« – im Gegensatz zu Richard Beer-Hofmanns »historisch-legendärem«. Sie treffen sich auch und beraten sich, als im Sommer 1918 der katholische Priester und Jesuit Pater Heinrich Abel in Wien von sich reden macht. Schon als Unterstützer Karl Luegers hat Abel den Antisemitismus gepredigt. Jetzt steht er wieder auf der Kanzel und behauptet, nur die Juden hätten im Weltkrieg ihre Pflicht nicht erfüllt, sie seien an allem Elend schuld und man müsse sie ausrotten.[101]

Manchmal entfährt Schnitzler der Stoßseufzer »O du mein Öster-reich!«. Aber es würde ihm nicht einfallen, sich zur Sache des Zio-nismus zu bekehren. Im November 1918 soll ein jüdischer National-rat gegründet werden. Er lehnt es ab, den Aufruf zu unterschreiben – »als österreichischer Staatsbürger jüdischer Race zur deutschen Kultur mich bekennend«.[102] Es ist klar, wo seine Prioritäten liegen. Am 10. Oktober hält er im Tagebuch seinen Ärger über den Buch-händler Heller fest: »Aus der politischen Lage – Wilsons Verlangen nach Räumung der besetzten Gebiete vor Waffenstillstand – ergab sich ein Gespräch, in dem Heller mir wieder durch sein renegatlich ententefreundliches Wesen und Geschwätz zuwider ward.«[103] Schnitzler seinerseits findet die Waffenstillstandsbedingungen »un-geheuerlich«. Wenn es dabei bleibt, wird es, davon ist er überzeugt, zu einem nächsten Krieg kommen.

Aber erst mal wird in Österreich die Revolution geprobt. Für die Bewohner des Cottageviertels ist das besonders unangenehm. Ge-rüchte warnen vor Plünderungen und Pogromen. Manche Leute vergraben ihr Silber im Garten, Saltens ziehen kurzerhand um, Schnitzlers lassen es mit gepackten Koffern bewenden. Und dann hört Schnitzler folgende Geschichte: »Aus dem Anstandsort Schwar-zenbergplatz tritt, noch mit der Ordnung der Toilette beschäftigt, ein Bürger – in dem Moment kommt eine Schar mit roter Fahne vor-über. Der Bürger ... ganz paff – Ja, was is denn –? Ein andrer zu ihm: Ja, sehns des nicht? Umsturz is! – Der erste (immer ordnend): Was is –? Umsturz? Der andre. Na ja. Umsturz. Der erste: Was denn für ein Umsturz? – Der andre: Na Umsturz halt – mehr waß i a net.«[104] Zwei Tage später beruhigt sich die Lage wieder – in Wien, und auch im Cottageviertel. Vater und Sohn Schnitzler spielen vierhändig Klavier: am 5. November Mahlers Siebente, am 6. die Eroica, und Felix Salten scheint etwas beleidigt, dass er umsonst in die Stadt gezogen ist.

Am 11. Jänner 1919 trifft Schnitzler bei der Hofrätin Zuckerkandl ein Mitglied der französischen Wirtschaftskommission, Professor Haguenin, der auf dem Weg nach Versailles zu den Friedensver-handlungen ist. Um seine Meinung gefragt, äußert Schnitzler sein »Erstaunen« über das Verhalten der Siegermächte und bekommt zu hören, siegreiche Generäle seien immer idiotisch. »Er gibt mir auch meine Bedenken betreffs Wilson ohne weiters zu – die fabelhafte Ignoranz drüben in geographischer und historischer Hinsicht. Das sitzt über Deutschland und Österreich zu Gericht – und entscheidet die Zukunft der nächsten Jahrzehnte – und damit den weitern Verlauf der Weltgeschichte.«[105]

Rosenkrieg im Hause Schnitzler

Lili sagt: »Eltern dürfen sich nicht scheiden lassen. Was sollen die Kinder thun, die ja beide liebhaben? Ein Vater, der sich scheiden lässt, soll sich einen Galgen kaufen und sich aufhängen.«[106] Der Weltkrieg ist noch nicht zu Ende, da beginnt der Ehekrieg der Schnitzlers, und er dauert fast ebenso lange: von 1918 bis 1921. Scharmützel hat es schon in früheren Jahren gegeben. Aber nun wird es ernst. Und auch dieser Krieg spielt sich um die Öffentlichkeit und in der Öffentlichkeit ab. Jedermann in Wien, der den Dichter Schnitzler und seine singende Frau kennt, hat seine Meinung in dieser Angelegenheit. Nur Heini und Lili sind ahnungslos. Glaubt der Vater. Er will es noch kurz vor der Scheidung im Sommer 1921 glauben. Das Tagebuch gibt einen sehr detaillierten Einblick in die Phasen dieser langwierigen Eheauseinandersetzung, natürlich aus Arthurs Perspektive – und der ist sich völlig bewusst, dass nicht nur tout Wien, sondern auch die Nachwelt Zeugin dieses Rosenkriegs sein würde. Er hofft auf die »Freunde jenseits des Grabes«.[107]

Einmal träumt Schnitzler in dieser Zeit, er sei »mit O. auf Reisen, aber in Wien – irgend ein Hotel am Donaukanal, Abend, Blick ans andre Ufer; O. entkleidet bei offnem Fenster (…) Stubenmädchen dabei; ich will die Vorhänge zuziehn, Zeiss nehmen, aufs andre Ufer sehn, um zu constatiren ob man in dieser Entfernung sehen kann; – bin auch nackt.«[108]

Es fängt – wenn man in so einer Sache überhaupt von »Anfang« reden kann – nicht mit einem Attentat an, sondern mit einem Konzert. Der Winter ist düster, mit viel Nebel. »Wolkenballungen in der häuslichen Atmosphäre« hat Arthur schon Anfang Februar registriert.[109] Dann kommt, am 20. Februar 1918, das »Concert für die

Kriegspathenschaft«. Olga Schnitzler singt, und zwar gut, findet ihr Mann. Die übrigen Zuhörer wohl nicht, jedenfalls bekommt sie weniger Beifall als die anderen auftretenden Künstler. Diese Niederlage löst in ihr eine heftige Krise aus. Warum? Nachdem sie so viel gearbeitet hat! So viele Lehrer, so viele neue Anläufe! Sich immer wieder sagen lassen müssen: »Sie stehen erst am Anfang.« So sehr hat sie sich bemüht, etwas Eigenes auf die Beine zu stellen, sich als Künstlerin neben ihrem berühmten Mann zu behaupten. Alles vergeblich, alles sinnlos. Sie ist jetzt 36 Jahre alt und zieht ihre Lebensbilanz. Spricht davon, dass sie sich umbringen muss – oder auswandern. Weg von Wien, wo alle sie kennen![110] »Ja, wenn Sie nicht diesen Namen trügen!«, hat ihr einer ihrer Professoren gesagt und damit Öl ins Feuer gegossen.

Arthur schläft schlecht und empfindet Olgas Unzufriedenheit als »Versündigung gegen ihr Los, gegen mich und meine Arbeit«.[111] Die getrübte häusliche Atmosphäre lähmt ihn und führt dazu, dass er nicht arbeiten kann. Und dann behauptet sie noch, seine nachlassende Schaffenskraft sei sein Problem, er werde eben alt! In seinem Ärger findet er Unterstützung bei seiner Sekretärin Frieda Pollak. Das »Fräulein Frieda«, genannt Kolap, wird zur unfreiwilligen Zeugin von Olgas Auftritten und missbilligt sie: Dass jemand sich und der Familie das Leben durch unbefriedigte Eitelkeit dermaßen verbittern kann! Und immer sollen die anderen Schuld sein, wenn ihr etwas nicht gelingt. Wie kann eine so ungewöhnlich kluge Frau sich selbst so wenig kennen, wundert sich Frieda Pollak. Ein anderes Mal spricht sie von ihren ambivalenten Gefühlen für Olga: »Es gibt keine Frau, die ich zugleich so liebe – und so hasse.«[112] Als sei sie, die treue Sekretärin, eine erweiterte Membran des Mannes, dem sie dient.

In dieser angespannten Lage bietet sich die Hofrätin Zuckerkandl als Vermittlerin an. Abgesehen von Frieda Pollak ist sie die Erste, der Schnitzlers sich in dieser Sache anvertrauen. In ihrer Gegenwart sprechen sie offen über ihre Ehekrise. Arthur, um Fassung bemüht, wirft seiner Frau vor, sie sei unzufrieden, rechthaberisch und von der Idee besessen, dass er an ihrer Erfolglosigkeit Schuld sei. Olga weint, tobt und klagt über seine »Tyrannei und Besitzsucht«. Die Hofrätin mahnt, sie könnten ohne einander nicht leben, müssten sich »accomodiren«. Hinterher sind sie sich immerhin darin einig, dass die Aussprache nichts geholfen hat, im Gegenteil. Sie sprächen eben »unterschiedliche Sprachen«, meint Olga. Ja, erwidert Arthur: »ich die Sprache der Logik, du den Dialekt des Eigensinns.«[113]

Die fatale Wendung tritt ein, als Olga Anfang Mai 1918 ihre erotischen Beziehungen für beendet erklärt. »Wir sollten sagt sie endlich, nur mehr Seite an Seite leben, im selben Haus, ich mir daran genügen lassen, daß sie Mutter meiner Kinder sei; sie im übrigen gewähren lassen.«[114] Das ist keine Option für Schnitzler. Er schläft schlecht, wacht nun immer frühmorgens mit Kopfschmerzen und Tränenausbrüchen auf. Sein Körper reagiert heftig, noch bevor er begriffen hat, was da gerade geschieht: die Agonie einer Liebe. Er erlebt es nicht zum ersten Mal. »Die Sache ist verloren«, erkennt Schnitzler am 14. Mai, einen Tag vor seinem 56. Geburtstag. Während er das schreibt, sitzt die neunjährige Lili in seinem Zimmer beim Tee und wirft ihm Küsse zu.

Sie brauchen mehr als drei Jahre, um die Trennung auch wirklich zu vollziehen. Was sie durchmachen, ist tatsächlich, wie Olga es einmal formuliert, »praktischer Strindberg«. Drei Jahre einer Krise in Permanenz, in denen Olga ständig ihren Auszug ankündigt, mehrmals abreist, um dann doch wieder zurückzukommen. Drei Jahre fortgesetzter Streitgespräche, Depressionen, Weinkrämpfe, Vorwürfe, Schuldzuweisungen und des beiderseitigen Gefühls von Ausweglosigkeit. Drei Jahre, in denen Arthur Schnitzler unter psychosomatischen Herzattacken leidet und nicht richtig arbeiten kann. Drei Jahre, in denen er aufatmet, wenn sie weg ist. Kein Haus ist groß genug, um Heini und Lili drei Jahre lang im Zustand der Ahnungslosigkeit zu halten.

Dass Alma Mahler, die Witwe des Komponisten, im Sommer 1919 ins Spiel kommt, macht die Sache nicht besser. Auch sie hatte künstlerische Ambitionen, aber Gustav Mahler hat ihr das Komponieren untersagt. Die beiden Frauen sind sich sympathisch. In Olga Schnitzler sieht Alma eine verwandte Seele – vielleicht auch eine »Komplizin«, wie Olga in einem Augenblick des Misstrauens vermutet. Von einem Besuch in der Mahler-Villa am Semmering berichtet Schnitzler im Tagebuch: »Wunderbares Haus, herrlich gelegen. M. hat den

[1] *Louise und Johann Schnitzler mit ihrem ersten Sohn Arthur, aufgenommen vom Porträtfotografen der Kaiserin Elisabeth, Emil Rabending, im Winter 1862*

[2] *Ganz oben angekommen: Professor Johann Schnitzler,
Direktor der Wiener Poliklinik*

[3] »Engelskinder«: Die Geschwister Julius, Arthur und
Gisela (Gisa) Schnitzler, Anfang der 1870er-Jahre

[4]
*Er liegt ständig im Streit
mit dem Vater:
Arthur Schnitzler um 1885*

[5]
*Olga Schnitzler
mit ihrem Sohn
Heinrich 1903*

[6]
Die Geschwister
Schnitzler: »Heini«
und das »Häschen«

[7] *Arthur Schnitzler, 1915, porträtiert von Madame d'Ora*

[8]
Der Ehekrieg beginnt:
Olga und Arthur
Schnitzler 1918

[9] *Mutter und Tochter Schnitzler beim Mittagessen in Mürren, 10. August 1926*

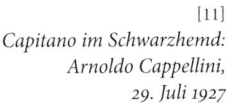

[10] *Wünschen so bald wie möglich
zu heiraten: Lili Schnitzler und
Arnoldo Cappellini, 6. März 1927*

[11]
*Capitano im Schwarzhemd:
Arnoldo Cappellini,
29. Juli 1927*

[12]
*Arthur Schnitzler mit
Suzanne Clauser und
Olga Schnitzler 1931*

Väter und Söhne:
Der Dichter Arthur Schnitzler und sein Sohn,
der Schauspieler Heinrich Schnitzler.

[13]
*Abbildung mit Vater:
der junge Schauspieler
Heinrich Schnitzler*

[14] *Das »Fräulein« und der Künstler:*
Lilly und Heinrich Schnitzler

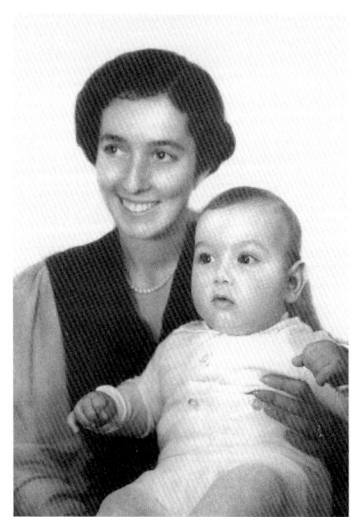

[15]
*Lilly Schnitzler
mit ihrem ersten
Sohn Peter*

[16]
*Achtete auf Disziplin:
Lilly Schnitzler mit
ihrem Sohn Michael*

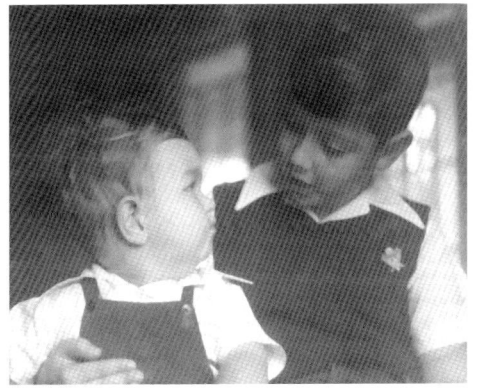

[17] *Die Brüder Peter und Michael Schnitzler*

[18] *»Champagner!« Heinrich Schnitzler auf Bergtour*

[19] *Eine kalifornische Familie. Von links nach rechts: Peter, Giuliana (Giulie), Alexander (Alex), Patricia (Tish), Andrea*

Grund gekauft, starb bald darauf. Seit 1914 steht es. – Das Fresko über dem Kamin, von Kokoschka gemalt (nicht schön, z. Th. interessant aber irgendwie bösartig) – Almas früheren Geliebten. Alma spielt im gleichen Zimmer, Stellen aus Lied von der Erde, – Werfel versucht zu singen (ihr jetziger Geliebter). – Das Kind von Gropius (dem jetzigen Mann von Alma) hört zu. All dies wirkt eher elementar als meskın, durch Alma's Erscheinung und Wesen.«[115] Später erzählt Olga von einer Äußerung Almas: »Es war ein großes Unglück, daß Mahler gestorben; – es wär vielleicht ein noch größeres gewesen, wenn er am Leben geblieben wäre. (…) Ich habe mich erst später kennengelernt.«

Olga hat jetzt auch einen Geliebten. Der Pianist, Komponist und Musikwissenschaftler Wilhelm Grosz ist jung, erst 25 Jahre alt. Und er ist ihr Begleiter am Flügel. Schnitzler ist 57. Als Olga die Bitten ihres Mannes ignoriert und Ende August mit Grosz für ein Konzert nach Salzburg fährt, greift Arthur unmittelbar nach ihrer Abreise zum Telefonhörer und verabredet sich mit der ebenso jungen Hedy Kempny. Auch er fühlt sich nun nicht länger verpflichtet. Bisher hat er auf seine Ehe Rücksicht genommen und sich Affären versagt, trotz der großen Anziehungskraft, die vor Jahren Olgas Freundin Stephi Bachrach für ihn hatte. Alma Mahlers Klatschsucht sorgt dafür, dass sich in Wien die Scheidungsgerüchte verbreiten.

In diesem Herbst 1919 muss Olga feststellen, dass ihr Gesang auch mit Grosz als Begleiter nicht gut ankommt – weder in Salzburg noch in München. Ihre Schwester Liesl empfiehlt ihr, sich diese Karriere aus dem Kopf zu schlagen. Nun kehrt sie einigermaßen kleinlaut nach Wien zurück, und es kommt zwischen den Ehegatten endlich einmal zu einer guten Aussprache, fast ohne Groll. Am Ende sagt Olga prophetisch: »Du hast mich vielleicht mehr geliebt, aber ich liebe dich ewiger.«[116] Doch bei dieser milden Stimmung bleibt es nicht. »Äußerlich immer ganz gut mit O.«, notiert Schnitzler am 18. Jänner 1920, »wenn ich die Türe hinter mir schließe, – in Groll, der sich zwangsmäßig steigert.«[117] Sie sind sich auch in Erziehungsdingen nicht mehr einig. Olga neigt dem Sohn gegenüber zu einer Härte, die ihr Mann als unangemessen empfindet. Der erinnert sich jetzt, wie Liesl schon vor Jahren einmal zu ihrer Schwester gesagt hat, sie solle den Buben »nicht verreißen«. Als der Vater eine von der Mutter verhängte Sanktion wieder aufhebt, erklärt Olga voller Zorn ihr eigenes Mitwirken an der Erziehung des Sohnes für beendet. Nur noch für Lili will sie Verantwortung tragen. Im Übrigen plant sie wieder einmal ihren Auszug und kündigt an, nach München zu übersiedeln.

Das Jahr 1920 wird ein besonders schweres, für beide. Olga verliert zwei Menschen, die ihr nahestehen, und Arthur seinen guten Engel. Am 21. Februar stirbt Olgas Freundin Lili von Landesberger, 25 Jahre alt und frisch verheiratet, an der Grippe. Am 15. März kommt die Nachricht von Liesls schlechtem Befinden. Ohne Abschied fährt Olga zu ihr nach Partenkirchen. Drei Wochen später ist die Schwester tot. »Sei gut mit Arthur«, hat sie Olga noch aufgetragen. Die kehrt in ihrer Trauer erst mal nach Wien zurück; und während sie von Liesls letzten Tagen erzählt und zeigt, was sie von ihrem Nachlass mitgebracht hat, sitzt Lili zwischen ihren Eltern und weint still. Nach der Lektüre von Liesls Tagebuch fragt sich Schnitzler: »Woran starb sie? An ihrem Lungenleiden? – An der Herzschwäche nach intercurrenter Grippe – Oder doch, irgendwie – an Albert (der sie unsagbar liebte und immer betrog).« Schnitzler denkt an das kleine Haus in Partenkirchen, in dem sie gewohnt hat, spürt Herzweh, »physisch und moralisch«.[118]

Posthum sorgt Liesl Steinrück für eine kurios-makabre Pointe im Rosenkrieg der Schnitzlers. Denn sie hat sich gewünscht, ihre Urne möge in einem Winkel des Gartens in der Sternwartestraße ein Plätzchen finden. Nach der Einäscherung in München sollte das Paket mit ihrer Asche nach Wien geschickt werden, aber es kommt nicht an. »Ist es nicht seltsam, daß die Asche Liesls nicht zu uns herfinden kann?«, fragt sich der gar nicht immer rationale Schnitzler Anfang Juni. Und bemerkt eine Woche später: »Das Werthpaket ist bis heute nicht da, also zweifellos – gestohlen – und die Asche von den enttäuschten Dieben in alle Winde gestreut … wie würde Liesl lachen! – Was für ein Zeichen der Zeit! – Und überdies – wie schicksalhaft symbolisch – Sie wollte – in unserm Garten begraben sein. – Nein, mein gutes Liesl – es sollte dir nicht gelingen!« Es herrscht weiter Eiszeit in der Sternwartestraße. Und dann – am 19. Juli –

taucht das Paket doch noch auf, allerdings ohne »Leichenpass«. Ohne Leichenpass kann die Asche aber nicht begraben werden. Also kommt das Blechkästchen mit Liesls Asche erst mal in die Toten- kammer des Türkenschanzfriedhofs. Und nun beschließt Olga, die ihre Übersiedlung nach München weiter betreibt, Liesls letzte Ruhe- stätte zurück nach München zu verlegen.

Am 21. September 1920 besprechen die Schnitzlers, moderiert von der Hofrätin Zuckerkandl, zum ersten Mal die Modalitäten ihrer Trennung. Mit seinen Geschwistern hat Arthur bisher kein Wort über die Angelegenheit verloren. Aber natürlich kennen auch sie die Gerüchte. Als Ende September Gisela Hajek von ihren Sor- gen zu ihm spricht – ihre Adoptivtochter Margot ist von ihrem Mann Vallo geschieden; sie haben ein Kind, das sie nun nicht mehr sieht –, bemerkt sie am Ende: »Ich erzähl dir alles – und du mir gar nichts.« Schnitzler ist bewegt. »Vielleicht nächstens«, verspricht er ihr. Seinen geliebten Geschwistern und Kindern öffnet er sich erst, als es unvermeidlich wird.

Der Damm bricht im Jahr darauf. Olga wartet noch den Tod ihres Vaters ab, dann geht sie. Rudolf Gussmann hat vor langer Zeit finan- zielle Unterstützung erbeten und seitdem regelmäßig erhalten, sonst hat es mit ihm keinen Kontakt gegeben. Auch seine zweite Frau war bald gestorben, danach lebte er mit einer dritten zusammen, ohne zu heiraten, bekam weitere Kinder, trat 1909 zum Katholizismus über und kehrte am Ende doch zum Judentum zurück. Da war er schon so schwach, dass er nicht mal selber unterschreiben konnte. Am Tag nach dem Begräbnis ihres Vaters bringt Olga ihr Gepäck zur Bahn. In ihrem ausgeräumten Zimmer kommt es zu einer Begeg- nung mit Frieda Pollak. Ob denn keine ihrer Freundinnen ihr gesagt habe, dass sie »etwas Ungeheuerliches begehe«? Aber Olga sieht kein Unrecht auf ihrer Seite und erklärt, sie habe es versucht. In einem letzten Gespräch des Ehepaars vor ihrer Abreise gibt es »Thränen auf beiden Seiten«. Da fragt sie: Soll ich bleiben? Und Arthur sagt Nein.

Dann ist sie weg, und zu Hause wird nicht über sie gesprochen. Die Wiener Uraufführung des *Reigen* in den Kammerspielen steht unmit- telbar bevor, auch das verspricht ein dramatisches Ereignis zu wer- den. Vor 25 Jahren hat Schnitzler die Dialoge geschrieben und damals für unaufführbar gehalten. Nun haben sich die Zeiten geändert, aber immer noch liegt der Skandal in der Luft. Wo ist Olga? Ihre Abwesenheit wird nun allgemein bemerkt und nach der Generalprobe im Freundeskreis besprochen. Felix Salten überwindet seine Befangenheit und bricht das Schweigen. Als ältester Freund ... man wisse ja, dass etwas vorgehe, er spüre es seit zwei Jahren, werde regelmäßig gefragt ... Und Schnitzler sagt ihm, was sowieso schon alle Welt weiß. An Saltens Reaktion kann er ablesen, wie alle über Olga denken: »Man läßt ihre starken intellektuellen Eigenschaften gelten; – empfindet als die Wurzel ihres Wesens ›Unbescheidenheit‹ ... Daß sie sich durchaus nicht genügen lassen wollte – an dem was sie hatte: – und es wohl hätte dürfen; – insbesondere ihren künstlerischen Bestrebungen, in denen zu viel Eitelkeit und zu wenig Sachlichkeit steckte, – sah man ja seit je mit Unwillen (vielfach ungerechtem) zu.«[119] Salten erinnert sich mit Befremden, wie empört Olga einmal war, nachdem jemand sie als »Frau Arthur Schnitzler« vorgestellt hatte.

Eine Lawine der Missbilligung für Olgas Verhalten geht nun los, während er, der verlassene Ehemann, viel Sympathie und Mitleid erntet. Aber was soll er damit? Die letzten Jahre haben ihn so viel Kraft gekostet, dass die Scheidung für ihn jetzt eine Frage des Überlebens ist. Allerdings ist er davon überzeugt, dass er ein Verständnis, wie es zwischen ihm und Olga früher einmal existiert hat, niemals wieder finden wird. Er steht nun im Mittelpunkt eines grandiosen Theaterskandals, die Zeitungen sind erfüllt vom *Reigen*, er empfindet im »Spiel der Verlogenheiten« die Unaufrichtigkeit von »Feind wie Freund« und seufzt, wie so oft in den kommenden Jahren: »Allein allein allein.«[120]

Am 13. März schreibt Schnitzler einen Brief an seine Noch-Ehefrau in München, aber nicht nur an sie. Es ist sein ausdrücklicher Wunsch, dass Olgas Gastgeberin Lucy von Jacobi mitliest. Mit diesem gewissermaßen öffentlichen Brief beantwortet er Olgas Wunsch nach konkreten Vorschlägen. Er verbürgt sich für ihre materielle Sicherheit. Was die Kinder angeht, so bleiben sie »natürlich« in seinem Haus, verfügt Schnitzler. Für Heini, der schon achtzehn ist, wolle er keine besonderen Abmachungen treffen. Sie könnten sich so häufig sehen, wie es ihnen beliebt. Lili wolle er ihr zwei

Monate im Jahr überlassen. Überhaupt Lili: Bisher sei sie ganz ahnungslos, betont Schnitzler, und werde es hoffentlich noch lange Zeit bleiben. Vielleicht aus diesem Grund wünscht er, dass die Scheidung nicht in Wien vollzogen wird.

Und so geschieht es. Eine Woche vor seinem 59. Geburtstag fährt Schnitzler zu dem vorgeschriebenen Versöhnungsversuch nach München. Der Rabbiner Dr. Baerwald bestätigt ihnen, dass seine Bemühungen vergeblich waren, sie zahlen zwei Mark und gehen. Weil Olga die ganze Zeit weint, will Schnitzler sie nicht allein lassen. Also machen sie zusammen einen Einkaufsbummel, sie sucht ihm eine Krawatte zum Geburtstag aus und einen schönen Regenmantel auch noch. Ihre Zukunftspläne? Im Augenblick stellt sie sich vor, mit Petit-Point-Stickereien Geld zu verdienen. Grosz heiraten? Nein, das geht nicht. Schnitzler erfährt von Lucy, dass die Sache schon fast zu Ende ist. Aber für ihn gibt es jetzt kein Zurück.

Bei der rituellen Scheidung am 26. Juni 1921 lässt Arthur den Scheidebrief in ihre erhobenen Hände fallen. Danach gehen sie zum Erstaunen der Zeugen zusammen weg. Beim Essen in den »Jahreszeiten« schüttet Olga ihm ihr Herz aus. Grosz hatte eine Affäre mit einer Sängerin: »Ein Trümmerhaufen, mein ganzes Leben.« Schnitzler denkt nach. Hätte er anders handeln sollen? Nein. »Es wäre vielleicht edel – vielleicht groß gewesen, noch jetzt in diesen Tagen sie zurückzuholen; – aber zu edel und zu groß für mich, – also dumm.«[121] Nach all diesen dunklen Tagen empfindet er die Scheidung jetzt als eine Befreiung.

Eine Bühne für die großen Gefühle

Heinrich Schnitzler verbringt seine Jugendjahre in einer Welt im Ausnahmezustand. Er ist gerade zwölf Jahre alt geworden, als der Weltkrieg beginnt. Als die Eltern sich scheiden lassen, ist er fast neunzehn. Auch den Theaterskandal des Jahrhunderts erlebt er aus unmittelbarer Nähe – und mittendrin seinen Vater, der das Stück geschrieben hat, das jetzt den Mob entfesselt. Man hätte den *Reigen,* diese »extremste Schöpfung« des Dichters, besser nicht aufführen lassen sollen, finden manche seiner Freunde, darunter auch der Journalist und Kritiker Richard Specht, der Schnitzlers erster Biograph werden sollte.[122] In München, Wien und Hamburg nehmen Antisemiten die Aufführung zum Anlass für Randale – Leute, die den *Reigen* meistens weder gelesen noch gesehen haben und nur vom Hörensagen wissen, worum es geht. Pornographie – oder was? Fünf Männer, fünf Frauen, zehnmal »angewandte Liebe« – kann das etwas anderes sein? Dieses »Schmutzstück« (das in Wahrheit ein Sittenstück ist) aus der Feder eines jüdischen Autors verletze »das sittliche Empfinden des bodenständigen christlichen Volks«, erklärt der Abgeordnete der österreichischen Christlichsozialen Partei Ignaz Seipel auf der Hauptversammlung des Volksbundes der Katholiken am 13. Februar 1921. Daraufhin ziehen Demonstranten mit antisemitischen Parolen zu den Kammerspielen: »Nieder mit dem Reigen! – Pfui Judenpack! – Man schändet unsere Frauen! Nieder mit den Sozialdemokraten!« Sie beschimpfen und bedrohen die Theaterbesucher, bis die Polizei eingreift.[123]

Drei Tage nach Seipels Rede ist Heini in der Stadt. Vor den Kammerspielen sieht er die Feuerwehr und viele aufgeregte Menschen. Sein Vater ist da drin! Er drängt sich hinein, findet den Zuschauerraum halb unter Wasser. Menschen mit blutigen Köpfen laufen herum, eine Garderobiere weint. Das Mobiliar ist zertrümmert. Und dieser Gestank! Er entdeckt seinen Vater im Gespräch mit einem Journalisten. Arthur Schnitzler wirkt ganz ruhig, erklärt, was geschehen ist: Hunderte von Demonstranten sind in das Theater eingedrungen, einer hat dem Inspizienten, der ihnen die Tür versperrt hatte, mit der Faust auf den Kopf geschlagen, sie haben das Publikum beschimpft und geprügelt, Stinkbomben geschmissen, die Bänke und Sessel aus den Logen in den Zuschauerraum geworfen, die Schauspieler haben ihn in ihre Garderobe gezogen, sich dort verschanzt, die Theaterbesucher sind auf die Bühne gestiegen, nachdem jemand einen Hydranten geöffnet hat … bis die Feuerwehr kam und Wachleute, die die Randalierer in Arrest nahmen. »Heini (…) zu Tod erschrocken«, notiert Schnitzler später.[124]

Was für eine Macht das Theater über die Menschen hat! Heini, der eben zu einer Nachprüfung in Mathematik antreten musste, um die Matura zu bestehen, möchte jetzt Schauspieler werden. Noch im letzten Jahr hat die Dirigentenlaufbahn ihn gelockt, er hat viel mit Wilhelm Grosz darüber geredet, sich von ihm Partituren ausgeliehen und sehr viel Klavier geübt. Aber dann hat er eine Sehnenscheidenentzündung bekommen und eine Weile lang nicht spielen dürfen. Sein Vater hat einen praktischen Beruf ins Gespräch gebracht und für Heini die Exportakademie vorgeschlagen, mit wenig Resonanz. Nein, er will zum Theater. Seit dem letzten Herbst nimmt er Sprechunterricht bei Frau Professor Arnau. Im Mai kommt Paul Marx nach Wien, und endlich gibt es was zu lachen. Marx ist jetzt als Regisseur und Schauspieler an den Kammerspielen in Hamburg engagiert, spielt dort den Ehemann im *Reigen*. Heini und Lili sind entzückt, wenn Paul Geschichten vom Theater erzählt.

Als der Vater ihm nach seiner Rückkehr aus München im Juni mitteilt, dass die Scheidung stattgefunden habe, nimmt Heini die Nachricht »schweigend und nicht sehr bewegt« zur Kenntnis.[125] Das Theater ist der Ort für die großen Gefühle, für Gefühle überhaupt. Auch Heini ist ein Tagebuchschreiber. Aber was er hineinschreibt, im Jahr 1921, sind im Wesentlichen Notizen über Theaterbesuche, versehen mit vielen Unterstreichungen und Ausrufungszeichen. Häufiges Stilmittel ist der Unsagbarkeitstopos: »Die Vorstellung absolut unfassbar. Es ist ganz unbeschreiblich!!!« Besondere Glücksmomente bescheren ihm die Darbietungen des Moskauer Künstlertheaters. Nach der Aufführung von Tschechows *Kirschgarten* am 20. Oktober 1921 bemerkt er: »Ich habe niemals eine ähnliche Wirkung auf ein Theaterpublikum gesehen wie heute. Die Leute gehen weinend weg, die Begeisterung wird nur durch das baldige Fallen des eisernen Vorhangs zur Ruhe gebracht.«[126]

Bald schon steht er selbst auf der Bühne. Zwar findet der Vater das Arbeiterheim in Favoriten ein »unmögliches Lokal« und stört sich, schwerhörig wie er ist, an der Musik von nebenan, aber natürlich ist er da, um seinen Sohn als »Vogt« in dem Stück *Armut* von Anton Wildgans zu sehen. Der Rahmen ist semiprofessionell, und Schnitzler ist gerührt, als er im November den 19-jährigen Heini als Grimm in Schillers *Räubern* zu sehen bekommt. Der Bart in seinem Kindergesicht ist aufgemalt. Im Herbst des darauffolgenden Jahres ist Heini am Raimundtheater engagiert. Seine erste Halbmonatsgage beträgt inflationsbedingt die gigantische Summe von 400 000 Schilling. Im April 1923 tritt Heinrich Schnitzler zum ersten Mal in einem Stück seines Vaters auf. Er hat die Rolle des Fähnrichs in *Das weite Land* übertragen bekommen. Am Ende verbeugen sich Vater und Sohn gemeinsam vor dem Publikum.

Lili erfindet Geschichten

Lili, genannt »das Häschen«, schmückt ihr Zimmer mit einem Kruzifix und einem Rosenkranz. In der Zeit der immer häufigeren Abwesenheiten ihrer Mutter hat sie ein Faible für den katholischen Glauben entwickelt. Sie beginnt ein Heft, überschreibt es mit »Gedanken« und sinniert über das irdische Leben als Vorbereitung auf das Jenseits. Als sie es dem Vater zeigt, klärt der sie »ein wenig auf«.[127] Und Lili weint. Vater und Tochter reden viel miteinander, reden über alles Mögliche, sogar über Psychoanalyse. Arthur Schnitzler ist beeindruckt von dem klaren Verstand seiner Tochter. Allerdings geht sie nicht besonders gern zur Schule, macht sich vielmehr Gedanken über das Bildungssystem, das zu ändern wäre. Wie müsste Schule sein, damit es Spaß macht? Die Lehrerin am Lyzeum ist zu dem Ergebnis gekommen, die elfjährige Lili sei »vielleicht die begabteste«, neige aber dazu, sich's leicht zu machen. Womit der Beweis ihrer Intelligenz zweifelsfrei erbracht wäre, denn wer macht es sich schon freiwillig schwer?

Die reizvolleren Aufgaben warten zu Hause auf Lili. Wie schon ihr Vater im gleichen Alter probiert sie sich als Dramatikerin. Im Sommer 1920 verbringt sie einige Wochen in Altaussee bei Tante Gisa und Onkel Hajek, die dort ein Haus besitzen; offenbar für das Häschen kein reines Vergnügen. Danach setzt sich hin und verarbeitet ihre Erlebnisse in einer Posse im Stil Johann Nestroys, schreibt dazu ein Couplet und einen satirischen Regelkatalog als Moral von der Geschicht'. »Der Pucher Loisl« nennt die Elfjährige das Stückchen, und es verrät ein scharfes Auge für die Schwächen der Menschen in ihrer Umgebung, ein gutes Ohr für Dialektunter-

schiede – und die Fähigkeit, Dialoge mit dem familieneigenen
Humor zu würzen. So beginnt es:

> »(Der Lois sitzt vor seinem Haus. Mariedl, ein 12jähriges Kind
> hüpft um ihn herum und treibt allerlei Possen.
> Das Stubenmädchen tritt auf.)
>
> *Stubenmädchen:* (bemüht Hochdeutsch zu sprechen, kann ihr
>   Wienerisch nicht ganz verbergen)
>   Ich bitte, geht man hier zu Hajeks?
>
> *Mariedl:* Ja, da aufi (…)
>
> *Lois:* Gib a Rua. Was wollen S' denn bei Hajeks? [gestrichen]
>   Sei still, Klane oder –
>
> *Stubenmädchen:* Wissen S', ich geh jetzt als Stubenmädchen zu
>   Hajeks und da möchte ich was übers Haus wissen.
>   Kennen S' die Hajeks?
>
> *Lois:* Sie Arme! Als Stubenmadel kemman S' hin. Des is a Haus.
>   No, i will nix sagen.
>
> *Mariedl:* Trau di nur, Voter.
>
> *Lois:* Verdammtes Dirndl. Bist glei still. Die Hajeks, das san Leut.
>   Da ladens eaner Leut auf'n Sommer ein. Dann gebens eaner
>   zum Nachmohl nur an Karfiol. Dann wollens dös
>   mit Heidelbeer gut macha. Do habens zwoa junge Leut und
>   a Dirndl da und so junge Leute haben immer an Hunger
>   und san lusti. Ober der Herr Hajek, der vertragt ja ka
>   Geräusch und wonn die jungen Lait zuhaus kemma, müssens
>   über d'Steign gehen wia die Dieb. Und wann die Madeln in der
>   Kuchel owaschen toan, machen s' eahm zu viel Gräusch.
>   Sie Arme!
>
> *Mariedl:* (zum Stubenmädchen) Glauben S' eahm net, er hat grad
>   a Glasel g'trunken.
>
> *Lois:* Wos sagst scho wieader?
>
> *Stubenmädchen:* Ja, ich bitte Sie, was soll ich da tun?
>   Nun, wenn der Herr so ist, wie ist die gnä' Frau?
>
> *Mariedl:* Die gnä' Frau, die is –
>
> *Lois:* Red net immer drein, Dirndl. Ja, die Frau, von der
>   will i goar net reden. Die is a bisl rapplig. In der Nacht

um halba ölfi kriegts die Räumwut. Bis herüber hert ma s',
wann s' die Vorhäng von die Fenster reisst.
Am nächsten Morgen um sechs tragt sie s' wieder oba.
Neili hat s' den Luster a erwischt, beim Räumen.«[128]

Geschickt hat Lili die Charakterisierung von Vater und Tochter –
dem vergeblich auf seine Autorität bedachten Pucher Lois und dem
pfiffigen Mariedl – mit der Erzählung vom Hause Hajek und dessen
Bewohnern verknüpft. Die »Zehn Gebote«, die das Stück beenden,
sprechen von den Anpassungsschwierigkeiten, mit denen Lili bei
den Verwandten zu tun hatte:

»1. Du sollst deinen Sommeraufenthalt lautlos verbringen.
2. Du sollst niemandem glauben, der die Frechheit hat
   zu behaupten, dass hölzerne Stiegen knarren.
3. Du sollst dir Oel kaufen.
4. Du sollst damit alles einschmieren, was nur irgendwie
   Lärm machen könnte (Türschnallen, Fensterflügel, neuere
   oder neue Schuhe, Taschentücher jedesmal
   vor dem Schneuzen und vor allem deine Gelenke).
5. Du sollst deine Stimme nur in äussersten Notfällen
   gebrauchen.
6. Du sollst niemals gehen, sondern ausschließlich schweben.
7. Du sollst nach Tisch bis gegen vier Uhr erstarren und
   höchstens die Augen bewegen, weil diese ja keinen
   Lärm machen.
8. Du sollst täglich einige Male dich mit der Wiener Urania
   in Verbindung setzen, um nach genauerster Zeit pünktlich
   bei den Mahlzeiten erscheinen zu können.
9. Du sollst gabelfrühstücken und jausen, damit das Haus
   nicht in Verwirrung gerät.
10. Du sollst nicht leben.«

Wie leicht sieht sie ihr Existenzrecht in Frage gestellt! Weiß der Vater
von den schriftstellerischen Neigungen seiner Tochter? Hat er das
Stück gelesen? Im Tagebuch gibt es keinen Hinweis darauf, er ist mit

sich selbst und seiner Ehekrise beschäftigt. Auf jeden Fall ist Frieda Pollak eingeweiht. Sie sitzt an der Schreibmaschine, und Lili diktiert, so wie der Vater es auch macht. Ebenso wird mit Sorgfalt protokolliert, wann das Diktat begann und wann es beendet wurde.

»Die schöne Zulaima
Ein Trauerspiel
Von Lili Schnitzler
(begonnen 9. März 1921 nachmittags)«

Am Tag darauf hält »Kolap« fest: »Beendet am 10. März 1921, 5 Min. vor ¼ 11 h Vorm.«[129]

Alle sind bemüht, es dem Häschen so angenehm wie möglich zu machen, denn sie hat's natürlich nicht leicht, wo doch die Mutter weg ist. In den Sommerferien nach der Scheidung, sie sind gerade in Aussee angekommen, wagt Lili die Frage zu stellen: »Wann wird denn die Mutter nach Wien kommen?« Sie hat sie sechs Monate lang nicht gesehen. Der Vater erklärt ihr, sie wisse ja, dass die Mutter nicht in Wien leben wolle. Vorläufig werde sie in München bleiben, vielleicht bald in die Nähe ziehen, und vielleicht einmal ganz zurückkommen. Wieder weint Lili. Da zieht sie der Vater an seine Schulter, und nun weinen alle beide. Ob sie auch weg wolle, fragt er. – Und Lili antwortet »fast heftig«: Nein!
Aber Mutter und Tochter sind sich sehr nah. Vor zwei Jahren, als Lili Olga einmal in Tränen angetroffen hat, hat das Kind versucht, die Mutter zu trösten: »Ich weiß warum du weinst. Du glaubst, der Vater und Heini haben dich nicht so gern wie ich, aber du irrst dich gewiß, sie verstehn dich nur nicht so gut wie ich.«[130] Am 30. Juli 1921 fahren Heini und Lili nach München zu Olga. Für eine Woche gesellt sich Arthur Schnitzler dazu und spürt genau, wie schmerzhaft es für die beiden Frauen ist, sich wieder zu trennen. Am 13. September 1921 wird Lili zwölf. Sie bekommt eine silberne Armbanduhr mit Radiumzifferblatt und Sekundenzeiger, die sie sich dringend gewünscht hat, und von der Mutter einen sehnsüchtigen Brief.

Lilis Erziehung liegt nun in den Händen des Vaters und der Haushälterin Hermine Simandt, die Wucki genannt wird und von deren Geistesgaben die Familie keine hohe Meinung hat. Auch Bruder Heini empfindet eine starke Verantwortung für seine um sieben Jahre jüngere Schwester, jetzt umso mehr. Zum dreizehnten Geburtstag schreibt er ihr: »Du stehst an der Schwelle eines neuen Lebensjahres, gib acht, daß Du nicht über sie stolperst. Deine geistigen Qualitäten sind in einer Weise entwickelt, wie man es wohl nur bei wenig anderen Kindern Deines Alters antreffen mag. Du liebst Karl May, schwärmst in Berchtesgaden Wiener Volkslieder an, ja Du hast sogar schon die Meisterwerke der Deutschen Literatur gelesen. Ich denke an Bücher wie: ›Mitgiftjäger.‹ ›Vom Glück vergessen.‹ Und so fort. Dein Charakter ist heiter, blöd und liebenswürdig – Deine Erfindungskraft geht so weit, daß Du nicht nur dichtest (Deine Erzählungen und Dramen könnten schon eine kleine Bibliothek füllen) sondern daß Du sogar eine neue Sprache erfunden hast! Und in dieser will ich Dir nun meine herzlichsten Glückwunschenska darbringen, damit das kleine geni sieht, wie seah vabreitet seine Sprachee scho iis. Ich schick Dir einen großen und festen Kuß und wünsch Dir zu Deinem Wiegenfeste alles Schöne!! Mögest Du wachsen blühen und gedeihen, zur Freude Deiner Mitmenschen, Deiner Eltern, und Deines

Dich zuweilen beschimpfenden aber drum nicht minder liebenden Bruders Heini«.[131]

Olga Schnitzler, die früh schon begonnen hat, ihren Sohn in die Verantwortung zu nehmen, tut es auch in Sachen Lilis Erziehung. Gelegentlich bittet sie »ihren geliebten Buben« brieflich, wenn es Not täte »dreinzufahren«.[132] Dass es Not tut, davon ist sie überzeugt, seitdem sich Wiener Bekannte ziemlich deutlich über Lilis Fehler ausgelassen haben: ihre Oberflächlichkeit, ihre Genusssucht, ihren Mangel an Pflichtgefühl. Auch habe sie »schlechten Umgang«. Olga glaubt natürlich, dass sie es besser machen würde, nicht ahnend, dass die Dinge sich unter ihrer Obhut erst recht fatal entwickeln werden. Aber das dauert noch ein paar Jahre.

Macht Liebe blind? Oder macht sie klarsichtig? Für Arthur Schnitzlers Beziehung zu seiner sehr geliebten Tochter gilt wohl eher Ersteres. Oder ist es die spezielle Beimischung von Verlustangst und schlechtem Gewissen, die ihn so erpressbar macht? Womöglich auch der Unwille, in seiner Tochter die Seiten wahrzunehmen, geschweige denn zu akzeptieren, die er schon an Olga schwer erträglich fand?

Lili hat viele Wünsche, und wenn sie nicht bekommt, was sie will, dann findet sie Mittel und Wege. Auf einem undatierten Wunschzettel (wahrscheinlich Weihnachten 1923) begehrt sie in großen roten Lettern »!! Kurze Haare!!« und führt dafür praktische und ästhetische Gründe an. Dann kritzelt sie mit Bleistift darunter: »Einen Stoff/ein Tascherl muß ich mir selbst aussuchen, ist aber lang nicht so wichtig.«[133] Offenbar hat der Vater in diesem Fall Nein gesagt. Jedenfalls: Als Lili Anfang Jänner 1924 mittags nach Hause kommt, ist der Zopf ab – am helllichten Tag abgeschnitten von einem Fremden auf der Straße. Wucki ist (beinahe) Zeugin. Lili berichtet dem Vater, wie sie die Auslagen vom Schuster Amalio in der Währinger Straße betrachtete, während Wucki drinnen im Laden Hausschuhe probierte; wie dann ein junger Mensch mit grünen Augengläsern an sie herangetreten sei, so nah, dass sie zum anderen Fenster ging, er dann hinterherkam und ihr ins Ohr raunte: »Fräuln haben aber einen schönen Zopf.« Und wie sie dann sofort in das Geschäft geflüchtet sei, sich neben Wucki gesetzt und ihr gesagt habe: »Es hat mich einer angesprochen!« Kurz darauf kam das Ladenmädel und brachte einen Zopf, den es vor dem Fenster entdeckt hatte. Keinen falschen, nein, einen echten Zopf! Auf dem Weg zum nächsten Geschäft sei ihnen der Mann mit der auffallenden Brille noch einmal begegnet und habe sich höhnisch grinsend nach ihr umgedreht. Beim Optiker Schleiffelder dann der Schock: Lili nahm die Kappe ab – und oh, oh! – der Zopf war weg. Wucki fiel fast in Ohnmacht. Nicht einen Augenblick glaubte sie an Lilis Version. Anders der Vater. »Glücklicherweise war Wucki mit – und überdies thörichterweise wütend auf Lili«, schreibt er ins Tagebuch, »sonst wär ich mißtrauisch gewesen, da es Lilis Wunsch war, kurze Haare zu tragen.«[134]

Am nächsten Tag geht er zur Polizei und erstattet Anzeige. Nun müssen Lili und Wucki zur Vernehmung. Im Zopf, dem Corpus Delicti, findet sich eine Haarnadel. Für Wucki und die Polizisten scheint die Sache klar: Lili hat sich zu Hause selbst den Zopf abgeschnitten und mit der Nadel angesteckt. Man muss doch merken, wenn so ein Zopf auf einmal fehlt! Der Vater hingegen findet lauter Argumente für Lilis Version, und – was am schwersten wiegt – er glaubt ihr. Denn er hat sie »ins Gebet« genommen, und sie hat geschworen, die Wahrheit zu sagen. Lili lügt nie, Punktum. Der überaus wahrheitsliebende Schnitzler kann sich einfach nicht vorstellen, dass seine Tochter in dieser Sache anders ist. Weil ihn dieser kleine Kriminalfall aber dennoch beunruhigt, gibt er seine Version auf fünfzehn maschinenbeschriebenen Seiten wieder. Er schließt mit der Überlegung: »Lili findet die ganze Geschichte schon langweilig, findet es unbegreiflich, dass man so etwas von ihr glauben könne, regt sich aber über die ganze Sache viel weniger auf, als es mir sowohl für den Fall ihrer Schuld, als ihrer Unschuld natürlich erschiene. Hat sie das getan, was man ihr zumutet, so kann ich es (nicht um es zu beschönigen oder leichter zu machen), sondern nur aus meiner objektiven Betrachtung von Lilis Wesen und aller Begleitumstände absolut nicht als Ausdruck ihres Charakters, sondern als ein ganz isoliertes psychopathologisches Faktum betrachten, und es würde nur noch für mich das letzte Motiv im Dunkeln liegen, wodurch die in diesem Fall als zwangshaft zu bezeichnende Vorstellung: Ich muß kurze Haare tragen, sich in eine noch dazu so töricht (also im Missverhältnis zu ihrer sonstigen Intelligenz) durchgeführte Handlung umsetzte.«[135]

Erst Jahre später gesteht Lili dem Vater, dass sie ihn an der Nase herumgeführt hat.

Die treueste Geschiedene aller Zeiten

Alma Mahler bittet um Gnade für ihre Freundin Olga. »Hier ist ein Vogel aus dem Nest gefallen (…), fliegt gegen Scheiben, die er für Luft hält«, schreibt sie an Arthur Schnitzler nach vollzogener Scheidung.[136] Drei Monate später fordert sie ihn noch einmal auf: »Verzeihen Sie Olga.«

Was soll sie tun? Wo soll sie hin? Olga probiert und verwirft. In München präsentiert sie sich im bayerischen Dirndl, aber es ist nur ein Kostüm. Welchen Inhalt soll sie ihrem Leben geben? Die Sache mit Grosz ist schon vorbei, er hat sie enttäuscht und wird mit lebenslanger Verachtung bestraft. Die Musik ist ihr auch verleidet. Vielleicht Gobelinknüpfen lernen? Eine Ausbildung zur Kunstgewerblerin in Weimar anfangen? Sie wohnt in Hotels und möblierten Zimmern, spielt ihre Rolle als reiche geschiedene Frau. Sie mag einsam sein – allein ist sie nie. Immerhin hat sie die Fähigkeit, Leute anzuziehen und für sich einzunehmen. Aber ach, sie vermisst ihre Kinder.

Arthur Schnitzler findet »einen gewissen Charme ihres Wesens« wieder, als er seine Exfrau zusammen mit Lili im September 1922 in Berchtesgaden trifft: »dieses Gemisch aus Schulmädel und Königin«.[137] Marie Glümer, jetzt Schauspielerin am Hoftheater in München und mit der Rolle der reuigen Sünderin bestens vertraut, hat ihm gesagt, er soll Olga »zurücknehmen«.[138] Er spürt ja auch selbst, dass sie zurückmöchte. Aber er will nicht. Warum eigentlich nicht, fragt er sich manchmal. Was hält ihn denn davon ab, seine Arme für sie zu öffnen? Und auch Olga fragt sich das. Aber die beiden kommen nicht zum gleichen Ergebnis. »Mein Herz bleibt verschlossen gegen sie«, registriert Schnitzler. Seine Überzeugung ist: Weder ihm noch den Kindern würde es Ruhe und Glück bringen, wenn sie zurückkäme.

Olga hingegen glaubt das sehr wohl, vor allem in Bezug auf Lili. Sie ist nicht Mizi Glümer, auf keinen Fall fühlt sie sich als reuige Sünderin. Ganz grundsätzlich geht sie davon aus, dass ihr von anderen Menschen Unrecht geschieht – so auch in dieser Angelegenheit. Ihre persönliche Wahrheit lautet: Man hat sie aus dem Haus vertrieben, ihr »aus Rachsucht« die Kinder weggenommen. Die Gründe, warum ihr der Rückweg versperrt ist, sucht sie nicht bei sich. Olga glaubt, es liegt daran, dass jemand zwischen ihnen steht. Eine Frau, natürlich. Es gibt ja jetzt wieder Frauen um Arthur Schnitzler. Erst hat sie Vilma Lichtenstern in Verdacht, diesen »Katzerl-Typ«, die hübsche Frau des Urologen Lichtenstern. Es gibt da einschlägige Gerüchte. In dieser Hinsicht kann Schnitzler sie beruhigen. Die junge Hedy Kempny? Nicht wirklich. Mit der Zeit konzentriert sich ihre Eifersucht auf Clara Katharina Pollaczek. Mit dieser hat Schnitzler seit 1923 eine zunächst angenehme, dann zunehmend unbequeme

Beziehung. Denn auch »Cl. P.«, wie sie im Tagebuch heißt, stellt ihre Ansprüche und neigt zur Eifersucht – auf Olga, auf Lili, auf Heini, auf die Familie eben. Zwar bekommt sie schöne Briefe, in denen sie als »liebste« angesprochen wird. Aber sie spürt deutlich, dass Schnitzler sie nicht liebt. An Olga schreibt er: »liebe«, und an Clara: »liebste«. In Wahrheit verhält es sich doch wohl umgekehrt. Arthur will und kann mit Olga nicht mehr leben, aber loslassen kann er sie ebenso wenig wie sie ihn. Wenn sie ein paar Tage nicht schreibt, wird er schon unruhig und vermutet, sie führe irgendetwas im Schilde.

Lili liefert ihnen einen guten Anlass, sich regelmäßig zu treffen und einen Teil der Sommerurlaube miteinander zu verbringen. Allerdings liefert sie ihnen auch Anlass zum Streit. Wann immer sie in ihren starken Pubertätswirren aus dem Ruder läuft, fordert Olga, das Kind müsse bei ihr leben. Als Lili magersüchtig wird und im Herbst 1925 zur Behandlung ins Sanatorium muss, findet die Mutter leicht Bundesgenossen, die sie in dieser Ansicht bestätigen. Lili selber, bei aller Liebe, ist da anderer Meinung. Olgas Zimmer im Sternwartestraßenhaus hat sie nach einem Anstandsjahr in Besitz genommen, was ihr Vater »in mehr als einer Hinsicht bedeutungsvoll« findet.[139] Arthur Schnitzler sucht häufig das Gespräch mit seiner intelligenten Tochter, nimmt sie mit zu Einladungen, freut sich über ihre Begleitung auf Reisen. Und Olga hat nun in der eigenen Tochter eine Konkurrentin. Aus der Ferne versucht sie, sie zu instrumentalisieren, schlechte Stimmung gegen Clara Pollaczek oder gegen die neue Hausdame Clara Soltau, die Wuckis Nachfolge angetreten hat, zu machen – doch ohne rechten Erfolg.

Im Juni 1925 kommt Schnitzler nach Baden-Baden, wo seine Exfrau inzwischen lebt. Während sie – wie so oft – ein bisschen krank im Bett liegt, liest er ihr seine im Frühjahr vorläufig beendete *Traumnovelle* vor. Olga ist tief beeindruckt und weint viel, macht auch mit ihrem untrüglichen Instinkt in diesen Dingen einige hilfreiche Verbesserungsvorschläge. Nach überstandener Krise werde künstlerisch nun das Beste von ihm kommen, glaubt Olga Schnitzler. Aber wo ist ihre Rolle? Dass sie ihm ihre Liebe erklärt, bleibt ohne Folgen. Die Dinge sind anders geworden. Als sie sich drei Wochen später in Forte dei Marmi wieder treffen, weiß sie, dass er mit Clara Pollaczek in Celerina war, darf aber nichts fragen. Am Strand hat Arthur sein Portemonnaie mit etwas Geld und Schlüsseln verloren. Als der Bademeister es ihm während des Essens bringt, sagt Schnitzler: »Es freut mich, wenn mir Sachen wiederkommen« – und Olga sieht ihn von der Seite an, als gelte ihr dieser Satz.[140]

Da ihr die Landung im heimatlichen Nest verwehrt bleibt, umfliegt sie es in großen Kreisen. Nirgendwo hält sie es lange aus. Von München zieht sie nach Baden-Baden, von Baden-Baden nach Berlin. Und auch da wird sie es nicht lange aushalten, prophezeit Schnitzler.

Ein Dichterkind in Berlin

Zu Heinis 22. Geburtstag am 9. August 1924 ist die Familie im Engadin versammelt – weiträumig versammelt, denn Olga wohnt mit den Kindern in Zuoz, Arthur in Celerina, wo ihm Hotel und Gegend sympathischer sind. Heini bekommt einen »photographischen Apparat« geschenkt. Es ist für lange Zeit ein letztes Treffen zu viert, denn Heini geht nach Berlin – zunächst versuchsweise.

Heinrich Schnitzler ist mobil wie sein Großvater. Anders als sein ortsfester Vater: Der hatte es nicht nötig, sich in Bewegung zu setzen. Das kaiserliche Wien, in dem er geboren und aufgewachsen war, bot den perfekten Schauplatz für Leben und Werk des Arthur Schnitzler. Für die Jungen stellt sich die Frage neu: Kann dieses Wien, jetzt die überdimensionierte Hauptstadt eines sehr geschrumpften Staates, noch alle beruflichen Perspektiven bieten? So wie Wien im 19. Jahrhundert das Mekka für die Mediziner war, so ist es das Berlin der Zwanzigerjahre für Theaterleute.

Der Krieg hat die tradierten Kunstanschauungen über den Haufen geworfen. Die Zensur ist abgeschafft. Fort mit dem naturalistischen Spiel, den illusionistischen Bühnenbildern, dem genießerischen Publikum. »Der Mensch, der nüchterne, der selbstgefällige, muss wieder schreien lernen«, forderte der Dichter Iwan Goll: »Dazu ist die Bühne da.« Leopold Jessner: Der Name dieses Regisseurs steht für expressionistische Theaterexperimente. 1919 hat er die Leitung des Preußischen Staatstheaters übernommen und das Haus am Berliner Gendarmenmarkt gründlich umgekrempelt, das noch vor Kurzem das verstaubte Hoftheater Wilhelms II. gewesen ist. Gleich als Erstes bot er dem Berliner Publikum einen *Wilhelm Tell*, der mit allen Konventionen und Sehgewohnheiten brach. Keine schweizerische Gebirgslandschaft, nein, eine gewaltige Treppe beherrschte die Bühne. Es gab auch kein klangvolles Deklamieren, keine prächtigen Kostüme mehr – Sprechstil, Gesten, Ausstattung waren nun sparsam und stilisiert und hatten sich dem Regiekonzept unterzuordnen. Es war eine Revolution auf der Bühne! Was die Befürworter als künstlerischen Ausdruck einer neuen, zeitgemäßen Sicht auf die Klassiker bejubeln, ist für die Gegner ein Sakrileg. Jessner polarisiert die Berliner. So geht es weiter mit Schillers *Fiesco* und *Don Carlos*, Wedekinds *Marquis von Keith*, Shakespeares *Richard III.*, *Othello* und *Macbeth*, Goethes *Faust*.

Im Juni 1924 hat Heini einen Kontrakt mit Jessner abgeschlossen, zunächst für eine Saison. Er wird auch am Schillertheater auftreten, der zweiten Spielstätte des Preußischen Staatstheaters. Seine erste Rolle im Oktober 1924 ist der Rekrut in *Wallensteins Lager*. Anders als sein Großvater kommt Heinrich Schnitzler nicht als hungriger Niemand in die neue Stadt. Er ist ein Dichterkind wie Klaus und Erika Mann. Er ist der Sohn von Arthur Schnitzler. Er nimmt Quartier im vornehmen Tiergartenviertel. Seine Vermieterin, Frau Dernburg, hat er in Zuoz kennengelernt. Um die Ecke wohnt der Schauspieler Ernst Deutsch, »mit unermeßlich viel Geld, einem Auto und livrierten Dienern«, schreibt Heini in seinem Geburtstagsbrief an Lili. Er berichtet auch, der Herr Fehling habe ihm eine Regieassistenz angeboten. Jürgen Fehling, den Lübecker Patriziersohn, hat Jessner 1923 an das Staatstheater geholt. Er war dabei, als Heini bei Jessner vorsprach, gab aber nicht zu erkennen, dass sie Bekannte waren. »Gestern Abend sprach ich – nach einer wundervollen Aufführung von ›Viel Lärm um Nichts‹ – Fehling (der es inszeniert hat) im Staatstheater. Er war entzückend, entschuldigte sich, daß er damals beim Vorsprechen vor Jessner so fremd getan – doch wollte er jede Familien-Beziehung in der damaligen Situation völlig unterdrücken – was ich ungemein taktvoll und dankenswert finde.«[141]

Aus dem Schatten des Vaters herauszutreten, ist keine einfache Sache, wenn man Schnitzler heißt und noch dazu unverschämt gut aussieht. Kaum war Heini der Pubertät entwachsen, schon wurde in Wiener Zeitungen darüber spekuliert, wie viele Mädchenherzen er schon gebrochen habe. Seine Freundin heißt Bettina Bauer. Die junge Malerin ist die Nichte von Adele Bloch-Bauer, deren Klimt'sches Bildnis die ganze Welt kennt. Arthur Schnitzler ist sehr angetan von der hübschen, etwas kränklichen Bettina, die in der Sternwartestraße ein und aus geht. Vorbei die Zeiten, in denen man seine »Geliebte« vor den Eltern verstecken musste. Als Heini nach Berlin geht, zieht Bettina hinterher. Allerdings hat er in der Zwischenzeit eine neue Flamme kennengelernt, Ali Meisel. Arthur Schnitzler findet sie klug und etwas kühl, er zieht Bettina vor. Bei einem Besuch in Berlin trifft er sie in der Halle des Hotel Bellevue, bestellt Kaviarbrötchen und nimmt sich selbst kein einziges. »Aber Herr Doktor, ich weiß doch, dass es Ihre Lieblingsspeise ist, warum nehmen Sie denn nichts?« – »Weil man seine Selbstbeherrschung an kleinen Dingen üben soll, damit man sie bei größeren Gelegenheiten außer acht lassen kann.«[142] Am Ende zieht Bettina Bauer zurück nach Wien, Ali Meisel nach München, und Heini hat eine neue Freundin: die Schauspielerin Lucie Mannheim. Sie alle erleben einen ziemlich schwierigen, empfindlichen jungen Mann, der zu Depressionen neigt. Bevor er sich in seinen Frack wirft, einen Ball besucht, mit Mädchen flirtet und Leute zum Lachen bringt, schreibt er in sein Tagebuch: »Quälende Zweifel wegen meines Berufs, meiner Existenz. – Nirgends ein Sinn.«[143]

Am 14. Oktober 1925 ist *Liebelei*-Premiere am Schillertheater, und Heinrich Schnitzler spielt den Theodor. Arthur Schnitzler ist in Berlin, war in der Probe und findet »Heini als Theodor ganz vorzüglich, ganz frei und sehr liebenswürdig«.[144] Auch Fehlings »hübsche historische Inszenierung« gefällt ihm. In der Premiere sind unter anderem sein Verleger Fischer mit Frau sowie das Ehepaar Thomas und Katia Mann. Alle finden die Aufführung – und besonders Heini – gut. Auch die Kritiken sind positiv. Nur Arthur Schnitzler ist trotz dringender Einladung Jessners nicht zur Premiere gekommen, um den Eindruck einer »Familienfestlichkeit« zu vermeiden. Er geht ein paar Tage später hinein und freut sich an der Aufführung und an seinem Sohn.

Die Manns und die Fischers im Publikum. Er hat die Probe bestanden. Aber hätte er sich erlauben können, sie nicht zu bestehen? Heinrich Schnitzler hat eine ganze Sammlung bester Voraussetzungen: Intelligenz, Begabung, gutes Aussehen, weltläufiges Auftreten, Beziehungen. Nur eines kann er sich nicht erlauben: Fehler zu machen.

Liebe und Tod in Venedig

Lilis Geschichte. Wie kann man sie erzählen? Soll man sie überhaupt erzählen? Oder lieber darüber schweigen, wie Heinrich Schnitzler zu tun beschlossen hatte, sodass Michael, sein jüngerer Sohn, als er dreizehn oder vierzehn Jahre alt war und zum ersten Mal mit den Eltern zu Besuch in Venedig, sich wunderte, wohin denn sein Vater immer verschwand, ganze Nachmittage lang. »Er geht das Grab seiner Schwester besuchen«, sagte ihm seine Mutter. Und so erfuhr Michael Schnitzler von der Existenz seiner Tante Lili, von der er bis dahin nichts gewusst hatte.

Lili Schnitzlers Grab befindet sich auf dem jüdischen Friedhof in Venedig-Lido. An einem sonnigen Nachmittag im April bin ich aufs Geratewohl mit dem Vaporetto 52 von Fondamente Nove bis zur Endstation gefahren und habe Glück, dass gerade heute die Sommeröffnungszeit beginnt. Im Winter kann man den Friedhof nur vormittags besuchen. Ein junger Mann mit Sonnenbrille, Kinnbärtchen und Sechzigerjahre-Hut führt mich zu Lilis Grab. Man könnte es wirklich leicht übersehen. Es ist ein ganz kleines Grab, wie das eines Kindes. »Lili Cappellini, nata Schnitzler« steht darauf, und die Lebensdaten: »1909–1928«. Die kleine Vase auf dem kleinen Grab ist leer, wer mag wohl zuletzt ein paar Blumen hineingestellt haben? Das Nachbargrab ist mit einer Flaggengirlande in den israelischen Nationalfarben geschmückt, blau und weiß. Am Nachmittag liegt dieser Teil des Friedhofs im Schatten hoher immergrüner Bäume. Das Flügelschlagen der Tauben gegen das Blattwerk ist das einzige Geräusch hier, sonst ist es so still wie nirgendwo in Venedig. Wie diese Bäume heißen, weiß ich nicht. Natürlich wäre es leicht, ihren Namen herauszufinden, aber wozu das, wenn so viele Fragen unbeantwortet bleiben müssen? »Vorrei morir«, hatte Lili Cappellini, noch nicht einmal neunzehn Jahre alt, als letzten Satz in ihr Tagebuch geschrieben – »ich möchte sterben«.

Wenn sich die Frage nach dem »Warum« schon nicht beantworten ließ, so gab es doch Urteile über Lili. Ein Nachbar aus der Sternwartestraße, der Zuckerfabrikant Dr. Siegfried von Strakosch, schrieb am 29. Juli 1928 an Arthur Schnitzler: »Tief erschüttert drücken wir Ihnen die Hand. Worte zu finden vermag ich nicht, angesichts der Unsinnigkeit dieses Schicksalsschlages. Möge Ihnen Ihre hohe Kunst die übermenschliche Kraft geben, nicht zu verzweifeln.« Auch er hatte eine Tochter, auch sie hieß – nein, sie hieß Lilly, mit zwei l's und y am Ende. Die Mädchen hatten miteinander gespielt, als sie klein waren, aber – wie kann man so früh anfangen, sich zu schminken? Lilly von Strakosch war mit der frühreifen Lili Schnitzler nicht recht warm geworden. Ihr Leben lang blieb sie voller Ablehnung gegen die Person, die ihre Schwägerin geworden wäre, wenn Lili es nicht vorgezogen hätte, aus dem Leben zu gehen. Eine Neurotikerin, eine Hysterikerin, eine Nymphomanin: Das war und blieb Lili Schnitzler in ihren Augen. Ihr Mitgefühl war ganz bei Heini, der ein paar Jahre später ihr Ehemann werden sollte, und bei Arthur Schnitzler, dem verlassenen, verwaisten, gebrochenen Vater.

April in Venedig, und ich denke an einen anderen Apriltag, im Jahr 1927, als Arthur Schnitzler mit Lili in die Lagunenstadt gereist war, um den »Kindern« bei der Wohnungssuche zur Seite zu stehen. Sie fanden die Wohnung S. Agostino 2545, ganz in der Nähe von Alma Mahlers Haus. Ja, auch die spielte in der Angelegenheit eine Rolle. Die »Kinder«, das waren Lili und ihr doppelt so alter Verlobter Arnoldo Cappellini, ein Capitano bei der faschistischen Miliz. Nach einer Konferenz mit dem Hausbesitzer kam es zum Abschluss des Vertrags, »und so mietete ich denn für Lili und Arnoldo«, notierte Schnitzler – »mit dem Gefühl, etwas sehr richtiges zu tun«.[145] Er hatte sich überwunden. Er hatte dem egoistischen Interesse entsagt, seine über alles geliebte Tochter bei sich in Wien zu behalten.

Nun muss ich erzählen, wie es dazu kam, oder besser gesagt: wie ich mir nach Betrachtung der zur Verfügung stehenden Quellen vorstelle, dass es dazu kam, dass Arthur Schnitzler fand, für seine 17-jährige Tochter sei die Ehe mit einem doppelt so alten faschistischen Offizier und ein Wohnsitz in Venedig das Richtige.

Es begann mit einem Besuch von Mutter und Tochter Schnitzler im Oktober 1925 bei Alma Mahler und Franz Werfel in Venedig. Am 8. Oktober schrieb Olga an Heini in Berlin: »Mein Geliebtes, (…) Ich erzähle Dir alles, – auch von Werfel, mit dem ich neulich einen heftigen Disput hatte, zur Freude der Alma, die sich auch ewig mit ihm rauft. Er kommt wieder in etwas verwaschene socialistisch-communistische Ideengänge hinein. Er ist geistig wie körperlich verfettet und wenn einmal bei ihm der Spiritus verfliegt und nur das Phlegma übrigbleibt – was soll dann werden?! Er spricht gehässig von den Fascisten – und (…) wir sind fascistisch hinlänglich inficiert, wie Du weißt – und gar die Alma –!! Die frech sagt: ›Der Socialismus ist eine Paria-Angelegenheit – aber Du bist so miess, dass Du Dich zu ihnen gehörig fühlst!‹ Ja, mild ist sie umso weniger, als sie ihm seine Inconsequenz übel nimmt – da er sehr anspruchsvoll in Dingen des äusseren Lebens ist.«[146]

»Inficiert« war auch die eben 16-jährige Lili. Sie tat dem Bruder kund, Italien sei überhaupt das einzige Land, in dem man leben könne. In Venedig hatte ein interessant aussehender Mensch in schwarzer Uniform ihre Phantasie geweckt, eine allerdings leicht zu weckende Phantasie, denn schon als kleines Mädchen hatte Lili diese heftigen Verliebtheiten durchgemacht, hatte mit neun für den Kronprinzen Otto geschwärmt und der Familie damit in den Ohren gelegen. Bevor das Haus Habsburg abdanken musste, hatte der Vater ihr ein wenig maliziös prophezeit: »Auch mit deinem Kronprinzen wird's nicht mehr lange dauern.« Und Lili, sich selbst nicht ganz ernst nehmend, hatte geantwortet: »Wurst; ich hab 64 Bilder von ihm.«[147] Die Objekte der Sehnsucht hatten gewechselt, vor Kurzem noch war es der Schauspieler Conrad Veidt gewesen, nun eben der Capitano, aber noch hatte sie kein Wort mit ihm gesprochen.

Der Konflikt zwischen Vater und Tochter blieb nicht aus. Im November 1925 hielt sich Olga Schnitzler wegen einer längeren

Zahnbehandlung in Wien auf. In einem Brief an ihren Sohn schwärmte sie von einem Treffen mit Alma Mahler, die »so schön« von einem »Fascistenfest« in Venedig erzählt habe. Aber nicht alle Familienmitglieder waren gleichermaßen überzeugt von der neuen italienischen Regierung, Arthur Schnitzler schon gar nicht, der skeptisch gegenüber jeder politischen Partei blieb und nur deshalb die Sozialdemokraten wählte, weil sie ihm als das geringste Übel erschienen. Olga berichtete weiter, der Vater und Lili bekämpften sich neuerdings aus politischen Gründen – der Vater protestiere, dass sich das Kind den Mussolini ins Zimmer gehängt habe und sich fast täglich faschistische Propagandazeitungen – den *Popolo d'Italia* und den *Secolo* – kaufe.[148]

Immerhin durfte Lili nun Italienisch lernen. Ihr täglicher Stundenplan sah vor: Englisch, Französisch, Kulturgeschichte, Gymnastik, Klavierunterricht, Nähen. Auch ein Spaziergang war Teil des Curriculums. Und nun eben noch die Italienischstunden »bei einer reizenden Italienerin aus Livorno«. Das Lyzeum besuchte sie nicht mehr. Begabungen, glaubte Lili, habe sie keine besonderen, und sie litt dafür umso mehr unter Zukunftsangst. Was anfangen mit sich? Eine Kinokarriere, das wäre etwas. Die Liebe – auf jeden Fall! Ein großes, unendlich verlockendes Feld, zu dem Lili sich schon aufgrund des väterlichen Erbes berufen fühlte. Ihre Flirts, von denen sie eher der Mutter als dem Vater berichtete, waren, in Olga Schnitzlers Vokabular, »nicht ganz unbedenklich«.

Als Lili im Sommer des darauffolgenden Jahres wieder einmal in der Obhut der Mutter auf Reisen ging, schrieb Arthur Schnitzler an seine Exfrau. Seine Einschätzung war verhalten optimistisch: »Einfach ist ja dieses geliebte Wesen nicht; aber trotz der Schwierigkeiten – ich muss dir sagen, dass ich in diesem Jahr viel ruhiger über sie bin, als ichs noch im vorigen Jahr war; und ganz besonders ethisch hat sie sich ungleich aussichtsvoller entwickelt, als ich noch vor kurzem für wahrscheinlich gehalten hätte. Meine Vermuthung, dass manche ihrer kleinen Verfehlungen nicht auf Mängeln ihres Wesens sondern auf leicht pathologischen Begleiterscheinungen der Entwicklungsvorgänge beruhten, kann wohl als bestätigt gelten. Ebenso glaub ich, dass die schweren, fast weltschmerzlichen Stimmungen, die sie jetzt durchzumachen hat, nicht aus der Tiefe ihres Wesens wieder emporsteigen, – sondern gleichfalls – zum Theil wenigstens mit dem jetzigen Stadium ihrer Entwicklung zusammenhängen.«[149]

Den September verbrachten Mutter und Tochter wieder in Venedig. Dieses Mal lernten sie sich kennen, die gerade 17-jährige Lili und der 35 Jahre alte Capitano. Sie sahen sich nun täglich, und auch der Mutter hatte er sich vorgestellt. Die war so unverhohlen entzückt von dem früheren Gardeoffizier (»ein bezaubernder Kerl«, »ein echter Mann«, »erstaunlich gescheit und belesen«, »graue Schläfen und doch feurig«), dass sie im Lagebericht für Heini selbst in backfischhafte Schwärmerei verfiel.[150] Dass er »vom Leben wiederholt enttäuscht« worden war, machte ihn in ihren Augen umso mehr zu einer romantischen Figur. Und sie beschloss, die Liebesangelegenheit zu fördern. Trotzig widerstand sie dem Vernunft fordernden Vater: »Sie wird kaum einen bürgerlichen Menschen wählen – und lieber in ein minder leichtes abenteuerliches Schicksal gehen. Sie ist meine Tochter.«[151] Als Olga ihrem »lieben Buben« ein paar Tage später den Fortgang der Dinge schilderte, hatte sich ihre Arnoldo-Manie noch weiter gesteigert: »Unser Kind, mein Lieber, erlebt ihre erste wirkliche echte und reine Liebe zu einem wunderbaren Menschen, der sie wiederliebt. – Er ist ein unwahrscheinliches Geschöpf, so innen wie aussen, – viel zu gross und zu souverän für diese Epochen, die nur Mittelmass und bürgerliche Gedrücktheit ertragen kann. Er hatte den Plan, nach dem Congo zu gehen, – ist jetzt sehr wankend und unschlüssig, was mit sich und seinem Leben beginnen. Die Tragik, – eine ihm völlig ungemässe Enge des Materiellen und eine nicht genutzte Kraft seines sehr männlichen Willens. Dem Kind ist das alles gleich: sie, bisher ein kleines egoistisches Luxusmädchen, liebt ihn über Stock und Stein, – ich glaube, sie ginge mit ihm bis ans Ende der Welt, sagt: ›Wen kann man nach ihm noch lieben?‹«[152] Und Lili konnte in den Augen ihrer Mutter die eigenen Gefühle gespiegelt sehen.

Arthur Schnitzler hingegen reagierte verärgert, irritiert – und voller Sorge. Was waren nun das wieder für Kapriolen? Wieso kam Lili nicht nach Hause? Sie hatte doch ihren Studien nachzugehen! Warum wurden seine Wünsche nicht befolgt? Keinesfalls war er geneigt, seine Tochter einem Abenteurer zu überlassen. Selbst wenn dieser Capitano eine solche Lichtgestalt war, wie von Mutter und Tochter geschildert, so blieb er doch ein armer Schlucker. Und das der verwöhnten Lili! Wie stellten sich die beiden Frauen den Fortgang dieser Liebesangelegenheit vor? Soll die eben 17-jährige Lili nun alle paar Wochen auf eigene Faust zu ihrem Faschisten reisen? Aber ach, neben allen diesen berechtigten Bedenken zerriss es ihm das Herz, sich auch nur vorzustellen, das geliebte Kind ginge so früh schon fort von ihm. Nichts ist förderlicher für eine junge Liebe als ein bisschen Widerstand. Olga in ihrer Begeisterung bot an, dem jungen Paar ein Drittel ihrer Bezüge zu überlassen. Da stellte Schnitzler energisch klar, dass seine Finanzmittel es ihm nicht erlaubten, noch einen dritten Haushalt zu finanzieren. Zumal Olga mit ihren 1000 Mark monatlich auch so schon nicht auskam. Als Schnitzlers väterliches Herz sich im Ansturm von Lilis Wünschen zu erweichen begann, erwachten, ganz leise, ihre eigenen Bedenken. So weit fort von ihrem geliebten Vater? Und was tun, den ganzen Tag lang in Venedig?

Im Jänner 1927 nahm Arnoldo Cappellinis Werbung Formen an. Er schrieb einen Brief, äußerte Heiratsabsichten, teilte aber gleichzeitig mit, im Augenblick noch nicht heiraten zu können. Seine finanziellen Möglichkeiten seien beschränkt, die Perspektiven mäßig – auch auf lange Sicht. Kurz darauf, im Februar 1927, hielt er offiziell um Lilis Hand an. Der Capitano kam nach Wien, und es geschah das Unerwartete. Schnitzler mochte den Bewerber seiner Tochter: »Das Gespräch entwickelte sich gleich ganz unbefangen. Er gefiel mir sehr gut; sieht älter aus als er ist; ein durchgearbeitetes Colleonigesicht, mit etwas melancholischen Augen. Gespräch über den Fascismus (er hat den Marsch nach Rom mitgemacht). – Glaubensstark ohne Pathos; – anscheinend wahr. (…) Grammophon; Arn. und Lili tanzten Charleston.«[153] Am Tag danach bestätigte sich der erste Eindruck: »Wir verstanden uns ausgezeichnet, sein freies, durchaus unaffectirtes Wesen gefiel mir sehr gut. Er ist nicht so strahlend, wie ihn O. und auch Lili gesehn; aber leuchtet aus einer vornehmen Seele. Nur schade, dass die äußeren Bedingungen so wenig günstig sind.«[154]

So waren sie also verlobt. Im April begaben sich Vater und Tochter zum Gegenbesuch nach Venedig, und der Zauber der Stadt tat ein Übriges, um Schnitzler zu überzeugen. Ja, hier sollte Lili leben dürfen. Der Hochzeitstermin war für den Sommer festgesetzt. Am 16. Mai kam Lilis Lehrerin Frau Rabelbauer zum letzten Mal zur Französischlektion und weinte: »Un rayon de soleil s'en va« – ein Sonnenstrahl verschwindet. »Wem sagen Sie das«, meinte Schnitzler. Am 30. Juni 1927 heirateten Lili und Arnoldo im Wiener Rathaus, eine zivile Trauung »ohne jede Feierlichkeit«. Die Familie des Bräutigams, streng katholisch und mit der Eheschließung nicht einverstanden, war nicht anwesend. Es war ein schöner Sommertag, das Haus voller Blumen, hinterher wurde im Garten Champagner getrunken, und Heini fotografierte. Als Arthur Schnitzler das Paar am Abend zur Südbahn brachte, sagte Arnoldo in seinem gebrochenen Deutsch: »Sei nicht traurig … Sie ist in guten Händen.«[155] Bald kamen vergnügte Briefe aus Venedig. Alles schien in bester Ordnung.

Im April 1928 unternahm Schnitzler in Gesellschaft von Lili und Arnoldo eine zweiwöchige Seereise mit der »Stella d'Italia«. Triest – an Dalmatien vorbei – Korfu – Athen – Konstantinopel – Rhodos – Ragusa – Venedig. Wieder sah Arthur Schnitzler Lili und Arnoldo tanzen. Er sah die »vollendete Anmut« seiner jungen Tochter und hörte andere Passagiere sagen, sie sei die schönste Frau an Bord. Er sah *nicht,* dass die Katastrophe unmittelbar bevorstand, und war einmal in seinem Leben ahnungslos.

Die Angstträume um Lili hatten ihn seit ihrer Geburt begleitet. Als das Kind sieben oder acht Jahre alt war, mitten im Krieg, hatte er sich der Vergangenheit zugewandt und seine Lebenserinnerungen aufgeschrieben. Und er hatte, im sachlich-distanzierten Erzählton à la Kleist, über die unerhörten Begebenheiten in der mütterlichen Verwandtschaft berichtet, wie in einer Generation mysteriöserweise gleich drei Familienmitglieder durch Pistolenschüsse ums Leben gekommen waren.[156]

Am 25. Juli 1928 ging Lili, schon fertig angezogen zum Ausgehen, ins Badezimmer und schoss sich mit Arnoldos Pistole ins Herz. Die Verletzung schien zunächst nicht lebensgefährlich. Das Telegramm von Arnoldo erreichte Schnitzler erst am folgenden Tag: »Urge assoluta tua presenza Venezia stop nessuna preoccupazione per salute Lili che sta benissimo«[157] – er bat seinen Schwiegervater, so schnell wie möglich nach Venedig zu kommen, doch müsse er sich keine Sorgen um Lilis Gesundheit machen. Ein weiteres Telegramm von Anna Mahler, der Tochter Almas, ließ weniger am Ernst der Lage zweifeln. Als Arthur und Olga Schnitzler tags darauf am Flugplatz in Venedig ankamen, war Lili schon tot, am Abend des 26. Juli um halb elf gestorben an Blutvergiftung. Eine Operation im Ospedale von Venedig hatte nichts genützt. Die Kugel aus der Waffe, die Arnoldo im Krieg einem verwundeten Österreicher abgenommen hatte, war rostig gewesen.

Was denn passiert sei, fragte Schnitzler das Hausmädchen Rita, die Lili geliebt hatte wie »una sorella« – wie eine Schwester. Und Rita antwortete: »Un momento di nervosismo«[158] – ein Augenblick der Nervosität. Unter den vielen Kondolenzbriefen war einer, der etwas wie Aufschluss geben mochte – wenn auch nicht über Lilis Motive, so doch über den Eindruck, den sie auf Außenstehende machte. Er stammte von der Frankfurter Künstlerin Erna Pinner, die mit Anna Mahler befreundet war und sich mit ihrem Lebensgefährten, dem Schriftsteller Kasimir Edschmid, häufig in Venedig aufhielt. Datiert vom 30. Juli 1928, war er an Olga Schnitzler gerichtet.

»Liebe und sehr verehrte gnädige Frau,
Ich brauche Ihnen wohl kaum zu sagen wie sehr mich die
Nachricht von Lillis [sic!] Tod getroffen hat. Umso mehr als
ich noch in diesem Monat die 14 Tage, die ich in Venedig war,
beinahe täglich mit Lili zusammen war. Aus dem Kind von
vor zwei Jahren um das Sie sich so sorgten war ein
abgeschlossener Mensch geworden, der aber in seiner
Abgeschlossenheit eine noch grössere Verschlossenheit trug.
Lili war eine aufgeblühte Frau geworden, sah reizend aus in
ihrem weissen Turban, aber sie war unheimlich abwesend.
Ich machte mir schon damals ehrliche Sorgen um sie, für die
ich aber nirgends einen greifbaren Grund sah. Lili, die sehr
einsam schien, war glücklich mit mir und Edschmid oft

zusammen zu sein, von bekannten Dingen zu plaudern, und war dann wieder so sicher und bestimmt in ihrer Haltung, dass ich nicht wagte mit einer persönlichen Frage an sie heranzutreten. Es ging von diesem Wesen ein merkwürdiger Bann aus. Ich muss auch sagen, daß der Capitano stets sehr besorgt und nett zu ihr war. Ich glaube, dass es seiner fremdrassigen Mentalität nicht immer leicht war dieses aus Anmut und Melancholie gemischte Geschöpf zu verstehen. Lilli war ein Mensch der bereit war für eine Passion ebenso zu leben wie zu sterben, eine Seltenheit vielleicht eine Einmaligkeit in der heutigen Zeit. Aber Lili lebte in den Vorstellungen und mußte an den Realitäten, die man doch nicht ausschalten kann … so oder so, scheitern.«[159]

Schnitzlers letzte Liebe, Teil 1

Nach dem Begräbnis ist Schnitzler, begleitet von Olga, Heini und Arnoldo, nach Wien zurückgekehrt. »Am Abend wir verlassenen vier um den Tisch; – und Anfälle wildester Verzweiflung. Ich spielte mit Heini Schubert B dur Trio; Arnoldo und O. hörten aus dem Dunkel zu.«[160] In der Trauer um Lili rückt die Familie, sosehr auch sonst jeder mit seinem eigenen Leben beschäftigt sein mag, eng zusammen. Niemand kommt auf die Idee, Arnoldo einen Vorwurf zu machen. Er gehört dazu und wird in den kommenden Jahren mit großer Selbstverständlichkeit in jedes familiäre Treffen einbezogen sein. Ob es nicht besser sei, wenn die Mutter jetzt wieder bei ihm lebe, fragt nun auch Heinrich Schnitzler. Nein, es geht nicht, auch jetzt nicht, trotz des Zusammengehörigkeitsgefühls, trotz der Augenblicke von Liebe im gemeinsamen Schmerz. Schnitzler verweist auf Clara Katharina Pollaczek, und dass er doch gebunden sei. Sich selbst muss er allerdings eingestehen, dass es bei ihr – auch und gerade in dieser Situation – »wenig Aufathmen« gibt.[161] Einzig die Gegenwart seines Sohnes erlaubt ihm solch kurzfristiges Aufatmen, und er notiert nach einem Gespräch mit ihm über Lilis Nachlass, das Monologische der Situation des Tagebuchschreibers überschreitend: »In seiner Haltung, seinem Verstehn, seiner Klugheit welch ein Glück in diesem Unglück. Ich danke dir mein geliebter Sohn!«[162]

Und wieder ist es die Natur, in der sie Trost suchen. Ende August reisen sie zu viert in das bayerische Hohenschwangau, treffen Heinis Freundin Ruth Albu und unternehmen allerlei Touren. Aber allzu viele Erinnerungen machen ihm das Herz schwer, Schnitzler hat Kopfweh, und er ist vor allem müde. In der Nacht vom 8. auf den 9. August 1928 hat er zum ersten Mal von Lili geträumt, ihrem bevorstehenden Tod, seiner Angst um sie, von seinem verzweifelten Bemühen und der Unmöglichkeit, sie zu beschützen. In der ihm verbleibenden Lebenszeit von drei Jahren und drei Monaten wird er immer wieder von ihr träumen; in immer neuen Variationen ein- und desselben Themas. Auch dass er aufwacht, glückselig in dem Bewusstsein, dass es nur ein Traum war, gehört dazu. Umso grausamer das wirkliche Erwachen. Auf allen Fotos aus dieser letzten Lebensphase ist ihm die Trauer ins Gesicht geschrieben. Aber er lebt weiter, anders als Hugo von Hofmannsthal, der am Tag nachdem sein Sohn sich das Leben genommen hat, selber tot umfällt.

Schnitzler hat es nicht fertiggebracht, seine Tochter im Leichenschauhaus noch einmal zu sehen. Er begann allerdings unmittelbar nach seiner Rückkehr nach Wien, sich mit Lilis Tagebüchern auseinanderzusetzen, um sie anschließend Frieda Pollak zu diktieren. Dieses Konvolut befindet sich heute im Deutschen Literaturarchiv in Marbach. Auf Heinrich Schnitzlers Wunsch ist es versiegelt und darf nur von Familienmitgliedern eingesehen werden. Warum er so entschieden hat, wird verständlich, wenn man Arthur Schnitzlers Kommentare liest. Mehr noch als die zu Extremen neigenden Ausschläge ihres Temperaments – die frühen, spielerischen Selbstmordgedanken und die unbändige Lebenslust – erschütterte ihn, wie wenig er von ihrem Wesen in diesen Aufzeichnungen fand. Nachdem er in Lilis Tagebuch aus dem Jahr 1923 gelesen hat, schreibt er: »Backfischhaft, immer verliebt (Schauspieler Kino; – Schott, Moissi, Gebühr, Duschinsky) um wieviel geistiger war sie in Wirklichkeit schon damals als in jenen Blättern herauskommt.«[163] Über das Tagebuch des Jahres 1925 heißt es dann: »Hier tritt das Pathologische ihres Wesens, das erotisch besessene – zugleich mit dem kindisch backfischhaften immer stärker hervor. Die Differenz zwischen ihren geistig völlig leeren Notizen und dem klaren klugen, interessierten Wesen, das sie damals war – auch von geistiger Anmut; ist unfassbar.«[164] Man muss befürchten, dass die Menschen sich ein falsches, einseitiges Bild von jener Lili machen würden, die vielleicht »eine Neurotikerin, eine Hysterikerin, eine Nymphomanin« war, aber eben auch vieles andere. »Es ist nur ein Theil ihres Wesens drin, und nicht der beste«, findet Schnitzler.[165] Die Beschäftigung mit Lilis Tagebüchern dauert länger als ein Jahr, und als er damit fertig ist, zieht er das Fazit: »Mit jenem Julitag war mein Leben doch zu Ende. Die andern wissens nicht – und manchmal ich selber auch nicht.«[166]

Aber darin irrt er sich. Das Leben hat ein letztes Geschenk für ihn. Sehr bald und völlig unerwartet kommt die Liebe noch einmal zu ihm, und er wäre nicht Schnitzler, wenn er sie nicht willkommen hieße. Suzanne Clauser, die Tochter des Präsidenten der Adler-Bank, ist in Paris aufgewachsen und Übersetzerin ins Französische. Als er sie im November des Unglücksjahrs 1928 zum ersten Mal sieht, ist sie dreißig Jahre alt. Sie liest ihm ein Gedicht auf Französisch vor, spricht von ihrem Vater, und Schnitzler findet sie »recht charmant«.[167] Doch es dauert noch ein Jahr, bis sie zueinander finden. Ein Brief in Versen, den sie am 18. Oktober 1929 geschickt hat, wirkt »beunruhigend, ja erschütternd« auf ihn, es folgen ein »seltsames Gespräch« und ein erster Besuch bei ihr, mittags um zwölf, wobei der 68-jährige Schnitzler sich lächerlich vorkommt. »Und doch war es eine schöne Stunde.«[168] Wie in seiner Jugend muss er mit jemandem über seine Verliebtheit reden. Aber nicht in Wien! Zum Jahreswechsel fährt er nach Berlin, trifft Olga, Heini und Arnoldo – und geht mit Dora Michaelis spazieren. Der aus Wien stammenden Familienfreundin, die mit dem Berliner Patentanwalt Karl Michaelis verheiratet ist, berichtet er von den »Veränderungen seiner Existenz« – froh, von Suzanne reden zu können. Mehr als die anstrengende Familie genießt er die Morgenstunden allein im Hotel und liest Hauptmanns *Buch der Leidenschaft.*

Ohne Verwicklungen geht es auch diesmal nicht vonstatten. Suzanne Clauser ist verheiratet und hat zwei Kinder. Arthur Schnitzler hat seine – wenn auch ungeliebte – Clara Katharina Pollaczek. Wie kann man schreiben, wenn man eigentlich nichts schreiben darf? »Dieser Brief, liebe Frau Suzanne, wird nicht ohne Lampenfieber begonnen. Wie mag es einem Menschen zumute sein, der erstens überhaupt kein Schauspieler ist, der zweitens schon lange Zeit nicht mehr aufgetreten ist – und der drittens vor einem Publicum …«[169] Es folgen viele solcher verspielter, charmanter, gerade eben noch diskreter Briefe, in denen der Schreiber mit dem Nichtsagbaren kokettiert: »Ich sehe meiner Hand zu, wie sie den Bleistift über das Papier zu führen und etwas auszudrücken, etwas mitzuteilen sucht – jetzt hab ich eben einen Gedankenstrich gemacht – es ist absolut komisch. Nun ich trau mich immer noch weiterzuschreiben – Sie nehmen es hoffentlich nicht ernst, gnädige Frau … (auch gnädige kann ein ganz schönes Wort sein. Lesen Sie es deutlich, gnädige Frau).«[170]

Meistens aber telefonieren sie, um die Sehnsucht zu überbrücken. In Schnitzlers letztem Lebensjahr sehen sie sich fast täglich, telefonieren außerdem drei bis fünf Mal. Gelegentlich ist bei ihren Treffen auch Suzannes ahnungsloser Ehemann dabei, und es kommt vor, dass dabei ein angeregtes Gespräch über »Betrug, Ehebruch, Lüge und Wahrheit«[171] geführt wird. Weniger unkompliziert verhält sich Clara Katharina Pollaczek. Schnitzler hat vorgeschlagen, das Verhältnis in eine Freundschaft zu verwandeln. Das will sie nicht akzeptieren, und er macht es ihr darin leicht, denn das Loslassen ist noch nie seine Sache gewesen. Dafür muss er hinnehmen, dass sie ihm das Leben schwer macht – bis zu einem Selbstmordversuch, als sie in einem Hotelzimmer auf dem Semmering im Papierkorb verräterische Briefumschläge gefunden hat. Da hat sie verstanden: Schnitzler liebt eine andere. Und dennoch ist sie es, die ihm am 21. Oktober 1931 bei seinen letzten Atemzügen den Kopf hält.

So endet Arthur Schnitzlers Leben in den vertrauten Wirrungen des Eros. Gesundheitlich ging es ihm schon lange nicht gut, als Mediziner wusste er, was die Herzarrythmien bedeuteten, aber er ließ sich recht gern von seinem behandelnden Arzt, dem Schwiegerneffen Ferry Donath, beruhigen. Seine geliebte Virginierzigarre schmeckte ihm bis zum Schluss. Am Tag bevor er an einem Hirnschlag stirbt, ist Suzanne Clauser bis um ein Uhr mittags dagewesen, am Abend ist er, wie so oft in den vergangenen Jahren, mit Clara Pollaczek ins Kino gegangen. Der Film hieß »Café Paradies«.

Dritter Teil
Wien, Cambridge, Zürich, New York, Berkeley, Los Angeles, Wien 1931–1982

Wien trauert

Alle sind in Schwarz, nur Heinrich Schnitzler nicht. Der Sohn am Grab seines Vaters trägt elegante Straßenkleidung, zum langen Mantel einen hellen, breitkrempigen Hut, keinen Homburg wie die anderen Herren. Es ist Freitag, der 23. Oktober 1931. Jemand fotografiert. Das Fotografieren hat der Vater sich nicht verbeten. Nun die Schaufel in die Hand nehmen und etwas vom Inhalt des Gefäßes auf den Sarg werfen, den die Träger hinuntergelassen haben in die Grube – Erde, Asche, was es auch sei. Olga Schnitzler, tief verschleiert, hat es schon hinter sich. Sie wendet sich ab, hält sich fest an ihrer Handtasche und ein bisschen auch an ihrem weißen Schnupftuch, nicht an ihrem Sohn. Sie sind beide allein.

Rüthchen, die vor drei Jahren nach Hohenschwangau geeilt ist, um ihnen nach Lilis Tod zur Seite zu stehen, ist dieses Mal nicht da. Obwohl Heini sie geheiratet hat, wie sie es wollte – entgegen dem Rat seiner Eltern. Jung, hübsch, voller Mitgefühl – und Schauspielerin: eine unwiderstehliche Mischung für einen Schnitzler, aber warum gleich heiraten? Olga Schnitzler fand die Familie unmöglich: Eugen und Jenny Albu, pikanterweise Bekannte aus Marie Glümers Münchener Kreis. Was hat der Vater geschrieben? »… immerhin, so lose heute alle Bindungen geworden sind – eine Eheschließung ist und bleibt ein verantwortungsvolles Unternehmen – und in der Idee, sehr oft auch in der Wirklichkeit – bedeutet sie eine Verpflichtung auf Lebenszeit.« Und er hat, in Klammern, hinzugefügt:

»Besonders für eine gewisse, nicht eben üble Menschenart, zu der auch du gehörst, mein Sohn.«[1] Geheiratet haben sie trotzdem, Ruth Albu und Heinrich Schnitzler. Dann entdeckte sie ihr Mitgefühl für den Schriftsteller Erich Maria Remarque. Heini hat es ihr nicht weiter übel genommen. Seit Mai sind sie geschieden, in aller Freundschaft. Nun hat sie einen Brief geschickt: »Mein geliebter Heini! Du bist in der schwersten Zeit deines Lebens! Und Du musst dankbar sein, dass Dein geliebter Vater nicht mehr gequält worden ist.« Wenn sie nur nicht immer diese großen Worte machen würde. Worte, hinter denen nichts steckt. »Mein Liebes! So viel schweres und herrlich schönes verbindet uns. Auch dieses schlimmste Leid, von dem wir beide wussten, dass es Dir nicht mehr allzufern ist, würde ich so gerne Dir tragen helfen.«[2]

Ruth und Berlin sind schon so gut wie Vergangenheit. So reich das Berliner Theaterleben war, so katastrophal hat sich alles nach der Weltwirtschaftskrise 1929 entwickelt. Die Subventionen sind fast weggebrochen, die Gagen der Schauspieler gekürzt. Inzwischen sind zwei Drittel aller Bühnenangehörigen erwerbslos. Bei der fortgesetzten Panikstimmung ist künstlerisches Arbeiten kaum noch möglich. Seine Zukunft sieht Heinrich Schnitzler in Wien. Sein Debüt als Regisseur am Volkstheater im Juni war ein schöner Erfolg: Richard Duschinskys *Komparserie,* ein aktuelles Schauspielerstück, geschrieben von einem Kollegen. Publikum und Zeitungen haben freundlich reagiert: »Der junge Schnitzler bezwingt in ausgezeichneter Regie die schwere Materie (…). Der Beifall hatte die Formen des Jubels.«[3] »Der junge Schnitzler« … Und was ist er jetzt, da es den »alten Schnitzler« nicht mehr gibt?

Der junge Schnitzler mit seinem hellen Hut ist ein guter Sohn. Soweit es in seiner Macht steht, will er sorgfältig darauf achten, dass das, was der Vater einmal verfügt hat, auch eingehalten wird. Vor vielen Jahren, noch vor dem Weltkrieg, hat dieser festgelegt:

»Bestimmungen, die ich nach meinem Ableben
zu erfüllen bitte. –
Herzstich! –
Keine Kränze!

Keine Parte! Auch in den Zeitungen nicht!
Begräbnis letzter Klasse.
Das durch Befolgung dieser Bestimmungen erübrigte
Geld ist Spitalszwecken zuzuwenden.
Keine Reden!
Vermeidung allen rituellen Beiwerks.
(Insbesondere Leichenwachter u. dergl.)
Keine Trauer tragen nach meinem Tode, absolut keine. –
Arthur Schnitzler«[4]

Er wollte ein Stück über Joseph II., den Reformkaiser, schreiben. Aus
dieser Idee würde nun nichts mehr werden. Kein Schnitzler-Drama
über den Mann, der den Juden das Medizinstudium erlaubt hatte,
der den Wiener Pompfüneberern das Handwerk gelegt und das
schlichte Begräbnis zur Regel gemacht hatte. Schon damals hatte es
den Wienern nicht gefallen, dass man ihnen den Spaß an der »schönen Leich« verderben wollte. Und auch dieses Mal haben sie es sich
nicht nehmen lassen, sich zu verabschieden, wie sie es wollen. Die
ganze Stadt war auf den Beinen, als der Autokorso auf dem Weg zum
Zentralfriedhof vorbeifuhr, vorneweg der Wagen mit dem riesigen
Lorbeerkranz auf dem Dach. »Nicht Kunst und Literatur allein, ganz
Österreich trauert um Arthur Schnitzler«, stand in der gestrigen
Ausgabe der *Neuen Freien Presse*. Eine unübersehbare Menschen-
menge säumte die Straßen, Polizisten regelten den Verkehr, die
Männer zogen den Hut, als der Dichter Schnitzler zu Grabe gefahren wurde, und erwiesen ihm ein letztes Mal die Ehre.
    Aber wieso trägt die Mutter eigentlich Schwarz? Mit ihrem dra-
matischen Schleier steht sie da wie eine Mater Dolorosa. Sie hatte
eben immer ihren eigenen Kopf. Für ihr materielles Wohlergehen
wird jetzt Heinrich zuständig sein. Alle Einnahmen aus den Werken
des Vaters sollen gleichmäßig zwischen Mutter und Sohn aufgeteilt
werden, steht im Testament. Abgesehen von den Einkünften aus den
französischen Rechten, die der Übersetzerin Suzanne Clauser zuge-
dacht sind. »Als geringes Zeichen meiner Dankbarkeit«, hat Arthur
Schnitzler in einem Zusatz vom Februar des Jahres vermerkt. Nur
das Haus in der Sternwartestraße erbt Heinrich Schnitzler allein. Da

wird nun erst mal die Mutter wohnen. Zehn Jahre nachdem sie, bereit zur Scheidung, das Haus verlassen hat, darf sie endlich wieder einziehen. Aus der geschiedenen Frau Olga ist jetzt die Witwe Schnitzler geworden.

Die andere Lilly aus der Sternwartestraße

Die andere Lilly aus der Sternwartestraße, die mit zwei l's und Ypsilon am Ende, ist keine, die große Worte macht. »Sehr leer ist Wien ohne dich.« – So ein Satz ist schon das höchste der Gefühle. Dafür kann man sich auf sie verlassen. Wenn sie sagt, sie wird nie wieder Grün tragen, dann meint sie es auch.

Es ist nämlich so, dass Heinrich Schnitzler die Farbe Grün hasst. Und ausgerechnet an dem Neujahrsabend, als sie sich bei Saltens treffen, trägt Lilly von Strakosch ein neues grünes Kleid. Das hätte auch schiefgehen können. Er versucht trotzdem, mit ihr ins Gespräch zu kommen. Wenn daraus nichts wird, dann liegt es an Lillys Schüchternheit. Zufälligerweise laufen sie sich wenig später über den Weg und bleiben mitten im Schneegestöber auf der Straße stehen. Dieser Plausch dauert eine ganze Stunde und hat einen Anlass: Der junge Regisseur will mit Lilly über ihre beste Freundin sprechen, Susi Witt, die als Schauspielerin am Volkstheater engagiert ist. Er findet sie ziemlich talentlos. Damit ist nun das Eis gebrochen. Allerdings ist es Lilly nicht erlaubt, mit jungen Männern auszugehen.

In ihrem Elternhaus herrschen bürgerliche Maßstäbe. Ihr Vater Siegfried ist aus der reichen Brünner Industriellenfamilie Strakosch. Von der Textilfabrikation verabschiedete sich schon der Großvater Isidor, als er im Jahr 1900 die Hohenauer Zuckerfabrik nebst riesigen landwirtschaftlichen Betrieben in Niederösterreich kaufte. Zwei Jahre später war er tot, und sein Sohn Siegfried erbte die Aufgabe, sich den neuen Produktionszweig zu erschließen. Das tat er mit aller Kraft und Systematik und brachte es dabei zum anerkannten Experten und Agrarwissenschaftler. Der Ehrendoktortitel der Hochschule für Bodenkultur bedeutete ihm mehr als der Adelstitel, den ihm

Kaiser Karl noch verliehen hatte, als die Monarchie schon in ihren letzten Zuckungen lag. Immerhin, sie hießen jetzt »von Strakosch-Feldringen«, die Eltern Siegfried und Wally und die Geschwister Georg, Christl und Hans. Das große und elegante Haus in der Sternwartestraße 56 wurde von zahlreicher Dienerschaft in Ordnung gehalten, Gäste gingen ein und aus, Politiker und Industrielle, auch die Künstler und Schriftsteller aus der Nachbarschaft des Cottageviertels – Felix Salten, Richard Beer-Hofmann, Karl Schönherr, und gelegentlich auch Arthur Schnitzler –, wenn Sonntag Nachmittag Jour fixe war.

Lilly ist keine Zimperliese. Sie reitet und klettert und spielt Tennis. Nach der Matura hätte sie gern Medizin studiert, aber der Vater hat es nicht erlaubt. »Das ist kein Beruf für Mädchen«, hat er gesagt. Dabei durften Frauen in Österreich schon seit Jahrzehnten Medizin studieren. Der ersten Ärztin im Land, Rosa Kerschbaumer, einer Russin, die in der Schweiz studiert und dann die Augenheilkunde bei Ferdinand Arlt in Wien gelernt hatte, hat Kaiser Franz Joseph 1890 persönlich die Erlaubnis zum Führen einer selbstständigen medizinischen Praxis in Salzburg erteilt. Inzwischen gibt es sogar Universitätsprofessorinnen der Medizin. Allerdings ... sich mit dem Vater anzulegen, hat keinen Zweck, das hat Lilly schon früh gelernt. Als kleines Kind hat sie sich einmal geweigert, der Tante die Hand zu geben, der Schwester des Vaters aus Brünn. Sie fand sie einfach hässlich mit ihrer Perücke der frommen verheirateten jüdischen Frauen auf dem Kopf. Da bekam der Vater einen seiner berüchtigten Zornanfälle. Nein, es tut nicht gut, sich ihm zu widersetzen. Medizin will sie studieren? »Bleib du lieber bei der Geige«, hat der Vater gesagt. Lilly ist die Einzige der Geschwister, die seine musikalische Begabung geerbt hat. Sie spielt Geige, seitdem sie sechs ist. Sie hat sogar ihr eigenes Quartett, und fast jeden Abend geht sie in ein Konzert. Es ist ihr nicht erlaubt, mit Männern auszugehen. Aber sich zum Musizieren zu treffen – ja, das mag angehen. Heini ist ein guter Pianist. So fängt es an.

Im April 1933 unternimmt die Familie von Strakosch-Feldringen eine Osterreise nach Abbazia auf der istrischen Halbinsel. Am 13. April schreibt Lilly an Heini aus dem Palace Hotel Bellevue: dass sie

Tennis spielt, dass sie bei 12 Grad mit ihrem kleinen Bruder schwimmen gegangen ist. Dass sie einen so langen Brief seit Jahren nicht mehr geschrieben hat. Und endet mit: »Viele herzliche Grüße Lilly«.[5] Sechs Tage später stirbt ihr Vater in Abbazia an einem Herzinfarkt. In der Rückschau ist das vor allem »ein grosser Schlag für Mutter, da sie ihn sehr liebte«.[6] Die Leitung der Zuckerfabrik übernimmt nun der älteste Bruder Georg zusammen mit seinem Schwager Otto Patzau, der mit Schwester Christl verheiratet ist. Georg von Strakosch ist das einzige Kind aus der ersten Ehe seines Vaters, 1907 ist seine Mutter Rosa an Tuberkulose gestorben.

Lilly findet sich nicht schön. Wie soll man schön sein neben so einer Mutter – Wally von Strakosch, deren überlebensgroßes Porträt in der Halle hängt. Aber sie weiß, dass sie eine gute, eine loyale Ehefrau sein wird. Armer Heini. Die Frauen haben ihn verlassen. Erst Olga, dann Lili, dann Ruth. Aber sie, sie wird ihn niemals verlassen. Und Grün wird sie auch nie wieder tragen.

Endlich ringt Heini sich durch, Lilly zu fragen, ob sie ihn heiraten will. Er müsse aber seine Freiheit behalten, das ist seine Bedingung. Lilly ihrerseits verlangt eine Renovierung des oberen Stockwerks der Sternwartestraße 71. Schließlich will sie nicht in einem Schnitzler-Museum wohnen. Dann kommt der Moment der offiziellen Brautwerbung. Heini redet mit seiner zukünftigen Schwiegermutter über dies und das. Sie reden schon eine Stunde lang, und Lilly fragt sich, ob er es sich anders überlegt hat. Schließlich kündigt er beiläufig an: »Und das Badezimmer wollen wir weiß und blau machen.« Das war der Antrag.

Am 9. Juni 1934 heiraten Heinrich Schnitzler und Lilly von Strakosch im Währinger Rathaus, eine zivile Trauung. Wie ihre Geschwister ist auch Lilly schon als Kind protestantisch getauft worden. 1904 hatte Siegfried Strakosch die Israelitische Kultusgemeinde verlassen, um protestantisch zu werden, und auch seine Frau Wally hatte sich vor der Hochzeit zu diesem Schritt entschlossen. Ihre Christenpflichten erfüllt die Familie zu den hohen Feiertagen, im Übrigen hat sich nichts geändert. Die Kreise, in denen sie verkehren, sind dieselben geblieben. Und doch, diesen letzten Schritt, sich zu assimilieren, hat Arthur Schnitzler niemals erwogen und schon gar nicht getan. Mit Rabbiner Feuchtwang, der ihn und Olga getraut hatte, stand er bis zu seinem Tod in Verbindung. Und auch Heini ist immer noch Mitglied der jüdischen Gemeinde.

Hochzeitsreise mit einem Schwierigen

Der Hochzeitsreise erster Teil führt das junge Paar nach Hinterbrühl, wo Heinrich Schnitzler geboren ist; und Paul Marx ist auch dabei. In entscheidenden Augenblicken des Lebens soll der beste Freund in der Nähe sein. Besonders, wenn dieser Freund sich in unzähligen Situationen bewährt hat. Besonders, wenn man mit ihm lachen kann, wenn es gerade wenig zu lachen gibt. Besonders, wenn dieser Freund gerade selber nichts zu lachen hat.

Paul Marx ist in Mährisch Ostrau an der Oder gelandet, seit dem Krieg liegt das in der Tschechoslowakischen Republik. Und er kann von Glück sagen, dass er Arbeit gefunden hat, viel Arbeit für wenig Geld am Stadttheater von Mährisch Ostrau. Paul Marx, der mit der Mutter die Schauspielschule besucht hat, der als Schauspieler und Regisseur an den ersten Bühnen in München, Hamburg und Berlin gearbeitet hat, hat 1933 wie so viele andere jüdische Kollegen und Kolleginnen vom Theater Deutschland verlassen müssen, seitdem die »Tiergesichter« die Macht übernommen haben. Gefallen hat es ihm dort schon länger nicht. Am 25. Juli 1932 schrieb er aus Berlin an Heinrich Schnitzler:

»Lieber Heini,
(…) ich freue mich furchtbar für Dich, dass es Dir so gut geht u. dass Du wieder einen Regieerfolg hattest.
Vor allem aber freut mich, dass Du Dich in Wien so wohl fühlst. Und das ist auch der schwarze Fleck auf meiner Seele, denn um dieses Glück, in dieser Stadt leben zu dürfen, beneide ich Dich mit dem grasgrünsten Neid. – Wie es hier aussieht, wirst Du ja wissen. Das Merkwürdige, Dir nicht unbekannte, ist dabei, dass man eigentlich von den Vorgängen in dieser Riesenstadt gar nichts merkt.

Nur ab und zu begegnet man einem Trupp von kostümierten
Tiergesichtern, oder man sah und hörte eine kleine Armee
mit klingendem Hakenkreuz vorbeimarschieren, aber das hat
mit dem 20., dem Demonstrationsverbot, auch aufgehört.
Oder man fährt nachts durch eine Strasse, wie neulich
der Heinz mich im Auto nach hause brachte, sieht, ein paar
Minuten von meiner Wohnung entfernt, eine Menschenan-
sammlung vor einem Haustor u. hört dann am übernächsten
Tag die kurze Notiz in der Zeitung: ›Der Reichsbannermann X,
der vorgestern nacht vor seinem Haus in der Grunewalderstr.
von mehreren Nationalsoz. belästigt wurde und sich die
Belästigungen verbat, erhielt mehrere Messerstiche,
die heute seinen Tod zur Folge hatten.‹ – Dann ist man sich
klar, dass man noch immer im Schützengraben liegt u. man
hat nur den einen Wunsch: Fahnenflucht, aus Deutschland
desertieren! – Es ist nur erhebend zu hören, wie einzelne
›Geistesarbeiter‹ (den Ausdruck Kopfarbeiter möchte ich
unter allen Umständen vermeiden) rasch u praktisch ihre
Umstellung vollzogen haben; man erzählt von Müthel u. Harlan;
Rex erschien in einem Filmatelier in Naziuniform; Hans Heinz
Evers hat einen Nazi-Roman ›Der deutsche Reiter‹ fabriziert;
zur Unterstützung des Herrn Bronnen hat sich jetzt das Subject
Gerd Fricke als Nazi bekannt; auch Polzig u Bruno Paul
haben sich einer geehrten arischen Kundschaft zum Ausbau
komfortabler Hakenkreuze bestens empfohlen.
Mein Standpunkt dieser ganzen Sippschaft gegenüber ist:
›Nie davon sprechen, immer daran denken‹, und nach dieser
kurzen Glanzzeit, wenn der Schwindel vorbei sein wird,
jedem den Tritt zu geben, den sie verdienen.«[7]

Ja, Paul Marx kann ein bisschen Erholung wirklich gebrauchen.

Der zweite Teil der Hochzeitsreise geht nach Neapel und Sizilien.
Auch hier hat Heinrich Schnitzler für Geselligkeit gesorgt. Ein
Schauspielerpaar vom Volkstheater ist mit von der Partie und liegt
sich ständig in den Haaren. Lilly erträgt es mit Fassung. Spätestens
jetzt hat sie begriffen, dass sie einen Schwierigen geheiratet hat.

Ein Schnitzler wird getauft

Das Jahr 1937 hat nicht gut angefangen. »Trauriger Jahresbeginn: Aussichtslosigkeit, Hoffnungslosigkeit und das Gefühl des eingesperrt-Seins«, fasst Heinrich Schnitzler die Lage zusammen und meint damit sowohl die Atmosphäre am Volkstheater wie auch die politische Situation in Österreich.[0] Das Land stolpert von einer Krise in die nächste. Wie lange wird es seine Unabhängigkeit gegenüber dem Deutschen Reich noch bewahren können? 1934 haben die Nationalsozialisten schon einmal versucht, an die Macht zu kommen, wenn auch vergebens. Dieser Putsch ist gescheitert. Nach der Tötung von Kanzler Dollfuß regiert jetzt Kurt Schuschnigg, vormals Justizminister und Mitarchitekt des austrofaschistischen Ständestaates.

Um sich zu zerstreuen, gehen Schnitzlers ins Kino. Lilly ist hochschwanger. Zwei Tage bevor ihr erstes Kind zur Welt kommt, sehen sie sich im Elite-Kino die amerikanische Komödie *Liebe mit 100 PS* an – *Love on the Run* mit Joan Crawford, Clark Gable und Franchot Tone. Eine Millionenerbin auf der Flucht vor ihrem Bräutigam und ein Reporter an ihrer Seite rasen durch Europa, ganz freiwillig, ganz ohne Gepäck und immer wie aus dem Ei gepellt. Das Publikum amüsiert sich, auch das junge Paar.

Die Ankunft des ersten Kindes: Was für Arthur Schnitzler eine hochdelikate Angelegenheit war, ist für seinen Sohn 34 Jahre später ein zwar nervenaufreibender, aber dennoch ganz normaler und aus der Nähe aufmerksam miterlebter Vorgang. Diese Generation von Frauen aus dem städtischen Großbürgertum bringt die Kinder im Krankenhaus zur Welt – und ist bemüht, die Contenance zu wahren. Als Heinrich Schnitzler am 8. April nach der Probe nach Hause kommt, wird es Zeit: »Um ½ 4 fahren wir ins Sanatorium Fürth. – Ich werde weggeschickt, fahre in die Stadt, sehr nervös, dann ins Theater, bald wieder ins Sanatorium. Die Wehen haben begonnen. Lilly hält sich bewundernswert. Kein Laut kommt über ihre Lippen. Ihre Mutter und ich sind immer an ihrem Bett. Um 6 gehe ich noch einmal weg, in die Stadt, bin bald wieder im Sanatorium. Die Wehen jetzt sehr heftig. Gegen 10 rät die Hebamme die Übersiedlung ins

Kraiszimmer. Lilly geht zu Fuß über eine steile Treppe hinauf! Um ½ 11 schickt mich Dr. Porges weg – ich solle etwas essen. Vor 12 könne nichts geschehen. Ich fahre in die Stadt, esse in einem Automatenbuffet etwas – als ich um 11 das Sanatorium betrete teilt mir der Portier mit: ein Bub ist angekommen – vor wenigen Minuten!! Mit Lillys Mutter gewartet. Nach ½ 12 dürfen wir hinauf. Lilly sehr erschöpft. Das Kind liegt schlafend und die winzigen Händchen bewegend in seinem Körbchen.«[9]

Beer-Hofmanns kommen und bringen dem Kind eine Puppe, und dem jungen Vater ein Blatt mit der Unterschrift Andreas Hofers für seine Autographensammlung. Die Puppe hat Arthur Schnitzler einmal ihrer ältesten Tochter geschenkt – Mirjam, nach deren Geburt Richard Beer-Hofmann 1897 das »Schlaflied für Mirjam« geschrieben hat, sein bekanntestes Gedicht, dessen melancholische zweite Strophe lautet:

»Schlaf, mein Kind – der Abendwind weht.
Weiß man, woher er kommt, wohin er geht?
Dunkel, verborgen die Wege hier sind,
Dir, und auch mir, und uns allen, mein Kind!
Blinde – so gehn wir und gehen allein,
Keiner kann keinem Gefährte hier sein –
Schlaf mein Kind – mein Kind schlaf ein!«

Mirjam ist längst erwachsen, 1924 hat sie Ernst Czuczka geheiratet, den leitenden Sekretär des Organisationsamts für soziale Arbeit des Jüdischen Nationalrats. Paula Beer-Hofmann hat die Puppe frisch angezogen. Heinrich Schnitzler schreibt im Tagebuch: »Frau Beer-Hofmann«. Er kennt die Freunde des Vaters schon sein ganzes Leben lang, und auch sie sind per Sie geblieben und einander tief verbunden.

Wie schon seine Mutter wird auch Peter protestantisch getauft. Heinrich Schnitzler erhebt keinen Anspruch darauf, seinen Sohn jüdisch zu erziehen. Er selbst hätte die Israelitische Kultusgemeinde schon verlassen – wenn die Zeiten nicht wären, wie sie sind. Es ist einfach nicht der richtige Moment für einen solchen Schritt, findet nicht nur er: Seit 1934 übersteigt die Zahl der Eintritte die der Austritte, zum ersten Mal seit Jahrzehnten. Sich jetzt von der Religion seiner Väter zu verabschieden, wäre wie Fahnenflucht. Aber für das Kind – wer weiß – wird die Taufe vielleicht ein Schutz sein.

Der kleine Peter hat sich nicht den günstigsten Moment ausgesucht, diese ohnehin unsichere Welt zu betreten. Dafür wird ihm von seiner Familie ein besonders enthusiastischer Empfang bereitet. Wie es scheint, muss er für all das stehen, was es an Gutem, Wahrem und Schönem doch noch geben könnte. Besonders Olga Schnitzler hält ihn für die Krone der Schöpfung. Als sich die jungen Eltern Ende Juni auf eine längere Sommerreise begeben, lassen sie Peter in der Obhut des Kindermädchens und beider Großmütter zurück. Olga sieht ihren Enkel, sooft sie kann. Sie kann allerdings nicht so oft, denn sie hat nun – endlich! – ihre Berufung gefunden und betont mit kindlichem Stolz die Pflichten, die sie gegenüber ihren Patienten an der Klinik hat. Die Sprachheilpädagogik ist eine ganz neue Disziplin. Der Laryngologe Emil Fröschels, Gründer und Präsident der Internationalen Gesellschaft für Logopädie und Phoniatrie, hat sich schon vor dem Krieg auf Sprachstörungen spezialisiert und in den Zwanzigerjahren dann mit der Ausbildung von Logopäden begonnen. Olga mit ihren Erfahrungen aus dem langen Gesangsstudium hat beste Voraussetzungen mitgebracht. Seit 1926 leitet Fröschels das individualpsychologische Ambulatorium für Sprachstörungen an der Wiener Poliklinik. So ist Olga, wenn auch nur für kurze Zeit, in die Sphäre der Schnitzlers zurückgekehrt.

»Mutter wohnt bei einer Familie Frank, Kohlmarkt 10, und fühlt sich dort sehr wohl«, schreibt Heinrich Schnitzler an Paul Marx im November des Jahres. »Sie ist sehr fleissig auf der Klinik und die intensive Arbeit tut ihr sichtlich wohl. Ich habe sie lange nicht in so ausgeglichener Verfassung gesehen.«

Flüchten ist nichts für Kinder

In manchen Dingen war Arthur Schnitzler ein gewissenhafter, ja pedantischer Mann. Er liebte das Ordnen und Einsortieren von Briefen und Schriftstücken aller Art, eine Tätigkeit, die er »papirln« nannte und die ihm half, das innere Chaos in Schach zu halten. Sein Sohn macht es ihm nach, mit einem Unterschied: Irgendwann fängt Heinrich Schnitzler an, nur noch die Durchschläge seiner eigenen Briefe aufzubewahren. Die an ihn gerichtete Post bewahrt er eine Weile auf, dann vernichtet er sie. Warum? Und warum die der anderen, und nicht die eigenen?

Arthur Schnitzler blieb sein Leben lang ortsfest. Er konnte aussortieren oder behalten, was ihm gefiel, das Haus in der Sternwartestraße 71 bot genügend Platz. Für seinen Sohn ist es keine freiwillige Entscheidung. Man muss lernen, sich zu trennen, wenn man seine Heimat verliert. Einige Briefe hebt Heinrich aber doch auf, die von seiner Mutter, und auch die von Paul Marx, darunter diesen, geschrieben am 17. März 1938 in Mährisch Ostrau: »Mein lieber Heini, es ist wohl alles wie ein böser Traum und ich kann es noch nicht richtig fassen und begreifen, was eigentlich geschehen ist. Ich selbst darf ja kein Wort der Klage aussprechen, denn ich bin ja zunächst in der günstigsten Situation und was ich durch diese Katastrophe verliere, ist ja belanglos im Hinblick auf das, was Euch allen zugestossen ist. Aber was diese Situation so grauenhaft qualvoll macht, ist die Ohnmacht, Euch allen nicht helfen zu können, ist die entsetzliche Sorge um das Schicksal so Vieler. Lieber Heini nimm' diese Versicherung, die in gleicher Weise für Lilly, Peter, Deine Mutter gilt: dass alles, was ich habe und mir zur Verfügung steht ganz genau und uneingeschränkt Euer Eigentum ist und dass Ihr, wann immer ihr zu mir kommen könnt, dass meine Wohnung, so lange ich sie habe, auch Euer Heim ist.«[10]

Zu diesem Zeitpunkt befindet sich Heinrich Schnitzler in Brüssel, Lilly ist bei ihm. Aber Peter ist in Wien geblieben! Seit einigen Tagen sind Hakenkreuz, Hitlerbild und die Parolen des Nationalsozialismus in Wien allgegenwärtig, Hitler hat seine Heldenplatzrede gehalten, die Massen haben applaudiert, wie es in der Inszenierung vorgesehen war, Österreich hat aufgehört, als ein souveräner Staat zu existieren. Und der Terror gegen die Juden hat begonnen. Heinrich Schnitzler, der ohnehin nicht zu den Optimisten gehört, hat schon 1936 vorgefühlt, ob es Arbeitsmöglichkeiten für ihn in England geben könnte, ohne eindeutigen Erfolg. Mit achtzehn hat er die Attacken auf die Aufführung des *Reigen* in den Wiener Kammerspielen miterlebt. Er kennt die Gesichter des antisemitischen Mobs, kennt den Hass auf seinen Vater. Bei den Bücherverbrennungen des Frühjahrs 1933 haben in vielen deutschen Städten auch Arthur Schnitzlers Werke auf den Scheiterhaufen gebrannt.

Als sich Heinrich Anfang 1938 die Gelegenheit bietet, eine Weile im Ausland zu arbeiten, sagt er zu. Eine österreichisch-belgische Filmgesellschaft, die Royal-Film, ist gegründet worden und hat ihn engagiert. Im Filmgeschäft ist Schnitzler ein Neuling. Sein Vertrag sieht vor, dass er für zwei Filme die Regieassistenz übernimmt und dann, in einem dritten Film, selbstständig Regie führen wird. Der erste Film heißt »Revolution der Jugend«. Ernst Deutsch, den er sehr verehrt, ist mit von der Partie, der Regisseur ist Hans Behrendt. Seit Mitte Februar befindet sich Schnitzler nun in Brüssel. Über das, was zu Hause los ist, hält ihn seine Mutter auf dem Laufenden; so erfährt er, wie sehr Lilly ihn vermisst. Der Plan ist, dass seine Frau zu ihm nach Brüssel kommen soll. Das Datum der Abreise ist für den 13. März festgesetzt, den Tag des Volksentscheids; Zugfahrkarte und Visum hat sie schon.

Am 7. März informiert Olga ihren Sohn, dass Lilly mit ihren Reisevorbereitungen beschäftigt ist: »Ich bin froh, dass sie zu Dir fährt.« Auch sie denkt über eine Ausreise nach, bevor Hitler Ernst macht mit dem Anschluss: »Peterlein, voll Lust zu einer kleinen Hetz, nimmt es schon entschieden übel, wenn man sich unterhält, ohne ihn ins Gespräch zu ziehen. Und wir hatten uns gestern über allerhand nicht sehr Spasshaftes zu unterhalten. Heute sieht es für mich selbst etwas freundlicher aus: denn meine kleine Kollegin Regine Wohlmann hat ihr Permit aus London bekommen, – und beschwört mich, mit ihr zusammen dort zu arbeiten. Ich will es wenigstens versuchen und bereite alles vor, um in spätestens 4 Wochen zu reisen. (...) Wann und wo, mein Sohn, werden wir uns sehen? Ich möchte in L. so schnell als möglich ein Permit bekommen und zu arbeiten beginnen.« Aber dass es so schnell gehen würde! Nach dem Willen der Schuschnigg-Regierung sollten die Österreicherinnen und Österreicher am 13. März über die Selbstständigkeit ihres Landes entscheiden. Dazu kam es bekanntlich nicht. Die Deutschen stellten eine Forderung nach der anderen und drohten mit Invasion.

Als Lilly Schnitzler am 11. März abends in ihrem Elternhaus Streichquartett spielt, kommt ihre Mutter hereingestürzt. Eben habe sie im Radio Schuschniggs Rücktrittsrede gehört: Er weiche der Gewalt, um Blutvergießen zu vermeiden – »Gott schütze Österreich!« So schockiert die jungen Musiker sind, die Dinge müssen doch ihre Form haben. Sie beschließen, zum Ausklang Haydns Kaiserquartett zu spielen. Heini ruft aus Brüssel an und drängt Lilly, auf jeden Fall die Reise anzutreten. Sie trägt seinen Namen, sie sei in großer Gefahr. Wenn man ihn nicht verhaften könne, werde sie an seiner Stelle abgeholt. – Aber ohne das Kind? Peter hat keinen Pass. – Das Kind kann sie unmöglich mitnehmen auf die Flucht quer durch Europa, insistiert Heini. Vorerst sei Peter bei der Großmutter und dem Kindermädchen besser aufgehoben. Für das Kind wird sich eine Lösung finden, sehr bald schon. Einem Kind wird man nichts tun. Man muss ihm einen Pass verschaffen, und dann –

Lilly ist eine loyale Ehefrau. Sie hat gelernt, sich männlichen Autoritäten zu fügen, erst ihrem Vater, jetzt dem Ehemann. Schweren Herzens bringt sie Peter zu ihrer Mutter, isst ein letztes Mal im Kreis ihrer Geschwister zu Mittag und nimmt Abschied. Nur mit ihrer kostbaren Guarneri-Geige und etwas Geld verlässt sie Wien.

Wie Olga Schnitzler den Nachlass rettete

Olga Schnitzler, allein in Wien zurückgeblieben, reagiert zunächst so wie immer in Krisensituationen: Sie wird krank und legt sich ins Bett. Gerade jetzt aber kann sie sich keine Schwachheit erlauben. Sie hütet einen Schatz. Alles, was Arthur Schnitzler hinterlassen hat – die Werkmanuskripte, Veröffentlichtes und nicht Veröffentlichtes, Entwürfe, Skizzen, Briefe! Die Briefe Hugo von Hofmannsthals,

Felix Saltens, Theodor Herzls, Sigmund Freuds, Stefan Zweigs, Thomas und Heinrich Manns – und vieler anderer jetzt verfolgter und verfemter Autoren. Die Tagebücher, die Chronik seines Lebens, Chronik einer Epoche: das Riesenwerk, drei Jahrzehnte lang hat sie es wachsen sehen. Und auch ihr Leben ist da hineingewoben, untrennbar, trotz der Scheidung. Das alles ist im Haus, sorgfältig geordnet und aufbewahrt in den eigens dazu angefertigten Schränken des Arbeitszimmers. Eine Frage der Zeit, bis SS-Leute jeden Winkel des Hauses durchsuchen, jede Schublade auskippen, mit ihren Stiefeln, ihrem Hass alles zerstören, zertreten, verbrennen würden, bis auf das letzte Blatt Papier. Sie selbst will fort, will nach England, der Antrag auf das Visum läuft schon seit Wochen. Aber noch kann sie nicht gehen.

Sie ist jetzt ganz auf sich gestellt, alles hängt von ihr ab. Heini ist in Brüssel. Ein offener Austausch mit ihm ist in der gegenwärtigen Situation nicht möglich. Man muss damit rechnen, dass die Briefe geöffnet werden. Man muss eine Sprache finden für die neuen Bedingungen. »Dank für deine lieben Worte«, schreibt sie am 15. März nach Brüssel, »aber ich bin ja fast gesund, muss nur noch fleissig inhalieren. (…) Heute, wo herrliches Wetter ist, hoffe ich, Einiges ausser Haus zu erledigen, – Frau Wally zu sehen, Peterl zu besuchen, – allerdings noch in einiger Distanz.« Andeutungsweise spricht sie von »unseren Angelegenheiten«, für die ein passender Anwalt gefunden werden müsse. Sie fügt noch hinzu: »Ich bin froh, Euch Beide zusammen zu wissen, das wird deiner Arbeit förderlich sein. Nun erwarte ich deine Nachrichten. Lebt wohl, seid innigst umarmt. M.«[11] Was Halt gibt in schwieriger Zeit: die Arbeit, die Pflicht, die Aufgabe, die man zu erfüllen hat. Die persönlichsten Beziehungen werden daran gemessen, ob sie der Arbeit »förderlich« sind oder nicht. Ihr ist klar, was ihre eigene Aufgabe ist. Als Heinrich sie auf eine »Tournee« einlädt, lehnt sie ab mit der Begründung: »Ich kann aber vorläufig nicht fort. (…) Wer einen Beruf hat, ist halt der Gefangene seiner Pflichten. Ich darf meine Patienten nicht verlassen.«[12] Die Karte an »Herrn u. Frau Heinrich Schnitzler, Hotel Atlanta, Boulevard Adolphe Max, Brüssel« ist vom 16. März und mit einem Hakenkreuzstempel versehen.

Was sie tatsächlich in den folgenden zwei Monaten zur Rettung des Nachlasses unternimmt, kann sie nicht schreiben. Auch nichts über ihre Gefühle, ihre Ängste, die Schrecken, die sie umgeben. Nichts über Julius' Sohn Karl Schnitzler und Helene Schnitzlers Bruder Paul Altmann, über Lillys Bruder Georg und ihren Schwager Otto Patzau, die verhaftet und in ein Konzentrationslager gebracht wurden wie so viele andere aus dem engsten Kreis – nach Dachau, nach Buchenwald, wer weiß? Nichts über diejenigen, die den Suizid der Verhaftung vorgezogen haben, wie Egon Friedell, der sich aus dem Fenster gestürzt hat, als sie kamen, um ihn zu holen. Und nichts über das Kindermädchen Poldi, das weint, weil man ihren Verlobten geschlagen und eingesperrt hat. Er war einer von Schuschniggs Leibgardisten. Welches unverfängliche Thema könnte für ihren Sohn, für ihre Schwiegertochter ebenso interessant sein wie für sie selbst? So berichtet sie, kontinuierlich und enthusiastisch, über den Enkel: »Heut Vorm. mit Peter gespielt, er hatte zum 1. Mal richtige kleine Lederschuhe an und stellt sich mannhaft auf. (…) Er ist wirklich die Krone der Schöpfung, ich bin ganz objektiv.«[13] Manchmal verknüpft sie die Nachrichten von Peter auch mit Hinweisen auf die eigene Befindlichkeit: »Er ist reizend, – ausgesprochen vergnügungssüchtig und protestiert, wenn man ihn allein lassen will, – und gerade das kann ich ihm lebhaft nachfühlen.«

Am 5. April erwähnt Olga zum ersten Mal »Mr Eric Blackall«, den »Bevollmächtigten der Universität Cambridge«, und betont: »Mr Blackall ist ein kluger feiner Mensch.« Er beende eben ein Werk über Adalbert Stifter. Zu diesem Zeitpunkt hat der 23-jährige englische Student längst eine Hauptrolle im Rettungsdrama um den Schnitzler-Nachlass übernommen. Kennengelernt hat sie Blackall über den Germanisten Richard Alewyn, der selbst ein Flüchtling aus Deutschland ist und nun, nach dem »Anschluss«, ein zweites Mal in der Falle sitzt. Sie hat Blackall bestürmt, ihr zu helfen, und er, ein tatkräftiger, spontaner Mensch, hat nicht lange gezögert. Der Nachlass soll nach England! Blackall hat in Cambridge studiert, hat viele Kontakte. Auf seinen Brandbrief hin erkennt man dort die Dringlichkeit der Sache und stimmt zu, den Nachlass aufzunehmen. Dazu muss aber der gesamte Inhalt von Arthur Schnitzlers Arbeitszimmer zum Eigentum der Bibliothek von Cambridge erklärt werden. So ist es geschehen, bezeugt und beurkundet vom britischen Konsul in Wien, John Taylor, am 21. März 1938.[14] Das Arbeitszimmer ist nun mit allen britischen Hoheitszeichen versiegelt. Um Olga zur Seite zu stehen, wohnt Eric Blackall jetzt im Haus. SS-Trupps sind erschienen und wieder abgezogen. Der Zauber wirkt.

Das alles kann sie nicht schreiben. Nur so viel: »Mr. Blackall bittet, mit vielen Grüßen, um baldigen Bescheid. Sei sicher, dass alles im Sinn vorhandener Gebote geschieht, ganz wie der Vater es wollte.« Und dann das Kind: »Peterle war heut während seiner Abendtoilette besonders übermütig, die Poldi muss einen ganzen Ringkampf mit ihm aufführen. Er hat gejauchzt und getrampelt, sagt ein Wortähnliches Gebilde: ›Jisi‹ und steht plötzlich ohne Anhalter auf seinen zwei Beinchen, freilich nicht lang.«[15]

Blackall gelingt auch das Kunststück, eine Transportfirma aufzutreiben, der man vertrauen kann. Während Olga mit seiner Hilfe Arthur Schnitzlers Privatarchiv in zwölf große Kisten verpackt, beschäftigt sie ein weiteres Problem: Was soll mit dem Haus werden? Am besten verkaufen, solange man noch irgendetwas dafür bekommen kann, rät ihr der Anwalt Dr. Hunna, der in der Sache treuhänderisch tätig werden will. Auf das Cottageviertel, bis jetzt eine bevorzugte Wohngegend von Schauspielern und Sängern, Schriftstellern und Industriellen, des eigenen Kreises eben, hat es die deutsche Generalität besonders abgesehen. Das Haus hat ihr Sohn geerbt, er muss mit dem Verkauf einverstanden sein. Am 25. April schreibt sie ihm: »Dr. H. rät Dir, nicht zu vermieten, sondern auf diesem Wege das Haus gleich zum Kauf anzubieten (…). Du könntest vom Kaufpreis deine schwebenden Verpflichtungen erledigen (…). Diesmal aber überlege und entscheide dich rasch – und gib Dr. H. direkten Auftrag, – und mir einen kurzen bestätigenden Bescheid.«[16] Die »schwebenden Verpflichtungen«, das sind »Reichsfluchtsteuer« und »Judenabgabe« und was sich die neuen Machthaber nicht alles ausgedacht haben, um die Juden methodisch auszuplündern. Man kann das Land nicht einfach so verlassen.

Als Heinrich Schnitzler zögert mit der Entscheidung, sein Elternhaus zu verkaufen, bedrängt Olga ihn weiter. Hat er nicht begriffen, was die Uhr geschlagen hat? »Mein liebes Kind, (...) Heut als wir beim Beuschel-Mittagessen waren, kamen zwei Herren von der Polizei, das Haus sei beschlagnahmt – und zogen sich dann, unter höflichen Entschuldigungen wegen der Falschmeldung wieder zurück. Es werden, wie gesagt, Häuser in der Gegend benötigt, und gut bezahlt. Eine Klarstellung wäre aber, um Complicationen zu vermeiden, gewiss nicht unerwünscht – schon in Hinsicht auf Peter. Das siehst du doch ein. Ich bin, wie Du, immer für den geraden Weg. Was dein beabsichtigtes Übersiedlungsgut anbelangt, bin ich vollständig Deiner Meinung, jeder Ballast ist zu vermeiden – nur würde ich raten, Wäsche und Bettzeug mitgehen zu lassen. (...) Jetzt geh ich den Peter baden sehen, er ist das bezauberndste Kind der Welt. Blackall ist ein sehr angenehmer Gesellschafter, ein Sohn kann nicht liebevoller sein.«[17]

Olga Schnitzler will einen klaren Schnitt machen. Man ist in diesem Land nicht länger erwünscht, das haben die letzten Wochen ihr überdeutlich gezeigt. Am 23. Mai 1938 werden zwölf gut verschlossene Kisten aus der Sternwartestraße 71 getragen und auf den Weg nach England gebracht. Die Schlüssel wird Blackall hinterherschicken. Er hat seine Dissertation abgeschlossen, bleibt noch eine Weile in Wien und wird dann in die Schweiz reisen, für einen Lehrauftrag an der Universität Basel. Endlich kann Olga gehen. In Cambridge bezieht sie Quartier im Garden House Hotel. Wie ruhig es hier ist! Sie selbst ist weit entfernt davon, Ruhe zu empfinden. Nach der Anspannung der letzten Wochen und Monate kreisen ihre Gedanken weiter um die zwölf Kisten, die noch unterwegs sind, und ihren kostbaren Inhalt. Ahnungsvoll schildert sie ihrem Sohn die Verhältnisse, in die der Nachlass kommen wird: »von der zauberhaften Schönheit und Stille und Würde dieses Ortes abgesehen: es wird einstweilen ein ehrenvoller Dornröschenschlaf – und wer weiss welcher Prinz kommen wird, um eine Epoche und eine Gefühlswelt aufzuwecken, die wir so sehr lieben.«[18]

Nervenkrieg in der Wartehalle Schweiz

Heinrich und Lilly Schnitzler haben unterdessen Brüssel verlassen. Sie haben sich von Ernst Deutsch Geld geliehen und sind nach Zürich gefahren. Dort leben Verwandte und Freunde, Hambuechens, Brettauers, Barells, allesamt gut situiert und im Besitz großer Häuser. Bei ihnen können sie wohnen, vorerst geduldet von den Schweizer Behörden, und Peters Ausreise betreiben. Pläne zu seiner Rettung werden ausgedacht und verworfen. Könnte Lillys Cousine Mausi Brettauer, die ein gleichalteriges Kind hat, Peter als ihren Sohn ausgeben und ihn mit ihrem Schweizer Pass über die Grenze schmuggeln? Zu gefährlich. Dr. Rinesch, der Anwalt der Strakoschs, tut sein Möglichstes, um Ausreisepapiere für Peter zu besorgen. Tut er das? Wem kann man in dieser Zeit vertrauen? Auf wen kann man sich verlassen? Hat sich ganz Österreich gegen einen verschworen, oder gibt es unter den »erlösten Ariern«, wie Heinrich Schnitzler gallig formuliert, welche, die anständig geblieben sind? Lillys Nervosität nimmt zu. Nicht nur Peter, auch ihre Mutter und Geschwister samt Nichten und Neffen sitzen fest, und die Frage ist, wann und zu welchen Bedingungen man sie ausreisen lassen wird. Die Hohenauer Zuckerfabrik ist ein fetter Happen, den die neuen Machthaber zu schlucken gedenken, so viel ist klar. Ihr Schwager Otto Patzau ist nach Buchenwald gekommen, weil er sich geweigert hat, die Fabrik »freiwillig« zu übergeben.

Wo wird man leben – England, Amerika? Und wovon? Heini sondiert Arbeitsmöglichkeiten für sich, hofft auf Einnahmequellen aus dem Werk des Vaters. Er lässt Lilly in der Obhut der Zürcher Freunde, reist hierhin und dorthin, schreibt Briefe, schickt Telegramme, hat mit Agenten zu tun, der eine heißt Glass, der andere Adams, in New York soll *Professor Bernhardi* aufgeführt werden, von einer Sache in England ist die Rede, in Paris trifft er Max Ophüls, er hetzt herum, findet hier einen Strohhalm, lässt dort wieder einen fallen. Schließlich kristallisiert sich der Plan heraus, nach Amerika zu gehen, und sie stellen Visaanträge. Wie seltsam, dass sein Kind in einer ganz anderen Welt, mit einer anderen Sprache aufwachsen wird. »Wird man sich selber noch so ändern können?«, fragt er ahnungsvoll. »Oder wird man in Jahren einem ziemlich fremden jungen Amerikaner gegenüberstehen, der andere Anschauungen und andere Ideale haben wird?«[19]

Olgas Karte aus Cambridge erreicht ihn in Paris. Was er von seiner Mutter hört, stimmt ihn nicht euphorisch. Auch für ihn bedeutet der Nachlass einen Schatz, aber einen, der Zinsen abwerfen soll. Unzählige Projekte, Inszenierungen, Filmstoffe hängen daran. Dornröschenschlaf? Das wäre eine Katastrophe. Er schreibt zurück: »Liebe Mutter, ungefähr so habe ich es mir auch vorgestellt: Dornröschenschlaf!! Deshalb muss man mit der Zeit versuchen, die Übersiedlung nach Amerika durchzuführen – denn dort ist das Alles lebendig und man kann es wirklich verwerten. (…) Ich fahre am 1. oder 2. Juni zurück nach Zürich. Von Lilly sehr nervöse Briefe, da Peter immer noch nicht zu kommen scheint. Es ist kaum mehr zu ertragen –! (…) Nun muss ich abwarten, was mit dem amerikanischen Visum geschieht. Bitte habe Geduld und mache Dir vor allem keine Sorgen! Solange wir etwas haben, wirst auch Du etwas haben – das ist ja selbstverständlich.«[20]

Sein Brief kreuzt sich mit einem ausführlichen Lagebericht der Mutter. Die Kisten mit dem Nachlass sind jetzt in London. Immerhin! Im Übrigen schreibt sie, sie genieße Cambridge, die alte Architektur, die Parklandschaft, den stillen Fluss vor ihrem Fenster. Könne sich vorstellen, in England eine Heimat zu finden. Weiß aber, sie muss weiter. Es wird Krieg geben, das ist sonnenklar. Auch die Engländer wissen es. Sie muss nach London, sich um ihr Visum nach Amerika kümmern. »Wir armen gehetzten Menschen!« Sie spürt jetzt die Erschöpfung. Erste Enttäuschungen hat sie schon hinter sich: »Es geht auch hier nicht völlig ohne Widerstand ab. Die einzige Entschuldigung: dass die Leute die Dinge hier nicht verstehen. Das ist das Malheur von ganz Europa. Wer hier wundervoll gütig, geradlinig, menschlich sich verhält, das ist – Prof. William – und seine Frau. Aber die Unterredung mit dem Librarian war denkwürdig. Er empfing mich und Prof. William in der neuen großen Library, einem prächtigen Gebäude – er selbst ein prächtiger nobler gut aussehender Mann, vollendete Formen, natürlich. Er ist Altphilologe, wie mir erzählt wird, ein echt conservativer Engländer. Er fände unsere

Angelegenheit ›irregular‹ – was sie weiss Gott ist – versteht nicht und war zunächst sonderbar. Er hätte vorläufig kein Zimmer für den Nachlass, fürchtet sehr, es könnte was verdorben daran werden – hohes Verantwortungsgefühl für die Manuscripte, die er streng verschlossen halten will – the students are biests [sic!] – und fragt schliesslich: ›I ask you frankly – what are you expecting from this?‹ Ich sage erstaunt: ›But nothing, Sir! Hospitality for the work of a homeless poet – a roof and sureness – nothing else!‹ Da ging ihm, scheints, ein Licht auf und er fand die ›situation tragic‹ – worauf ich ablehnte, darüber zu sprechen, weil mir die Tränen kamen.« Der Brief endet mit der Bitte um Nachrichten von Peter: »Ehe er bei Lilly ist, kann's mir nicht gut gehen.«[21]

Einige Tage später, am 1. Juni, kann Heinrich Schnitzler seiner Mutter die ersehnte Botschaft schicken: »Peter ist gut angekommen, er sieht prächtig aus, wie Lilly berichtet und hat die Reise sehr gut vertragen.«[22] Dr. Rinesch hat das Wunder bewirkt, Peter hat seinen Pass bekommen und ist in Begleitung von Kindermädchen Poldi und Felix Saltens Tochter Annerl, die mit einem Schweizer verheiratet ist, ganz regulär ausgereist. »Beruf: Kind« steht in dem Pass, und zur näheren Beschreibung des Inhabers »Gesicht: voll«. Das Foto zeigt ein pausbäckiges Kindergesicht mit großen ernsten Augen. Die linke Kinnhälfte bedeckt der Stempel des Polizeipräsidenten von Wien, das umkränzte Hakenkreuz in den Klauen des Reichsadlers ist ein wenig verschmiert und undeutlich geworden. Deswegen hat ein pflichtbewusster Beamter schräg darunter die Stempelprozedur wiederholt.

Als Heinrich zwei Tage später in Zürich eintrifft, wird er von seinem Sohn am Bahnhof erwartet. Die Köchin Minna, die schon Arthur Schnitzler mit der Wiener Mehlspeisenküche verwöhnt hat, hat Peter gut gefüttert. Fünf Monate haben sich Vater und Sohn nicht gesehen. An die Großmutter in Cambridge geht die Expertise: »Bei aller Unobjektivität: er ist eine einmalige und aufsehenerregende Erscheinung – und noch dazu entsetzlich klug. Von mir hat er das nicht. Wir sind schon wieder ganz dick miteinander befreundet und treiben nur Blödsinn. Ich habe den Eindruck, dass er hier großen Erfolg hat. Und es ist herrlich, ihn wieder hier zu haben.«[23] Einen

Augenblick lang treten die Sorgen in den Hintergrund. Schnitzlers tun das, was sie immer um diese Zeit tun, sie machen Sommerpläne. Für Ende Juni, Anfang Juli erwarten sie ihre Visa für die Vereinigten Staaten, aber vor Ende August wollen sie nicht hinüberfahren, es ist einfach zu heiß in New York, und beruflich wird man dort in den Sommermonaten sowieso nichts bewegen können. Barells haben ihnen ihr Gästechalet in Hilterfingen am Thunersee angeboten. Allerdings werden sie dort alleine wirtschaften müssen.

Ein paar Tage kann Poldi noch bleiben, dann fährt sie zurück nach Wien, um zu heiraten. Ihr Verlobter ist nach zwei Monaten Haft freigekommen, aber nach den Erfahrungen, die er gemacht hat, hält ihn nichts in Österreich. Die beiden wollen nach Schweden auswandern. Der kleine Peter verliert damit die Bezugsperson, die ihn in seinem kurzen Leben kontinuierlich betreut hat. Er entwickelt einen Hautausschlag im Gesicht und bekommt vom Arzt eine rosa Salbe verschrieben. Deswegen kann man ihn den ganzen Schweizer Sommer lang nicht fotografieren. Schnitzlers sind jetzt auf sich gestellt. Das erste Mal in ihrem Leben müssen sie ohne Personal auskommen. Kochen – wie geht das? Lilly versucht es mit Nudeln. Sie kippt drei Packungen in einen kleinen Topf mit Wasser. Lachen und Bergtouren helfen in jeder Lebenslage, für beides ist der unverwüstliche Paul Marx der denkbar beste Gefährte, sein Besuch schenkt einige Lichtblicke.

Aber auch in der Idylle am Thunersee holen die Sorgen sie ein – die um so viele Menschen, deren Schicksal ungewiss ist, und die um die eigene wirtschaftliche Existenz. Was Olga aus Cambridge berichtet, klingt ernüchternd. Sie hat die Erfahrung gemacht, dass der Name Arthur Schnitzler in England erstaunlich unbekannt ist, selbst in Universitätskreisen. Was sie dagegen unternimmt, ist Heinrich allerdings eher suspekt, und der Ton zwischen Mutter und Sohn nimmt in diesen Tagen an Schärfe zu. Auf ihren Rat hin hat er dem Agenten Glass die Organisation von Schnitzler-Aufführungen im englischsprachigen Raum überlassen. Und schon hat es heillose Missverständnisse gegeben. Der Mann richte mehr Schaden an als alles andere, meint Schnitzler und entwickelt in seinem Kopf wahre Horrorszenarien, die alle dazu führen, dass ihm sein Entrée »drüben«

gründlich verdorben sein wird. Und was schreibt sie da, von einem Filmregisseur namens Alfred Hitchcock, den sie getroffen hat, und der sich nun für die Stoffe des Vaters interessiere und eine Liste seiner Dramen verlangt?

Heinrich vertraut seiner Mutter nicht, weder ihrer Menschenkenntnis noch ihrem Verhalten in Geldangelegenheiten. Dabei sind sie unter den augenblicklichen Umständen dauernd gezwungen, sich abzustimmen. Wer soll die Transportkosten für den Nachlass bezahlen? Natürlich sie beide, und sonst niemand, schon um ihre Besitzansprüche zu dokumentieren. In dem Punkt sind sie sich einig. Aber woher das Geld nehmen? Die Idee seiner Mutter, die Familie Strakosch darum zu bitten, macht Heinrich Schnitzler einfach nur wütend: »Dein Vorschlag, Hans Strakosch oder sonst ein Familienmitglied möge die Summe auslegen, ist mir ganz unverständlich. Du hast doch schließlich alle Vorgänge aus nächster Nähe mitgemacht und daher ist es mir nicht klar, wie Du die wirkliche Lage der Familie Strakosch offenbar nicht realisierst. Also: Hans Strakosch ist ebenso wenig in der Lage irgendeine Summe auszulegen, wie ein anderes Familienmitglied, da man das gesamte Vermögen beschlagnahmt hat. Ich bitte Dich das so wörtlich zu nehmen, wie es die Sprache verlangt. Sie haben <u>Nichts</u> mehr, wirklich und wahrhaftig <u>Nichts</u>. Jeder Haushalt bekommt pro Woche 160 Mark zugewiesen, das Hauspersonal wird von der kommissarischen Leitung des Hohenauer Bureaus bezahlt, in dem die Familie im Übrigen nichts mehr zu suchen hat. (…) Es wird jetzt übrigens in Wien wegen des Verkaufs der Hohenauer Fabrik heftig verhandelt, aber diese Verhandlungen sind natürlich vollkommen uninteressant. Wenn der Verkaufspreis auch noch so günstig sein sollte ist er doch gleich Null, da man ja nach den neuesten Bestimmungen auch Sperrmark nicht mehr verkaufen kann. Der Effekt ist also der gleiche, ob nun ›verkauft‹ oder einfach ›konfisziert‹ wird. Nur feiert die Verlogenheit wieder einen Triumph, weil man dann nach außen großartig erklären kann, es sei Alles gesetzlich und regulär vorgegangen.«[24]

Was hilft es, dies alles begreifen und analysieren zu können, wenn man ohnmächtig ist und die Welt nicht ändern kann. Heinrich wütet ersatzweise gegen seine Mutter. Floskeln der Liebe und Verbundenheit eröffnen und beenden die Briefe. Dazwischen ist viel Platz für gnadenlos höflich formulierte Beleidigungen und Unterstellungen. Sie hat von Freunden Geld bekommen und in London ein Konto eröffnet. Ja, weiß sie denn nicht, was sie damit angerichtet hat? Was sie riskiert? Wen sie damit in Gefahr bringt? »Wenn die Leute Wind davon bekommen, dass es in London ein Konto auf den Namen Schnitzler gibt, wird man selbstverständlich annehmen, dass dieses Konto ausländische Guthaben der Familie Strakosch decken soll.« Olgas Antworten sind von bemühter Sachlichkeit. Sie verweist auf ihre Lebenserfahrung, beschwört das familiäre Einvernehmen. Fährt nach London und löst das Konto wieder auf.

Kurz darauf erhalten sie die Nachricht, dass Lillys Bruder Georg von Strakosch sich erschossen hat. Man hat ihn gezwungen, der Enteignung der Hohenauer Zuckerfabrik zuzustimmen. Damit hat er nicht weiterleben können.

Nach einer Zäsur, während der Entsetzen und Trauer überwiegen, geht die Auseinandersetzung zwischen Mutter und Sohn weiter. Der Rechtsanwalt Norbert Hoffmann ist gerade in London – er war der juristische Beistand des Vaters, und Heinrich Schnitzler möchte, dass er auch ihre Angelegenheiten vertritt. Da ist seine Mutter, die Harley Granville-Barker favorisiert, der im Vorstand der League of British Dramatists sitzt, aber ganz anderer Meinung. Hoffmann sei auf dem Weg nach Palästina und kenne sich in England gar nicht aus. Und das könne sie nun mal besser beurteilen. Olga spürt den Mangel an Vertrauen, der eine lange Geschichte hat, und kann sich nicht dagegen wehren. Wohl aber gegen den aggressiven Ton: »Wenn man Deinen Brief liest, muss man den Eindruck haben, dass Du Armer mit einem Ungeheuer von einer verlogenen Intrigantin zu kämpfen hast, mit einer Mutter die ihren Sohn schädigt und in Miscredit bringt, wo sie nur kann. Das muss ich nur mit Erstaunen hinnehmen, – als eine mehr als sonderbare Reaction der in Deinem Hause verbrachten Wochen und Monate. (…) Wie aber soll ich in Ruhe mit Dir beraten, wo seit einigen Wochen, bei den verschiedensten Anlässen, jeder Deiner Briefe eine grobe Beleidigung ist, eine einzig dastehende Art des Verkehrs eines Sohnes mit seiner

Mutter – die offenbar nicht von sämtlichen Menschen als eine so hoffnungslose Erscheinung angesehen wird – wie gerade von Dir – und gerade in dieser Zeit, – in dieser Situation. Deine Briefe sind eine wahre Schande, mein Sohn, – aber nicht für mich.«[24] Zum Geburtstag, dem 36., gratuliert sie ihm trotzdem. Die Form bleibt gewahrt. Der Dialog darf nicht abreißen.

Aus der Schweiz kommt eine Art Entschuldigung: »Peter hat mir zwar kein Gedicht aufgesagt, aber er erschien mit einem Strauß selbstgepflückter Wiesenblumen, die er mir unter die Nase hielt. Das bedeutet eine Aufforderung, laut zu niesen – was dann mit dröhnendem Gelächter quittiert wird. Er ist augenblicklich wieder sehr schlimm, kreischt vor Wut, wenn ihm etwas nicht passt – aber er meint's nicht so bös. Kurz: ganz der Papa.«[26]

Unter den extremen Belastungen ihrer Flüchtlingsexistenz schwelt der Konflikt zwischen Mutter und Sohn, aber zum Bruch werden sie es nicht kommen lassen, weder jetzt noch in Zukunft. Als Heini sie einlädt, nach Paris zu kommen und Abschied zu nehmen, bevor sie sich am 3. September in Le Havre einschiffen, ist Olga zur Stelle.

Neue Heimat Amerika

Heinrich Schnitzler liebt das Reisen. Er liebt auch diese Reise – die Überfahrt mit der SS French Line von Le Havre nach New York –, findet das Schiff »köstlich«, die Kabine »entzückend«, die Bedienung »vorzüglich« und das Essen »märchenhaft«.[27] Selbst das Meer zeigt sich von seiner superlativischen Seite, und als es am letzten Tag dann doch einmal kräftig schaukelt, hat er Grund, auf seinen Sohn stolz zu sein – »sichtlich einer der ältesten Seebären der Welt«, dem das gar nichts ausmacht. Neigt er auch sonst zum Pessimismus, in diesem Moment ist er bereit, alles schön zu finden, was ihn erwartet. Endlich ist die Zeit des Wartens, des Nichtstuns vorbei. Endlich wird er wieder arbeiten. Endlich wird man wieder wie ein Mensch behandelt. Man ist auch kein unbeschriebenes Blatt. An Bord sind viele Wiener. Auch mit einigen Amerikanern haben Schnitzlers Bekanntschaft geschlossen. Diese Hilfsbereitschaft, die sie bekunden, ist wirklich rührend. Sind das nicht alles Vorzeichen einer glücklicheren Zukunft in der Neuen Welt? Peter soll ein Amerikaner werden, soll frei und unbelastet aufwachsen können. Das Alte wollen sie hinter sich lassen, alles Deutsche, selbst die Sprache. Gleich nach der Ankunft werden sie versuchen, mit Peter, dem Amerikaner, nur noch englisch zu reden. Für Lilly ist das kein Problem, Heini aber wird sofort Unterricht nehmen, er hat zu Hause auf dem Gymnasium nur Latein und Griechisch gelernt. Zu Hause? Nein, das ist nicht mehr Wien.

Die Bootstour nach Liberty Island und Ellis Island startet vom Battery Park aus, ganz im Süden von Manhattan. Der Versuch, sich der Perspektive des Emigranten Heinrich Schnitzler anzunähern, beginnt für mich mit dem Blick auf Manhattan von der Wasserseite aus; aber erst muss man Teil der vielsprachigen Menschenschlange werden, die sich auf die Schiffe schleusen lässt. Meines ist die »Miss Liberty«. Viele der Passagiere tragen strahlenförmige hellgrüne Schaumgummikronen auf dem Kopf, zu drei Dollar das Stück, damit sie dem symbolträchtigen Koloss möglichst ähnlich sehen, zu dessen Füßen sie später posieren. Man kann die Freiheitsstatue in einem Dreiviertelkreis umlaufen, die Skyline von New York bewundern und dabei Eis essen, das in Portionen verkauft wird, die für europäische Mägen ungeeignet sind. Mit einem leichten Unwohlsein stelle ich mich für das nächste Schiff Richtung Ellis Island an. Bei jedem Schritt begleiten uns die anfeuernden Rufe und Ermahnungen des Schiffspersonals: keine Lücken in der Schlange lassen, zügig gehen, größere Schritte nehmen. Ein älterer Angestellter der »Liberty Lines« neben der Gangway ist schon ganz heiser, und ich frage mich: Ist das Teil der Show? Geht es darum, die Ströme von Touristen bestmöglich zu organisieren, oder möchte man uns eine historische Lektion erteilen und vermitteln, was das bedeutete: ankommen in Amerika? Seinen Platz finden und sich behaupten – oder untergehen. Zwischen 1892 und 1954 mussten die Neuankömmlinge erst durch die Schleuse von Ellis Island. Der frühere Sitz der Einwanderungsbehörde sieht aus wie eine dänische Festung mit vier Türmen und ist heute das Museum zur Geschichte der Einwanderung in die Vereinigten Staaten. An manchen Tagen kamen hier 5000 einreisewillige Menschen an, lerne ich. Die Neuankömmlinge mussten ihr Gepäck in der Eingangshalle lassen und sich dann zur Registrierung in den ersten Stock begeben: noch 36 Stufen nach Amerika. Aber man konnte auch abgewiesen oder erst mal in Quarantäne geschickt werden. Schon auf der Treppe wurde der Gesundheitszustand der Passierenden von ärztlichem Personal eingeschätzt. Wer etwa Gehprobleme hatte, bekam mit Kreide ein »L« wie »lahm« auf die Kleider geschrieben. Und dann betrat man den gigantischen fahnengeschmückten Saal zur Abwicklung der Einreiseformalitäten.

New York, den 10. September 1938: »Liebe Mutter, da wären wir also.« Heinrich Schnitzler schreibt seinen ersten Brief aus der Neuen Welt. Gestern, direkt nach der Ankunft, hat er ein Telegramm nach Cambridge aufgegeben: »Arriving After Wonderful Trip We all Feel Very Well And Happy Love Lilly Heini Peter«. Es würde ihm nie in den Sinn kommen, die Mutter warten zu lassen, ebenso wenig wie andere, die dringend auf ein Lebenszeichen hoffen: »Die Beamten bei der Landung von unwahrscheinlicher Nettigkeit – ein Ton, den wir nicht mehr gewöhnt sind. Der oberste Zollbeamte erkundigt sich, ob wir ›refugees‹ sind. Dann nimmt er mich beiseite, erklärt mir, dass Alles ganz glatt gehen werde, denn ›you know, I am myself a yiddische boy‹.«

Ihre erste Adresse in der neuen Stadt ist: Hotel Windsor, 100 West 58th Street, New York, und auch das Hotel findet Schnitzler »entzückend«. »Wir haben eine richtige kleine Wohnung: zwei grosse Schlafzimmer, einen großen ›Salon‹, Vorzimmer und Kitchinette mit allen Scherzen (Frigidaire usw.). – Zwei Minuten weit entfernt liegt der riesige Central Park mit Seen, Sportplätzen, Reitwegen, Kinderspielplätzen, einem Zoo – lauter Sensationen für Peter.«[28] Otto Schinnerer hat sie unter seine Fittiche genommen und ihnen die Stadt gezeigt. Schinnerer, ein deutsch-amerikanischer Pastorensohn, ist Professor an der Columbia-Universität. In den letzten Lebensjahren des Vaters hat er sich regelmäßig in Wien aufgehalten, und die beiden Männer haben sich glänzend verstanden. Einen besseren Propagandisten für das Werk von Arthur Schnitzler kann man sich nicht wünschen, und einen eifrigeren Fremdenführer auch nicht: »Schinnerer hat uns heute stundenlang in seinem Auto herumgefahren. Man ist völlig erschlagen. (…) Gestern nachts noch am Broadway. Man kommt kaum vorwärts vor lauter Menschen. Grelle, bunte und überdimensionale Lichtreklamen – ein Wirbel von Farben. Die Menschen hässlich und das Ganze eher erschreckend. Zwei Strassen weiter die ruhige und noble Fifth Avenue. Und wieder ein paar Strassen weiter Harlem, das Negerviertel. – Alles fremd und fürs Erste vollkommen unwirklich. (…) Aber morgen schon fange ich an, Leute aufzusuchen, die wichtig sind. Hoffentlich gibt's bald wenigstens die Aussicht auf Arbeit – das würde den Übergang doch erleichtern.«[29]

Nach wenigen Tagen bekommt er sein neues Briefpapier. Schnitzler, der Name geht den Amerikanern nicht leicht über die Lippen, aber daran werden sie sich gewöhnen müssen. Was den Vornamen angeht, ist er kompromissbereit. Henry Schnitzler, so nennt er sich jetzt. Man muss versuchen, möglichst schnell die Sprache zu lernen. Die Stadt füllt sich mit Schauspielerfreunden, die alle auf Arbeitssuche sind. Mit Lili Darvas, Ernst Deutsch und Hans Jaray drückt Schnitzler die Schulbank. Die Engländerin Mrs. Beutik bringt ihnen bei, dass Bühnenklatsch »stage gossip« heißt – und mehr. In rasantem Tempo verschafft sich Schnitzler das sprachliche Fundament, das er für seine Arbeit braucht.

In diesen ersten Wochen färbt sich Heinrich Schnitzlers Amerikabild rosarot. »Liebe Mutter«, schreibt er am 22. September 1938, »Neues wäre auch zu berichten. Vor Allem Eines: dass wir uns hier wirklich wohl und ›zu Hause‹ fühlen und dass wir überzeugt sind, hier eine ›Heimat‹ gefunden zu haben. (…) Musikalisch wird man hier überhaupt ›schwelgen‹ können: die Konzertprogramme sind das beste und höchste Niveau, das man sich nur denken kann. Die New Yorker Philharmoniker geben eine Unzahl von Konzerten – allerdings sollen sie jetzt einen nicht ganz erstrangigen Dirigenten haben (Barbirolli). Aber dann kommen die Orchester aus Philadelphia und Boston unter Stokowski, Koussewitzky und Ormandy – mit den besten Solisten der Welt. Das ist die Kulturlosigkeit, von der man uns immer erzählt hat. Apropos Kulturlosigkeit: was es hier an Bildungsmöglichkeiten gibt, ist einfach unglaublich. Zahllose Hochschulkurse – natürlich völlig umsonst. Man kann hier buchstäblich jeden

Beruf umsonst erlernen. Die Public Library ist das Ideal einer Bibliothek. Dabei Alles vollkommen frei zugänglich, man kann sich die wichtigsten Bücher ganz einfach aus dem Regal nehmen – da hier der Nebenmensch zunächst einmal für anständig gehalten wird, verlässt man sich auf ihn und bringt ihm viel Vertrauen entgegen.«[30]

Im Schwung des Neuanfangs fühlt er sich auch stark genug, den Dialog mit Cambridge aufzunehmen. So froh er ist, den Nachlass gerettet zu wissen, es wäre doch besser, dieses schöne und reiche Material in New York zu haben. Professor Schinnerer ist ebenfalls dieser Meinung. Und so schreibt Heinrich Schnitzler einen seiner ausgesucht höflichen Briefe an Mr. Schofield, den berüchtigten Chefbibliothekar von Cambridge.

Wem gehört der Nachlass?

Doch nichts bleibt, wie es ist, und Heinrichs Hochstimmung verfliegt. So weit kann man gar nicht weg von Europa, dass einen die Sorgen nicht bald wieder einholten. Mr. Schofield hat kühl und förmlich geantwortet: »Dear Sir, I am afraid your letter was written under a misconception. The ›Nachlass‹ of Arthur Schnitzler was given to Cambridge University and was accepted, and no papers can now leave the library. Yours faithfully A. F. Schofield, Librarian.«[31] Der Nachlass seines Vaters – verschenkt an die Bibliothek von Cambridge? Schnitzler versteht nicht, was das zu bedeuten hat. So entgeistert er ist, so schnell reagiert er und gibt seiner Mutter in England auf: »Das Wichtigste ist nun Folgendes: es muss selbstverständlich zwischen der Cambridge-University und uns ein juristisch einwandfreier Vertrag gemacht werden. Wir müssen nach diesem Vertrag jederzeit das Recht haben, selbst an den Nachlass heranzukönnen. Das muss gelten 1. für Deine Person, 2. für Lilly und mich, 3. für mein Kind.«[32]

Mit der Zeit allerdings macht sein spontaner Pragmatismus einer Erbitterung Platz, die durch Gespräche mit anderen Emigranten weiteres Futter bekommt. Alle schütteln den Kopf und finden es unbegreiflich. Der Nachlass – verschenkt? Und wie kann es sein, dass die hohen Herren in Cambridge sich für ein angebliches Geschenk nicht einmal bedanken? Das ist doch eine Manierlosigkeit ohne Beispiel! Hat er denn nichts Schriftliches in der Hand? Schließlich ist doch *er* der Verfügungsberechtigte, und niemand anders! Anfang 1939 bahnt sich eine weitere Auseinandersetzung zwischen Mutter und Sohn an. Olga Schnitzler, die gerade ihr Visum für Amerika erhalten hat, hört aus dem Ärger des Sohnes einen Vorwurf heraus. Und nun fühlt sie sich um den Lohn ihrer Mühe gebracht. Wie hätte sie es denn besser machen können unter dem Druck der Ereignisse? Sie ist so gekränkt, dass sie sich mit einer Grippe ins Bett legt und die geplante Überfahrt mit der RMS Aquitania erst mal absagt.

Heini, der seine Mutter kennt, reagiert in diesem Fall beschwichtigend: »Du weißt doch wohl ganz genau, liebe Mutter, dass niemals der geringste Zweifel bestehen kann, dass du den Nachlass aus Wien gerettet hast. Ich habe Dir meine Dankbarkeit mehr als einmal gesagt und ich kann mir nicht vorstellen, dass Du meine Bemerkung von neulich tatsächlich mit diesem Teil der Geschichte in Verbindung bringen kannst. Es ist eine missverständliche Auffassung ersten Ranges, wenn Du nun schreiben kannst, ich wolle Dir ›aus diesem Verdienst eine Schuld konstruieren‹. Du hast den Nachlass aus Wien heraus gerettet und hast diesen Abschnitt der Geschichte ganz allein und wunderbar geleitet. So – jetzt hab' ich's also nochmals und ganz klar gesagt.«[33] Trotzdem: Sie hätte ihn doch wissen lassen müssen, dass Blackall seinerzeit schwören musste, der Nachlass sei Eigentum der Universität Cambridge! Das hat er eben erst von Richard Alewyn erfahren.

Nun rückt Olga Schnitzler mit den Fakten heraus – aber nicht ohne ihren Sohn erst mal ins Unrecht zu setzen. Sie schreibt zurück:

»Glaube mir, dass Du trotz meiner sehr genauen Berichte die Situation nicht ganz uebersiehst. Eric Blackall hat am 21. Maerz 1938 mit dem britischen Konsul in Wien wegen des Nachlasses verhandelt und dessen Schutz erbeten. Ich habe darueber folgenden Brief in der Hand:

Ich, Eric Blackall, Beauftragter der germanistischen Fakultaet der Universitaet Cambridge, erklaere hiermit, dass die Bibliothek der Universitaet Cambridge den

gesamten schriftlichen Nachlass des verstorbenen Dichters
Arthur Schnitzler erworben hat.

Gez. Eric A. Blackall

Beeidet vor mir im Britischen Konsulat,

Wien, am 21. Maerz 1938.

Gez. John W. Taylor

Kgl. Britischer Konsul«[34]

Olga tut auch weiter, was sie für richtig hält, mag es Heini passen
oder nicht. Sie entnimmt entgegen seinem ausdrücklichen Wunsch
dem Nachlass alles Persönliche – die Autobiographie, die Familien-
briefe, die Frauenbriefe –, verpackt die Dokumente in Kisten und
schafft sie zum Spediteur, wo sie, hoch versichert, bis zum Transport
nach Amerika lagern. Dann geht sie zu Cook's und kümmert sich
um ihre eigene Überfahrt.

Für seine Verdienste um den Nachlass Arthur Schnitzlers ist Eric
A. Blackall, später Professor für Germanistik in Cambridge, vielfach
erwähnt und ausgezeichnet worden. Olga Schnitzler ist dabei immer
leer ausgegangen.

Schlimme Nachrichten aus der Alten Welt

Niemand soll ankommen, ohne dass ihm ein freundlicher Empfang
bereitet wird. Den Neuankömmlingen werden Rosen auf das Hotelzimmer gestellt. Rosen für Olga. Rosen für den trauernden Richard
Beer-Hofmann, dessen Frau Paula in Zürich gestorben ist. Ständig
pilgern Schnitzlers zum Pier, um Leute abzuholen. Ständig kommen
jetzt Flüchtlinge an, und alle haben das Bedürfnis zu reden – loszu-
werden, was sie erlebt haben. Jeder hat seine Geschichte von den
Novemberpogromen zu erzählen. Man muss ihnen zuhören, auch
wenn es schwer zu ertragen ist. Anfang Jänner 1939 trifft Heinrich
Schnitzler den Wiener Schauspieler Martin Berliner, der eben ein-
getroffen ist, in Gesellschaft des Regisseurs Otto Preminger. Preminger redet ununterbrochen, sodass Berliner gar nicht zu Wort kommt.
Am Abend sehen sie sich noch einmal, nun unter vier Augen. »Wie

die Bestien haben sich die Kerle in Wien betragen«, erfährt Schnitzler. »Berliner selbst ist geprügelt worden – was noch das Glimpf-
lichste war, was einem passieren konnte.«[35]

Tante Gisa und Onkel Hajek sitzen immer noch in Wien fest,
Onkel Julius und Tante Helene auch. Onkel Hajek, der einen sehr
guten Ruf als Wissenschaftler hat, soll eine Berufung nach England
erhalten haben. Onkel Julius und Tante Helene werden angeblich
bald ihre Affidavits bekommen. Damit könnten sie dann theoretisch
nach Amerika, aber wie sollen sie aus dem Land heraus? Auch Lillys Mutter und Geschwister sind noch in Wien. Lilly ist vor lauter
Sorge krank geworden, kein Arzt weiß Rat gegen ihre allergischen
Beschwerden.

Lichtblicke sind die Treffen der Schnitzlers mit Ernst Deutsch
und seiner Frau Anuschka. Zwischen den beiden Paaren ist eine
Freundschaft entstanden. Allerdings wirkt Ernst Deutsch, dieser
überzeugte Europäer, seltsam deplatziert in New York. Heinrich
Schnitzler sieht, wie sich Deutsch an einem dieser vulgären Kaffee-
automaten selbst bedient – mit Gesten, als trage er Handschuhe aus
feinstem weißen Leder. Es ist ein bisschen komisch und sehr, sehr
traurig. Manche Menschen kann man einfach nicht verpflanzen.
Und Schnitzler hört Ernst Deutsch sagen, er werde das erste Schiff
nach Europa nehmen, sobald es wieder möglich sei, dort zu leben.
Vorerst aber geht er nach Hollywood. Wie andere jüdische Emigranten, die ihren Akzent nicht loswerden, wird der große Schauspieler
den »bad German guy« im Film geben. So wird man, leider, bald
wieder Abschied nehmen müssen.

Einer der guten Tage ist der 11. Jänner, als die »Paris« der SS
French Line anlegt und Paul Marx mitbringt, der winkend an der
Reling steht. Auch Donaths mit ihren Kindern sind an Bord, Heinis
Cousine Anni und ihr Mann Ferry, der Arthur Schnitzler zuletzt
ärztlich betreut hat. Die beiden Freunde gehen in ein Childs Restau-
rant am Times Square und feiern ihr Wiedersehen bis drei Uhr früh.
Allerdings hat Paul nur ein Besuchervisum erhalten, nach Europa
zurück kann er nicht; was mit ihm werden soll, ist völlig ungewiss.

Für die Ärzte wie Ferry Donath ist es nicht schwer, Arbeit zu finden. Ganz anders sieht es für die Theaterleute aus. Das Problem ist

nicht nur die Sprache. Das amerikanische Theater lässt sich einfach nicht vergleichen mit dem, was sie gewöhnt sind. Subventionen gibt es keine. Die Produktionen, die am Broadway gezeigt werden, müssen dem Publikum gefallen, und das bestimmt die Ästhetik ganz maßgeblich. Schnitzler hat seine ersten Enttäuschungen schon hinter sich. Was er am Broadway sieht, gefällt ihm in der Regel nicht. Und selbst wenn er mal eine Inszenierung gelungen findet, hat er an den Schauspielern allerlei auszusetzen. »Ganz äußerliche und kindische Einstellung zur Schauspielerei«, notiert er nach einem Gespräch mit Leonard Sillman. Der aus Detroit stammende Sillman hat ihm ein paar Szenen auf der Bühne des Windsor Theatre vorgespielt, daraufhin hat Schnitzler versucht, ihm seinen Standpunkt klarzumachen. Vergeblich: »Er meint, wenn er ›technisch‹ im Stande sei die Rolle zu spielen, dann wäre die Persönlichkeit usw. irrelevant.«[36] Ebendieser Sillman mit seinem Instinkt für den Publikumsgeschmack wird als Produzent musikalischer Revuen den Broadway erobern. Er ist ein Mann der Unterhaltung, der findet, man müsse den Leuten »von allem etwas« bieten.

Es ist nicht leicht für Europäer. Selbst ein Mann vom Format Max Reinhardts ist am Broadway gescheitert. Franz Werfels monumentales jüdisches Schauspiel *Der Weg der Verheißung – The Eternal Road* mit der Musik von Kurt Weill hat 1937 den Produzenten in den Ruin getrieben und Reinhardt seinen guten Ruf gekostet. Unter diesen schwierigen Bedingungen trägt sich Hans Jaray mit der Idee, ein eigenes Theater zu übernehmen! Er sucht dafür Mitstreiter, und es kommt zu einigen Treffen. Schnitzler, der gar kein Traumtänzer ist, findet Jarays Pläne »unklar, phantastisch und nie mit den ›Realitäten‹ rechnend«. Aber auch seine eigenen, für realistischer gehaltenen Projekte scheitern eines nach dem anderen.

Auf meinem Spaziergang durch New York hefte ich gedankliche Merkzettel an Häuserfassaden: »Hier wohnten Lilly, Heinrich und Peter Schnitzler von September 1938 bis Ende Jänner 1939.« Das betrifft den 14-geschossigen Rotklinkerkasten 58th Street/Ecke Avenue of the Americas, der bis vor Kurzem das Windsor-Hotel beherbergte und dessen bloßer Anblick ausreiche, um bei Lilly Schnitzler Jahre später wieder die Allergie auszulösen, unter der sie seit ihrer Ankunft gelitten hatte. Auf einem anderen Zettel steht: »Love me.« Der erste englische Satz des zweijährigen Peter, gesagt zu einer Kleinen im Central Park. Seine Mutter fand ihn etwas früh-reif. Nächste Adresse: 168 East 74th Street, die erste Wohnung nach einem Dreivierteljahr Hotelleben. Februar bis Juli 1939. Eine der Straßen östlich des Central Park, wo die Kinder und die Pudel vom Personal ausgeführt werden und die französischen Patisserien ihre süßen Wunderwerke in figurfreundlichen Miniaturformaten aus-stellen. Ein glücklicher Zufall hatte die Schnitzlers in die schöne Wohnung versetzt, hier konnten sie nun vier Monate bleiben und von einem geordneten Leben träumen, in dem Menschen etwas be-sitzen können und der Staat es schützt, statt es ihnen zu nehmen. »Ort der enttäuschten Hoffnungen«, steht auf meinem Zettel. Im Sommer sollte Heinrich Schnitzler ein paar Stücke in Great Neck (Long Island) machen. Daraus wurde jedoch nichts, weil der Schau-spieler und Produzent Sillman sich mit seinen beiden Partnern ver-kracht hatte: »Die beiden Gangster benahmen sich unvorstellbar feige und jämmerlich, und bis zum letzten Moment ließen sie mich in der Luft hängen, ohne auf Anfragen oder Anrufe zu reagieren. Sillman war zu dieser Zeit in Hollywood – und ich in New York eher wehrlos, da wir ja derartige Methoden doch nicht gewöhnt und wir ihnen auch nicht gewachsen sind. Na – man muß einen Strich drun-ter machen und ist um eine bittere Erfahrung reicher.«[37]

Immerhin verschaffte ihnen diese Erfahrung eine unerwartete Atempause auf dem Land, denn Heinrich hatte ja nun nichts zu tun. Sie mieteten ein Häuschen in Littleton, New Hampshire, das außer-dem den Vorteil hatte, billiger zu sein als die Wohnung in New York. Es gefiel ihnen sehr. Die Wälder, die Wiesen, die Seen in allen Grö-ßen und Farben, der Blick auf die White Mountains – wenn auch die sanften Formen dieser Berge sie eher an den Kahlenberg als an die Alpen erinnerten. Er fing gut an, dieser lange Sommer, der mit dem Beginn des Zweiten Weltkriegs endete.

Sie reiten, baden und bedienen sich aus der Leihbibliothek des Städtchens Littleton. Peter bekommt braune Backen und entwickelt sich zu einem »Gangster«, wie der stolze Vater amüsiert berichtet. Endlich hat Lilly Nachricht bekommen, dass ihre Mutter, Schwester und Bruder mit ihren Familien Österreich verlassen haben und wohlbehalten in Zürich angelangt sind. Dort warten sie nun auf ihre weitere Ausreise nach Amerika. Andere schaffen es nicht mehr. Am 29. Juni ist Onkel Julius in Wien gestorben. Von Tante Helene erhalten sie ein mysteriöses Telegramm: »Erbitte drahtliches Einverständnis mit Urnenbeisetzung in Arthurs Grab sodann wiederholt Einverstandnis brieflich Dankbare Gruesse Helene«.[38] Olga Schnitzler, die sich am Lake Paradox im Staat New York erholt, ist erschüttert: »Es versagen die Worte. Dass dieser – gerade Der nicht mehr fort konnte in eine anstaendige Weltgegend, ist mir haerter als ich sagen kann. Ich habe in den 37 Jahren – seit ich ihn kannte, keine einzige falsche Reaction von ihm gesehen – und das ist mehr als man von den meisten Menschen sagen kann. Er haette ein anderes Ende verdient. Die arme Helene. – Hoffentlich kann sie bald fort. Ich hab ihn sehr gern gehabt – und ich habe einen Freund verloren.«[39]

Im August wird es voll in New Hampshire. Die Emigranten treffen sich in der Sommerfrische, wie sie es gewohnt sind, und sehen bestürzt zu, wie Europa auf einen Krieg zusteuert: »Vorgestern waren wir drüben in Vermont bei Schinnerer's zu Besuch – sein reizendes kleines Blockhaus ist nur eine Stunde weit von hier entfernt. Es liegt an einem wunderschönen kleinen See, der jeden Vergleich mit dem Salzkammergut aufnehmen kann. Wir sind geschwommen und Canoo gefahren und das Idyll stand in schreiendem Kontrast mit dem irrsinnig gewordenen Europa, wo die Katastrophe ja immer unaufhaltsamer hereinzubrechen scheint. (…) Vor ein paar Tagen erschienen Auernheimer's und Lothar's auf eine halbe Stunde. Sie sind am Lake Winnepesaukee und fühlen sich dort besonders wohl. – Und morgen Abend kommen die besonders lieben Einstein's zum Nachtmahl zu uns. (Er hat bereits eine Wohnung in Northampton, Massachusetts, bezogen, wo er – am Smith-College – unterrichten wird.)«[40]

Sie vergraben sich in Zeitungen, hängen vorm Radio und können die Katastrophe nicht aufhalten. Anfang September erfahren sie, dass Hitlers Truppen in Polen einmarschiert sind. Peter singt das französische Lied »Au clair de la lune«. In seiner Version lautet der Refrain: »Pour l'amour – Adieu!« »Ein Weiser«, findet sein Vater.

Die nächste und letzte Adresse der Schnitzlers in New York: 140
Cabrini Boulevard, Castle Village. November 1939 bis Oktober 1942.
Die Wohnanlage im Nordwesten Manhattans liegt direkt am Hud-
son-River mit Blick auf die George Washington Bridge. Das Stadtviertel heißt Hudson Heights. In den Vierzigerjahren hatte es auch
den ironischen Beinamen »Frankfurt on the Hudson«, weil so viele
Emigranten aus Deutschland und Österreich hierherzogen. Noch
heute ist es eine beliebte Gegend für Familien mit Kindern. Anhänger grüner Ideen für New York sprechen Passanten an. Im Commu-
nity Room üben Kinder Geige; Gartenanlagen und einen schönen
Spielplatz gibt es auch. Im Castle Village wohnt man buchstäblich
hinter Türmen und Zinnen, und die steinernen Wächterfiguren an
den Fassaden tragen Brillen auf der Nase und Bücher in den Händen.

Hier wohnten die Schnitzlers im 10. Stock – und mit Paul Marx
als Hausgenossen. Dessen Bleiberecht war inzwischen geklärt, aber
Geld hatte er keines. Paul kam auf die Idee, in Ermangelung eines
Schauspielerjobs mit Badener Kaffeebonbons Geld zu verdienen,
nach einem Rezept seiner Mutter. Rühren, rühren, zwischendrin
einen Blick auf den Hudson werfen und weiterrühren. Nach vier
Stunden hatte er genug für vier Schachteln beisammen und gab den
Plan wieder auf.

Bei Heini lief es endlich besser, er befand sich auf neuen Wegen.
Auf das Theater wollte er sich nicht mehr verlassen, er verbrachte
viel Zeit in der Bibliothek und bereitete sich auf mögliche Unter-
richtsaufgaben vor. Am 14. Jänner 1940 schrieb er an Anuschka
Deutsch: »Liebe Frau Anuschka, (...) Bei mir gibt es allerhand
Neues. Ich arbeite seit einer Woche an der Neighbourhood Play-
house School – einer der besten Theaterschulen von New York – wo
ich mit den Schülern die ersten zwei Akte von ›Stützen der Gesellschaft‹ einstudiere. – Ferner habe ich im Februar vier Vorlesungen
am Dramatic Department der Y.M.H.A. (Young Men's Hebrew Association) über verschiedene theatralische Themen zu halten. Und
im April eine weitere Vorlesung am City College über das Deutsche
Theater von 1918 bis 1933 (im Rahmen einer grossen Vortragsreihe

über alle Gebiete der Deutschen Kultur während dieses Zeitraums). Es gibt also viel zu tun und das ist herrlich.«[41] Das galt ebenso für Olga Schnitzler. Mit den in Wien erworbenen Kenntnissen der Frö-schel'schen Sprachheilmethode konnte sie auch in New York etwas anfangen. Es ging ihr gut. Sie arbeitete.

Auf meinem letzten Gedankenzettel steht: »Umzugsgut«. Da im Castle Village die Zeit der »möblierten Alpträume« endlich vorbei war, konnten Schnitzlers nun daran denken, die Dinge, die ihnen wichtig waren, nach Amerika zu holen. Heinrich Schnitzler wandte sich an den bewährten Anwalt Dr. Rinesch in Wien. Die Möbel in-teressierten sie nicht, von den sperrigen Gegenständen nur der Steinway-Flügel. Aber die Briefe, die Autographensammlung, die Fotos, die Bücher! Der leidenschaftliche Leser Schnitzler hatte sich im Lauf der Jahre eine umfangreiche Privatbibliothek mit vielen the-atergeschichtlich bedeutsamen Titeln zugelegt. Das alles lagerte nun, in Kisten verpackt, bei dem Spediteur Heimerl in Wien. Nach Schnitzlers Informationen war der Transport möglich, und zwar mit einem italienischen Schiff. Ob Rinesch sich darum kümmern könne? Der Anwalt klemmte sich dahinter. Bis zum Frühjahr 1941 gingen viele Briefe in dieser Angelegenheit hin und her, Schnitzler hatte die Transportkosten in Devisen bezahlt, wie vorgeschrieben, aber die Kisten kamen nicht. Am Ende stellte sich heraus, dass ein vermeint-licher Freund, Professor Joseph Gregor, die Gunst der Stunde ge-nutzt und behauptet hatte, Schnitzler habe ihm das alles geschenkt. Natürlich hatte niemand an seiner Aussage gezweifelt. Dann hatte Gregor das Geschenk der Theatersammlung der Nationalbibliothek einverleibt, deren Leiter er war.

Eine »Beschlagnahmeverfügung« der Geheimen Staatspolizei, Staatspolizeistelle Wien, Referat II B 3 A vom 4. April 1941 besagt, dass das »gesamte stehende und liegende Vermögen sowie alle Rechte und Ansprüche der Heinrich Israel Schnitzler, geb. am 9. 8. 1902 in Möd-ling-Hinterbrühl und seiner Ehefrau Lily Sara, geb. Strakosch-Feldringen, geb. am 3. 7. 1911 in Wien sowie deren Kinder Peter Israel, 8. 4. 1937 Wien (…) aus Gründen der öffentlichen Sicherheit und Ordnung mit dem Ziele der späteren Einziehung zu Gunsten des Deutschen Reiches beschlagnahmt« wird. »Gezeichnet Dr. Ebner«.[42]

Heinrich Schnitzler hört bewundernd die Rede, die der Schriftsteller und Regisseur Ernst Lothar vor der »Austro-American-
League« hält, nimmt dessen Sehnsucht nach Europa zur Kenntnis
und kann seiner Einstellung doch nicht folgen. Zurückkehren? Er?
Unter keinen Umständen!

Kriegszeit in Kalifornien

Wird dieser Krieg jemals zu Ende sein? Peter, sieben Jahre alt, kann
es sich nicht vorstellen. Die Eltern reden nur englisch mit ihm.
Deswegen muss auch der folgende Dialog auf Englisch wiederge-
geben werden.
»*Peter:* Mammy, after the war is over – (interrupting himself) – but
   then you will be dead anyway.
Lilly: (rather amazed) But Peter, why should I be dead after
   the war?
Peter: Well, when the war is over, you will be an old lady
   and then you will die.
Lilly: But the war might be over sooner, before I am old.
   Anyway, what did you want to say about after the war?
Peter: Well, when the war is over you can make again Vanilla ice-
   cream with chocolate sauce.«[43]

Nach dem Krieg, befürchtet der etwas rundliche Peter, könnte die
Mutter nicht mehr in der Lage sein, ihm das zu geben, wovon er
träumt: Vanilleeis mit Schokoladensauce – weil sie dann möglicherweise nicht mehr am Leben sein wird. Den Vater amüsiert diese
»Mischung aus Verfressenheit und Metaphysik«.
   Sommer 1943. Die Familie lebt seit dem letzten Herbst im kalifornischen Berkeley. Olga hat sie ziehen lassen müssen, wohl wissend,
dass egoistische Gefühle in dieser Zeit ein Luxus sind. Jeder muss
sehen, wie er durchkommt. Heini hat eine Dozentenstelle an der Universität bekommen, das garantiert ihnen materielle Sicherheit. Er gibt
Kurse in »Acting«, »Advanced Acting« und Regie, außerdem hat er
mit den Studenten drei Stücke pro Jahr zu inszenieren. Eigentlich sind

es vor allem Studentinnen, denn die meisten jungen Männer sind im Krieg. Auch er ist gemustert und für tauglich befunden worden, aber bisher hat man ihn nicht eingezogen. Die Lebensmittelknappheit ist allerdings in Kalifornien deutlicher zu spüren als in New York. Es gibt wenig Fleisch und manchmal tagelang keine Butter zu kaufen. In Kalifornien sind viele Soldaten stationiert. Ärzte und Krankenschwestern werden dringend gebraucht. Hier bietet sich also eine Gelegenheit für Lilly Schnitzler, doch noch zur Medizin zu kommen. Sie beginnt eine halbjährige Ausbildung zur Hilfskrankenschwester.

Das Haus in der Tunnel Road, das sie – wieder einmal möbliert – gemietet haben, liegt gegenüber dem legendären Claremont Hotel. Es ist geräumig, aber keineswegs hochherrschaftlich im Maßstab dieser teuren und vornehmen Gegend, denn es hat keinen Blick, und der Garten ist klein. Immerhin hat es einen. Sehr gern hätten sie wieder Personal, aber sie mussten feststellen, dass die meisten Frauen es vorziehen, in Rüstungsfabriken zu arbeiten, weil die Löhne dort höher sind. Nach langem Suchen haben sie eine junge Schwarze gefunden, die das Haus sauber hält. Das Kochen ist Lillys Aufgabe, inzwischen hat sie es gelernt. Ihre Mehlspeisen sind exzellent. Die neuen Lebensverhältnisse und der alltägliche Umgang mit einer anderen Sprache verändern auch die Sichtweise – bei den Jüngeren schneller als bei den Älteren. Heinrich Schnitzler reibt sich an dem anachronistischen Elitedenken seiner Mutter. Gleich drei oder vier Wochen will sie »aufs Land«? Das macht heute niemand mehr! Er reagiert gereizt, als Olga die Todesnachricht eines gemeinsamen Bekannten mit den Worten kommentiert, um diesen Menschen sei es besonders schade: »Deiner Unterscheidung zwischen den wertvollen und den weniger wertvollen Menschen kann ich allerdings nicht ganz folgen. Wie mir scheint, wird dieser Krieg zu einem grossen Teil deshalb gekämpft, um solche Unterscheidungen aus der Welt zu schaffen. Jedes Opfer der Barbarei ist in diesem Sinne gleich – ob es sich nun um einen großen Gelehrten oder um einen armen polnischen Juden handelt. Und jeder Einzelne ist gleich wert gerettet zu werden.«[44]

Gerettet. Das lässt sich nun glücklicherweise über die meisten aus dem engeren Familienkreis sagen. Donaths sind in Ohio, Hans

Schnitzler in Chicago, Karl Schnitzler in Australien gelandet. Lillys Angehörigen ist die Flucht über England und Kuba nach Amerika geglückt. Das Ende von Tante Helene ist allerdings eine Tragödie. Nach zweijährigem Bemühen war es den drei Geschwistern endlich gelungen, die Überfahrt ihrer Mutter von Spanien nach Amerika zu organisieren. Am 6. September 1941 hätte sie in New York ankommen sollen. Dann wurde sie an Bord krank und nach Bermuda ausgeschifft. Dort starb sie, mutterseelenallein. Im vergangenen Jahr ist auch Onkel Hajek in London gestorben. Jetzt überweist Heini seiner Tante Gisa einen monatlichen Betrag – anonym, damit sie nicht Danke sagen muss. Auch jetzt, da die Familie auseinandergerissen ist, setzt er fort, was für den Vater und den Großvater selbstverständlich war. Gerade jetzt. Sich unterstützen, in Verbindung bleiben, das ist Gesetz. Er selbst schreibt viele, viele Briefe. Wenn er aber mitbekommt, dass seine Mutter einmal versäumt hat, den Verwandten zu schreiben, wird er wütend und maßregelt sie. Wenn er von Freunden eine Weile nichts hört, gerät er abwechselnd in Wut – oder in Panik. Eine längere Sendepause deutet er leicht als ein »eiskaltes Schweigen« und ist geneigt, die Leute ohne weitere Kenntnis der Umstände abzuschreiben.

Heinrich Schnitzler hat immer wieder mit Depressionen zu kämpfen. Noch im letzten Sommer, als er mit Studenten an der Ostküste *Everyman* – Hugo von Hofmannsthals *Jedermann* – inszenierte, war er mit Begeisterung bei der Sache. Jetzt ist er ernüchtert. Er hat in Berkeley Ibsens *Gespenster* auf die kleine Universitätsbühne gebracht, dann zwei neue Stücke von amerikanischen Autoren: William Saroyans *The Beautiful People* und Joseph Kesselrings *Arsenic and Old Lace (Arsen und Spitzenhäubchen)*. Seine Frau fand die Aufführungen »schön und gar nicht dilettantisch«. Aber niemand sieht sie – außer Professoren und Studenten. Schnitzlers Ton wird resignierter: »Von uns ist nicht viel Neues zu erzählen. Ich halte meine Klassen ab, ohne diese Betätigung irgendwie aufregend zu finden. Die Studenten sind nett, lieb und ahnungslos – und mit Theater hat das Alles ja sowieso nichts mehr zu tun.«[45]

Ist die Menschheit lernfähig?

Endlich kommt wieder so ein Augenblick der Hoffnung, in dem die Menschheit Atem holt und denkt: Nun wird sich alles zum Guten wenden. Lilly Schnitzler ist dabei, ganz vorn, am Pult der ersten Geigen, und noch mit über neunzig wird sie sagen: Das war »einer der schönsten und aufregendsten Tage meines Lebens«.[46]

Der Krieg ist vorbei, aber nicht nur das. Es haben sich genügend einflussreiche Politiker zusammengefunden und beschlossen: Etwas Derartiges darf sich nie wiederholen! Zu diesem Zweck werden die Vereinten Nationen gegründet. Auf der Konferenz von San Francisco im Juni 1945 haben die Vertreter von 50 Staaten die UN-Charta unterschrieben, kurz darauf kam Polen noch dazu. Am 24. Oktober 1945 wird der offizielle Gründungstag im Stadium der Universität von Berkeley gefeiert. Lilly spielt im Orchester und sieht zu, wie erst die ganze Fakultät in akademischer Tracht, mit »cap and gown«, aufmarschiert und dann die Außenminister der Unterzeichnerstaaten einer nach dem anderen das Podium betreten. Sie hört ihre Reden aus allernächster Nähe, lässt sich mittragen von der Welle der Freude und des Optimismus: »Jeder glaubte, nun würde es nie wieder Krieg geben.«[47]

Lilly erlebt diesen Moment als amerikanische Staatsbürgerin. Am 22. Dezember 1943 haben Schnitzlers ihre Citizenship-Prüfung bestanden und sind im April darauf eingebürgert worden. Ihr zweites Kind, Michael, geboren am 7. August 1944 in Berkeley, ist als Amerikaner zur Welt gekommen. Sie will nie wieder weg, sie ist glücklich in Kalifornien, hat ihr Orchester und ihre Arbeit als Krankenschwester am Alta-Bates-Hospital. Sie bewohnen jetzt ein wunderschönes Haus in der Stonewall Road mit einem phantastischen Blick auf die San Francisco Bay und die Golden Gate Bridge. Auf dem Patio spendet ein Zitronenbaum Schatten. Seitdem ihre Mutter Wally bei ihnen wohnt, hat Lilly auch viel mehr Freiheit. Die Liebschaften ihres Mannes ignoriert sie souverän. Nein, sie will nie wieder weg.

Allerdings gibt es Europa noch, ungeachtet seines demolierten Zustands. Ende des Jahres 1945 nimmt Heinrich Schnitzler mit dem

Anwalt Dr. Rinesch Briefkontakt auf und bittet ihn, ein paar Dinge für ihn aufzuklären. Anlass ist die Reise eines Bekannten, Leutnant Alter, der in Wien stationiert ist und in der zerstörten Stadt dafür sorgen kann, dass der Brief an Rinesch auch zugestellt wird. Was ist mit Schnitzlers Haus, Sternwartestraße 71? Es soll angeblich heil und derzeit von sechs Personen bewohnt sein. Was ist aus den 18 Kisten geworden, die bei der Spedition Heimerl lagerten und gestohlen wurden, kaum dass er den Transport in Devisen bezahlt hatte – seinen Büchern, seinen Briefen, den Fotos? Und was ist mit den Tantiemen? Er hat gehört, dass die Stücke seines Vaters in Österreich schon wieder gespielt werden. Er will das Geld gar nicht, es soll einem wohltätigen Zweck zugeführt werden, aber Ordnung muss sein. Ob der Anwalt das Mandat übernehmen und in seinem Auftrag diese Dinge klären würde? So beginnt ein jahrelanger Briefwechsel, der dazu führt, dass Schnitzlers ihr Eigentum zurückbekommen und Dr. Rinesch als Empfänger diverser Care-Pakete nicht hungern muss.

Und Peter? Er ist ein amerikanischer Schuljunge. In seiner Freizeit trägt er die Uniform der »cub scouts«, lernt, wie man in der Wildnis überlebt und dass man als Pfadfinder verpflichtet ist, anderen zu helfen. Er singt auch im Kinderchor seiner Gemeinde. Weiß gekleidet wie die Engel treten die Knaben im San-Quentin-Gefängnis vor verurteilten Schwerverbrechern auf und müssen sich vorher genau durchsuchen lassen, ob sie nicht womöglich Maschinengewehre unter ihren Kitteln versteckt haben. Ostern und Weihnachten geht Peter mit seiner Mutter und Großmutter Wally zur Kirche, wie es sich gehört. Vom Jüdischsein weiß er nichts. Der Vater bleibt immer zu Hause.

Wenn Heinrich Schnitzler Peter in Briefen erwähnt, ist der immer: ein Gangster, ein Strolch, ein Lauser. Peter selbst empfindet sich als dickes, schüchternes Kind. Nach sieben Jahren ungeteilter Aufmerksamkeit der Eltern und Großmütter muss er sich mit der Existenz seines kleinen Bruders Michael erst noch anfreunden. Manchmal besucht er seine Oma Olga in der Telegraph Avenue. Sie ist inzwischen auch nach Berkeley gezogen und unterrichtet Deutsch am renommierten Mills College in Oakland. Wenn Peter bei ihr übernachtet, liest Olga ihm vor, aus amerikanischen Kinderbüchern. Mit dieser komischen Sprache, in der die Eltern manchmal miteinander reden und die er nicht versteht, will er nichts zu tun haben. Doch, er versteht sie, aber er selbst würde kein einziges Wort hervorbringen. Eines Tages findet er im Keller ihres Hauses etwas sehr Gruseliges. Es ist die Maske eines bärtigen alten Mannes. Die Augen hat er geschlossen. Sieht aus, als sei er tot. Sein Großvater, erfährt er, der vor vielen Jahren in einer fernen Stadt in Europa lebte und ein berühmter Dichter war. Peter will damit nichts zu tun haben. Er ist ein amerikanischer Junge, in nichts anders als die anderen.

Doch dann kommt ein neuer Bub zu ihnen in die Klasse, ein magerer blasser Knabe namens Erich, der das Konzentrationslager überlebt hat. Englisch kann er nicht, und seine Sprache, Deutsch, ist gerade sehr unpopulär in Amerika. Das reicht den anderen Kindern, ihn nicht zu mögen und ihm das Leben zur Hölle zu machen. Einmal, als ihn ein großer, starker Junge in eine Ecke gedrängt hat, ruft Erich in seiner Verzweiflung: »Ich hasse dich!« Und die anderen äffen ihn nach: »Yahassidy, yahassidy!« Es ist unerträglich, das mitanzusehen. Peter nimmt all seinen Mut zusammen, stellt sich vor Erich – und bezieht selbst Prügel. Niemand kommt ihm zu Hilfe.

Europäische Verlockungen und amerikanische Desillusionierungen

Die Ersten sind schon wieder in Europa gewesen, so Lillys Bruder Hans, aber was sie berichten, ist wenig erfreulich, von dem materiellen Elend ganz abgesehen. Nun wollen auch Ernst und Anuschka Deutsch hinüberfahren, und sie haben Schnitzlers gefragt, ob es irgendetwas gibt, das sie dort für sie erledigen könnten. Heinrich Schnitzlers Antwort ist vom 27. Dezember 1946. Er bedankt sich höflich – aber nein, sie wollen die Freunde nicht mit ihren Angelegenheiten belasten, außerdem hätten sie in Wien den verlässlichen Anwalt Dr. Rinesch, der habe dafür gesorgt, dass sein Haus nun wieder ihm gehört. Doch was soll er damit anfangen? »Denn an eine Rückkehr denken wir gewiss nicht. Wir erhalten viele Briefe aus Wien – immer wieder von den wenigen Freunden, die sich anständig benommen haben: Vilma Thimig, Theodor Grieg, Christl Mardayn (...) und immer wieder werden wir gefragt, wann wir denn zurück kommen werden? Es ist schwer, den Menschen dort verständlich zu machen, was uns davon abhält, wieder nach Europa, oder speziell nach Wien zurückzufahren. Sie wollen nicht begreifen, dass wir zu viel vergessen müssten, wenn wir wieder dort leben und arbeiten wollten – mehr, jedenfalls, als man vergessen kann.«[48]

Aber die Verlockung nimmt zu. Denn in Amerika ist ja auch nicht alles golden. Heinrich Schnitzler macht die Arbeit an der Uni immer noch keinen Spaß. Er kann sich noch so sehr ins Zeug legen – Resonanz gibt es kaum. Was hat er sich von der Zusammenarbeit mit Brecht erhofft! Der frühere Star des Berliner Theaterlebens, auch er ein Emigrant, lebt in Santa Monica im Süden Kaliforniens – da, wo sie alle sind, Manns, Feuchtwangers, Werfels, und um die hilfreiche Salka Viertel einen erlesenen Zirkel bilden. Schnitzler hat sich bisher ferngehalten, obwohl er sie alle kennt. Seine Auffassung seit dem Umzug nach Berkeley ist: Wir sind jetzt Amerikaner und müssen uns integrieren. In diesem Fall aber hat er seine Bekanntschaft mit Brecht genutzt, hat ihn überredet, ihm *The Private Life of the Master Race* zur Aufführung zu überlassen, die amerikanische Version von *Furcht und Elend des Dritten Reiches*. Ja, die Welturaufführung hat in Berkeley stattgefunden, nur ein Monat nach Kriegsende, unter seiner Regie. Und was ist passiert? Nichts. Eine Handvoll Theaterenthusiasten sind gekommen. Und der *San Francisco Chronicle* hat gefunden, über dieses Antinazi-Stück sei die Zeit irgendwie hinweggegangen. Das Gleiche ist übrigens in New York passiert, wo die siebzehn Szenen der amerikanischen Fassung in Zusammenarbeit von Brecht, Erwin Piscator und Berthold Viertel aufgeführt worden sind. Brecht! Piscator! Viertel! Das waren einmal die Theatergötter von Berlin. Hier ist wieder mal ein Beispiel für das Scheitern der Europäer am Broadway.

Schnitzler gibt nicht so schnell auf. Ob Brecht Lust hätte, ihm den Text zu einer kurzen Schuloper zu liefern? Der kramt bereitwillig aus seiner Schatzkiste *Das Verhör des Lukullus* hervor. Das Hörspiel um den römischen Feldherrn und Angriffskrieger, der sich für seine Taten vor dem Totenrichter im Hades verantworten muss, wird am 18. April 1947 in Berkeley als Oper uraufgeführt. Die Musik hat Roger Sessions geschrieben, ein Komponist der amerikanischen Avantgarde, mit dem sich Schnitzler angefreundet hat. Aber weder Brecht noch Helene Weigel befinden den Anlass für wichtig genug, um von Santa Monica nach Berkeley zu reisen. Die Tantiemen, so verfügt Brecht, möge Schnitzler doch bitte vergessenen deutschen Antifaschisten in Form von Care-Paketen zugutekommen lassen. Und so muss sich Heinrich Schnitzler mit der Aufmerksamkeit des Komponisten Darius Milhaud trösten. Milhaud, der wie Olga Schnitzler am Mills College in Oakland unterrichtet, besucht von allen vier Aufführungen immerhin drei und ist völlig begeistert.

Ernst Deutsch? Der spielt inzwischen wieder in Wien. Am 2. Oktober 1947 gratuliert ihm Schnitzler zu seinem großen Erfolg in der Rolle des Professor Bernhardi: »Ein Wiener Bekannter hat mir die Kritiken geschickt und daher weiß ich auch, wie sehr das Stück gewirkt hat – und das ist, gerade in Anbetracht des Themas, eine weitere Freude für mich.«[49]

1948 folgt Henry Schnitzler einem Ruf an die neu gegründete Film- und Theaterabteilung der Universität von Los Angeles (UCLA). Sie finden ein schönes Haus im noblen Stadtteil Brentwood. Lillys Mutter Wally zieht mit ihnen um, während Olga wieder einmal zurückbleibt. Schnitzlers Kollegen in Los Angeles sind die Professoren Melnitz und MacGowan. Der Amerikaner Kenneth MacGowan ist ein erfahrener Film- und Theaterproduzent, der mit Fritz Lang, George Cukor, Otto Preminger und Alfred Hitchcock zusammengearbeitet hat. Und Melnitz – der ist niemand anderer als Wilhelm Chmelnitzki, vor 1938 Vizedirektor des Wiener Volkstheaters und der Erste, dem Schnitzler seinerzeit von der Geburt seines ersten Sohnes Mitteilung gemacht hat. Nach vielen vergeblichen Versuchen, in Hollywood zu landen, hat Melnitz angefangen, Germanistik zu studieren, und sich als Sekretär von Franz Werfel über Wasser gehalten. Nun ist er fertig promoviert – und entwickelt sich zum Pionier der amerikanischen Theaterwissenschaft. Wird es Schnitzler besser gehen in dieser Gesellschaft von Freunden, Praktikern und Geistesverwandten? Nein, wird es nicht. Er darf sich jetzt Professor nennen. Und es bedeutet ihm wenig.

Missgelaunt erstattet er seiner in Berkeley verbliebenen Mutter Bericht von einem Abend in Los Angeles im Juni 1949. Sie haben an der Universität Igor Strawinskys *Geschichte vom Soldaten – Histoire du Soldat* – aufgeführt. Der aus St. Petersburg stammende Komponist, der seit 1939 in den USA lebt, war bei den Proben persönlich zugegen. Alles umsonst: »Das Bach Doppelkonzert war sehr schön während HISTOIRE DU SOLDAT eigentlich keine wirklich gute Aufführung war. (…) Es ist immer dasselbe: Theater kann unter solchen Bedingungen nie und nimmer entstehen – und daher entsteht es ja auch nicht in diesem Lande. Stravinski [sic!] war sehr nett und hilfsbereit auf den Proben. Das Orchester war aber am Abend der Aufführung leider nicht gut, und es gab ein paar Schmisse die so arg waren dass mir der Atem verging. (…) So war es im Ganzen nur eine sinnlose Plage und man fragt sich wieder einmal: wozu?«[50] Während Ernst Deutsch wieder bei den Salzburger Festspielen auftritt.

»*Schnickelfritz*«

Wenn sie den Vater gut gelaunt erleben wollen, müssen sie mit ihm ins Gebirge, in die Sierra Nevada oder die Rocky Mountains. Die unendlichen Wälder, die Bergseen, die einsamen, wilden Täler – das ist sein Glück. Das weiß Peter, das weiß auch schon Michael. Dann zieht der Herr Professor seine Knickerbockers und sein kariertes Hemd an, packt den versilberten Trinkbecher ein, den er bei einem Limerick-Wettbewerb des »Sierra Club of California« gewonnen hat, und jedes Mal, wenn er den Behälter auf einer Wanderung mit Quellwasser gefüllt hat, ruft er strahlend aus: »Champagner!« Dann erzählt er jüdische Witze, erfindet Schüttelreime und ist in jeder Hinsicht »silly«. Also wundervoll.

Aber meistens ist der Vater in diesem anderen Zustand. Er verbunkert sich in seinem Zimmer, keine Ahnung, was er da treibt, lesen, Briefe schreiben, durch die Türritzen dringt Pfeifenrauch –

auf keinen Fall darf man hinein zu ihm, darüber wacht die Mutter. Dass er nur ja nicht gestört wird! Auch beim Essen sitzt er oft schweigend da, dumpf brütend. Es ist kaum zu ertragen. Peter sieht seinen kleinen helläugigen Bruder an und hat Mitleid mit ihm. Der kann ja nicht einfach aufstehen und die Tür hinter sich zuknallen wie er, der Highschool-Schüler. Er kann nicht in die Garage gehen und sich an sein Schlagzeug setzen und die ganze Wut aus sich heraus- und an das schwingende Metall weiter befördern. Kann sich nicht im Snug Harbour Malt Shop mit seinen Freunden treffen und über Stan Getz reden oder »girls, girls, girls«. Auf keinen Fall möchte Peter so werden wie sein Vater, so abgekapselt, so – europäisch. Wieso kann dieser eigentlich nicht akzeptieren, dass er Jazz mag und keine Opern? Neulich hat er diesen Komponisten auf ihn angesetzt, Roger Sessions, dessen Musik kein Mensch versteht. Der hat ihn auf einen Spaziergang mitgenommen und versucht, ihm zu erklären, warum notierte Musik viel toller ist als improvisierte. Toller als Jazz? Gibt's doch gar nicht.

Peter sieht, wie sein kleiner Bruder noch ganz der Sphäre der Eltern angehört. Wie er von morgens bis abends Geige übt und sich schwertut mit den anderen Kindern. Was haben sie neulich zu ihm gesagt? »Schnickelfritz« ... Über den Namen Schnitzler ist noch jede amerikanische Zunge gestolpert. Aber auch er gehört, wenn er ehrlich ist, nicht zur Ingroup der Sportlichen, der gut Aussehenden, deren ganzes Lebensziel es ist, eine Menge Geld zu verdienen und sportliche, gut aussehende Kinder in die Welt zu setzen. Seine Freunde, das sind die kreativen Außenseiter. Die mit dem Musik- und Theatertick. Edward Applebaum, der Komponist werden will. Jüdische Freunde – aber das sagt man besser nicht so laut. Es ist nicht wirklich populär. Auch zu Hause reden sie nie darüber. Nie!

Ja, sie sind Außenseiter, und auch er ist einer. Sie sind Künstler.

Rückkehr nach Demelland

Unter jenen, die die Rückkehr der Schnitzlers fordern, ist auch Susi
– Susi Witt, Lillys beste Freundin aus der Kinderzeit. Jetzt heißt sie
allerdings Frey. Was ist von einer zu halten, die den Schauspieler
Erik Frey geheiratet hat? Der ist, wie man hört, keiner von denen,
»die anständig geblieben sind«. Heinrich Schnitzler stellt Susi auf
die Probe, gibt ihr Aufträge, bittet sie, sich um amerikanische
Freunde zu kümmern, die nach Wien kommen. Sie tut es – offenbar
zu seiner Zufriedenheit, denn der Ton seiner Briefe erwärmt sich –,
und er fängt wieder an, sie zärtlich mit ihrem Spitznamen anzure-
den: »Liebster Trampel!« Im Sommer 1951 schreibt Heinrich Schnitzler an Susi Frey, dass sie für den kommenden Sommer eine Europareise erwägen, »wenn's finanziell möglich sein sollte (was mir noch
sehr unwahrscheinlich vorkommt). Es wäre schön, wenn man einander noch einmal wiedersehen könnte. Im Allgemeinen sehe ich
allerdings einer Europareise mit sehr gemischten Gefühlen entgegen, und zwar einfach darum weil ich davor Angst habe, dass es Einem drüben allzu gut gefallen könnte.«[51]

Vorerst wird nichts aus dem Plan, dafür macht Paul Marx die
Vorhut und reist im Sommer 1952 nach Europa. Von London fährt
er nach Paris, dann weiter nach Genf und Zürich und schließlich
über Bregenz nach Lindau, »und dort betrat ich zum erstenmal seit
12. Juli 1933 deutschen Boden. Es war ein eigentuemliches, banges
Gefuehl. Ich wusste nicht, wie ich reagieren wuerde, wenn ich auf
Veraenderungen stossen wuerde. (…) Der erste Deutsche, mit dem
ich zu tun hatte, war der Schaffner, der von ausgesuchtester Liebenswürdigkeit war. Er besorgte mir dann in Buchloe den Traeger, da
sich dort niemand um einen kümmert. Aber der Traeger war der
Herr Stationschef selber, der meine Koffer nicht nur zum anderen
Zug trug, sie auch, trotz meines Einspruches, in den Wagen stellte
und ins Netz legte. Ich war einfach starr.«[52] In Grafrath bleibt Marx
ein paar Tage, findet alles unverändert, wenn nur die GIs nicht
wären. Aus München beschreibt er die Zerstörungen und das, was
noch dageblieben ist, bleibt wiederum ein paar Tage und fährt dann
weiter nach Wien. Dort schaut er viel kritischer hin: »Es gibt hier

nur mehr Neanderthaler. Nur nackerte Knie, die aus Lederhosen und weissen Struempfen hervorleuchten, die ›Damen‹ im Dirndl-kostüm. Aber einheitlich bei beiden Geschlechtern sind die Tier-physiognomien. Man hat das Gefühl, es brauchte nur ein ganz kleiner Taschenhitler zu kommen und Alles ist wieder, wie in den Jahren 38–45. Es ist nicht so auffallend, dass das juedische Element verschwunden ist, als dass das gute, christliche, intelligente Gesicht voellig fehlt.«[53]

Sollen sie – oder sollen sie nicht? Der Plan einer ausgedehnten Reise der Schnitzlers zu viert kristallisiert sich für die zweite Hälfte des Jahres 1954 heraus. Dann, nach Peters Highschool-Abschluss, wäre ein guter Zeitpunkt, alle könnten eine Auszeit nehmen. Aber Peter lässt keinen Zweifel daran, dass er nicht die geringste Lust hat, nach Europa zu fahren. Was soll er da? Und wer will schon mit sieb-zehn diese Nähe der Eltern über Monate? Nach unzähligen Ausein-andersetzungen mit dem Vater kommt er am Ende doch mit.

Die Reise, beginnend mit dem Flug nach New York am 22. Juni, ist bis ins letzte Detail geplant. Am 25. Juni sticht die »Île de France« in See. Auf der Passagierliste befinden sich in der »Classe Cabine«: »Mr. Henry Schnitzler, Mme. Lilly Schnitzler, Mr. Peter Schnitzler, Enfant Michael Schnitzler«. Unter Deck fährt der funkelnagelneue »Nash Station-Wagon« in Dunkellila mit, der extra für die Reise an-geschafft wurde und den Heinrich Schnitzler persönlich in Kenosha bei Chicago abgeholt hat, um 220 Dollar zu sparen. Am 1. Juli errei-chen sie England, reisen durch Devon, Somerset, Wales und Ches-hire, verbringen zwei Tage in Stratford-upon-Avon und drei in Lon-don. Um Tante Gisa wiederzusehen, kommen sie zu spät, sie ist im vergangenen Jahr gestorben. Nach zwei Wochen in England schreibt Schnitzler, der mit den Bergen an Post zu kämpfen hat, die ihm nachgeschickt werden, zum ersten Mal aus Europa an Paul Marx: »Wir genossen jede Minute und auch die Buben schienen von der neuen alten Welt sehr beeindruckt zu sein. Für uns ist das Ganze, selbst nach beinahe zwei Wochen, noch immer etwas unwirklich – aber gleichzeitig so vertraut, wie einem eben eine Welt vertraut ist, der man nun einmal angehört, auch wenn man 16 Jahre lang in einer ganz anderen Welt gelebt hat. (…) Theatralisch war England, beson-

ders London, sehr eindrucksvoll. Ich habe ein paar wirklich ausser-
ordentliche Vorstellungen gesehen und einen höchst überzeugen-
den Begriff von dem hohen Niveau des gegenwärtigen englischen
Theaters erhalten. (...) Und wie wunderbar ist es, Schauspieler zu
sehen, die ihr Handwerk gelernt haben und die ihre Muttersprache
beherrschen.«[54]

Die zweite Julihälfte gondeln sie durch Frankreich, fahren über
Grenoble und Chamonix weiter in die Schweiz – Zermatt, Saas-Fee,
Grindelwald, Luzern, Zürich – und erreichen schließlich in Feld-
kirch österreichischen Boden, für Heinrich und Lilly das erste Mal
nach sechzehn Jahren Abwesenheit. Michael durchbricht das ergrif-
fene Schweigen im Auto mit dem Satz: »And to think we are now in
the country of Demel!« Die Konditorei Demel ist allerdings ein ver-
lockender Ort. Schnitzlers verbringen einige Tage am Wolfgangsee,
machen Ausflüge nach Salzburg und sehen die umjubelte Böhm-Auf-
führung der Strauss'schen *Ariadne auf Naxos* mit Lisa della Casa und
Rudolf Schock und Mozarts *Don Giovanni*, dirigiert von Furtwäng-
ler, sind dann in Bayreuth für *Tannhäuser*, *Lohengrin* und *Parsifal*.
Sie sehen und hören das Beste, was die europäische Kultur derzeit
zu bieten hat, und mit jedem weiteren exquisiten Erlebnis bröckelt
die Schutzmauer, die Heinrich Schnitzler zwischen sich und Europa
errichtet hat.

Im September sind sie in Italien. Nach fünf Tagen in Venedig begibt sich die Familie über Florenz, Livorno und Perugia nach Rom.
Dort wird Michael krank, gleich an Ort und Stelle muss er am Blind-
darm operiert werden und bringt damit die Reisepläne durcheinan-
der. Die lange Autofahrt kann man dem Rekonvaleszenten nicht zu-
muten, er soll mit seiner Mutter hinterherfliegen, während Heinrich
und Peter sich auf den Weg nach Wien begeben. Am 10. Oktober
treffen sie dort mit sehr gemischten Gefühlen ein. Auch Paul Marx
war inzwischen ein zweites Mal in Wien, und es hat ihm jetzt viel
besser gefallen. So gut hat es ihm gefallen, dass er beschlossen hat,
nach elfeinhalb Jahren seinen Brotjob bei einer jüdischen Organisation in New York aufzugeben, nach Wien zurückzukehren und für
den Rest seines Lebens nur noch das zu tun, was ihm Spaß macht.
Paul geht zurück! Das ist allerdings eine Neuigkeit.

Jetzt sind Schnitzlers also in Wien, da bleiben sie erst mal, wohnen im Hotel Sacher und treffen unendlich viele Leute. Es kommt zum Wiedersehen mit Susi Frey, Lillys früherer bester Freundin. Über Erik Frey, den sie geheiratet hat, kursieren eine Menge Gerüchte: dass er lange vor dem Anschluss schon ein Parteigenosse der NSDAP war; dass er danach zum NS-Betriebszellenleiter avancierte und an dem Suizid des exzellenten Schauspielers, Regisseurs und Theaterleiters Rudolf Beer eine Mitschuld trägt. Zusammen mit Robert Valberg habe er den (womöglich homosexuellen) Beer während einer Calderón-Vorstellung im Theater in der Josefstadt aus seiner Loge gezerrt und der Gestapo übergeben. Beer wurde schwer misshandelt und drehte wenig später in seiner Wohnung den Gashahn auf. Nach einem Augenblick der Beklommenheit beschließen die Amerikanerin und die Österreicherin: Wir reden einfach nicht drüber. Dann nehmen sie ihre alte Freundschaft wieder auf.

Von all diesen endlosen Gesprächen verstehen Peter und Michael so gut wie nichts, und sie langweilen sich zu Tode. Sie haben ja nie Deutsch gelernt. Von ihrem Großvater Arthur Schnitzler haben sie bisher keine Zeile gelesen, diesem Großvater, von dem in Amerika kaum die Rede war. Es ist verwirrend. Jeder hier scheint ihn zu kennen.

Im November fährt Heinrich Schnitzler nach Deutschland, und zwar allein. Er hält Vorträge in den Amerikahäusern diverser Städte und sieht alles durch die rosarote Brille seiner gehobenen Stimmung. Aus Düsseldorf berichtet er Paul Marx: »West-Deutschland ist unwahrscheinlich. Es besteht kein Zweifel daran, dass die Deutschen den Krieg gewonnen haben. Die Städte, die da aus Trümmern erstanden sind, lassen sich mit nichts vergleichen. Frankfurt, zum Beispiel, mit ganzen Stadtvierteln der schönsten modernen Bauten; Alles ungemein geschmackvoll – das Beste an moderner Architektur, was man sich nur vorstellen kann. Und ein Leben, gegen das Wien zur traurigen Provinzstadt verblasst.«[55]

Den Dezember verbringt die Familie, wieder vereint, in Lech am Arlberg. So herrlich der Winter im Gebirge ist, für Heinrich Schnitzler steht dieser letzte Monat schon wieder im Zeichen des Abschiednehmens. Je näher die Rückkehr kommt, desto deprimierter wird er.

An Los Angeles und die Universität denkt er nur mit Schaudern, sieht aber auch keinen Ausweg. »Man kann, unter den gegenwärtigen Umständen, mit zwei Kindern nicht nach Europa zurückkehren«, ist seine Überzeugung.[56] Manche Dinge haben sie sich erspart. Sie sind *nicht* in ihr altes Haus in der Sternwartestraße 71 hineingegangen. Sind Begegnungen mit Leuten ausgewichen, von denen sie wussten, dass sie es sich allzu bequem unter den Nazis eingerichtet hatten. Aber es hat schmerzhafte Momente gegeben. Ein Besuch des Schnitzler-Grabs auf dem Zentralfriedhof war so einer. Das Grab selbst ist in einem guten Zustand, aber die Umgebung! »Man muß die verwahrloste juedische Abteilung am Zentralfriedhof gesehen haben um wieder einmal zu begreifen, was da geschehen ist«, schreibt Heinrich Schnitzler an den Freund Paul.[57]

Anfang Jänner 1955 geht es über Paris nach Le Havre, wo sie sich mit der »Liberté« auf die Heimreise begeben. Nach Amerika, »in die Verbannung«.[58] Nach Amerika, wo Lilly, Peter und Michael sich zu Hause fühlen.

Hochzeit in San Bernardino

1959 kehren Schnitzlers endgültig zurück nach Wien, nach vielem Hin und Her, und ohne Peter. Der hat inzwischen seine eigene Familie gegründet, eine amerikanische Familie. Das erste Kind, Giuliana, war geboren.

Nach der Europareise fing Peter mit dem Studium an, Theater und Film in Riverside, einer ganz neuen kalifornischen Universität, in der ein aufregender intellektueller Wind wehte. Sein Traum war: Regie zu führen wie der Vater. Das Pfeiferauchen hatte er sich an- und die Schüchternheit gegenüber Mädchen abgewöhnt. Patricia – Tisha – hübsch, blond, blauäugig, studierte Kunstgeschichte und fertigte Bühnenbilder zu seinen Inszenierungen. Sie heirateten mit zwanzig, was im Amerika der Fünfzigerjahre eine ganz normale Sache war. Eine Studentenehe. Als sie geschlossen wurde, im April 1957, befanden sich Peters Eltern und sein kleiner Bruder wieder einmal in Europa. Wenn ein Theater in Berlin, Wien oder Zürich den Vater rief, war er nicht zu halten; er hielt es aber auch nicht aus, für längere Zeit alleine drüben zu sein.

So kam es, dass Olga Schnitzler als Einzige aus der Familie zur Hochzeit nach San Bernardino fuhr. Sie war nicht nur als Großmutter dort, sondern auch als Berichterstatterin mit diplomatischer Sondermission. Es gab Vorbehalte auszuräumen, da drüben in Europa, Vorbehalte gegenüber der Braut und ihrer Familie. Der Vater war ein aus Irland eingewanderter Polizeibeamter im Ruhestand, die Mutter eine Hausfrau mit deutschen Wurzeln. Großmutter Olga, inzwischen zum Katholizismus konvertiert, übte sich in christlicher Demut und Milde, was ihr aufgrund der Zuneigung zu ihrem Enkel auch nicht schwerfiel: »Der Peter ist entzückend, ein schöner, sehr dünner langer Jüngling, – ich habe mich gleich wieder gut mit ihm verstanden, – und hab ihn ungewöhnlich in mein Herz geschlossen. Die Tisha lieb und viel aufgeschlossener, ihr Elternhaus typisch amerikanisch kleinbürgerlich, der Vater sehr nett, die Mutter – nun ja, eine brave liebe Frau, der wir sehr zu Dank verpflichtet sind, denn sie hat den Peter, während er an Masern sehr schwer krank war, offenbar rührend betreut.«[59] Olga beschrieb die Interieurs, die Autos, die Gesprächsthemen, die praktischen Hochzeitsgeschenke, kurz: den Lebensstil von Peters neuer Familie, und vor allem: ihre Freundlichkeit, ihre Anständigkeit und ihren ironiefreien Umgangston. »Gewiss die Distanzen sind in einer bestimmten Sphäre unüberbrückbar. Man muss sich eben entschließen, die Menschen da aufzuspüren, wo das gemeinsam Menschliche lebendig ist, und da sind sie sehr sympathisch. (…) Alles Traditionelle geschah: das Photographieren des Brautpaars, – auch beim Schneiden des grossen weissen Kuchens, – und mein goldiger Peter war bei allem so dabei – als hätte es nie gewisse Ahnen da hinten in Europa gegeben, – ich konnte nicht umhin, an seine beiden Großväter zu denken.« Am Ende fragte Olga die jüngste Mrs. Schnitzler, ob sie denn ihren neuen Namen schon aussprechen könne. Und siehe da: Sie hatte geübt.

Michael lässt die Pubertät ausfallen

Wenn die Wiener Philharmoniker auf Konzerttournee sind, kommt in der Staatsoper die Ersatzgarde zum Zug. Normalerweise reicht es aus, von Franz Samohyl vorgeschlagen zu werden, um an eine der begehrten Substitutenstellen im Orchester der Wiener Staatsoper zu gelangen. Aber Michael Schnitzler, sein jüngster Schüler an der Musikakademie, ist 1959 erst fünfzehn. In diesem ungewöhnlichen Fall, findet Professor Samohyl, wird er vorspielen müssen.

Das Probespiel findet hinter dem Vorhang statt, damit die künftigen Kollegen der Wiener Philharmoniker nicht von Äußerlichkeiten beeinflusst werden. Michael spielt, rückt vor in den zweiten Durchgang, dann in den dritten, befindet sich unter den ersten sechs, die in die engere Wahl für eine feste Stelle komme. Langsam wird ihm mulmig. Himmel! Er will ja gar nicht engagiert werden, bloß substituieren. Professor Samohyl klärt die Kommission auf, und der Bub bekommt seine Zusage. Ein halbes Jahr lang hört er nichts. Dann kommt der Anruf von der Staatsoper. Ob er abends beim *Rosenkavalier* mitspielen kann? Michael kennt die Strauss-Oper nicht einmal. »Macht nichts«, beruhigt ihn sein Lehrer, »du sitzt neben mir, und wenn ich den Finger hebe, heißt das: Achtung, schwere Stelle! Dann hast du Pause.« In diesem ersten *Rosenkavalier* seines langen Musikerlebens streicht der 15-Jährige vor allem in der Luft. Aber er bewährt sich. Zwischen seinem 16. und 19. Lebensjahr spielt Michael Schnitzler häufig in der Oper, erlebt deren Alleinherrscher Herbert von Karajan, erlebt den bewunderten Strauss-Dirigenten Karl Böhm, erlebt Elisabeth Schwarzkopf und Giuseppe di Stefano. Für Opern unter drei Stunden gibt es siebzig Schilling; für alles, was länger dauert, neunzig. Bald hat er das Geld für seine erste Kamera beisammen. Die Highschool absolviert er nebenbei, per Fernkurs, und paukt noch auf Konzerttourneen französische Vokabeln. Auf diese Weise wird er neunzehn, bis er seinen Abschluss in der Tasche hat. Da spielt er schon im Haydn-Trio.

Michael gefällt es in Wien, und seinem Vater gefällt, dass es ihm gefällt. Sein wohlerzogener Sohn! Die Pubertät hat er netterweise ausfallen lassen. Er rebelliert auch nicht, als ihn die Mutter zur Verlobung mit seiner allerersten Freundin drängt. Heide studiert wie Michael an der Musikakademie. Ihr Vater ist einer dieser Unverbesserlichen. Schreibt einen Brief an Schnitzlers und beschwört sie, diese Ehe zu verhindern, denn, so argumentiert er, aus der Vermischung der Rassen könne nichts Gutes entstehen. Schnitzlers verzichten auf eine Antwort, Heide distanziert sich von ihrem Elternhaus und wird nun ganz eine Tochter für Lilly, von der sie Weltläufigkeit und Stil lernen kann. Das stellvertretende Umerziehungsprojekt gelingt. Michael heiratet mit zwanzig, und das junge Paar baut sich ein Haus im Garten seiner Eltern in der Sternwartestraße 56. Seit der Hochzeit wird im Hause Schnitzler wieder deutsch gesprochen. Aus Michael, dem Amerikaner, ist ein Österreicher geworden.

Was die Rückkehr kostet

Heinrich Schnitzler arbeitet als Regisseur und Vizedirektor am Theater in der Josefstadt. Er hat nun wieder ein Ensemble von glänzenden Schauspielern zu seiner Verfügung. Darunter sind solche, die »anständig geblieben« sind während der Hitlerjahre – und eben auch die anderen.

Von den Remigranten wird erwartet, dass sie so tun, als wüssten sie von nichts, und dass sie in das allgemeine Schweigen einstimmen. Auch ihn fragt niemand, wie es denn war in der Emigration. Es ist, als wäre diese Zeit zwischen 1938 und 1945 komplett ausgelöscht. Und so arbeitet Heinrich Schnitzler auch wieder mit Erik Frey. Dessen Frau Susi, Lillys alte Freundin, hat sich bewährt, als Paul Marx bald nach seiner Rückkehr nach Wien schwer krank wurde. Um ihn, der immer ein Schwieriger war und als Patient auch nicht unkomplizierter wurde, hat sie sich bis zu seinem Tod liebevoll gekümmert. Heini hat es ihr mit den Worten gedankt: »Du bist vielleicht ein Trampel, aber wohl der liebste und rührendste Trampel den man sich nur denken kann.«[60] Erik allerdings – ach, der ist einfach ein Dummkopf, beschließt Schnitzler und entschuldigt damit manches. In seiner Inszenierung des väterlichen Stücks *Der einsame Weg* überträgt er ihm die Rolle des Egoisten Julian Ficht-

ner. Gott sei Dank muss er nicht zu allen Mitläufern und Gesin-
nungstätern von einst nett sein. Wenn der alte NS-Parteigenosse
Heinz Kindermann, der 1945 abgesetzte und seit Abzug der Siegermächte wieder amtierende Professor für Theaterwissenschaft an
der Universität Wien, in der Nachbarloge auftaucht, sieht er durch
ihn hindurch.

Dieser ganze Drahtseilakt kostet Kraft. Als Friedl Czepa, die in
Schauspielerkreisen eine berüchtigte Denunziantin gewesen ist, bei
einem Kreta-Urlaub strahlend auf ihn zueilt – »Heini!!!« –, ist ihm
die Laune gründlich verdorben.

Peters Metamorphosen

Peter Schnitzler kommt für zwei längere Perioden nach Europa. Das
erste Mal 1961 mit seiner Frau Tisha und den beiden kleinen Mädchen, Giulie und Andrea. Er hat in Los Angeles, an der UCLA, zu
Ende studiert und sich für Filmschnitt begeistert; »Cutting«, das war
etwas wie Musikmachen. Hat sich gegen die Ochsentour à la Hollywood bei Warner Bros. entschieden und sich stattdessen von einer
kleinen Produktionsgesellschaft mitten in Amerika anstellen lassen.
Da konnte er nun selbstständig Schul- und Industriefilme machen.
Die Gelegenheit, aus Fehlern zu lernen, bot sich reichlich. Aber das
Leben in Lawrence, Kansas! Lawrence, das war »ugly America«, war
Rassismus, Barber Shops geteilt in Schwarz und Weiß, und einen Juden hatten die Leute dort noch nie gesehen. Peter verstand sie nicht,
weder ihre Sprache noch ihre Gesten, und sie verstanden ihn nicht.

Also Wien, stattdessen. Einen Versuch ist es wert. Peter unterrichtet Film an der Akademie der bildenden Künste. Liest dann in
der Zeitung, dass der Hollywoodregisseur Otto Preminger für eine
Produktion nach Wien kommt. Der Film heißt *Der Kardinal*. Er
schreibt an Preminger und bekommt einen Job als »Assistant Loca-
tion Manager«, das heißt er ist für die österreichischen Drehorte zuständig. Erlebt während der kommenden sechs Monate eine rausch-
hafte Zeit: Alt-Hollywood in Österreich, inspirierende Kollegen und
Kolleginnen, dazu eine entzückende Romy Schneider in ihrem Lie-

beskummer um Alain Delon. Er arbeitet zwölf Stunden am Tag, während Tisha mit den Kindern zu Hause sitzt, kein Deutsch kann und unglücklich ist, mindestens ebenso unglücklich wie Peter in der amerikanischen Provinz. Es geht ihr besser, als sie nach Berlin ziehen. Peter arbeitet bei Walt Disney. Ihr drittes Kind, Alexander, wird ein Berliner. Aber noch glücklicher ist sie, als Peter eine Stelle in Los Angeles angeboten bekommt, an der UCLA. Er soll dort die Leitung der universitätseigenen Filmproduktionsgesellschaft übernehmen – genau das, was er machen will.

Im Sommer 1966 fährt der Enkel ein letztes Mal zu seiner Großmutter nach Lugano, um Abschied zu nehmen. Olga Schnitzler, inzwischen 84 Jahre alt, lebt in ihrer neukatholischen Gedankenwelt und ist immer noch begeisterte Logopädin. Sie verhilft jetzt Priestern zu besserem Sprechen. Und immer noch hat sie viele – und manchmal abwegige – Ideen. Ob Peter nicht Filme über das Leben der Heiligen machen wolle? Sie sehen sich nicht wieder. Am 13. Jänner 1970 stirbt Olga Schnitzler in Lugano. In einem ihrer letzten Briefe an den Sohn Heinrich bittet sie »um Nachricht über Peter, den ich sehr liebe«.[61] Man hört in diesen Jahren nicht so viel von ihm. Aus dem jungen Familienvater in Anzug und Krawatte ist ein Hippie geworden.

Nach zehnjähriger Abwesenheit ist Peter an seine alte Uni zurückgekehrt und erkennt sie nicht wieder. An der UCLA ist die Hölle los: Demonstrationen, Sit-ins, Kundgebungen aller Art. Angefangen hat es 1964 in Berkeley mit dem »Free Speech Movement«. Der Student und Bürgerrechtler Mario Savio forderte das Recht auf freie Meinungsäußerung und ein Ende der verkrusteten universitären Strukturen. Die Proteste weiteten sich aus. Gegen den Vietnamkrieg! Gegen die Rassendiskriminierung! Gegen Zwang und Unterdrückung! Peter, inzwischen Ende zwanzig, leuchtet das sofort ein, und er macht mit. An der UCLA sind nicht nur die Studenten, sondern auch die Professoren an dem allgemeinen Aufruhr beteiligt. Ein kluger Präsident, Charles E. Young, sorgt für das Gleichgewicht der Kräfte und lässt das Gespräch mit der Regierung nicht abreißen. Es ist die Stunde der Optimisten: Wenn man nur richtig denkt, wird die Welt ein besserer, friedlicherer Ort.

Im Sog des allgemeinen Veränderungswillens endet seine ohnehin schon belastete Ehe. Unter großen Schmerzen trennen sich Peter und Tisha, einigen sich immerhin auf eine gemeinschaftliche Therapie. Die führt dazu, dass sie auf dem Spielfeld experimenteller Lebensformen nahe beieinander wohnen bleiben, um beide für die Kinder da zu sein. In Ocean Park sind die Mieten billig und die Atmosphäre permissiv.

Peter verändert sein Äußeres, lässt Bart und Haare wachsen, sieht aus wie John Lennon. Ist schon von Amts wegen genötigt, alle möglichen Drogen zu probieren. Sein größtes Projekt wird eine 21-teilige Serie über »Drogen und Gesellschaft«. Es geht darum, Ärzten und Sozialarbeitern, Lehrerinnen und Krankenschwestern filmische Einblicke in eine Szene zu geben, die für sie fremd ist und mit der umzugehen sie lernen sollen. Für die Ausschreibung ist er nach Washington geflogen. Da sitzen die anderen Mitbewerber, die Anzugträger aus Harvard und Yale. Peter, Haare bis auf die Schulter, Lederweste mit Sternzeichen drauf, zwei Joints in der Tasche, spaziert hinein und bekommt den Millionenauftrag. Ihm, und nicht den anderen, traut man es zu, herauszufinden, was eigentlich los ist im Land.

Das ist die Gelegenheit zum Aussteigen aus der Zwangsjacke eines festen Jobs. Er findet einen Nachfolger für seine Stelle – unter der Bedingung, dass dieser ihm den Auftrag erteilt, die Serie als freier Filmemacher zu realisieren. Er hat nun freie Hand, auch auf diesem Gebiet zu experimentieren. Sein Konzept vom Medium Film hat sich gründlich verändert, seitdem er Jean-Luc Godards *À bout de souffle (Außer Atem)* gesehen hat. Muss man nicht mit allen Regeln der Ästhetik brechen? Peter will nicht mehr den wissenden Vermittler geben, kein herkömmliches Drehbuch schreiben, sondern sich ganz zurücknehmen zugunsten seiner Protagonisten und des Flow des Augenblicks.

Den Eltern in Wien macht die Veränderung ihres älteren Sohnes Sorgen. Der Bart, die Haare, die unerträgliche Selbstgerechtigkeit des Weltverbesserers – und dieser emotionale Habitus. Seine Gefühle dermaßen ungehemmt nach außen zu tragen, so türenschlagend, so weltumarmend! Jede Begegnung zwischen Vater und Sohn endet in einer Katastrophe. Peter reist ab, ohne sich zu verabschieden, Heini fällt in Depressionen. Bei einer familientherapeutischen Sitzung war auch die Anwesenheit der Eltern erbeten. Am Ende ging Peter mit ausgebreiteten Armen auf seinen Vater zu. Aber der erstarrte zur Salzsäule, die leibgewordene Abwehr.

Scheidung im Quartett

Auch der wohlerzogene junge Geiger und Liebhaber der Kammer-musik blickt befremdet auf Peter, den Hippie. In diesen Jahren be-rühren sich die Lebenswelten der Brüder kaum. Es kommt alles sehr zeitig für Michael, der mit fünfzehn schon in der Oper substituiert hat. Allegro assai. In dem Tempo geht es weiter. Mit 18 reist er mit dem Kammerorchester »Die Wiener Solisten« um die Welt. Als er mit Heinz Medjimorec und Walter Schulz das Haydn-Trio gründet, ist er 21. Tritt dann mit 22 die Nachfolge seines Lehrers Franz Sa-mohyl als erster Konzertmeister bei den Wiener Symphonikern an. Spielt mit dem Schnitzler-Quartett, Seite an Seite mit seiner Frau Heide, im Wiener Musikverein. Wird von seinem bewunderten Vorbild David Oistrach nach Moskau eingeladen. Heinrich Schnitz-ler, der einmal mit der Dirigentenlaufbahn geliebäugelt hat, verfolgt das alles mit Genugtuung.

Doch dann geschieht etwas, das den Vater schwer irritiert und einen Schatten auf das harmonische Bild wirft. 1972 trennen sich Michael und Heide. Heinrich Schnitzler schreibt an die vertraute Freundin Anuschka Deutsch in Berlin: »Du weißt, wie ganz beson-ders nahe die Beiden uns sind, immer waren und immer bleiben werden, und da wir nichts von den offenbar schon lange existieren-den Ehe-Schwierigkeiten wussten, kam das Ganze als ein schwerer Schock, von dem wir uns keineswegs erholt haben. Zunächst ist Heide in dem kleinen Haus, das die Beiden sich, wie du weißt, im Garten gebaut hatten, während Michael bei einer guten Freundin von uns eine möblierte Wohnung gemietet hat. Das Schwierige bei der Situation ist natürlich die geradezu ideale Zusammenarbeit von Michael und Heide im Quartett (es führt nun ganz offiziell den Namen ›Schnitzler-Quartett‹ und ist ganz außerordentlich erfolgreich), die auf keinen Fall aufhören soll.«[62] Er endet: »Du kannst dir vorstellen, liebe Anuschka, wie entsetzlich dieses für uns völlig unerwartete Ereignis war und wie sehr wir darunter leiden. Man sagt ja, dass man sich an Alles gewöhnt, aber ich glaube, dass das in diesem Fall nicht so einfach sein wird.«

Anuschka Deutsch reagiert betont gelassen und rückt dem alten Freund den Kopf zurecht. Wozu die Aufregung? So seien sie halt, die jungen Leute. Kannst nix machen.

Schnitzler-Renaissance

Und noch jemand hat seinen Platz in dem riesigen Garten des Stra-kosch-Hauses in der Sternwartestraße 56 gefunden, das Schnitzlers seit ihrer Rückkehr aus Amerika bewohnen. Jemand? Etwas? Es ist der Nachlass seines Vaters. Schon im Jahr 1947 gab Heinrich Schnitz-ler Mikrofilm-Kopien `des gesamten in Cambridge verwahrten Nachlassmaterials in Auftrag. Das ist natürlich alles mitübersiedelt und wohnt jetzt, wohlgeordnet in Regalen und Metallschränken mit ausfahrbaren Hängeregistraturen, im Gartenhaus. Früher einmal war es eine Waschküche. Die Feuchtigkeit hängt noch in den Wän-den, sodass die Büroklammern zu rosten beginnen und mit den Jah-ren rötlich-braune Spuren hinterlassen.

Schnitzlers haben sich neu eingerichtet in dem alten Haus, mit ganz modernen Möbeln, die sie aus der Schweiz haben kommen las-sen. Keine Frage, auch das Bild von Heinrichs Vater gehört einmal gründlich entstaubt. Alt-Wien, süßes Mädel, leichtsinniger Melan-choliker, das sind so die gängigen Klischees.

Professor Bernhardi am Berliner Schillertheater im Herbst 1955, mit Ernst Deutsch in der Titelrolle, war Heinrich Schnitzlers erste Regiearbeit im Nachkriegseuropa. Die Zeitungen reagierten mehr-heitlich freundlich; freundlich war auch der Beifall des Publikums, freundlich – aber auch desinteressiert. Was sagte ihnen dieser jüdi-sche Professor aus grauer Vorzeit? »Kaum ein halbes Jahrhundert verging – und wir können heute fast nur mit Mühe den Reiz, die Ei-genart, den dichterischen Schmelz solcher an der Jahrhundertwende datierten Erscheinung nachschmecken.«[63] Das schrieb der einflussreiche Kritiker Friedrich Luft in der *Welt.*

Und was konnte man anderes erwarten, da doch die Werke des Vaters aus Bibliotheken und Buchhandlungen so gut wie verschwunden waren. Die Nazis hatten ganze Arbeit geleistet. Auf den angestammten Verlag des Vaters war auch nicht unbedingt Verlass, S. Fischer, der nach den Jahren des Exils in Stockholm nun wieder in Frankfurt ansässig war. Den 1950 erschienenen Band *Ausgewählte Erzählungen* hatte der Verlag mit der Information über den Autor beworben: »Von Beruf Arzt, erfuhr er wesentliche Anregungen durch die Psychoanalyse Freuds.« Das war falsch. Arthur Schnitzler war keineswegs Freuds Lehrling, sondern sein kritischer Zeitgenosse. Der Sohn protestierte und bekam zur Antwort, das heutige Publikum, besonders die jüngeren Menschen, wüsste sehr wenig über Schnitzler. Deswegen sei ein – zugegeben etwas grober – Hinweis auf geistesgeschichtliche Zusammenhänge eher nützlich als schädlich.[64] Heinrich Schnitzlers Reaktion: Er habe nichts gegen einen Waschzettel, wohl aber gegen eine schiefe Formel.

Von Wien aus kann er nach seiner Remigration 1959 viel leichter ein wirkungsvoller Anwalt des väterlichen Werks sein. Und das wird er in den mehr als zwei Jahrzehnten der ihm noch verbleibenden Lebenszeit. Ist es das, was er mit seiner Rückkehr im Sinn hatte? Wahrscheinlich nicht. Er wollte einfach gutes Theater machen, keineswegs nur als Schnitzler-Regisseur. Aber dann nimmt er sich des väterlichen Werks mit Leib und Seele an: als Regisseur, als Forscher, als Herausgeber, als Berater mehrerer Generationen von Germanisten und Theaterwissenschaftlern. In dieser ultimativen Herzensangelegenheit hat er Mitstreiter und Weggefährten: Friedrich Torberg, Therese Nickl, Gerhart Baumann, Reinhard Urbach, Werner Welzig, Peter Michael Braunwarth und viele andere mehr.

Einer der Ersten ist der Schriftsteller und Theaterkritiker Hans Weigel, der ebenfalls ein Remigrant ist und Arthur Schnitzler ebenso sehr liebt, wie er Hugo von Hofmannsthal hasst. Sie sind sich einig, dass man den 100. Geburtstag des Dichters am 15. Mai 1962 keineswegs ungenutzt vorüberziehen lassen dürfe. Schnitzler teilt Weigel seine Sorge über die Untätigkeit des Verlags mit: »So kann es nicht weitergehen – denn wenn es so weitergeht, wird zur Feier des 100. Geburtstags meines Vaters das Werk (soweit es der Verlag wieder gedruckt hat) aus dem Buchhandel verschwunden sein.«[65] Mit Hans Weigel tauscht sich Heinrich Schnitzler auch über die Notwendigkeit einer Biographie seines Vaters aus. Sich so zurücknehmen, wie man es als Biograph doch wohl müsse? Nein, das will Weigel nicht. Doch etwas anderes hat er im Sinn: Olga Schnitzler müsse man zum Reden bringen, bevor es zu spät sei! Auch sie ist auf dem Weg zurück nach Europa und dabei, sich in Lugano eine Wohnung zu suchen. In kurzer Zeit und mit Weigels Hilfe entsteht das schöne und unnachahmlich diskrete Erinnerungsbuch *Spiegelbild der Freundschaft*. Das Vorwort, das Hans Weigel ihm mitgibt, lässt aber an Deutlichkeit nichts zu wünschen übrig: »Nach dem totalen Versinken seiner Werke im totalen Staat folgte noch immer keine gebührende offizielle Rehabilitierung seines Andenkens. Der neue Staat Österreich und das neue Wien nehmen ihre selbstverständlichen Pflichten angesichts dieses großen Wieners und Österreichers ebenso wenig wahr wie das neuerstandene Verlagswesen seine Schuldigkeit gegenüber einem großen Dramatiker und Epiker deutscher Sprache. All diese Unterlassungen können jedoch Arthur Schnitzlers triumphale Wiederkehr zu den Nachgeborenen nur verzögern und nicht verhindern.«[66] Die gemeinsamen Anstrengungen sind erfolgreich. 1961 und 1962, gerade rechtzeitig zum Jubiläum, bringt der S. Fischer Verlag die vierbändige Gesamtedition des dramatischen und erzählerischen Werks heraus. So beginnt das Kapitel der »Schnitzler-Renaissance«.

Am Theater in der Josefstadt inszeniert Heinrich Schnitzler jährlich ein Stück seines Vaters neu. Er bringt die Einakter *Der Grüne Kakadu – Literatur* und *Lebendige Stunden – Die Gefährtin – Komtesse Mizzi* auf die Bühne, er gibt die *Komödie der Worte* und *Die letzten Masken*, aber auch *Der einsame Weg* und als Letztes, 1968, *Liebelei*. Nur nicht den *Reigen*, den auf keinen Fall. Schnitzler inszeniert seinem Selbstverständnis als Regisseur entsprechend – sorgfältig, mit psychologischem Feingefühl, dem Text dienend. Auf diese Weise geht er auch als Hüter des väterlichen Nachlasses zu Werk. Arthur Schnitzler hat sich jede Aufführung des *Reigen* vor 1981 verbeten. Sein Sohn wacht darüber, dass es so geschieht.

Auch hat Arthur Schnitzler exakt festgelegt, was wann wie zu edieren sei. Die Autobiographie: frühestens zwanzig Jahre nach seinem Tod; die Tagebücher: vierzig Jahre danach; die Briefe: »erst zu einem Zeitpunkt, wenn es ohne Aenderung geschehen kann«;[67] Liebesbriefe: »in keinem Fall früher als zwanzig Jahre« nach seinem Tod. Der größte Brocken sind die Tagebücher. Für sie gilt, ebenso wie für die Autobiographie, dass sie im Fall der Veröffentlichung »in keiner Weise verfälscht, also nicht gemildert, gekürzt oder sonstwie verändert werden« dürfen. Dafür einen Verleger zu finden, ist eine Sache für sich – aber davor muss man erst mal eine Abschrift herstellen. Schnitzlers unleserliche Schrift kann nur ein Mensch lesen, und zwar Therese Nickl. Für den Schnitzler-Hofmannsthal-Briefwechsel hat sie ihre Entzifferungskünste unentgeltlich zur Verfügung gestellt, aber ein solches Mammutprojekt! Allein dafür muss man Stiftungsgelder und Forschungsmittel auftreiben. Um für die Veröffentlichung der Tagebücher zu werben, geht Heinrich Schnitzler auf Lesereisen durch Europa, gemeinsam mit der Schauspielerin Vilma Degischer, die eine gute Freundin ist.

Am Ende können alle diese Projekte in die Tat umgesetzt werden – und noch vieles mehr. Die »Schnitzler-Renaissance« bringt eine Fülle von Dissertationen, Forschungsvorhaben und Veröffentlichungen hervor und ist – mit dem Projekt der Historisch-Kritischen Edition – bis heute noch nicht abgeschlossen. »Heini Schnitzler« wird zur legendären Figur in den germanistischen Zirkeln der Sechziger- und Siebzigerjahre. In einem letzten Geburtstagsbrief würdigt der Freiburger Germanist Gerhart Baumann noch einmal Heinrich Schnitzlers Schlüsselrolle: »Welches Licht fiel auf die Schnitzler-Welt, seitdem Sie sich gleichermaßen selbstloser wie zuständiger Weise ihm gewidmet haben, – welche Vor-Urteile und voreilige Formeln sind zerstört worden. Das weite Land Schnitzlers ist erst sichtbar geworden.«[68]

Heinrich Schnitzler, der säkulare Jude, führt seinen Kampf wider das Vergessen, und er ist darin äußerst erfolgreich. Manchmal ächzt er unter der Verantwortung. Wer ihm hilft, sie zu tragen, gewinnt seine Freundschaft und, unter Umständen, seine Liebe.

Schnitzlers letzte Liebe, Teil 2

Die junge Renate Wagner, Studentin der Germanistik und Theaterwissenschaft, trägt sich mit Plänen zu einer Doktorarbeit über
Schnitzler. Wie so viele andere bittet sie Heinrich Schnitzler um
seine Unterstützung. Als sie sich 1968 im Café Mozart treffen, ist er
66 und sie 21, aber der Altersunterschied wird für ihre zwölf Jahre
lange Beziehung keine Rolle spielen. Nach ihrer Dissertation über
Wiener Schnitzler-Aufführungen veröffentlicht Renate Wagner 1971
den Briefwechsel zwischen Arthur Schnitzler und Max Reinhardt,
danach *Dilly: Adele Sandrock und Arthur Schnitzler* und schließlich,
ein Jahr vor Heinrich Schnitzlers Tod, die längst überfällige Biographie seines Vaters.

Für ein weiteres Buch, *Frauen um Arthur Schnitzler,* ist auch ein
Kapitel über Suzanne Clauser geplant, Arthur Schnitzlers letzte
Liebe. Die ist inzwischen 79 Jahre alt und lebt schon lange in Paris,
wo sie unter dem Namen Dominique Auclères übersetzt und als Ko-
lumnistin für *Le Figaro* geschrieben hat. Heinrich Schnitzler steht
mit ihr in freundschaftlich-regem Briefwechsel. Er stellt ihr das Projekt vor, empfiehlt ihr Renate Wagner als seriöse Autorin und fragt
sie, ob sie damit einverstanden sei, in einem solchen Buch vorzu-
kommen. Lieber nicht, antwortet Suzanne Clauser und bittet um
Verständnis für ihre Absage. Dass Arthur Schnitzler sie am Ende
seines Lebens seiner würdig befand, betrachte sie noch heute als ein
Geschenk. Er habe ihr eine Welt eröffnet, sie »eine Moral des Schrift-
stellers« gelehrt. Nein, nicht aus bürgerlicher Prüderie wolle sie auf
das Kapitel über sich verzichten, sondern wegen der dunklen Erinnerungen, die damit verbunden seien, an Clara Katharina Pollaczek.
Die habe durch sie alles verloren, woran sie am meisten hing: »Heute
ist mir bewußt was das für eine alternde Frau bedeutete. Dennoch
ist die Erinnerung an ihr Auflauern unserer Beziehungen, ihren
mißlungenen Selbstmordversuch, ihres Verbots mich zu ihm zu
rufen als er bewußtlos war und sein Arzt und Neffe wußte, daß er
mich bei sich wünschte, falls er noch einmal zu sich käme, ein Alp-
druck den ich nie verwunden habe. Auch der schreckliche Tag wo
sie mich nach Arthur's Tod zu sich zitierte, das Haus abschloß, das

Telefon abschaltete – und mich fragte, ob ich auf das Haupt meiner Kinder schwören könne daß die Beziehung zu Deinem Vater eine freundschaftliche war, lastet noch auf mir. Ich schwor. Denn er selbst hielt diese Liebe so geheim wie möglich. Nur Frieda Pollak und sein Arzt wußten alles. In solchen Momenten ist Wahrheit eine Sünde. Als ich herauskam traf ich den Doktor (den Mann deiner Cousine). Er hatte mich telefonisch nicht zu Hause erreicht um mich zu warnen, nicht hinzugehen, da sie ihm gesagt hatte, sie würde mich erschießen wenn ihr Verdacht sich bewahrheitete.«[69] Suzanne Clausers Wunsch wird respektiert. Sie stirbt 1981. Auch in Renate Wagners Schnitzler-Biographie bleibt ihre wahre Rolle unerwähnt.

Seine Familie hält Heinrich Schnitzler aus alledem weitgehend heraus. Seine Frau, die darüber wacht, dass er ungestört arbeiten kann. Michael, der als Musiker seinen eigenen Weg gefunden hat. Peter, den Amerikaner, mit dem er in Streitlust verbunden ist. Seine Söhne, so glaubt der Vater, interessieren sich nicht für Arthur Schnitzler. Die Söhne ihrerseits glauben, der Vater wolle mit ihnen nicht über den Großvater reden. Bei diesem fatalen Missverständnis bleibt es.

Es ist nicht leicht für die Familie. Sie bekommen die depressive, die hypochondrische Seite von Heinrich Schnitzler zu sehen, während er für die Außenwelt den charmanten Grandseigneur gibt. Und es wird schlimmer, als er Parkinson bekommt und später Darmkrebs. Mit seinen schwindenden Kräften fällt das Regulativ der Bergtouren weg. Es ist ungerecht, findet Lilly Schnitzler. Für diesen ewig schlecht gelaunten Mann hat sie ihr größtes Opfer gebracht, hat ihre Arbeit, ihr Orchester, ihre Freiheit in Amerika aufgegeben, um wieder in Wien zu leben, wo sie nicht sein will.

Aber sie ist eine loyale Ehefrau. Noch auf dem Sterbebett ihres Mannes erweist sie ihm einen letzten Liebesdienst. Er ist schon bewusstlos, da nimmt sie Renate Wagner mit ins Allgemeine Krankenhaus – die Frau, von der sie weiß, dass er sie sich noch einmal bei sich wünscht.

Vierter Teil

Wien, Los Angeles, Costa Rica 1982–2014

Die Freiheit der Lilly Schnitzler

Lilly Schnitzler wurde mit 71 Jahren Witwe.
Nun konnte sie tun und lassen, was sie wollte:
Jede Gelegenheit nutzen, Wien den Rücken zu kehren.
Die ganze Welt bereisen.
Einen Joint rauchen.
(Dazu musste sie erst mal lernen, wie man inhaliert.)
Grün tragen.
Im Alter von 93 Jahren ihre Memoiren aufschreiben.

Mit seiner einsamen Entscheidung, sich im Grab seines Vaters beerdigen zu lassen, hatte Heini ihr einen letzten Verdruss bereitet. Denn da war kein Platz mehr für sie. Stattdessen wählte sie sich als letzte Ruhestätte einen Ort, wo sie glücklich gewesen war: das Fextal im Engadin. Sie starb am 17. Mai 2009.

»Wir sind Künstler«

Als ich im September 2012 nach Los Angeles komme, leben Peter und Alexa noch in Topanga, außerhalb der Riesenstadt. Allerdings ist die Entscheidung schon gefallen, sie werden umziehen. Bald wird Topanga nur noch Erinnerung sein: an ein wildes Tal voller Musik und Poesie; an Joni Mitchell und Neil Young; an die McCarthy-Zeit, als arbeitslos gewordene linke Hollywoodleute sich hier eine eigene Bühne bauten für ihren Protest; an Pete Seeger und Arlo Guthrie, die dort auftraten; an die Hippiezeit und einen Traum von Gemein-schaft; an ein lichtes Haus auf dem Hügel.

»Ich war das schwarze Schaf«, sagt Peter Schnitzler. Wie sieht ein schwarzes Schaf aus? Er hat die leicht gebeugte Körperhaltung groß gewachsener Leute. Trägt ein schwarzes T-Shirt, Jeans und Chucks. Von dem gut gepolsterten Kindergesicht von einst hat die Zeit alles Runde, Weiche abgetragen. Die übriggebliebenen Haare sind weiß, der Bart ist weiß, die Brille: fast weiß. Ich sehe zwei unterschiedliche Augen, ein schalkhaftes und ein melancholisches; das melancholi-sche dominiert. Aber die Ohren, diese oben spitz zusammenlaufen-den Ohren – vielleicht sind solche Faunsohren ein Charakteristi-kum schwarzer Schafe? Blödsinn. Zum schwarzen Schaf wird man gemacht.

Zu einem haltbaren Frieden zwischen Vater und Sohn kam es nie. Noch beim letzten Besuch im Krankenhaus, kurz bevor Heinrich Schnitzler starb, ereignete sich etwas Dissonantes. Er konnte schon nicht mehr sprechen. Peter legte seine Hand auf den Arm des Vaters und bekam eine unwillkürliche Geste als Antwort, die allerdings zweideutig war. Wollte er die Hand seines Sohnes abschütteln, weil die Berührung ihm unangenehm war? Oder lag in dieser Reaktion eine Art von letzter Anerkennung? Peter wird es niemals wissen.

Ein Augenblick Schweigen nach einem langen Gespräch. Er klopft seine Pfeife aus. In der Ferne glitzert der Pazifik. Man hat einen umwerfenden Blick von diesem Haus in den Hügeln der Santa Monica Mountains. Vor fünfzehn Jahren sind sie hineinspaziert, er und seine zweite Frau Alexa Sekyra. Sie wussten gleich: Das ist unser Haus. Es ist hell, offen und modern. Alexa, die im Alter von Peters Töchtern ist, kommt aus der Gegend von Salzburg. Als Kunsthisto-rikerin hat sie in der ganzen Welt Ausstellungen gemacht und gehört nun zur dritten Generation von Schnitzler-Frauen, die ihren Platz in der amerikanischen Gesellschaft mit Leichtigkeit gefunden haben. Sie leitet das Stipendiatenprogramm der Getty-Stiftung. Das ist nicht nur ein sehr schöner, sondern auch ein besonders prestige-trächtiger Arbeitsplatz. Für Peter bedeutet das: Alexas Karriere hat Vorrang. Er kann damit leben. Er will damit leben. Dass die Macht-balance zwischen den Geschlechtern sich verschoben hat, ist schließlich auch ein Ergebnis der Aufräumarbeiten, die seine Generation betrieben hat.

In der Küche oben auf dem Schrank steht ein großes Sparschwein. Um dem drohenden barbarischen Sprachgemisch vorzubeugen, hat das Paar irgendwann einmal vereinbart: Wer einen Satz in einer anderen Sprache beendet, als er ihn begonnen hat, muss einen Dollar Strafe zahlen. Peter spricht wienerisch mit amerikanischem Akzent. Er hat ziemlich viel Zeit in Europa verbracht, zusammengerechnet mehr als zwei Jahrzehnte. Angezogen und wieder abgestoßen hat ihn dieser Kontinent, von dem er mit seinen Eltern vertrieben wurde, als er noch keine zwei Jahre alt war. Ein weiterer Mitbewohner des Hauses heißt »Mr. Brown«. Den Bronzemann mit Trenchcoat, Hut und Aktentasche hat Peter Schnitzler von der Wiedergutmachungssumme gekauft, die der österreichische Staat ihm gezahlt hat, 8- oder 9000 Dollar, er weiß es nicht mehr genau. Hingegen war es ihm wichtig, sich zu erinnern, wofür er dieses Geld ausgegeben hat. Das hier ist eine Wohngegend, die von Buschbränden bedroht ist, von dem generellen Erdbebenrisiko mal ganz abgesehen. Wenn er plötzlich aus dem Haus fliehen müsste, erzählt Peter, dann gehörte Mr. Brown zu den wenigen Gegenständen, die er versuchen würde zu retten; ihn und noch ein paar Papiere.

Wir reden weiter über Heinrich Schnitzler, seine europäischen oder – je nach Perspektive – altmodischen Vorstellungen von Manieren. Und dann das ungenierte Betragen dieser drei wilden kalifornischen Enkelkinder! Peter lacht und erinnert sich, wie der Großvater auf einer Reise ins Engadin fassungslos sagte: »But … we're in a hotel!« Seine Kinder waren ebenfalls fassungslos. Wie konnte er nur auf die Idee kommen, dass man sich in einem Hotel anders zu verhalten habe als zu Hause! Das großväterliche Diktum wurde zu einem geflügelten Wort, das jedes Mal für Gelächter sorgte.

Ich möchte wissen, worauf es Heinrich Schnitzler bei der Erziehung ankam, ganz abgesehen von solchen Stilfragen, die allerdings auch nicht banal sind. Peters Antwort kommt sofort: »›Wir sind Künstler.‹ Das war sein oberstes Credo.« Ganz ausgeschlossen, dass einer von Heinrichs Söhnen einen Beruf gewählt hätte, der nur aufs Geldverdienen abzielt. Für die Liebe zu Film und Theater ist Peter seinem Vater »ewig dankbar«. Er spricht von den gemeinsamen Ausflügen nach New York in seiner Teenagerzeit: »Bissl Kultur fressen«, also mindestens drei Filme am Tag. Das sind die guten Erinnerungen; er hat gelernt, seinen Fokus mehr darauf zu legen.

Der Vater hatte ein untrügliches Gespür für Qualität, sagt Peter. Das hatte er sich durch unendlich viel Lesen, unendlich viele Theater- und Musikerlebnisse erworben. Den Hunger auf diese Dinge hatte ihm seine Heimatstadt Wien eingegeben. Die Kehrseite, das scharfrichterliche Urteil, wahrscheinlich auch. Und dann gab es diesen Leuchtturm, Arthur Schnitzler, als unausgesprochene Vergleichsgröße. Einmal, erinnert sich Peter, habe er zu Hause angerufen, und die Mutter teilte ihm gleich zur Begrüßung mit: »Hier herrscht Jubel!« Sein Vater hatte eines seiner Drehbücher gelesen und für gut befunden. Ein einziges Mal.

Ein Nachbarshund, groß und zottelig, kommt durch die Terrassentür hereingetrottet, wird freundlich begrüßt und beklopft, geht zu seinem Wassernapf in der Küche, erfrischt sich, nimmt noch eine Schnauze voll Hundekuchen. Dann verzieht er sich wieder. Ich betrachte die Bilder an den Wänden, abstrakte Bilder in leuchtenden, warmen Farben. Sie sind alle von Peter. Seinem Leben als Filmemacher hat er ein zweites als Maler folgen lassen, hatte einige Ausstellungen. Dann begann er zu schreiben, auf Englisch. Sein Leben bietet genügend Stoff.

Wir sprechen über die szenische Lesung, die am Vorabend an der USC, der University of Southern California, stattgefunden hat, der zweiten großen Universität in Los Angeles. Diese Lesung war für mich der Anlass, die Reise anzutreten. Peter hat sie zusammen mit dem italienischen Germanisten Lorenzo Bellettini entwickelt: »Arthur Schnitzler – Being Jewish«. Wie soll man das übersetzen? »Arthur Schnitzlers Jüdischsein«, »Arthur Schnitzlers jüdische Identität«, oder gar (hoffnungslos altmodisch) »Arthur Schnitzler als Jude«? Englisch ist manchmal so viel eleganter! Das kulturell bedingte Übersetzungsproblem ist allerdings beidseitig, wie die Diskussion gezeigt hat, die auf die Lesung folgte. Die Schauspielerin Annabelle Gurwitch und ihr Kollege Sam Tsoutsouvas haben wunderbar gelesen. Die Collage aus Traumtexten, Briefen, Tagebuchnotizen umkreiste Schnitzlers kompliziertes Verhältnis zu – ja, was? Der Religion seiner Vorväter? Auch. Aber dazu hatte der Agnostiker Schnitzler kaum eine Beziehung. Den Ritualen gläubiger Juden? Die praktizierte er nur in seltenen Ausnahmefällen. Dem Zionismus Theodor Herzls? War ihm zu nationalistisch. Der Verleugnung à la Hofmannsthal? Fand er unsympathisch und snobistisch. Seiner inneren Konflikte ungeachtet, wurde Schnitzler ständig vorgehalten, dass er Jude war, das ist vielleicht der entscheidende Punkt, hier dargestellt am *Reigen*-Prozess. Nach der Lesung meldete sich ein junger Mann zu Wort, ziemlich aufgeregt. Er hat das alles nicht verstanden! Was hat er nicht verstanden? Eine Weile lang blieb das hochkarätig akademisch und mehrheitlich europäisch besetzte Podium ratlos – bis sich endlich herausstellte, was das Problem des jungen Amerikaners war. Ihm war völlig unbegreiflich, wie ein solcher Wirbel entstehen konnte wegen eines Theaterstücks. Im Publikum waren neben Studenten der Judaistik und Germanistik, den Vertretern der Kulturinstitute und den üblichen Tagungsschwalben, die sich einen guten Schluck österreichischen Wein erhofften, auch einige Menschen, die auf der Suche nach ihren eigenen jüdischen Wurzeln sind. In den USA sind es jetzt so viele, dass man Jiddisch-Lehrbücher an der Kasse einer großen Bekleidungskette kaufen kann. Von Arthur Schnitzler dürfen sie sich keine Hilfe erwarten.

Und Peter, der Enkel? Er spricht von dem Tabu, mit dem er aufgewachsen ist. Verweist darauf, dass er selbst, von der mütterlichen Seite her, in dritter Generation protestantisch getauft ist, erst mit Ende dreißig zum ersten Mal eine Synagoge betreten hat. Und wie seltsam das war. Spricht von dem Assimilationswillen zumindest dieses Teils der Familie: »Wir haben unser Möglichstes getan. Hat uns nichts genützt.« Man muss sich dazu sein sarkastisches Lächeln vorstellen. Dass seine älteste Tochter sich für das religiöse Bekenntnis ihrer Ahnen entschieden hat, findet er »eigentlich toll«. Aber für ihn kann es keine Lösung dieser Art geben. Zum Glauben, woran auch immer, braucht man Talent. Bei der Eröffnung einer Ausstellung über Arthur Schnitzlers Wien in Seoul sagte Peter: »Ich habe mit dem Marxismus geliebäugelt, habe mich der Psychoanalyse unterzogen. Ich habe meditiert. Ich war Umweltaktivist. Und trotzdem, jedes Mal, wenn ich denke, jetzt habe ich einen sicheren Hafen gefunden, etwas Fragloses, höre ich irgendwann eine Stimme, die mir sagt: ›Mach dir nichts vor. So einfach ist es nicht.‹ Das ist mein Erbe, das Geschenk meines Großvaters an mich. Es ist eine zwiespältige Gabe.«

Dennoch hat ihn sein Leben noch etwas anderes gelehrt, etwas, das die radikale Skepsis seines Großvaters relativiert. Die Zeit der Ideologien liegt hinter ihm, geblieben ist er ein Anhänger der Gemeinschaftsidee. Eines seiner Bilder trägt den Titel: »Keiner oder alle. Alles oder nichts.« Vielleicht ist er ja doch ein unverbesserlicher Weltverbesserer?

Die ganz unideologische Gemeinschaft, die er in den vergangenen fünfzehn Jahren in Topanga erlebt hat, ist wegen der speziellen Risiken entstanden, die das Leben hier oben mit sich bringt. Gerade ist es wieder mal besonders trocken. Man kennt die Lagepläne der Nachbarhäuser, weiß, wo die Zweitschlüssel und die Propangasflaschen verstaut sind. Auf regelmäßigen Nachbarschaftstreffen werden detaillierte Rettungspläne für den Katastrophenfall immer wieder aktualisiert. Alle müssen wissen, was sie zu tun haben, falls es brennt. Wer wen anruft: der Musikproduzent den Lehrer, die Psychotherapeutin den Bauunternehmer. Das letzte Treffen fand bei Schnitzlers statt. Und auch sonst hält man zusammen, feiert miteinander, nimmt Anteil am Leben der anderen. Zu der Lesung ist halb Topanga gekommen.

Allerdings gibt es einen Pferdefuß. Topanga heißt in der Sprache der Tongva: »Ein Ort darüber«. Und so liegt es eben: abseits. Für jede kleine Erledigung braucht man das Auto. So ist Los Angeles allgemein: »Too much driving.« Mit den Jahren ist es mühsamer geworden. Der Entschluss ist gefasst, die Maklerin verständigt, erste Besichtigungstermine sind ausgemacht. Es ist nur noch eine Frage der Zeit, dann wird Mr. Brown, der Bronzemann, umziehen müssen.

Es ist Abend geworden. Die Luft ist immer noch warm. Die Lichter von Los Angeles sind so weit weg, dass sie dem Sternenhimmel keine Konkurrenz machen. Die Zikaden lärmen. »Pass auf beim Fahren«, sagt Peter zum Abschied, »auf der Straße gibt's manchmal Kojoten.«

Den Regenwald retten

Manchmal wundert sich Michael Schnitzler über das Pensum, das seine Vorväter täglich bewältigten. Wie haben sie das gemacht? Diese vielen Briefe, die sie schrieben! Diese Unmengen an Büchern, die sie lasen! Das viele Musizieren! Jeden Tag nach dem Mittagessen setzten sie sich an den Flügel und spielten vierhändig – ganze Sinfonien, ganze Opern, das ganze zeitgenössische Repertoire, einfach so, vom Blatt. Dabei waren sie Amateure. »Einer aus der Familie musste das ja mal als Beruf machen«, bemerkt er lakonisch. Diese Aufgabe hat er jetzt erfüllt.

Michael wohnt immer noch in dem Haus in der Sternwartestraße, das er sich im Vorgarten seiner Eltern gebaut hat. Das Strakosch-Haus nebenan, in dem seine Mutter bis zu ihrem Tod 2009 lebte, ist verkauft, und in der großen Halle finden keine Kammermusikproben mehr statt. Als Professor für Violine an der Universität für Musik und darstellende Kunst in Wien ist er seit 2006 pensioniert. Er spielt nicht mehr jeden Tag Geige. Manchmal bleibt das Instrument sogar wochenlang in seinem Kasten. Er hat seine Pfeifen, seine Masken- und seine Mineraliensammlung. Die Enkelkinder kommen, und seine Frau Suse kocht einen großen Topf Milchreis für sie.

Jetzt hat er nur noch den einen Beruf, als Umweltschützer. Viele Jahre lang hat er das nebeneinander gemacht: das Haydn-Trio, die Professur, den Regenwald. Ist dann zu dem Fazit gelangt: »Als Musiker bin ich ersetzbar. Aber wenn zwei hellrote Aras über meine Hütte in Costa Rica fliegen, dann weiß ich, die wären ohne mich nicht da.« Er sagt das gern, sehr gern – und ohne Eitelkeit.

Mai 2014, Michael wird bald siebzig. Er sieht im Rückblick auf sein bisheriges Leben ein paar glückliche Umstände. Der erste: sein Geburtsdatum. 1944 war das Schlimmste für seine Eltern vorbei, die Schrecken der Emigration lagen hinter ihnen, das Leben verlief in geordneten Bahnen. Der zweite: die Übersiedlung von Los Angeles nach Wien. Als Kind in Amerika war er ein Außenseiter gewesen. Inzwischen spricht er besser deutsch als englisch, nur ein gelegentliches langgezogenes »ahm« als Füllwort in Gedankenpausen verrät die ältere sprachliche Prägung. Er empfindet sich zweifelsfrei als

Europäer, als Österreicher, als Wiener. Tausende von Österreichern und Österreicherinnen haben ihm geholfen, den Esquinas-Regenwald zu retten.

Empfindet sich Michael Schnitzler auch als Jude? Nein, tut er nicht. Sein Bruder war der mit den jüdischen Freunden. Ihn hat es nie interessiert, was jemand ist. Er erzählt die Geschichte von dem jüdischen Kollegen bei den Symphonikern, der fand, Michael müsse »mehr herauskommen« damit. Er habe ihm gesagt, dass er keinen Anlass dazu sehe: »Ich bin hier als Musiker.« Er begründet diese Haltung mit der säkularen Tradition seiner Familie. Und auch ihm sei der Gedanke an einen persönlichen Gott ganz fern.

Sein Paradies hat er durch Zufall gefunden, 1989, als er von einer Konzerttournee mit dem Haydn-Trio durch die USA einen Abstecher nach Costa Rica machte und im Südwesten des Landes an die Playa Cacao gelangte. Er kaufte die Holzhütte im Regenwald mit einem Dach aus Palmenblättern und offenen, unverglasten Fenstern von einer Aussteigerin aus Kalifornien. Michael musste Bootfahren lernen und sich mit der Mentalität der »Ticos«, der Costa Ricaner, vertraut machen. Danach hätte er sich in seine Hängematte legen, Pfeife rauchen und die Sonnenuntergänge beobachten können. Für einen Tatmenschen wie ihn war das keine Option. So begann sein zweites Leben als Naturschützer.

Auf den regelmäßigen Flügen von der Hauptstadt San José nach Golfito war ihm aufgefallen, wie die Schneisen durch den Esquinas-Regenwald sich vergrößerten, dieser letzten, noch ungeschützten Waldfläche an der costa-ricanischen Pazifikküste. Michael Schnitzler war fasziniert von der Schönheit und Üppigkeit dieser weitgehend unberührten Natur. Sollte ein weiteres Stück davon verschwinden? Er beriet sich mit dem Biologen und Direktor der costa-ricanischen Nationalparkverwaltung Alvaro Ugalde. Ja – die Absicht bestand schon, das Gebiet in einen Nationalpark umzuwandeln. Allein, es fehlte das Geld. Der Wald befand sich im Privatbesitz. 140 Eigentümer zum Verkauf zu bewegen, das würde nicht leicht werden. Unmöglich sei es nicht.

Ein Optimist hatte einen anderen gefunden. Im August 1991 gründete Michael Schnitzler den Verein »Regenwald der Österreicher« und trommelte für Spenden – zunächst unter seinen Musikerfreunden. Zu den ersten Spendern gehörte der Dirigent Claudio Abbado. Der Verein verkaufte symbolische Landanteile – für 35 Groschen pro Quadratmeter – und stellte dafür nummerierte Zertifikate aus. Ein halbes Jahr später hatte er fast eine Million Schilling eingesammelt, Geld genug, um die ersten 300 Hektar freizukaufen.

In den zehn Jahren, die nun folgten, machte Michael fast alles selbst. Er hielt Diavorträge in Schulen und Museen, gab Interviews, organisierte Benefizkonzerte, adressierte Kuverts, verschickte Zertifikate, schrieb Newsletter, verwaltete die Spenderdatei und brachte jede Menge Leute dazu, statt Blumen oder Büchern ein Stück Regenwald zu verschenken (auch mich, die ich darin eine nützliche Gabe für neugeborene Patenkinder sah). Michael Schnitzler bekam mehrere Umweltpreise und nutzte die Gelegenheit, auch andere zu ermutigen: »Oft werde ich gefragt, warum ich das Ganze mache. Die spontane Antwort lautet: Weil es sonst keiner macht. (…) Mit der Initiative Regenwald der Österreicher wollte ich meine Überzeugung zum Ausdruck bringen, dass man nicht einen Traum oder eine Vision braucht, um etwas zu bewegen und etwas zu bewirken. Man braucht nur eine Idee sowie die Bereitschaft, diese Idee in die Tat umzusetzen. Vielleicht auch etwas Mut, etwas Fantasie, etwas Ausdauer, aber das sind Eigenschaften, die sehr viele Menschen besitzen.«[1]

Inzwischen hat der Verein an die 4000 Hektar Land freigekauft, die jetzt Teil des Nationalparks Piedras Blancas sind. Auch der Staat Costa Rica hat sich beteiligt, hat Steuergelder investiert und Grundstücke erworben. 70 Prozent der Waldfläche sind gerettet, und was noch in Privatbesitz ist, kann für Kahlschläge nicht genutzt werden, weil es verboten ist, Schneisen zum Abtransport der Baumstämme zu schlagen.

War's das? Aber nein. Der Esquinas-Regenwald mit seiner Artenvielfalt generierte allerlei Folgeprojekte. 1993 wurde die Tropenstation La Gamba als Außenposten der Universität Wien errichtet. Was sie dort fanden, brachte selbst erfahrene Biologen ins Staunen und bescherte Botanikern und Zoologen in den letzten zwanzig Jahren Stoff für Dutzende von Diplomarbeiten und Dissertationen.

Dann kam die Idee mit dem Entwicklungshilfeprojekt. Müsste man nicht den Leuten in der Region Verdienstmöglichkeiten bieten, wenn die Jaguare, die Ozelots und die kostbaren Tropenbäume für sie nun tabu waren? Eine genossenschaftlich organisierte Öko-Lodge könnte Touristen in die Region bringen und das Problem lösen, gefördert von der österreichischen Bundesregierung. Michael Schnitzler übernahm als Obmann des Vereins »Regenwald der Österreicher« die ganze Verantwortung. Musste das sein? Es musste, und es bescherte ihm jede Menge Arbeit, Ärger und sogar Morddrohungen. Die Genossenschaftsidee scheiterte. Am Ende hatte er die Esquinas Rainforest Lodge in Eigenregie und damit eine weitere Aufgabe als Hotelier am Bein.

Nach allen überstandenen Kämpfen setzte sich Michael hin und schrieb ein Buch. Um falschen Erwartungen vorzubeugen, schickte er seinen Erinnerungen voraus: »Ich heiße zwar Schnitzler wie mein Großvater Arthur, bin aber kein Dichter. Es war mir einfach ein Bedürfnis, die Erlebnisse, die die vergangenen zwanzig Jahre meines Lebens geprägt haben, mit anderen Menschen zu teilen.«[2] Ein Dichter will er nicht sein. Etwas anderes verbindet ihn mit diesem Großvater, und das ist der Blick des Naturforschers.

In Michael Schnitzlers Paradies ruht nicht das Lamm neben dem Löwen. Es wird bewohnt von Klammeraffen, bunten Vögeln und Schmetterlingen, aber auch von Riesenschlangen, die im Gebälk seines Hauses wohnen. In seinem Garten wachsen Orangen- und Limonenbäume, Ananas, Guaven und Sternfrüchte, aber wer sie pflücken will, riskiert, von Skorpionen gebissen und von unsichtbaren Insekten, den »No-see-ums«, zerstochen zu werden. Es ist ein irdisches Paradies, und irdisch sind auch seine Menschen. Sympathische Aussteiger und engagierte Naturschützer, treue Seelen und bösartige Intriganten, Gewalttäter und Friedfertige, charmante Schlitzohren und harmlose Narren, die ganze Artenvielfalt. Es gibt krassen Eigennutz und spontane Hilfsbereitschaft, es gibt Fehde und Versöhnung. Und der Tod schlägt zu, wann er will. Bis dahin allerdings kann man noch einiges anstellen.

Michael Schnitzler ist seit acht Jahren in vierter Ehe verheiratet. Seine Frau Susanna ist Bratschistin. Lilly Schnitzler freute sich, dass sie wieder eine Musikerin zur Schwiegertochter bekam, und hinterließ ihr ihre Bratsche. Nach der ersten Ehefrau Heide kamen Ingeborg und Siglinde. Sein Sohn Adrian, geboren 1975, ist aus der zweiten Ehe. Sein Enkel heißt Lucas. Suse hat drei Töchter und zwei Enkelkinder. So wächst die Familie kontinuierlich. Seit ein paar Jahren weiß Michael, dass er auch eine Tochter hat, aus einer Affäre mit seiner ältesten und besten Freundin. Er hat Constanze aufwachsen sehen, und gewisse Vermutungen gab es immer. Schließlich entschlossen sie sich zu einem Gentest. »Sieht sie mir ähnlich?«, fragt er hoffnungsvoll und präsentiert das Foto einer jungen Frau. Nun. Nein. Vielleicht. Michael spricht offen über diese patchworkfamiliären Dinge, betont aber gleichzeitig, er sei keineswegs »a ladies' man«, so wie sein Vater und sein Großvater. Er habe lediglich so lange gebraucht, um die Richtige zu finden.

Mit Suse reist er um die Welt. Von den Tropen in die Arktis, auf der Suche nach unberührten, menschenleeren Landschaften. Vor ein paar Jahren, auf einer Australienreise, hatte sich Suse mit ihrer Freundin Johanna in Canberra verabredet. Johanna, die vor dreißig Jahren ausgewandert war, erwähnte Clary, eine alte Dame mit dem Namen Schnitzler. Man kennt sich in den Kreisen österreichischer Auswanderer und Emigranten. Verwandtschaft, wie sich herausstellte. Michael und Suse wurden eingeladen. Es dauerte eine Weile, bis sie das Haus des Arztes Paul Schnitzler in dem Villenvorort von Sidney gefunden hatten. Sie kamen viel zu spät und fanden sich wieder auf einer Party von Leuten, die alle Schnitzler hießen, darunter viele Kinder. Zu essen gab es Krokodil und Känguru, und im weiteren Verlauf des Abends lernte Michael auch die kleine Lily kennen, Pauls Tochter. Es gibt wieder eine Lily Schnitzler.

Über solche und andere Dinge reden Michael Schnitzler, Wien, und Peter Schnitzler, Los Angeles. Sie skypen fast täglich, und zwar auf Englisch. Briefe schreiben sie sich nicht mehr.

Epilog:
Giuliana hört eine vertraute Stimme

Erst am Ende unseres Spaziergangs über den Zentralfriedhof kommen wir zu dem Grab, das Giuliana Schnitzler sonst immer als Erstes ansteuert: dem ihres Großvaters Heinrich. Dass es außerdem das Grab Arthur Schnitzlers ist, ist auch wichtig, aber nicht ganz so sehr. In den Rangordnungen der Liebe geht es nicht nach Anciennität, objektiven Verdiensten oder irdischem Ruhm. »Ich hatte einen wunderschönen Großvater«, sagt Giuliana in ihrem grünen Mantel. Was kümmert es sie, dass er für andere schwierig war! Oh, sie kennt die Geschichten, die die Großmutter über ihn erzählte. Wie er auf die Hochzeitsreise Paul Marx, seinen »Best Man«, mitnahm, aber Zahnbürste und Schlafanzug vergessen hatte – jaja. Aber für sie war er – »silly«, das ist das Stichwort. Seine Geschichten, seine Späße. Wie er sich jedes Mal freute, wenn sie sich trotz großmütterlichen Verbots zu ihm hineinschlich. Und wie die Welt in Ordnung war, wenn er sich seine Pfeife anzündete. Die Assoziation ist geblieben und wird durch den Duft von Pfeifentabak immer wieder neu erweckt.

Dagegen der Urgroßvater, Arthur Schnitzler. Sie hat ihn ja nicht gekannt, noch nicht mal ihr Vater hat ihn noch erlebt. Seinen Einfluss aber hat auch sie noch zu spüren bekommen. Er war nicht unbedingt förderlich, dieser Kreativitätsimperativ, der von ihm ausging. Sie selbst ist den Fußstapfen ihres Vaters gefolgt, war in New York im Filmgeschäft und hat dabei die Erfahrung gemacht: »Was ich wirklich gern gehabt habe bei Film und Fernsehen, ist Produktionsleitung. Ich hab's versucht mit Regie. Aber die künstlerische Seite hat mich einfach weniger interessiert als Business und Administration.« Ist bei dieser Betrachtung der Dinge auch Selbstschutz im Spiel? Sie hält es für möglich. Aber den Druck, der bis in die vierte Generation hineinreichte, hat sie abgeschüttelt. Sie hat Freude am Unterrichten an einem bilingualen Gymnasium und lebt ihr Organisationstalent als Vizepräsidentin ihrer Gemeinde aus. Sie steht in ihren praktischen Schuhen mitten im Leben und sieht, jenseits der fünfzig, überraschend jung aus.

In der Familie ist sie weit und breit die Einzige, die mit der säkularen Tradition gebrochen hat. Wie es dazu kam? Eine solche Frage am Familiengrab zu besprechen, wäre wirklich zu pathetisch. Wir verlassen den Friedhof, wie wir gekommen sind, durch Tor I. Auf der anderen Straßenseite steht, in einer lockeren Reihe mit Tankstelle, Autowaschanlage und Friedhofsgärtnerei, das »Schloss Concordia«. Eine steinerne Christusfigur von der Höhe einer mittleren Birke weist den Weg zu dem sonderbaren Ensemble. Ein Schloss ist es aber nicht, sondern ein vorstädtisches Gasthaus phantasievoller Bauart, in dem sich Generationen von Trauergästen bei Schnitzel und Grünem Veltliner die Tränen getrocknet haben; und ob sie sich dabei immer so einig waren, wie der Name beschwört, weiß man auch nicht. Früher war es mal ein Steinmetzbetrieb, erklärt die Kellnerin. Als ich sie aber frage, warum der gläserne Wintergarten neben dem Eingang »Arthur-Schnitzler-Laube« heißt, ist sie mit ihrem Latein am Ende. Jedenfalls wird guter Kaffee serviert.

Wir kommen auf unser Thema zurück, die Sache mit der jüdischen Religion. Aber was heißt denn überhaupt Religion? Für Giuliana Schnitzler hat Judentum vor allem mit Gemeinde zu tun. Es geht um einen Platz, wo man zu Hause und in Sicherheit ist. »Es war uns Kindern völlig klar«, sagt sie, »dass wir eine jüdische Familie sind.« Der Humor, die Art und Weise, miteinander umzugehen. Vor allem aber: »Das war der Grund, warum wir fliehen mussten.« Sie sagt »wir«, benutzt die kollektive Form, bezieht sich und ihre Geschwister ausdrücklich ein in das, was geschehen ist. Was war, ist. Aber etwas hat gefehlt, das klare Bekenntnis zum – ja, wozu denn eigentlich? Sie gebraucht das Wort »Stamm« – auf Englisch »tribe«. Ihre Großmutter Lilly und deren Schwester Christl Patzau wollten nichts davon wissen. »Sie waren getauft, ja. Aber jeder hat gewusst, dass die Familie jüdisch ist. Sie haben auch nur unter Juden geheiratet. Wäre die Schoah nicht gewesen, dann wäre das irgendwann verschwunden. Da sie aber darunter gelitten haben, wie alle anderen auch, wurde es doch wieder zum Thema.« Das Lebenstrauma ihrer Großmutter war der Selbstmord ihres Bruders, der sich umbrachte, als man zu ihm sagte: »Du bist ein Jude.« Giuliana sagt es noch einmal: »Was in unserer Familie gefehlt hat, ist das klare Bekenntnis.«

Es wurde erst wichtig, als sie nach Österreich zog. In New York hatte sie Pessach gefeiert, aber es spielte keine große Rolle. »In Amerika kann man sich die Identität ein bissl aussuchen. Man kann sagen: ›Ich bin halb jüdisch‹, und jeder versteht das. Aber hier nicht. Hier muss man eine Position beziehen.« Es wurde ihr klar, als sie einen Österreicher heiratete und ein Kind bekam. Sie wollte, dass ihre Tochter Daniela weiß, wohin sie gehört. Sie heißt Schnitzler, wie ihre Mutter. Und sie studiert Medizin.

Noch etwas. Ich nehme mein schwarzes Notizbuch aus der Tasche. Am Morgen, in der medizinhistorischen Bibliothek, habe ich etwas hineingeschrieben, ein Zitat aus der *Wiener Medizinal-Halle* aus dem Jahr 1862. Ich lese es ihr vor. Es geht um die ungelöste »Honorarfrage« bei Ärzten. Gefordert wird ein Minimum von ein bis zwei Gulden für Tagesbesuche, für Nachtvisiten zwei bis vier Gulden, größere Operationen nicht inbegriffen: »Wir brauchen wohl nicht zu erwähnen, dass dies Alles blos auf die wohlhabende Klasse Bezug hat, den Armen wird jeder Arzt auch fernerhin gerne unentgeltlich behandeln; aber bei den Uebrigen dürfen wir nicht ganz und gar von ihrer Laune oder doch von ihrem guten Willen abhängen.«

Giuliana lächelt. Dieser Kampf ihres Ururgroßvaters ist längst überstanden, aber die Wortwahl, die Rhetorik, die Selbstverständlichkeit, mit der das Helfen als eine Sache aller betrachtet und angemahnt wird: Das ist der Familienton. Sie hat eine vertraute Stimme gehört.

Dank

Die Recherche ist vielleicht das Schönste bei der Arbeit an einem Buch. Der Austausch mit der Familie Schnitzler hat diese Recherche zu einem besonderen Vergnügen gemacht. Die lebendigen Begegnungen haben auch den Bezugsrahmen für all diese Geschichten geliefert und mir geholfen, die Vergangenheit besser zu verstehen. Peter, Michael und Giuliana Schnitzler waren bereit, alle drei auf ihre besondere Weise, mich an die Hand zu nehmen und durch das weite Land der Schnitzler-Geschichten zu führen. Von der Offenheit und Großzügigkeit einer Familie so profitieren zu dürfen, ist ein wahres Geschenk für eine Autorin, für das ich mich von Herzen bedanke. Dies an allererster Stelle.

Auf die Idee zu diesem Buch hätte ich eigentlich selber kommen können. Ich hatte immer einen Band Schnitzler auf meinem Nachttisch liegen. Ich war oft in Wien. Ich hatte ein Hörfunkfeature zum 150. Geburtstag von Arthur Schnitzler in Vorbereitung, »Der Reigen zu Rad«. Aber dann war es meine deutsch-österreichische Agentin Aenne Glienke, die mir vor drei Jahren den Floh ins Ohr setzte. Sie hat auch dafür gesorgt, dass ich in Claudia Romeder eine Verlegerin fand, der dieses Projekt eine Herzensangelegenheit war. Die wiederum hat sich darum gekümmert, dass das Buch in Stephan Gruber einen begeisterten und fürsorglichen Lektor bekam.

Einem Buch von Gerald Hüther, *Die Macht der inneren Bilder*, verdanke ich wichtige Anregungen zum Konzept. Erst recht ein Gespräch mit dem vielbeschäftigten Neurobiologen in einem Café vor dem Göttinger Bahnhof hat mir den Schlüssel in die Hand gegeben.

Karin und Hans-Dieter Schulte, Musik-Enthusiasten aus meiner Heimatstadt Duderstadt, haben mir durch ihre unergründlichen Wiener Kanäle den ersten Kontakt zu Michael Schnitzler ermöglicht. Durch ihn habe ich vom Nachlass seines Vaters Heinrich Schnitzler erfahren, der sich im Theatermuseum in Wien befindet. Lydia Gröbl hatte ihn in mehrjähriger Arbeit geordnet. Sie hat mir den Zugang zu diesem überaus reichen Material eröffnet und ist mir als Gesprächspartnerin über viele Wochen zur Seite gestanden. Darüber hinaus hat sie mich mit Johanna Mertinz zusammengebracht, die mit einer wissenschaftlichen Arbeit zu Heinrich Schnitzler befasst war und mit der sich ein schöner kollegialer Austausch entwickelte.

Peter Michael Braunwarth in Wien war ein überaus kundiger, enthusiastischer und humorvoller Ansprechpartner für erste und letzte Fragen zu Arthur Schnitzler. Die Geschwindigkeit, mit der seine immer bereichernden, manchmal überraschenden Antworten kamen, auch wenn er selbst bis zum Hals in Arbeit steckte, hat mich fasziniert. Ihm verdanke ich den Kontakt zu Georg Gaugusch und Wolf-Erich Eckstein, durch die ich mancherlei Aufklärung in genealogischen Fragen bekommen habe. Auch Margret Heymann in Hamburg habe ich über Peter Michael Braunwarth kennengelernt. Über sie konnte ich einiges über Elisabeth Steinrück und ihren Blick auf ihre Schwester Olga Schnitzler erfahren. Endlich hat er mich mit Renate Wagner bekannt gemacht, deren Arthur-Schnitzler-Biographie mir schon lange wichtig war. Ihr habe ich für die Offenheit zu danken, mit der sie meine Fragen zu Heinrich Schnitzler beantwortet hat.

In Wien habe ich auch die besondere Atmosphäre im Josephinum genossen, wo die Sammlungen der Medizinischen Universität untergebracht sind. Weiter habe ich freundliche und kompetente Beratung erfahren: in der Bibliothek des Jüdischen Museums, im Archiv der Gesellschaft der Musikfreunde, im Presseclub Concordia und im Archiv der Universität Wien, im Deutschen Literaturarchiv in Marbach am Neckar und im Institut für die Geschichte der deutschen Juden in Hamburg. In allernächster Nähe eine gut sortierte Bibliothek zu finden, in der es sich angenehm arbeiten ließ, war ein besonderer Glücksfall.

Jörg Deventer vom Simon-Dubnow-Institut in Leipzig bin ich verbunden für wichtige Hinweise, Kontakte und Literaturtipps zur ungarisch-jüdischen Geschichte. Durch ihn habe ich auch den Weg zu Eszter Lesták gefunden, die mir in Nagykanizsa eine große Hilfe war. In Budapest haben mich die Mitarbeiterinnen und Mitarbeiter vom Archiv und vom Museum der Großen Synagoge vieles über die Situation der ungarischen Juden, nicht nur in der Vergangenheit, gelehrt. Besonders Zsuzsanna Toronyi danke ich für die Ermutigung.

Margret Schaefer war nicht nur eine wunderbare Gastgeberin in Berkeley und – als Schnitzler-Übersetzerin ins Amerikanische – engagierte und kompetente Gesprächspartnerin, sie hat mich auch mit Neugier und Abenteuerlust auf Schnitzler-Pfaden durch ihre Stadt begleitet und mir buchstäblich alle Türen geöffnet.

Julia Solovieva in Hamburg hat mich bei vielen Tassen Tee durch jede Menge Fragen inspiriert. Die Ärztin, Psychotherapeutin und Lyrikerin Birgit Koerdt-Brüning, Paderborn, war mir, wie schon oft, eine behutsame Leserin und Gesprächspartnerin. Christina Hoegen-Rohls hat mich in theologischen Fragen beraten. Katharina Bünz hat mich mit medizingeschichtlicher Lektüre (sogar mit Familienbezug) versorgt. Danken möchte ich auch Andrea von Hegel, Beate Iding, Beate Rabe, Elisabeth Hoja und last, not least Ulrike Jaspers, die mir zugehört, Fragen gestellt, mich ermuntert und bestärkt haben.

Bücher werden mit dem ganzen Körper geschrieben. Dankbar erinnern möchte ich an Moshé Feldenkrais, den großen jüdischen Wissenschaftler und Lehrer, dessen somatische Methode mir geholfen hat, die Zeit des vielen Sitzens mit freiem Kopf und ohne Rückenbeschwerden zu überstehen.

Ich fürchte, es ist nicht immer ein Vergnügen, die Entstehung eines Buches aus allernächster Nähe mitzuerleben. Ich danke meinen Kindern Carlotta und Philipp Jacobi für ihre amüsierte Nachsicht und meinem Mann Tilmann Bünz für seine Liebe, seine Geduld, seine Zuwendung. Sein Gesichtsausdruck beim allerersten Lesen ist für mich der beste Seismograph.

Anhang

Anmerkungen

Erster Teil
Nagykanizsa, Pest, Wien 1858–1893

1 Unveröffentlichter Brief, Deutsches Literaturarchiv Marbach.

2 Arthur Schnitzler, Jugend in Wien. Eine Autobiographie, herausgegeben von Therese Nickl und Heinrich Schnitzler, Frankfurt a. M. 1981 (in der Folge: A. S., JiW), S. 28 f.

3 Ebd.

4 Die Presse vom 30. März 1858, S. 4.

5 A. S., JiW, S. 13 f.

6 A. a. O., S. 11 f.

7 Leopold Zunz, Die vier und zwanzig Bücher der Heiligen Schrift. Nach dem masoretischen Texte, Tel Aviv 1997 (orig. 1837 ff.).

8 Giuseppe Farese, Arthur Schnitzler. Ein Leben in Wien 1862–1931, München 1999, S. 11.

9 Vgl. Hungary before 1918, in: The YIVO Encyclopedia of Jews in Eastern Europe, Online-Version.

10 Ignaz Einhorn, Die Revolution und die Juden in Ungarn, bevorwortet von Dr. Julius Fürst, hg. von Ambrus Miskolczy unter Mitwirkung von Michael K. Silber, Budapest 2001 (orig. Leipzig 1851), S. 27.

11 Leopold Löw, Zur neueren Geschichte der Juden in Ungarn. Beitrag zur allgemeinen Rechts-, Religions- und Kulturgeschichte, Budapest 1874.

12 A. a. O., S. 77.

13 Ignaz Reich: Dr. Moriz Horschetzky,

in: Ben Chananja 1859.

14 A. S., JiW, S. 13.

15 Wiener Medizinal-Halle. Zeitschrift für praktische Ärzte, Nr. 3, II. Jahrgang, 20. Jänner 1861, S. 25.

16 Robert S. Wistrich, Die Juden Wiens im Zeitalter Kaiser Franz Josephs, Wien/Köln/Weimar 1999, S. 119.

17 Zit. a. a. O., S. 120.

18 A. S., JiW, S. 20.

19 A. a. O., S. 16 f.

20 Vgl. a. a. O., S. 56 f.

21 Unveröffentlichter Brief vom 10. Februar 1861, Deutsches Literaturarchiv Marbach.

22 A. a. O.

23 Wistrich, a. a. O., S. 98 f.

24 A. S., JiW, S. 11.

25 Unveröffentlichter Brief vom 22. Mai 1862, Deutsches Literaturarchiv Marbach.

26 Wiener Medizinal-Halle, 20. Juli 1862.

27 Wiener Medizinal-Halle, 13. April 1862, S. 140.

28 Eric Kandel, Das Zeitalter der Erkenntnis. Die Erforschung des Unbewussten in Kunst, Geist und Gehirn von der Wiener Moderne bis heute, München 2012, S. 44.

29 Vgl. a. a. O., S. 44–49.

30 Vgl. Wolfgang Regal/Michael

Nanut, Wien für Mediziner.
15 Spaziergänge durch das alte
medizinische Wien, Wien/New
York 2007, S. 79.

31 Vgl. Erna Lesky, Die Wiener
Medizinische Schule im 19. Jahrhundert, Graz/Köln 1978, S. 410.

32 http://austria-forum.org/af/Wis-
senssammlungen/Biographien/
Oppolzer,_Johann_von.

33 Vgl. Kandel, a. a. O., S. 48 f.

34 Wiener Medizinal-Halle,
Nr. 47, 24. November 1861.

35 Wiener Medizinal-Halle Nr. 14,
6. April 1862, S. 129.

36 Wiener Medizinal-Halle Nr. 29,
20. Juli 1862, S. 284.

37 Wiener Medizinal-Halle Nr. 33,
17. August 1862, S. 317.

38 Wiener Medizinal-Halle Nr. 39,
29. September 1861.

39 Zit. bei: Peter Eppel, »Concordia
soll ihr Name sein …«. 125 Jahre
Journalisten- und Schriftstellerverein »Concordia«,
Wien/Köln/Graz 1984, S. 23.

40 Wiener Medizinal-Halle,
30. November 1862, S. 447 f.

41 A. S., JiW, S. 31.

42 Nachlass Heinrich Schnitzler,
Theatermuseum, Wien.

43 Ben Chananja. Monatsschrift
für jüdische Theologie, hg. v.
Leopold Löw, Heft 2, 1859, S. 92.

44 A. S., JiW, S. 13.

45 A. a. O., S. 13.

46 A. a. O., S. 55.

47 Friedrich Torberg, Nachwort
zu A. S, JiW, S. 325.

48 A. S., JiW, S. 60.

49 A. a. O., S. 35.

50 A. a. O., S. 44.

51 Zit. bei: Reinhard Urbach,
Schnitzler-Kommentar, S.19.

52 A. S., JiW, S. 35.

53 Louise Schnitzler, undatierter Brief,
später von Arthur Schnitzler mit

der Jahreszahl 1868 versehen, Deutsches Literaturarchiv Marbach.

54 Louise Schnitzler, Brief vom
12. August 1869, a. a. O.

55 Louise Schnitzler, undatierter
Brief »aus Vöslau« (geprägt),
von A. S. später mit dem Datum
»7/1 oder 9/1 69« versehen, a. a. O.

56 A. S., JiW, S. 18.

57 A. a. O., S. 15.

58 Louise Schnitzler, undatierter
Brief »aus Vöslau«, Deutsches
Literaturarchiv Marbach.

59 Arthur Schnitzler u. a., Brief
vom 20. September 1868, a. a. O.

60 Deutsches Literaturarchiv Marbach.

61 A. S., JiW, S. 22.

62 A. a. O., S. 138.

63 Johann Schnitzler zitiert in: Manfred Skopec, Zur Wiener Allgemeinen Poliklinik und Arthur
Schnitzlers »Professor Bernhardi«
in: Österreichische Krankenhaus-Zeitung 28 (1987), S. 255 f.

64 Vgl. Erich Deimer, Chronik der
Wiener Allgemeinen Poliklinik,
Wien 1989, S. 14.

65 Ebd.

66 Neue Freie Presse,
Morgenblatt, 1. Mai 1873, S. 1.

67 A. S., JiW, S. 49.

68 Neue Freie Presse, Morgenblatt,
10. Mai 1873, S. 1.

69 A. S., JiW, S. 49.

70 A. a. O., S. 24.

71 A. a. O., S. 23.

72 A. a. O., S. 36.

73 A. a. O., S. 36 f.

74 Arthur an Louise, 3. September
1872.

75 A. S., JiW, S. 35.

76 Neue Freie Presse, 10. Mai 1873, S. 1.

77 A. S., JiW, S. 35.

78 A. a. O., S. 35.

79 Unveröffentlichter Brief aus Vöslau
vom 30. Juni 1873, Deutsches
Literaturarchiv Marbach.

80 A. S., JiW, S. 47.
81 A. a. O., S. 60.
82 A. a. O., S. 18.
83 A. a. O., S. 63.
84 A. a. O., S. 33.
85 A. a. O., S. 85.
86 A. S., Tagebuch 1879–1892, S. 9.
87 A. S., JiW, S. 86.
88 A. a. O., S. 100 f.
89 A. a. O., S. 86.
90 Peter Gay, Das Zeitalter des
    Doktor Arthur Schnitzler.
    Innenansichten des 19. Jahrhun-
    derts, Frankfurt a. M. 2002, S. 23.
91 A. S., JiW, S. 195.
92 Wiener Medizinische Wochen-
    schrift, 2. Jänner 1875, S. 19.
93 A. S., JiW, S. 90 f.
94 Wiener Medizinische Wochen-
    schrift, 23. Jänner 1875, S. 79.
95 Wiener Medizinische Wochen-
    schrift, 6. Februar 1875, S. 118.
96 Wiener Medizinische Presse,
    28. März 1875, S. 287–289.
97 Wiener Medizinische Presse,
    2. Mai 1875, S. 400.
98 Wiener Medizinische Wochen-
    schrift, 8. Mai 1875, S. 412.
99 Peter Eppel, a. a. O., S. 32.
100 Wiener Medizinische Wochen-
    schrift, 22. Mai 1875, S. 468.
101 Vgl. Felicitas Seebacher, Das
    Fremde im »deutschen« Tempel
    der Wissenschaften. Brüche in
    der Wissenschaftskultur der
    Medizinischen Fakultät der
    Universität Wien, Wien 2011.
102 Theodor Billroth, zit. bei:
    Wiener Medizinische Presse,
    19. Dezember 1875, 1234–1238.
103 Wiener Medizinische Presse,
    12. Dezember 1875, S. 1206 f.
104 Ebd.
105 Wiener Medizinische Wochen-
    schrift, 25. Dezember 1875, S. 1147.
106 Erna Lesky, a. a. O., S. 417 ff.

107 Deutsches Literaturarchiv
    Marbach, Kopie eines Briefes (Ad-
    ressat unbekannt) oder einer Notiz
    vom 10. Dezember 1884, den/die
    Johann Schnitzler auf seinem
    Briefpapier mit Briefkopf »Profes-
    sor Dr. Johann Schnitzler, Wien 1.,
    Burgring 1« geschrieben hat.
108 A. S., JiW, S. 90.
109 A. a. O., S. 91.
110 A. S., Tagebuch 1879–1892, 3. 2. 1880.
111 Ebd.
112 A. S., Tagebuch 1879–1892,
    2. 1. 1880.
113 Vgl. A. S., Träume. Das Traum-
    tagebuch 1875–1931, S. 78.
114 A. S., JiW, S. 133.
115 A. S., Tagebuch 1879–1892,
    25. 9. 1880.
116 A. S., JiW, S. 134.
117 Zit. ebd.
118 A. S., Tagebuch 1879–1892,
    2. 5. 1881.
119 A. a. O., 5. 5. 1881.
120 A. a. O., 7. 5. 1885.
121 Vgl. Renate Wagner, Arthur
    Schnitzler. Eine Biographie,
    Wien/München/Zürich/New York
    1981, S. 51.
122 A. S., Tagebuch 1879–1892,
    11. 4. 1891.
123 A. S., JiW, S. 188.
124 A. a. O., S. 306.
125 Ebd.
126 A. S., Tagebuch 1879–1892,
    8. 9. 1889.
127 A. S., Das erzählerische Werk,
    Band 1, S. 65.
128 A. S., JiW, S. 15.
129 A. S., Tagebuch 1879–1892, Juli 1890.
130 A. a. O. v. 31. 12. 1890.
131 A. S., Tagebuch 1879–1892,
    4. 9. 1890.
132 Vgl. Erich E. Deimer (Hg.),
    Chronik der Allgemeinen
    Poliklinik in Wien im Spiegel der

Medizin- und Sozialgeschichte, Wien 1989, S. 19.

133 Neue Freie Presse, Abendausgabe vom 30. Dezember 1892, S. 2.

134 Unveröffentlichtes Typoskript vom 9. März 1893, Deutsches Literaturarchiv Marbach.

135 Unveröffentlichtes Typoskript vom 20. April 1893, Deutsches Literaturarchiv Marbach.

136 Österreichische Wochenschrift Nr. 18 v. 5. Mai 1893, S. 336 f.

Zweiter Teil
Wien, Berlin, Venedig 1893–1931

1 Theodor Herzl, Radfahren, in: Neue Freie Presse, 1. November 1896.

2 A. S. an Theodor Herzl, zit. bei Werner Welzig, Bicycle-Lektion, in: A. S., Tagebuch 1893–1902, S. 492.

3 A. S., Tagebuch 1893–1902, 16. 5. 1893.

4 A. S., Briefe 1875–1912, S. 196.

5 A. S., Tagebuch 1893–1902, 23. 4. 1893.

6 A. S., Briefe 1875–1912, S. 182.

7 A. S., Tagebuch 1893–1902, 5. 6. 1893.

8 A. a. O., 23. 6. 1893.

9 A. a. O., 25. 5. 1893.

10 A. a. O., 18. 1. 1893.

11 A. a. O., 27. 7. 1893.

12 Zit. bei Werner Welzig, Bicycle-Lektion, in: A. S., Tagebuch 1893–1902, S. 489.

13 A. S., Tagebuch 1893–1902, 8. 8. 1893.

14 A. S., Tagebuch 1879–1892, 31. 12. 1891.

15 A. S., Tagebuch 1893–1902, 11. 9. 1894.

16 A. a. O., 20. 1. 1894.

17 Hugo von Hofmannsthal – Arthur Schnitzler. Briefwechsel, S. 45.

18 Zit. bei Reinhard Urbach, Schnitzler-Kommentar, S. 149.

19 A. S., Tagebuch 1893–1902, 29. 11. 1893.

20 A. a. O., 12. 1. 1894.

21 A. a. O., 5. 5. 1896.

22 A. a. O., 20. 12. 1894.

23 A. a. O., 22. 11. 1894.

24 A. a. O., 13. 3. 1895.

25 A. a. O., 25. 3. 1895.

26 A. a. O., 23. 12. 1895.

27 A. a. O., 31. 12. 1895.

28 A. a. O., 5. 4. 1896.

29 A. a. O., 10. 4. 1896.

30 A. a. O., 24. 2. 1897.

31 A. a. O., 6. 5. 1897.

32 A. a. O., 31. 5. 1897.

33 A. S., Briefe 1875–1912, S. 327.

34 A. a. O., S. 335.

35 A. S., Tagebuch 1893–1902, 31. 8. 1897.

36 A. a. O., 18. 9. 1897.

37 An Hugo von Hofmannsthal, in: A. S., Briefe 1875–1912, S. 369.

38 A. S., Tagebuch 1893–1902, 18. 6. 1899.

39 Rolf-Peter Janz/Klaus Laermann, Arthur Schnitzler: Zur Diagnose des Wiener Bürgertums im Fin de Siècle, Stuttgart 1977, S. 190.

40 A. S., JiW, S. 155.

41 A. S., Tagebuch 1879–1892,
    3. 10. 1883.
42 A. S., JiW, S. 153.
43 Vgl. Wistrich, a. a. O., S. 179 ff.
44 A. S., JiW, S. 154.
45 Zit. bei Wistrich, a. a. O., S. 180.
46 A. S., Tagebuch 1893–1902,
    30. 3. 1896.
47 Zit. bei Janz/Laermann, a. a. O.,
    S. 110.
48 A. S., Briefe 1875–1912, S. 437.
49 Zit. ebd.
50 Zit. bei Urbach, a. a. O, S. 104.
51 Zit. bei Olga Schnitzler, Spiegel-
    bild der Freundschaft, Salzburg
    1962, S. 107.
52 Unveröffentlichter Brief von Olga
    Gussmann, 23. 6. 1899, Deutsches
    Literaturarchiv Marbach.
53 Olga Schnitzler, a. a. O., S. 25.
54 A. a. O., S. 29.
55 A. a. O., S. 22.
56 A. S., Tagebuch 1893–1902,
    11. 7. 1899.
57 Zit. bei Olga Schnitzler, a. a. O., S.
    29.
58 Unveröffentlichter Brief vom
    10. 6. 1900, Deutsches
    Literaturarchiv Marbach.
59 A. S., Briefe 1875–1912, S. 391.
60 Olga Schnitzler, a. a. O., S. 38.
61 A. S., Briefe 1875–1912, S. 409.
62 A. a. O., S. 432.
63 A. a. O., S. 434 f.
64 A. a. O., S. 432.
65 A. S., Tagebuch 1893–1902,
    30. 4. 1901.
66 A. a. O., 30. 7. 1902.
67 A. a. O., 13. 8. 1902.
68 A. a. O., 13. 9. 1902.
69 A. a. O., 7. 11. 1902.
70 A. a. O., 14. 11. 1902.
71 A. S., Tagebuch 1903–1908,
    7. 2. 1903.
72 A. a. O., 28. 8. 1903.
73 A. a. O., 2. 9. 1903.

74 A. a. O., 5. 4. 1908.
75 A. S., Tagebuch 1909–1912,
    2. 9. 1909.
76 A. a. O., 15. 9. 1909.
77 A. a. O., 22. 10. 1909.
78 A. a. O., 26. 9. 1909.
79 A. a. O., 23. 11. 1910.
80 A. a. O., 4. 5. 1911.
81 A. a. O., 23. 8. 1911.
82 A. a. O., 9. 9. 1911.
83 Ebd.
84 Unveröffentlichter Brief vom
    8. 9. 1912 aus dem Nachlass
    Heinrich Schnitzlers, Theater-
    museum, Wien.
85 Arthur Schnitzler an Salomon
    Zimmels, 10. 10. 1912,
    Briefe 1875–1912, S. 702.
86 A. S., Tagebuch 1909–1912,
    14. 9. 1912.
87 A. S., Tagebuch 1913–1916,
    1. 6. 1914.
88 A. a. O., 1. 8. 1914.
89 A. a. O., 5. 8. 1914.
90 A. a. O., 31. 8. 1914.
91 A. S., Briefe 1913–1931, S. 44.
92 Georg Brandes und Arthur
    Schnitzler. Ein Briefwechsel,
    hg. von Kurt Bergel, Berkeley/
    Los Angeles 1956, S. 109.
93 A. a. O., S. 111.
94 A. S., Tagebuch 1913–1916,
    13. 10. 1914.
95 A. a. O., 9. 10. 1914.
96 A. S., Briefe 1913–1931, S. 100.
97 A. a. O., S. 52.
98 A. a. O., S. 61 f.
99 A. S., Träume, a. a. O., S. 76.
100 A. S., Briefe 1913–1931, S. 69.
101 A. S., Tagebuch 1917–1919,
    16. 7. 1918.
102 A. a. O., 1. 11. 1918.
103 A. a. O., 10. 10. 1918.
104 A. a. O., 3. 11. 1918.
105 A. a. O., 11. 1. 1919.
106 A. a. O., 12. 8. 1919.

107 A. a. O., 22. 8. 1918.

108 A. a. O., 23. 7. 1919.

109 A. a. O., 5. 2. 1918.

110 A. a. O., 6. 3. 1918.

111 A. a. O., 7. 3. 1918.

112 A. a. O., 7. 6. 1918.

113 A. a. O., 12. 4. 1918.

114 A. a. O., 6. 5. 1918.

115 A. a. O., 11. 8. 1919.

116 A. a. O., 19. 11. 1919.

117 A. S., Tagebuch 1920–1922, 18. 1. 1920.

118 A. a. O., 13. 4. 1920.

119 A. a. O., 6. 2. 1921.

120 A. a. O., 10. 2. 1921.

121 A. a. O., 26. 6. 1921.

122 Richard Specht, Arthur Schnitzler. Der Dichter und sein Werk, Berlin 1922, S. 146.

123 Renate Wagner, a. a. O., S. 332.

124 A. S., Tagebuch 1920–1922, 16. 2. 1921.

125 A. a. O., 27. 6. 1921.

126 Heinrich Schnitzler, Tagebuch 1921, aus dem Nachlass Heinrich Schnitzler, Theatermuseum, Wien.

127 A. S., Tagebuch 1920–1922, 7. 2. 1921.

128 Nachlass Arthur Schnitzler, Deutsches Literaturarchiv Marbach.

129 Ebd.

130 A. S., Tagebuch 1920–1922, 25. 12. 1920.

131 Heinrich an Lili Schnitzler, Nachlass Arthur Schnitzler, Deutsches Literaturarchiv Marbach.

132 Olga an Heinrich Schnitzler, 4. 4. 1923, Nachlass Heinrich Schnitzler, Theatermuseum, Wien.

133 Nachlass Arthur Schnitzler, Deutsches Literaturarchiv Marbach.

134 A. S., Tagebuch 1923–1926, 2. 1. 1924.

135 Nachlass Arthur Schnitzler, Deutsches Literaturarchiv Marbach.

136 A. S., Tagebuch 1920–1922, 27. 6. 1921.

137 A. a. O., 8. 9. 1922.

138 A. a. O., 9. 8. 1922.

139 A. a. O., 5. 11. 1922.

140 A. S., Tagebuch 1923–1926, 11. 9. 1925.

141 Heinrich an Lili Schnitzler, 10. 9. 1924, Nachlass Arthur Schnitzler, Deutsches Literaturarchiv Marbach.

142 Peter Michael Braunwarth, Anmutig wie eine Nixe. Über die Malerin und Kinderbuchautorin Bettina Ehrlich, in: Wiener Zeitung, 10. 10. 2003.

143 Heinrich Schnitzler, Tagebuch, 7. 1. 1925, Privatbesitz Peter Schnitzler, Los Angeles.

144 A. S., Tagebuch 1923–1926, 12. 10. 1925.

145 A. S., Tagebuch 1927–1930, 27. 4. 1927.

146 Olga Schnitzler an Heinrich Schnitzler, 8. 10. 1925, Nachlass Heinrich Schnitzler, Theatermuseum, Wien.

147 A. S., Tagebuch 1917–1919, 9. 11. 1918.

148 Olga Schnitzler an Heinrich Schnitzler, 22. 11. 1925, Nachlass Heinrich Schnitzler, Theatermuseum, Wien.

149 Arthur Schnitzler an Olga Schnitzler, 20. 7. 1926, in: A. S., Briefe 1913–1931, S. 443.

150 Olga Schnitzler an Heinrich Schnitzler, 22. 9. 1926, Nachlass Heinrich Schnitzler, Theatermuseum, Wien.

151 Zit. bei A. S., Tagebuch 1923–1926, 25. 9. 1926.

152 Olga Schnitzler an Heinrich

Schnitzler, 1. 10. 1926, Nachlass Heinrich Schnitzler, Theatermuseum, Wien.

153 A. S., Tagebuch 1927–1930, 5. 3. 1927.

154 A. a. O., 6. 3. 1927.

155 A. a. O., 30. 6. 1927.

156 A. S., JIW, S. 55.

157 Nachlass Arthur Schnitzler, Deutsches Literaturarchiv Marbach.

158 A. S., Tagebuch 1927–1930, 30. 7. 1928.

159 Erna Pinner an Olga Schnitzler, Nachlass Arthur Schnitzler,

Deutsches Literaturarchiv Marbach.

160 A. S., Tagebuch 1927–1930, 8. 8. 1928.

161 Ebd.

162 A. S., Tagebuch 1927–1930, 5. 8. 1928.

163 A. a. O., 6. 8. 1928.

164 A. a. O., 31. 1. 1929.

165 A. a. O., 10. 8. 1928.

166 A. a. O., 3. 10. 1929.

167 A. a. O., 14. 11. 1928.

168 A. a. O., 25. 10. 1929.

169 A. S., Briefe 1913–1931, S. 642.

170 A. a. O., S. 645.

171 A. S., Tagebuch 1931, 22. 4. 1931.

Dritter Teil
Wien, Cambridge, Zürich, New York, Berkeley,
Los Angeles, Wien 1931–1982

1 Arthur Schnitzler an Heinrich Schnitzler, 17. 5. 1930, aus Privatbesitz.

2 Nachlass Heinrich Schnitzler, Theatermuseum, Wien.

3 Wiener Mittags-Zeitung, 22. 6. 1931.

4 Zit. in: Arthur Schnitzler. Sein Leben. Sein Werk. Seine Zeit. Hg. von Heinrich Schnitzler, Christian Brandstätter und Reinhard Urbach, Stuttgart/ Hamburg/München 1981, S. 136.

5 Lilly von Strakosch an Heinrich Schnitzler, 13. 4. 1933, Nachlass Heinrich Schnitzler, Theatermuseum, Wien.

6 Lilly Schnitzler, Mein langes Leben, unveröffentlichtes Typoskript im Familienbesitz, 2004.

7 Paul Marx an Heinrich Schnitzler, Nachlass Heinrich Schnitzler, Theatermuseum, Wien.

8 Heinrich Schnitzler, Tagebuch 1. 1. 1937, aus Privatbesitz.

9 A. a. O., 8. 4. 1937.

10 Paul Marx an Heinrich Schnitzler, 17. 3. 1938, Nachlass Heinrich Schnitzler, Theatermuseum, Wien.

11 Olga Schnitzler an Heinrich Schnitzler, 15. 3. 1938, Nachlass Heinrich Schnitzler, Theater- museum, Wien.

12 Olga Schnitzler an Heinrich Schnitzler, 16. 3. 1938, a. a. O.

13 Olga Schnitzler an Heinrich Schnitzler, 28. 3. 1938, a. a. O.

14 Olga Schnitzler an Heinrich Schnitzler, 23. 2. 1939, a. a. O.

15 Olga Schnitzler an Heinrich Schnitzler, 12. 4. 1938, a. a. O.

16 Olga Schnitzler an Heinrich Schnitzler, 25. 4. 1938, a. a. O.

17 Olga Schnitzler an Heinrich Schnitzler, 6. 5. 1938, a. a. O.

18 Olga Schnitzler an Heinrich
Schnitzler, 25. 5. 1938, a. a. O.
19 Heinrich Schnitzler an Paul Marx,
10. 4. 1938, a. a. O.
20 Heinrich Schnitzler an Olga
Schnitzler, 27. 5. 1938, a. a. O.
21 Olga Schnitzler an Heinrich
Schnitzler, 27. 5. 1938, a. a. O.
22 Heinrich Schnitzler an Olga
Schnitzler, 1. 6. 1938, a. a. O.
23 Heinrich Schnitzler an Olga
Schnitzler, 3. 6. 1938, a. a. O.
24 Heinrich Schnitzler an Olga
Schnitzler, 5. 7. 1938, a. a. O.
25 Olga Schnitzler an Heinrich
Schnitzler, 2. 8. 1938, a. a. O.
26 Heinrich Schnitzler an Olga
Schnitzler, 10. 8. 1938, a. a. O.
27 Heinrich Schnitzler an Olga
Schnitzler, 9. 9. 1938, a. a. O.
28 Heinrich Schnitzler an Olga
Schnitzler, 10. 9. 1938, a. a. O.
29 Ebd.
30 Heinrich Schnitzler an Olga
Schnitzler, 22. 9. 1938, a. a. O.
31 Zit. bei: Heinrich Schnitzler an
Olga Schnitzler, 16. 11. 1938, a. a. O.
32 Ebd.
33 Heinrich Schnitzler an Olga
Schnitzler, 10. 2. 1938, a. a. O.
34 Olga Schnitzler an Heinrich
Schnitzler, 23. 2. 1938, a. a. O.
35 Heinrich Schnitzler, Tagebuch,
2. 1. 1939, Privatbesitz.
36 A. a. O., 10. 1. 1939, Privatbesitz.
37 Heinrich Schnitzler an Ernst
Deutsch, 7. 7. 1939,
Nachlass Heinrich Schnitzler,
Theatermuseum, Wien.
38 Zit. bei: Heinrich Schnitzler an
Olga Schnitzler, 2. 7. 1939,
a. a. O.
39 Olga Schnitzler an Heinrich
Schnitzler, 30. 6. 1939, a. a. O.
40 Heinrich Schnitzler an Olga
Schnitzler, 18. 8. 1939, a. a. O.

41 Heinrich Schnitzler an Anuschka
Deutsch, 14. 1. 1940, a. a. O.
42 Kopie aus dem Privatarchiv
von Peter Schnitzler.
43 Heinrich Schnitzler an
Olga Schnitzler, 24. 7. 1943,
Nachlass Heinrich Schnitzler,
Theatermuseum, Wien.
44 Heinrich Schnitzler an Olga
Schnitzler, 24. 10. 1942, a. a. O.
45 Ebd.
46 Lilly Schnitzler, Mein langes Leben,
unveröffentlichtes Typoskript,
2004.
47 Ebd.
48 Heinrich Schnitzler an Ernst
Deutsch, 27. 12. 1946, Nachlass
Heinrich Schnitzler, Theatermuseum, Wien.
49 Heinrich Schnitzler an Ernst
Deutsch, 2. 10. 1947, a. a. O.
50 Heinrich Schnitzler an Olga
Schnitzler, 19. 6. 1949, a. a. O.
51 Heinrich Schnitzler an Susi Frey,
7. 8. 1951, a. a. O.
52 Paul Marx an Heinrich Schnitzler,
25. 9. 1952, a. a. O.
53 Ebd.
54 Heinrich Schnitzler an Paul Marx,
12. 6. 1954, a. a. O.
55 Heinrich Schnitzler an Paul Marx,
14. 11. 1954, a. a. O.
56 Heinrich Schnitzler an Paul Marx,
28. 11. 1954, a. a. O.
57 Heinrich Schnitzler an Paul Marx,
17. 12. 1954, a. a. O.
58 Heinrich Schnitzler an Susi Frey,
25. 12. 1954, a. a. O.
59 Olga Schnitzler an Heinrich
Schnitzler, 19. 4. 1957, a. a. O.
60 Heinrich Schnitzler an Susi Frey,
21. 6. 1956, a. a. O.
61 Olga Schnitzler an Heinrich
Schnitzler, 1. 8. 1969, a. a. O.
62 Heinrich Schnitzler an Anuschka
Deutsch, 31. 12. 1972, a. a. O.

63 Friedrich Luft, in: Die Welt,
    22. 11. 1955.
64 S. Fischer Verlag an Heinrich
    Schnitzler, 17. 4. 1951,
    Nachlass Heinrich Schnitzler,
    Theatermuseum, Wien.
65 Heinrich Schnitzler an Hans
    Weigel, 4. 3. 1960, a. a. O.
66 Olga Schnitzler, Spiegelbild der
    Freundschaft, Salzburg 1962.
67 Arthur Schnitzler, Bestimmungen
    über meinen schriftlichen Nachlaß,
    in: Gerhard Neumann, Jutta Müller,
    Der Nachlass Arthur Schnitzlers,
    Verzeichnis des im Schnitzler-

Archiv der Universität Freiburg
i. Br. befindlichen Materials.
Mit einem Vorwort von Gerhart
Baumann und einem Anhang
von Heinrich Schnitzler:
Verzeichnis des in Wien vorhandenen Nachlaßmaterials,
München 1969.
68 Gerhart Baumann an Heinrich
    Schnitzler, undatierter Brief,
    Nachlass Heinrich Schnitzler,
    Theatermuseum, Wien.
69 Suzanne Clauser an Heinrich
    Schnitzler, 29. 5. 1978,
    a. a. O.

Vierter Teil
Wien, Los Angeles, Costa Rica 1982–2014

1 Michael Schnitzler, Regenwaldgeschichten. Meine 20 Jahre in
   Costa Rica, Wien 2010, S. 52.

2 A. a. O., S. 4.

Literatur

Zu Johann Schnitzler

Die vierundzwanzig Bücher der Heiligen Schrift. Nach dem masoretischen Text übersetzt von Leopold Zunz, Tel Aviv 1997 (orig. 1837 ff.)

Deimer, Erich E. (Hg.): Chronik der Wiener allgemeinen Poliklinik im Spiegel der Medizin- und Sozialgeschichte, Wien 1989

Einhorn, Ignaz: Die Revolution und die Juden in Ungarn, bevorwortet von Dr. Julius Fürst, herausgegeben von Ambrus Miskolczy unter Mitwirkung von Michael K. Silber, Budapest 2001 (orig. Leipzig 1851)

Eppel, Peter: »Concordia soll ihr Name sein …« 125 Jahre Journalisten- und Schriftstellerverein »Concordia«, Wien/Köln/Graz 1984

Friedell, Egon: Kulturgeschichte der Neuzeit. Die Krisis der Europäischen Seele von der Schwarzen Pest bis zum Ersten Weltkrieg, Zürich 2009

Gold, Hugo: Geschichte der Juden in Wien. Ein Gedenkbuch, Tel Aviv 1966

Kandel, Eric: Das Zeitalter der Erkenntnis. Die Erforschung des Unbewussten in Kunst, Geist und Gehirn von der Wiener Moderne bis heute, München 2012

Lesky, Erna: Die Wiener Medizinische Schule im 19. Jahrhundert, Graz/Köln 1978

Löw, Leopold: Zur neueren Geschichte der Juden in Ungarn. Beitrag zur allgemeinen Rechts-, Religions- und Kulturgeschichte, Budapest 1874

Regal, Wolfgang/Nanut, Michael: Wien für Mediziner. 15 Spaziergänge durch das alte medizinische Wien, Wien/New York 2007

Schnitzler, Johann (Redakteur): Wiener Medizinal-Halle, Wien 1861–1865

Schnitzler, Johann (Hg.): Wiener Medizinische Presse. Organ für praktische Ärzte, Wien 1865–1886

Schnitzler, Johann: Zur Reform des medizinischen Unterrichtes, Wien 1886

Schnitzler, Johann: Klinischer Atlas der Laryngologie nebst Anleitung zur Diagnose und Therapie der Krankheiten des Kehlkopfes und der Luftröhre. Hg. v. Johann Schnitzler, Markus Hajek und Arthur Schnitzler, Wien 1895

Skopec, Manfred: Zur Wiener Allgemeinen Poliklinik und Arthur Schnitzlers »Professor Bernhardi«, in: Österreichische Krankenhaus-Zeitung 28 (1987)

Strümpell, Adolf: Aus dem Leben eines deutschen Klinikers, Leipzig 1925

Tietze, Hans: Die Juden Wiens. Geschichte – Wirtschaft – Kultur, Leipzig/Wien 1935

Wistrich, Robert S.: Die Juden Wiens im Zeitalter Kaiser Franz Josephs, Wien/Köln/Weimar 1999

Wittelshöfer, Leopold: Wiener Medizinische Wochenschrift, Wien 1851 ff.

Eine reiche Fundgrube boten die Online-Ausgaben der Periodika

Ben Chananja. Monatsschrift für jüdische Theologie, hg. von Leopold Löw, Szegedin 1858 ff.

Neue Freie Presse, hg. von Michael Etienne und Max Friedländer, Wien 1864 ff.

Zu Arthur Schnitzler

Literatur
Schnitzler, Arthur: Das dramatische Werk, Band 1–8, Frankfurt a. M. 1977–1979

Schnitzler, Arthur: Das erzählerische Werk, Band 1–7, Frankfurt a. M. 1977–1979

Schnitzler, Arthur: Jugend in Wien. Eine Autobiographie, herausgegeben von Therese Nickl und Heinrich Schnitzler, Frankfurt a. M. 1981

Lebenszeugnisse
Schnitzler Arthur: Tagebuch 1879–1892. Unter Mitwirkung von Peter Michael Braunwarth, Susanne Pertlik und Reinhard Urbach herausgegeben von der Kommission für literarische Gebrauchsformen der Österreichischen Akademie der Wissenschaften, Obmann: Werner Welzig, Wien 1987

Schnitzler, Arthur: Tagebuch 1893–1902. Unter Mitwirkung von Peter Michael Braunwarth, Konstanze Fliedl, Susanne Pertlik und Reinhard Urbach herausgegeben von der Kommission für literarische Gebrauchsformen der Österreichischen Akademie der Wissenschaften, Obmann: Werner Welzig, Wien 1995

Schnitzler, Arthur: Tagebuch 1903–1908. Unter Mitwirkung von Peter Michael Braunwarth, Susanne Pertlik und Reinhard Urbach herausgegeben von der Kommission für literarische Gebrauchsformen der Österreichischen Akademie der Wissenschaften, Obmann: Werner Welzig, Wien 1991

Schnitzler, Arthur: Tagebuch 1909–1912. Unter Mitwirkung von Peter Michael Braunwarth, Richard Miklin, Maria Neyses, Susanne Pertlik,

Walter Ruprechter und Reinhard Urbach herausgegeben von der Kommission für literarische Gebrauchsformen der Österreichischen Akademie der Wissenschaften, Obmann: Werner Welzig, Wien 1981

Schnitzler, Arthur: Tagebuch 1913–1916. Unter Mitwirkung von Peter Michael Braunwarth, Richard Miklin, Susanne Pertlik, Walter Ruprechter und Reinhard Urbach herausgegeben von der Kommission für literarische Gebrauchsformen der Österreichischen Akademie der Wissenschaften, Obmann: Werner Welzig, Wien 1983

Schnitzler, Arthur: Tagebuch 1917–1919. Unter Mitwirkung von Peter Michael Braunwarth, Susanne Pertlik und Reinhard Urbach herausgegeben von der Kommission für literarische Gebrauchsformen der Österreichischen Akademie der Wissenschaften, Obmann: Werner Welzig, Wien 1996

Schnitzler, Arthur: Tagebuch 1920–1922. Unter Mitwirkung von Peter Michael Braunwarth, Susanne Pertlik und Reinhard Urbach herausgegeben von der Kommission für literarische Gebrauchsformen der Österreichischen Akademie der Wissenschaften, Obmann: Werner Welzig, Wien 1993

Schnitzler, Arthur: Tagebuch 1923–1926. Unter Mitwirkung von Peter Michael Braunwarth, Susanne Pertlik und Reinhard Urbach herausgegeben von der Kommission für literarische Gebrauchsformen der Österreichischen Akademie der Wissenschaften, Obmann: Werner Welzig, Wien 1995

Schnitzler, Arthur: Tagebuch 1927–1930. Unter Mitwirkung von Peter Michael Braunwarth, Susanne Pertlik und Reinhard Urbach herausgegeben von der Kommission für literarische Gebrauchsformen der Österreichischen Akademie der Wissenschaften, Obmann: Werner Welzig, Wien 1997

Schnitzler, Arthur: Tagebuch 1931. Unter Mitwirkung von Peter Michael Braunwarth, Susanne Pertlik und Reinhard Urbach herausgegeben von der Kommission für literarische Gebrauchsformen der Österreichischen Akademie der Wissenschaften, Obmann: Werner Welzig, Wien 2000

Schnitzler, Arthur: Träume. Das Traumtagebuch 1875–1931. Hg. von Peter Michael Braunwarth und Leo A. Lensing, Göttingen 2012

Briefe

Adele Sandrock und Arthur Schnitzler: Dilly. Geschichte einer Liebe in Briefen, Bildern und Dokumenten, hg. von Renate Wagner, Wien/München 1975

Georg Brandes und Arthur Schnitzler: Ein Briefwechsel, hg. von Kurt Bergel, University of California Publications in Modern Philology, Berkeley/Los Angeles 1956

Hugo von Hofmannsthal – Arthur Schnitzler: Briefwechsel, hg. von Therese Nickl und Heinrich Schnitzler, Frankfurt a. M. 1983

Schnitzler, Arthur: Briefe 1875–1912, hg. von Therese Nickl und Heinrich Schnitzler, Frankfurt a. M. 1981

Schnitzler, Arthur: Briefe 1913–1931, hg. von Peter Michael Braunwarth, Richard Miklin, Susanne Pertlik und Heinrich Schnitzler, Frankfurt a. M. 1984

Sekundärliteratur

Berlin, Jeffrey B.: The Meaning of the »Schnitzler-Renaissance«, in: An Annotated Arthur Schnitzler Bibliography 1965–1977, München 1978

Farese, Giuseppe: Arthur Schnitzler. Ein Leben in Wien 1862–1931, München 1999

Fliedl, Konstanze: Arthur Schnitzler, Stuttgart 2005

Gay, Peter: Das Zeitalter des Doktor Arthur Schnitzler. Innenansichten des 19. Jahrhunderts, Frankfurt a. M. 2002

Janz, Rolf-Peter/Laermann, Klaus: Arthur Schnitzler: Zur Diagnose des Wiener Bürgertums im Fin de siècle, Stuttgart 1977

Neumann, Gerhard/Müller, Jutta: Der Nachlass Arthur Schnitzlers. Verzeichnis des im Schnitzler-Archiv der Universität Freiburg i. Br. befindlichen Materials. Mit einem Vorwort von Gerhart Baumann und einem Anhang von Heinrich Schnitzler: Verzeichnis des in Wien vorhandenen Nachlaßmaterials, München 1969

Loewy, Hanno/Milchram, Gerhard: »Hast du meine Alpen gesehen?« Eine jüdische Beziehungsgeschichte, Hohenems/Wien 2010

Müller-Seidel, Walter: Literarische Moderne und Erster Weltkrieg. Arthur Schnitzler in dieser Zeit, in: Erster Weltkrieg und Literarische Moderne, hg. von Uwe Schneider und Andreas Schumann, Würzburg 2000

Schnitzler, Heinrich/Brandstätter, Christian/Urbach, Reinhard: Arthur Schnitzler. Sein Leben. Sein Werk. Seine Zeit, Frankfurt a. M. 1981

Schnitzler, Olga: Spiegelbild der Freundschaft, Salzburg 1962

Specht, Richard: Arthur Schnitzler. Der Dichter und sein Werk, Berlin 1922

Urbach, Reinhard: Schnitzler-Kommentar zu den erzählenden Schriften und dramatischen Werken, München 1974

Wagner, Renate: Arthur Schnitzler. Eine Biographie, Wien/München/Zürich/ New York 1981

Wagner, Renate: Arthur Schnitzler in Währing. Eine wienerische Topographie (= Vierteljahrsschrift des Museumsvereins Währing), Wien 2011

Zu Heinrich Schnitzler

Bellettini, Lorenzo/Hutchinson, Peter (Hg.): Schnitzler's Hidden Manuscripts, Britische und Irische Studien zur Deutschen Sprache und Literatur, Oxford/Bern/Berlin u. a. 2010

Berger, Peter: Kurze Geschichte Österreichs im 20. Jahrhundert, Wien 2008

Deutsch-Schreiner, Evelyn: »… verschont bleiben ist vielleicht ein Glück, aber ganz gewiss eine Verpflichtung.« TheaterkünstlerInnen in ihrer Auseinandersetzung mit dem Phänomen »Exil« in der Bühnenarbeit. In: Diaspora – Exil als Krisenerfahrung, hg. von Armin Eidherr, Gerhard Langer und Karl Müller, Klagenfurt 2006

Manthey, Jürgen (Hg.): Die Zerstörung einer Zukunft. Gespräche mit emigrierten Sozialwissenschaftlern, Hamburg 1979

Oedl, Ulrike: Theater im Exil – Österreichisches Exiltheater. In: Österreichische Literatur im Exil, Salzburg 2002

Schnitzler, Heinrich: Das Deutsche Theater 1918–1933, unveröffentlichtes Typoskript (1940–1942), in: Theatermuseum, Wien

Schnitzler, Heinrich: Modern Problems of Play-Directing (1940–1942), unveröffentlichtes Typoskript, a. a. O.

Schnitzler, Heinrich: Theater in Amerika – Erfahrungen und Beobachtungen (1960), unveröffentlichtes Typoskript, a. a. O.
Spiel, Hilde: Rückkehr nach Wien. Ein Tagebuch. Mit einem Vorwort von Daniela Strigl, Wien 2009

Viertel, Salka: Das unbelehrbare Herz. Erinnerungen an ein Leben mit Künstlern des 20. Jahrhunderts, Berlin 2011

Zu Peter und Michael Schnitzler

Schnitzler, Peter: 1968–1986. Eine Collage aus einem Drehbuch, Tagebüchern und Traumaufzeichnungen, in: Sphinx 5, hg. von Andreas Giger, Basel 1986

Schnitzler, Peter: The Boy on the Bicycle. Reflections on Arthur Schnitzler and the Twentieth Century (1997), Vortrag an der Universität Seoul, Südkorea

Schnitzler, Peter: VIE-LAX: A Filmmaker's Notes (1998), Vortrag an der University of California, Riverside

Schnitzler, Michael: Regenwaldgeschichten. Meine 20 Jahre in Costa Rica, Wien 2010

Allgemeine Literatur

Foerster, Heinz von/Pörksen, Bernhard: Wahrheit ist die Erfindung eines Lügners. Gespräche für Skeptiker, Heidelberg 2011

Hüther, Gerald: Bedienungsanleitung für ein menschliches Gehirn, Göttingen 2010

Hüther, Gerald: Die Macht der inneren Bilder. Wie Visionen das Gehirn, den Menschen und die Welt verändern, Göttingen 2010

Feldenkrais, Moshé: Die Entdeckung des Selbstverständlichen, Frankfurt a. M. 1985

Feldenkrais, Moshé: Der Weg zum reifen Selbst. Phänomene menschlichen Verhaltens, Paderborn 2008

Gaugusch, Georg: Wer einmal war. Das jüdische Großbürgertum Wiens 1800–1938. Bd. 1. A–K, Wien 2011

Koschorke, Albrecht: Wahrheit und Erfindung. Grundzüge einer allgemeinen Erzähltheorie, Frankfurt a. M. 2012

Siegel, Daniel J.: Wie wir werden die wir sind. Neurobiologische Grundlagen subjektiven Erlebens und die Entwicklung des Menschen in Beziehungen, Paderborn 2010

The YIVO Encyclopedia of Jews in Eastern Europe, Online-Version

Personenregister

Benjamin Moser

Clarice Lispector
Eine Biographie

576 Seiten, btb 74904
Aus dem Englischen von Bernd Rullkötter

Sie ist eine Ikone der brasilianischen Literatur. Mit ihrer
Schönheit, ihrem Geist und ihrer einzigartigen Stimme
faszinierte Clarice Lispector, mit ihren eigenwilligen, modernen
Romanen und Erzählungen ging sie bisweilen an die Grenzen
des Sagbaren. Der amerikanische Literaturwissenschaftler
Benjamin Moser hat sich auf ihre Spuren begeben und
einzigartige Dokumente ihrer Herkunft gefunden. Daraus
hat er ein ebenso spannendes wie einfühlsames Porträt
einer widersprüchlichen, von ihren jüdischen Wurzeln stark
geprägten Persönlichkeit geschaffen. Anschaulich und fesselnd
beschreibt Benjamin Moser die Stationen ihres wechselvollen
Schicksals und erhellt die Grundmotive ihres Schreibens.

»Das kluge, leidenschaftliche Porträt einer wirklich
außergewöhnlichen Schriftstellerin.«
Jonathan Franzen

btb

Volker Weidermann

Ostende.
1936, Sommer der Freundschaft

160 Seiten, btb 74891

Ein belgischer Badeort mit Geschichte und Glanz:
Hier kommen sie alle noch einmal zusammen, die im
Deutschland der Nationalsozialisten keine Heimat mehr
haben. Stefan Zweig, Joseph Roth, Irmgard Keun, Kisch und
Toller, Koestler und Kesten, die verbotenen Dichter. Sonne,
Meer, Getränke – es könnte ein Urlaub unter Freunden sein.
Wenn sich die politische Lage nicht täglich zuspitzte, wenn
sie nicht alle verfolgt würden, ihre Bücher nicht verboten
wären, wenn sie nicht ihre Heimat verloren hätten. Es
sind Dichter auf der Flucht, Schriftsteller im Exil. Volker
Weidermann erzählt von ihrer Hoffnung, ihrer Liebe, ihrer
Verzweiflung – und davon, wie ihr Leben weiterging.

»Liebevoll und vorsichtig malt Weidermann sich und uns
aus, wie es gewesen sein könnte in diesem Sommer des
Abschiednehmens.«
Elke Heidenreich

btb